寻找转型发展的新杠杆

Private Equity

私募投资基金（PE）十四讲

山西省投资基金业协会　编

山西出版传媒集团

山西人民出版社

图书在版编目（CIP）数据

　　寻找转型发展的新杠杆：私募投资基金（PE）十四讲／山西省投资基金业协会编著 . —太原：山西人民出版社，2015.7
　　ISBN 978-7-203-09128-8

　　Ⅰ . ①寻…　Ⅱ . ①山…　Ⅲ . ①股权–投资基金–研究–中国
Ⅳ . ①F832.51

　　中国版本图书馆 CIP 数据核字（2015）第 138227 号

寻找转型发展的新杠杆：私募投资基金（PE）十四讲

编　　著：山西省投资基金业协会
责任编辑：贺　权

出 版 者：山西出版传媒集团·山西人民出版社
地　　址：太原市建设南路 21 号
邮　　编：030012
发行营销：0351-4922220　4955996　4956039　4922127（传真）
天猫官网：http：//sxrmcbs.tmall.com　电话：0351-4922159
E - mail：sxskcb@163.com　发行部
　　　　　sxskcb@126.com　总编室
网　　址：www.sxskcb.com

经 销 者：山西出版传媒集团·山西人民出版社
承 印 厂：山西出版传媒集团·山西人民印刷有限责任公司

开　　本：720mm×1010mm　1/16
印　　张：22.75
字　　数：400 千字
印　　数：1—8000 册
版　　次：2015 年 7 月　第 1 版
印　　次：2015 年 7 月　第 1 次印刷
书　　号：ISBN 978-7-203-09128-8
定　　价：58.00 元

序　言

　　2014 年 10 月—2015 年 2 月，山西证监局、资本市场学院和山西省投资基金业协会联合举办了省内首期私募股权基金业务高级培训班，简称 PE 班。这个班的课程由我设计，并邀请了国内著名私募基金、创投基金和各类金融机构的顶级专家授课。由于准备充分，专家们敬业给力，此次 PE 班大获成功。不仅学员们反响强烈，而且参加听课的私募基金从业人员、机关干部、企业负责人和其他金融机构高管不断增加，由计划班容量 60 人发展到开班伊始的 130 人，临近中段又增加到 200 余人。

　　在 PE 班结业典礼上，几名学员代表发自内心地感谢我们在最需要的时候办了这么有价值的系统性、引导性的培训班。其中一位企业负责人学员深有感触地说：“通过培训，冲击了我们做企业管理谋划发展中‘没钱办不成事’的固有思维定式，学习了借助资本市场解决企业资金困难的双赢办法，更新了思想观念。”

　　作为本期 PE 班倡议人、策划人，我也始终坚持认为，通过这次高端的系统的培训，让山西私募投资界、企业界和政府官员经历一次难得的现代金融知识和理念的洗礼，可谓是为山西即将揭开的金融改革发展之战储备了重要力量。

　　从 2011 年 4 月到山西工作以来，我和我的同事们始终坚持加强资本市场监管和服务山西经济两手抓的方针，持之以恒地推动山西金融创新发展。4 年的辛苦努力，唤起了山西各界资本运作意识的觉醒,换来了山西资本市场诸多发展变化。初步估计,听过我作资本市场报告的县级以上党政干部和企业高管就超过 3 万人。如今的山西,资本市场概念已不再陌生,资本运作已不再稀奇。仅上市公司并购重组就连续 3 年超过百亿元,私募股权基金也由 4 年前的空白发展为今天的近 200 亿元规模;山西的直接融资占社会融资三分之一强,山西成为全国区域融资结构优化的少数省份之一。2014 年 5 月 26 日,山西基金业在中西部地区率先成立行业自律组织——山西省投资基金业协会,报名加入的会员有 200 多家,其中不乏北京、上海、浙江等地的私募和金融机构加盟。就连这期 PE 班,很多未及报名参加的同志至今还耿耿于怀。这些都说明,山西金融改革发展人气趋旺、势头正盛。特别是 2014 年 12 月,省委全会把金融改革发展上升到全省改革发展战略高度,更预示着山西私募股权基金业春天的到来。我因此为山西骄傲!

当然,在发展环境大大改善和发展势头明显趋好的时候,我们冷静观察后不难发现,山西还严重缺乏金融人才,广大干部和企业家、企业高管还不同程度地缺乏金融知识和理念。因此,山西要真正下好金融改革发展这盘棋,必须同时补好金融尤其现代金融这门课。正因如此,在 PE 班开班后至结束时,社会上有不少干部和企业家向我建言要继续把这个班办下去。

基于这种认识,我和山西证监局班子同志认真商议后决定,将首期 PE 班的专家讲课速录整理成书稿,公开出版,以满足省内各阶层金融和私募基金爱好者及企业家们的求知愿望。在 PE 班开班后到本书筹划、编辑出版过程中,巧遇互联网金融风起云涌,"互联网+"战略正式提出。我们及时在结业论坛上安排了互联网金融人士演讲,我自己也在省直党校培训班上做了互联网金融报告。为了满足读者朋友对互联网知识的了解需要,本书加入了这部分内容。同时,为贯彻全省金融振兴大会精神,编委会将我在部分市县调研和资本市场专题报告会讲话内容也整理入册，意在为读者明确我省金融推进工作的方向与解决融资难题的方法。

鉴于各位专家高水平的报告，我也相信，此书出版定能受到各行业读者的欢迎。希望读者能提出各种宝贵意见，以利于我们不断改进工作。

孙才仁

2015 年 2 月 26 日

目　录

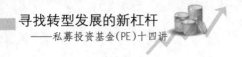

第一讲　私募投资基金在山西转型实践中地位重要

山西证监局局长　孙才仁

孙才仁　山西证监局局长。新华社特聘经济分析师。长期从事财政金融、资本市场监管工作。曾就职于财政部、国务院办公厅、北京市政府、北京证监局。

大家上午好!

今天的报告我从分析金融形势入手,告诉大家:现在的经济工作、经济转型、深化改革、结构调整、科技创新、产业升级等,如果没有发达的资本市场,是解决不好这些问题的。资本市场里工具很多,有股票、债券,还有私募基金,但私募往往是被忽视的领域。新股发行停了近两年,2014年才开闸,一年能上一百多家。去年以来,公司债的增幅下降,企业债的增幅也不太理想,其中增加部分绝大多数还是城投债。这些现象应该引起我们的重视,现在看来,潜力在私募,包括在私募基础上衍生出的新概念——众筹。所以,希望通过这个班的学习能给大家带来一些启示,要重视私募股权基金,利用好这个抓手对山西经济发展和企业转型升级将有极大的促进作用。

这个班在册学员130人,加上旁听200余人,阵容大。其中五分之四是企业和基金公司代表,五分之一是党政干部。企业 + 金融机构 + 党政干部的结构,有助于大家更好地探索交流如何为山西经济转型发展服务这一艰巨任务。开班仪式上资本学院的冯玉华书记讲晋商有着优良传统、光辉历史和卓越的金融遗传基因。但晋商的辉煌已经是历史,现在我们需要在新晋商的培育过程中引进"转基因"。三年多来,山西证监局一直致力于对山西干部、企业家和学生开展资本市场宣传、培训工作,希望通过这个班能让各位学员接受到更多新理念,助力大家更好抓住危机中的机遇,在实现自身发展的同时,也为山西省经济转型发展作出贡献。

作为开班序言,我点题说五点:一是金融越来越重要,金融在山西引起关注,但山西金融问题不少,破解金融和实体经济对接困局形势紧迫。二是金融服务实体经济,潜力在资本市场,抓手在非标金融,突破在私募基金。三是当前经济形势挑战严峻、机遇犹存,金融与实体要携手共渡难关,把握新机遇。四是山西证监局把推动观念转变、培养金融人才、培育私募基金产业、激活上市公司功能、创新金融服务等作为加强金融服务山西经济的重要抓手。五是山西私募基础薄、实力弱,规范、提升和壮大是当务之急,人才培育、搭建平台和推动抱团是重要抓手,PE班实现金融人才本土培养,一举多得。核心意思是,未来经济工作的出路、潜力在资本市场,但抓资本市场,包括抓整体金融工作的出路和重点不在传统业务,而是在非标金融,我们现在需要用非标金融的思维来思考当前金融工作,思考企业如何与金融对接。非标金融中有两大块内容——一是私募基金;二是发展如火如荼的众筹业务。

一、金融市场再认识

为什么把"金融市场再认识"作为第一个主题?就是因为我们生活的世界已经和正在发生着变化。市场变化是公平的,但影响结果是不同的;机遇是公平的,但能不能抓住机遇是因人而异的。所以说首先要解决好认识问题。

以最近很火的互联网金融和众筹为例,我们初步调研了一下,山西也有个别人在搞,但规模很小,有些搞得不伦不类,做不成大事。但山西恰恰具备了发展私募、众筹的客观条件。山西有几大特点:一是存款余额大,2014年2.7万亿元,2013年是2.6万亿元,2011年我来山西,那年的存贷差是0.8万亿元,2013年是1.4万亿元。二是存款大户多,500万元以上存款户占的比例很高。这都是发展私募、发展非标金融的有利基础条件,但这么多年来山西私募发展得并不好,来到山西后我不遗余力地推动山西私募产业发展,到现在看统计数字才五六十支、200多亿。2014年8月份我到上海嘉定区调研发现,人家也从2011年开始抓私募,到现在已经有800多支了。当然,环境不一样、开放程度不一样、政策因素不一样都是原因,但同样的三年时间,差了十几倍,可见我们与东部地区的差距。原因出在哪里?要重新认识金融市场,重新审视自己。

(一)金融市场:货币信贷市场 + 资本市场 + 保险市场

金融市场分三大块:一是信贷市场,二是资本市场,三是保险市场。

1.信贷市场是以银行为中介的间接融资关系。

简单讲,信贷市场是一个以银行为中介的体现间接金融关系的市场,是有钱人与用钱人之间由银行做中间人的市场。银行在这里扮演了一手托两家的角色,有钱人的钱到用钱人手中时,不是以有钱人的名义给的,而是以银行的名义给的。三大金融市场,特别是银行货币市场、信贷市场与资本市场的根本区别就在于此,资源配置不是由资源拥有者直接配置的,也不是由市场配置的,而是通过银行这个机构实现的。

2.资本市场是以平台和工具为载体的直接投融资关系。

资本市场是通过交易所、债券市场等平台,运用股票、债券、私募基金等金融工具实现直接融资关系的市场,这是一种让有钱人和用钱人直接发生交易关系的融资关系。前者为什么叫间接融资? 钱的流动不是直接发生关系的,而是银行通过债务、债权关系转手的,银行对储户来讲是债务人,对用户来讲又是债权人。而直接融资是有钱人通过买股票、买债券、投资私募基金,和需要钱的人发生的直接交易关系,这是二者的本质区别。

3.保险市场是通过保险产品的买卖体现的信用供需关系。

保险市场的本质意义不在于融资,而是卖风险与买风险的关系。当然,保险资金是有投资价值和投资意义的。

(二)间接融资的局限,传统金融难有作为

我并不否认间接融资在经济社会发展过程中的基础性地位和作用,可以说在有资本市场之前,经济发展的绝大多数融资需求要靠银行贷款来解决的。随着中国资本市场的不断发展,银行贷款比重正在逐步下降。它的局限性表明传统金融在新经济状态下难有大作为。

1.银行不是资金所有者,银行是风险厌恶者。

银行不是资金所有者,它贷出去的不是自己的钱。它是风险的厌恶者,大家知道银行呆坏账率有严格控制,对资本充足率也有严格的要求,它可以承受风险,但是风险必须用自有资本承受,而不能用储户的存款承受。所以说,银行无权让储户的存款资金承受风险,更谈不上风险承受能力了。

2.贷款与负债:资源价值缩水,不能无限扩大。

银行贷款其实就是负债,发公司债、城投债都叫负债。负债与发股票、用私募股权基金来募集资金等方式相比,它的效率是相对低下的。有一个亿净资产的一个企业,银行贷款好的话能贷到7000万元,一般情况下5000万元就不错了;但如果一个亿净资产的企业发行股票的话,按照资本市场的规律和特点,募集回来三五个亿是可能的。百圆裤业是山西辖区一个在中小板上市的企业,上市后第一次募集就接近5亿元;振东制药,一家长治的企业,上市前资产应该不超过10亿元,第一次发行股票就募集了14亿元。同样的净资产、有效资产,通过资本市场股票、私募股权基金等股权方式融资,与债务融资相比,效率是几何级数的差别。所以说,搭上资本市场快车道是"坐电梯",否则就是"爬楼梯"。山西经济为什么发展慢,企业为什么做不大? 就是因为我们不会用资本市场。到现在为止,全省上市公司才37家,与江苏省江阴市这一个县级市的规模差不多。但我们的企业有多少家? 中小企业13.5万家,规模以上工业企业2011年数字是四五千家。35家上市公司中80%是国有企业,民营企业没几家。这么多年来为什么培养不出多少真正的企业家? 是因为我们没有用好资本市场平台,用传统经济、粗放经济,甚至包含一定计划经济色彩。

3.银行一手托两家:风险集于一身。

对储户而言银行是负债,它不可能无限负债;对企业而言银行又是债权人,作为债权人意味着它要承担债务人的风险,因此也不能无限承担。所以说它是风险集于一身,并且作用是有限的。

4.资产绑架银行:信贷潜力有限。

银行业务的特点,加之近几年来产业结构调整不力,金融改革引导不力,出现了资产绑架银行的情况。什么资产? 主要是地产,地产绑架银行导致用信贷支撑经济转型发展的金融结构潜力有限。现在看来,不光是潜力有限,它还成为宏观政策的一个掣肘。大家看现在出台政策时,往往要顾及到房地产市场对银行的影响,它的正能量已经越来越少。

5.企业融资不平衡:中小微企业融资难。

在银行间接融资的结构下,中小微企业融资得不到有效支持,大量银行贷款倾斜到大企业、大项目上去,倾斜到国有企业和国有企业的项目上去,民营经济和中小微企业获得贷款支持情况不理想。这是金融结构不合理的结果。

6.项目融资不平衡:信贷资金挑肥拣瘦。

银行挑肥拣瘦,好项目没问题,不好的项目则难以得到信贷支持。所谓"不好的项目"并不一定就是项目不好,比如说一个科技创新项目,它可能代表着未来的产业发展方向,代表了一个区域的未来发展潜力。但由于这是一个新项目,未知数多,那在银行眼里它就不是一个好项目。

7.区域融资不平衡:县域城镇化建设融资难。

区域融资不平衡包含两大概念:一是银行普遍对中西部地区不感冒;二是对省内大城市与非大城市地区而言也不一样,特别是县域城镇化建设过程中面临的融资难问题非常突出。而县域城镇化和农业现代化恰恰是中国推进城镇化和新农村建设的主战场,也是经济持续发展的主战场,是抵抗经济下行的重要抓手,但城镇化融资并不理想。

8.产业融资不平衡:新产业、传统产业融资难。

在这一点上,今年以来我们山西深受其害。在经济社会生活中,煤炭产业不重要?还是钢铁产业不重要?但在今年这两大产业遭遇到全面融资难的情况,过去是好的煤炭企业、钢铁企业融资没问题,今年是只要带钢铁、带煤炭、带焦炭字样的企业都贷不到款。新兴产业更是这样。

连续多年存在这样的问题得不到有效解决,就应当从市场体系、体制、机制和制度上找原因了,要把目光转向其他市场,如资本市场。

(三)资本市场的功能

1.直接融资功能。

直接融资的好处在于:第一,资本市场是直接联系投资者和资金需求者的市场,资金交易是供需双方根据各自的双向判断而进行的直接交易,不需要别人帮助做判断。第二,融资便利,可以实现低成本、多层次和多样化的融资,它的方式方法有很多。包括现在我们正在探索的非标金融。如果我们资本市场工作者把工作做活了,贴近基层接地气了,那不同的资金需要、不同情况的企业都能得到资本市场的支持,而并不是像银行贷款那么简单地用几个指标一衡量就卡住了。第三,直接融资的重要特点是杠杆性,刚才提到,同样的资产撬动社会融资的能力是不一样的,存在几何倍数的差距。股票市场上的投资特性是投未来,不准确地讲,一个股票的市盈率假如说 11 倍的话,投资者是投了企业未来11 年的前途,是建立在未来预期基础上下的注;而银行贷款是打折,视企业过去情况来确定可提供的资金额度,这就是这两个市场的巨大区别。

2.资源配置功能。

资源配置方式方法很多,场所、平台也很多。菜市场、旧货市场也是资源配置市场,但在所有市场中,对整个国家和社会在资源配置层面影响力最大、撬动力最大、带动力最大的就是资本市场,它是用资本、货币来标准化计量和代表的,用杠杆方式来带动资源配置、资源流动的一个市场。这个市场在资源配置中有几个特性:

一是社会参与性强,具有相对公平性和透明性,直接连接资源供给与资源需求,具备资源流动与配置的直接性和高效性。A股市场开户1.4亿户,每一个投资者至少牵动着一家三口的心,往大了说还可能带动七大姑八大姨一起关注股票市场,你说股票市场参与性有多强,没有任何市场能比得上。另外是相对公平透明,为什么有的企业不爱上市呢?一旦上市了就要透明,信息得公开。资本市场具备资源流动和配置的直接性与高效性,所以十八届三中全会《决定》提出要发挥市场在资源配置中的决定性作用。靠谁来发挥?要靠资本市场。

二是股份制度和资本市场方便的投资标的交易,促进资本所有与经营、产品经营与资本经营的分离,有效配置社会资源。想进入资本市场,企业首先要进行股份制改造,股份制改造对企业而言非常重要,在这方面我们山西企业恰恰又是个短板。股份制改造的最大好处就是使企业资产标准化,企业资产有标价了,可以用股份来代表,进而方便交易,具备了流动性。另外,通过股份化改造使企业资产资本化之后,有助于实现资本所有者和经营者的分离,这是一个重大的企业经营管理概念,也是为很多山西企业家所不接受的观念。大家总觉得投资办个企业一定要自己说了算,不愿意让资本和经营分离,要自己干才放心,这就是我们的民营企业发展不起来的重要原因。股份制改造后,有钱人参与到企业中是做股东的,而不是当企业家。包括实现产品经营和资本经营的分离,私募基金就是实现产品经营和资本经营分离的典型方式。私募基金玩得是资本,它不去生产产品,也不会去卖产品,它的好处是把资本大量地吸收和转化到实体经济领域中来。否则对于一个搞农业起家的有钱人来说,让他生产钢铁他会吗?让他搞高科技产业他会搞吗?由于不懂不会,就阻挡了他的资本进入钢铁产业和高科技领域,但通过私募基金就完全可以解决这个问题。所以说资本市场这一特点将进一步促进社会资源的有效配置,就是想投资的范围领域我可以不懂,只要专家团队说它好、有前途,企业给了我一个美好的前景,我就可以通过参加基金实现投资。过去有一句老话叫不懂的不能干,这是由行业属性决定的,但随着现代金融的发展、私募股权基金的发展,我们能做到不懂也可以投资了。

三是投资具有未来性,有利于为信用层级不足、创业型企业提供融资机会。资本市场投资,特别是股票投资具有未来性,投的是企业的未来前景。这就有利于为企业信用层级不够的、刚刚创业的创新型企业提供融资机会。美国科技创新能力全世界最强,除了"二战"前后的科学家大量聚集美国和美国良好的教育机制这些基础因素外,更重要的是它有发达市场经济体制和机制,有力促进了科技成果的转化,把最新技术转化成产品,发展成产业,基于此才能培育出微软、雅虎这样的大企业。其中,起关键作用的是高度发达的资本市场,否则也不会有我们众所周知的比尔·盖茨,不会有百度的李彦宏,更不会有今天的马云。资本市场投资具有未来性的特点,投资者是把宝押在了企业未来前景上,这种投资恰恰适合于那些创新型企业和中小企业。所以美国又是一个中小企业十分发达的国家,在众多中小企业的基础之上才能培养出世界 500 强企业。

四是上市公司并购具有高对价能力和撬动资产能力。企业一旦成为上市公司,就具备了在资产并购中的高对价能力与撬动资产能力。这几年来,山西除了私募产业发展的不错之外,还有一点值得自豪的就是并购。2012 年、2013年连续两年获批并购规模突破 200 亿元,去年并购规模第一是广东,第二是山西,第三是湖北。并购规模为什么能这么大? 在山西这么一个地处中西部的思想意识还不够解放的地方,并购能异军突起,就是因为上市公司,这些并购全是上市公司做的。有的同志可能知道,上市公司在并购时通常是可以不花钱把别人的资产并购了。什么意思呢? 比如说一家煤炭企业上市公司想把另外一个煤炭企业并购进来,两家企业谈好后,把它的企业价格和自己的股价折变成上市公司的股份就可以了,不需要花钱,这叫定向增发购买资产。所以说企业为什么要上市,一旦上市之后,企业发展速度将大大加快。

3.企业培育功能。

一是企业上市须进行股份制改造,建立现代企业制度,有助于实现制度战胜人性。大家知道,现在山西中小企业普遍情况是干得好取决于企业家一个人,但变成上市公司之后,可就不是仅仅取决于企业家了。二是健全的法人治理结构、全方位的社会监督和监管机制、企业内部决策层面的三权分立机制,解决了国有独资企业和家族制企业的天然不足。企业上市后有一套法人治理要求,加上社会监督、证监会系统的监管,消极看是管的人多了,积极看是帮企业操心的人多了,等于是全社会都在帮着企业搞管理。上市公司内部决策体系的三权分立机制,可以确保企业决策更加民主、更加科学,减少战略性失误,有助于解决国有独资企业和家族制企业的天然不足。三是企业上市后,具有市场竞争替代效应,助力企业抢占市场制高点。企业一旦上市后,瞬间就会有几一人知道中国有这么一家公司,要省去多少广告费?另外,上市与否在投资者心目中的信用概念也不一样,一上市他就会觉得这是家好企业,等于是给企业增信了。四是直接方便的融资优势,支撑科技创新和应对金融收缩,帮助企业延长寿命。尤其在当前经济下行、银行抽贷时,只有资本市场多渠道融资便利能满足企业的资金需要,帮助企业应对危机、延长寿命。五是上市公司几何级数撬动投资和跨周期发展效能,增强企业技术创新和产品更新速度,打造企业核心竞争力。别人靠传统办法融资发展10年才能实现的目标,通过资本市场一两年就实现了,节约企业发展的时间成本,增强技术创新和产品更新速度。大家知道近一两年来企业整体情况不好,利润下降,但整体下降的过程中2000多家上市公司的利润增幅是高于规模以上企业的。所以世界500强中大都有上市公司,中国进入世界500强的企业也几乎全是上市公司或上市公司的母公司。企业要做强做大,成为行业中的佼佼者,走向资本市场是必经之路,资本市场就是培养跨国公司、培养行业龙头的摇篮。

4.风险配置功能。

讲市场配置资源,大家兴奋点是配置钱、配置资本等,很少有人关注它还能配置风险。企业在卖风险时不仅可以卖给保险公司,还可以卖到资本市场上去。它的根本作用是帮助企业对冲掉风险,风险对冲后,对企业的好处就是经营平稳了,表现在除了产品销售、原材料采购价格平稳之外,还有财务指标平稳。特别是当危机发生时,别的企业财务指标一泻千里,而你的财务指标跟上一年相比不会有大的变化。财务指标没有大变化,企业不用发愁融不到资。长期来看,进行风险对冲企业平均利润要高于全社会平均利润,以套期保值为核心的市场化风险管理技术已经逐步成为各国企业特别是大中型企业培育核心竞争力的重要途径。20世纪以来,我国特批30家国有大中型企业到海外期货市场开展套期保值业务,都取得了良好效果。

5.财富管理功能。

这是与在座各位都有关系的一个功能。目前,中国个人金融资产64%为存款,14%为证券资产;美国则70%为证券资产。中国股市投资者散户占80%,而美国投资者机构占80%,这一健康的个人金融资产结构正是得益于美国发达的资本市场。

资本市场之所以具备财富管理功能,一是从长周期看,上市公司是企业精英、经济主力,资本市场容量巨大,长期走势可反映一国经济发展的水平质量,它是能够带来稳定投资增值的特殊市场平台。二是资本市场存在大量的风投基金、私募股权基金、商品基金、公募基金、养老基金等,是中等收入阶层理财的重要平台。三是社会资金通过专业机构投资者进行投资,选择能力要优于个人,是资本市场发挥资源配置功能的重要内在因素,使居民财富形成更加贴近经济增长最有活力的领域。四是通过资本市场将社会资金积聚到基金等机构投资者手中开展投资,等于帮助一个国家培育了强大的金融投资机构群体,这是一国国际竞争力的重要组成部分。

大家知道,当前非法集资十分猖獗。为什么会有这种情况?就是因为资本市场不发达,资本市场、金融机构能给社会大众提供的投资渠道和工具非常少。非法集资几乎没有好下场,近几年山西也发生了几起数额大的非法集资,很多人受到损失。往往企业家集资时不会运用资本市场的工具和原理,把集资简单化,最后就演变成非法集资了;如果懂得用私募股权基金手段去融资,就不会有这个下场。恰恰资本市场能解决这个问题。

6.资本文明培育功能。

结合最近省委提出的"弊革风清"的概念,我就想,往深挖是要解决什么问题?我提出个概念,是要挖文化。我们的政治生态以及经济生态、文化生态都有问题,几种因素的综合作用促成了政治生态问题。所以说弊革风清,改变山西政治生态需要综合治理。那么在经济领域中,在改变政企关系上能做什么文章?要牢牢抓住资本市场这个抓手,通过资本市场的机制作用,潜移默化助力打造新型政企关系、培育新的晋商文化。

资本市场有助于培育八大文化:股权文化、诚信文化、规范文化、公平文化、竞争文化、透明文化、前瞻文化和创新文化。比如说透明文化,企业一旦上市后,是需要及时披露信息的, 它就是透明的。回归到政治生态上来讲是什么概念?

它有利于促进政府的公开透明。公平文化也是这样,按规则交易、按规矩行事必然要求大大减少人为裁量权,这不正有利于处理好政府和企业的关系吗?诚信文化就更不用说了,总书记讲的"翻烧饼"其中就包含了反对不诚信的概念。在推动山西资本市场发展的过程中,和基层接触时最怕的就是翻烧饼,防风险主要防的就是这个问题。承诺好的跟企业、跟基金合作的条款,一换县长、县委书记就不认了,这就是翻烧饼。所以说翻烧饼不只是政府工作本身的问题,它还是涉及到政企关系,涉及到破坏信用环境、破坏信用文化的问题,这不正是政治生态问题吗?通过资本市场平台可以很好地帮我们扭转这些局面。

我对第一部分做个总结:

第一,没有发达资本市场的经济是不健全的市场经济。今天的山西经济也好,中国经济也好,其中存在的经济结构不合理和金融运行不畅,资金转化不畅,根源之一是资本市场发育不充分。

第二,完善市场经济体系必须"健全多层次资本市场",在十八届三中全会《决定》中明确写出来的"发挥好市场在资源配置中的决定性作用",也必须健全多层次资本市场。对地方政府和企业而言,必须善于利用资本市场,善于推进资源资本化;要完善金融市场结构,化解当前的金融风险,也必须发展和完善资本市场。今年《人民日报》曾经刊登了一篇文章,讲怎么重视科技都不为过,我想加一句就是怎么重视金融和资本市场也不为过。科技和资本市场是驱动经济发展两个轮子,缺一不可。

第三,资本运作的核心是运用资源、信用、金融工具和创新。资本运作其实就是运用资源、摆布资源,运用信用进行信用交易,运用股票债券等金融工具以及在此基础上进行的创新。那么通过这些要达到什么效果?要进行要素组合和利用,最终结果是为了获得最大投资价值和最佳发展效应。当前企业要突破投融资瓶颈,实现良性发展,必须利用金融手段开展资本运作。对企业发展而言,善于资本运作是坐电梯,不善于者是爬楼梯,这个形象的比喻足以看出二者的区别。

第四,资本市场是麻将桌,资本运作犹如打麻将;各种金融工具是药,资本运作犹如医生诊病配药。这也是我来山西之后提出的一种说法,长期以来大家把资本运作想得很高深,觉得它难懂。要我说资本市场和菜市场没有本质区别,从资源配置角度看,它就是麻将桌,而资本运作就像打麻将一样,没那么复杂。

为什么这么说？资本运作的核心是资源配置、要素组合，打麻将也是一样的道理，就是摆牌、组合，谁先组合一条龙了，谁和得快谁就挣得多；弄个穷和也算和了，但挣得少。资本市场也是这样，发债券好比是穷和，发股票就是一条龙。例如最近百圆裤业组合网络电商就是一条龙的和法，所以它的融资就多，一下几十一就来了。

"资本运作犹如医生诊病配药"这句话是对各级政府讲的。这是我去年在大同市调研时提出的观点，地方政府要善于给本地经济把脉，资本市场提供的各种金融工具对政府来说就是药，资本市场是药房，政府得善于从中选药，会对症下药地解决地方经济发展中的需要。对政府和企业来讲，资本市场都不高深。

二、当前中国金融市场形势分析与比较

(一)社会流动性

中国最近三五年内不缺社会流动性，缺的是资本金。讲义上面有一些数字，通过数字分析想告诉大家的是当前整个中国社会不差钱，但由于不重视资本市场和资本运作，由于不重视完善金融市场体系，我们最终又缺钱，特别是中小微企业常常遭遇"钱荒"。

大家看数字可以看出来，从 2011 年到 2014 年，流动性中 M2 同比增幅都在 13%以上，2011 年到 2014 年上半年 M2 最低增幅是 13.6%，今年上半年是 14.7%，可见货币投放始终在较快速度的增长。但相比之下是 M1 就少了，2011 年—2014 年 M1 增幅分别是 7.9%、6.5%、9.3%、8.9%。M1 是什么概念？就是流通货币加活期存款，不准确地讲就是社会有效投资可以使用的资金。所以我得出个结论：流动性持续增加，但经济建设领域的现金投放增长有限，流动性向实体经济转化不畅，金融市场资源和风险配置不合理。

还有个数字，2012 年我国债券股票市值 47 万亿元，是金融机构贷款余额的 70%；而美国债券股票市值是贷款的 173%，这是一个相对健全的金融市场。通过比较看出，我们金融资产布局的健康程度与美国相比是有巨大差距的。2008 年金融危机后，作为危机发源地的美国能在短短两年稳住阵脚，率先走出危机，就是因为它有一个比较健全健康的金融结构和经济体质。

(二)社会融资总量

在社会融资总量方面，2011 年比 2010 年有所减少；2012 年增长上来了，增

幅是 22.85%;2013 年增速减缓,增幅 9.7%;2014 年增了 4.13%。在这里要提醒大家,有几个数字要经常关注,包括社会流动性指标、社会融资总量指标、固定资产投资指标,这都是观察经济形势和经济结构是否合理的重要指标。

可以得出个什么结论? 社会融资增幅低于流动性增幅,再次显示流动性向企业和经济发展的资金转化不畅,效率不高。虽然流动性很高,不差钱,但是没有有效转化到经济发展中来,没有有效转化到投资上来。钱在哪儿了? 在金融市场圈里转,在做虚拟经济,所以说经济增长的资金供给效率不佳。

(三)银行信贷总量、直接融资总量、表外融资总量

这三大指标讲的是年度增量。关于直接融资,这里是小口径直接融资,指企业债券和股票。首先,通过这三个指标想告诉大家,间接融资地位正在不断下降,直接融资地位提升,但目前提升得还不算快;表外融资占据重要地位。其次,这些数据背后还有一个潜台词,就是金融管制没有得到明显改善,传统金融主渠道作用有限,标准金融余地有限,非标金融显示出潜力但发展并不顺利,整个金融目前处于普遍"不给力"的状态。特别表现在非标金融上,今年我提出非标金融地位越来越重要、我们需要发展非标金融。但因为起步没起好目前正是乱象丛生,银行理财乱象、信托投资乱象,包括刚刚兴起的 P2P,本来是一个能代表未来金融发展方向的新兴事物,但现在等于是把好经念歪了,一个好东西不仅没干出好结果反而变成社会问题了。

表外业务中的融资主要有两大块:一是搞虚拟融资,转来转去互相转,转到最后的结果就是把资金成本提上来了;二是融到实体经济中去。间接融资正在逐渐下降,已经低于 50%,表外融资和直接融资的比例有所提高,但提高的情况还不太理想,表现不稳定。2011 年,贷款占比是 58%,2012 年变成了 52%,到2013 年成了 51%,今年却又回升到了 54%。我想今年回升的主要原因是表外融资受到打压,直接融资不给力,中央加大了对银行贷款的促进力度,所以提上来了。但贷款降幅还是很明显的,特别是今年同比减少了 9.3%。直接融资 2014 年上半年增幅高达 12.8%,快于过去三年,但是数量不大,1.5 万亿元,占到整个社会融资的 14.19%。所以对比起来看,前三年银行贷款增幅没超过 10%,2011 年增幅还下降,今年突然上了一下;但直接融资除了在 2012 年有个高峰外,2013年是负增长,2011 年 7%左右,今年是 12%左右;反而表外业务在 2012 年、2013年实现高速增长, 分别是 41%、42%。表外业务就是我刚才提到的非标金融概念,今年增幅有所下降,原因我想一是近几年表外业务发展迅猛,凸显出风险控制方面存在的一些问题,二是各方面金融管制没有给予正确疏导。

(四)保险资金投资情况

保险资金在近年来呈现出逐年增加的态势, 余额从 2011 年的 5.5 万亿元增长到现在的 8.6 万亿元,每年都在保持 11%以上的增幅;用于投资的比重也很可观,2011 年是 68%,2012 年是 66%,2013 年是 70%, 到今年上半年是70.18%。可见近些年来保险资金一直在不断地增加投资。

从投资结构上看,2013 年保险资金投资结构中债券占 43%,证券投资(指流动市场投资、二级市场投资)占 10.23%,其他投资占 16.9%。其中,债券投资的大部分是与实体经济相结合的,所以保险资金反而在实体经济建设当中发挥了重要作用,这个比重基本上保持在 43%、41%左右。相比之下,证券投资也就是二级市场投资的比重不仅不稳定,而且在下降。最后,其他投资的比重也在不断上升,其中包括实体经济项目投资。前段时间看到一篇报道,讲保监会要加大保险资金向我省的直接投资倾斜力度。可以得出个结论就是保险资金投资取向提高,在实体经济投融资中的地位不断上升。下一步大投资大建设项目都可以考虑用好保险资金,包括私募基金抱团后也可以与保险资金展开合作。

(五)直接融资

这里的直接融资是个大口径概念,包括股票、国债、地方政府债、同业存单、金融债、企业债、公司债、中期票据、短期融资券、定向工具、政府支持机构债、资产支持证券、可转债等。它的规模其实很可观,2011 年是 8.5 万亿元,到 2013 年成了 9.4 万亿元,今年上半年大数是 5.9 万亿元,到年底加起来可能会到 11 万亿元左右了,增幅比较明显。但这其中占大量比重的不是企业债和股票,而是金融债和国债,大约金融债占 30%,国债占 13%,两项加起来就是 43%;再加上中期票据、短期票据和定向工具、企业债,是 80%。也就是说,直接融资中债务性融资比重很高。

大家都知道直接融资好,功能作用多,近年来直接融资的增幅很明显的,但要注意看看直接融资的结构。目前,直接融资中绝大部分是债务性融资,如果不改变这种结构,那资本市场直接融资的潜力是发挥不出来的。这几年来资本市场直接融资之所以没有大进展, 基本保持在 10%左右, 有的年度甚至低于10%的增幅,就是因为资本市场融资结构不合理。所以,想发展好资本市场、用好资本市场,资本市场本身也需要改革,改革点在哪里? 在于增加股票发行、增加私募基金、增加非标金融产品,即资本市场层次多元化。

小结一下,这些年来直接融资踏步不前,债务性融资多,股票融资少,股票、公司债作用有限,企业债有限并且不稳定。城投债我估计过了今明年两年也将好景不长,经过前几年的发展城投债已积累了不小的风险;债券融资里唯一有希望的是公司债和私募债,当前证监会正在研究推动公司债发展的各项改革。另外,银行间定向债务融资工具表现抢眼。预期 2015 年资本市场会更好,要向资本市场倾斜力量。

(六)私募股权投资基金、创投基金

私募股权投资和创投基金在中国大约有 20 多年的发展历史,前 20 年基本上是草根式发展,虽然有科技部、国家发改委先后出台引导性文件,但一直缺乏一个真正的金融部门介入推动和规范。去年,经国务院批准,私募股权投资和创投基金正式纳入证监会监管,这个行业至此才被赋予了金融行业的属性。

从创业板开板以来,私募股权基金火了几年,到 2011 年是一个高峰,2012 年走入了低谷。原因是 2012—2013 年 IPO 停发,私募基金失去了退出渠道,投资者由此降低了参加募集的热情。所以在 2011 年私募股权基金募资规模增长 40.7%、创投增长 2.5 倍后,到 2012 年掉头直下,私募股权基金募资规模下降了 36%,创投下降了 67%。2013 年虽然私募股权基金增长了 36%,但创投仍然是下降 25.7%。2014 年上半年,私募股权基金又一次下降,降幅 54.5%,但创投上来了,增幅 157%。给人一个感觉就是创业投资和私募股权投资基金在一轮爆发性增长后陷入低潮,在社会投融资中地位有限,且自身的日子不好过,处在一个不稳定的状态。但恰恰在这时,山西私募逆势而上做到今天这个局面,令人十分欣慰。

这里有一组 2014 年 7 月份的数字,在中国基金业协会登记的私募管理人 3500 多家,创投管理人 400 多家,加起来有 4000 余家登记的。私募管理的资金是 1.98 万亿元,创投管理资金不到 2000 亿元。还有一组数字是大口径的,今年上半年一篇报道,说我国目前活跃的投资基金是 9589 家,可投资规模接近 8340 亿美元,我算了算应该接近 5 万亿元。什么概念呢? 这个数字恐怕是把非股权投资、流通市场投资、二级市场的投资基金都算在内的,所有资金加在一起总规模接近 5 万亿元人民币的规模。纯粹的备案,包括非实体经济投资的企业,

就算全部是股权投资和创投、产业性投资,加起来才2万亿元左右,在整个社会融资规模中占比很小。

为什么说创投基金和私募股权基金在整个社会投资中的地位有限? 一是前期的私募在爆发式增长过程中的定位是投向拟上市企业,目标很明确,但这几年拟上市企业少了,所以它的热度就没有那么高了。二是私募股权基金需要转型,不是社会不需要投资,也不是说没有好企业,而是私募股权基金要重新定位,思考到底应该往哪个方向投,投什么样的企业。这个观念变革在美国已经率先开始了,去年一位清华大学教授讲私募就提到黑石正在率先探索私募基金转型。转成什么?降低投资回报率,要的是量。这与我们山西去年试点的城镇化建设基金的理念是相同的,我们当时就是把回报预期降低到10–15%左右。过去的私募股权基金可不是这样的,给老百姓做投资宣传的时候都是预期几倍回报的,这个时代已经一去不复返。转型在国内私募界刚刚开始,但山西已经率先起步。我预计到2015年私募将再掀高潮,但必须伴随转型。所以说开这个班很及时,希望能为促进山西私募产业转型发展添一把柴。

(七)中小企业融资难、融资贵

说到当前经济形势,有一个话题是避不开的,那就是中小企业融资难、融资贵问题。我总结了几个现象:一是中小企业外源融资中,银行贷款占73%,有价证券占了2%,银行是中小企业获得资金的主渠道。二是占企业总数99%的中小企业只分享到社会信贷总量的30%左右,而且95%以上的中小企业认为企业发展中的首要难题就是资金问题。现实生活中,银行信贷只能满足5–10%左右中小企业的融资需要。我在基层调研时了解到,有的县一年有十个八个企业能拿到银行贷款就算不错,但一个县哪止几十个企业? 所以说比例很低。

还有一个问题是今年中央三令五申下发文件要求降低企业融资成本,但效果却差强人意,有的地方中小企业贷款的成本不降反升。我发明了一个名词叫"银行贷款综合成本",因为有明文限制,现在贷款利率不可能高到离谱,但加上别的各种费用后,企业融资成本通常是15–16%甚至跟多。各种各样的形势变化,让企业拿资金更难了。民间借贷就更不用说了,成本在20%到40%,已经是公开的秘密。这种情况下中小企业怎么可能发展好呢? 有些企业迫不得已还得去借,是饮鸩止渴,副作用更大。

中小企业融资难、融资贵的问题,根源是来自于企业、政府、金融三方面,其中重要原因是在于企业和政府自身。所以企业不要只喊得不到金融支持,得反思一下自己,看看该做的工作做了没有。企业小是客观存在的,但并不是说企业小就注定拿不到贷款。我在调研时发现,拿不到贷款的企业普遍存在管理粗放和信用基础薄弱等问题,产值几千万的企业,连个像样的会计都没有,更别说财务经理了,企业账目拿个小本记,那能拿到银行贷款吗?企业基础差、管理不规范,再加上不诚信都是原因。包括政府也是这样,有的地方政府干部在融资过程中带头不诚信。我听一家银行负责人讲过,银行给"三农"贷款,贷完后,有村长、乡长在当地也经营农业项目的带头不还,大家一看乡长村长不还那我也不还,导致整村不还贷款。短期看确实得了小便宜,但它的影响是长远深刻的。当然金融机构也有原因,金融机构也需要俯下身去,走到基层接地气,个案化解决企业问题,很多时候功夫是要下在贷款之外的。所以说,改变中小企业融资难问题需要多方合力。

通过以上分析可以得出什么结论?

第一,流动性转化不畅,放松金融管制和推进金融创新有待制度突破。如果金融管制不放松,金融制度不改革不创新,金融环境是不可能改善的。所以,改革要有抓手,金融制度中特别是管制制度、监管制度、考核制度都需要变。

第二,金融风险集中在银行环节,指望银行增加贷款不现实,银行贷款增加有限,强扭的瓜不甜。钱不是银行的。

第三,非间接融资增加明显,表外融资中金融债和政府债占主导地位,小口径直接融资与资本市场作用发挥有限,资本市场目前处于尴尬状态。党中央国务院高度重视资本市场,今年上半年以来至少出台了三四个有关资本市场的国发字、国办发字文件,足见资本市场的重要性。但是它的作用还没发挥出来,处在一种尴尬状态,必须破解,地方政府也要注意贯彻。

第四,增长趋缓将成为常态,经济下行加上信用风险,防风险任务日益趋重。党中央说的"三期叠加"就是现在的状况,我们正处在经济下行和信用风险并存的时期,中国经济信用风险近十几年来从来没有像今天这么严重,企业困难和地方债务问题都需要我们警惕,稳增长和防风险任务十分艰巨。

第五,结构调整和企业并购成为潮流,"资本为王"和"现金为王"将是不可回避的课题。在这种情况下,资本运作是必然的选择,无论是搞企业还是发展地方经济,不懂资本市场做不好今天的经济工作。

第六,破解企业融资难需要解放思想、转变观念,需要放松管制,鼓励和包容创新。

第七,非标金融是方向,众筹市场潜力大,但在健康运作方面还需要下大的功夫,这方面还需要我们做很多工作。

第八,创投和私募股权基金发展潜力大、空间大,而且有公募、私募混合发展的趋势。特别是随着下一步市场平台的不断增加,为私募提供的退出渠道将越来越多;国家扶持私募基金发展的政策利好逐步增多,社会需求的增加,客观上为私募股权基金提供了施展身手的机会,私募基金将大有作为。但暴利时代已经终结,需要创新转型,私募还会有5–10年的发展高潮,但这轮的高潮主要体现在规模的快速扩张,体现在投资风格与投资方向与过去10年的不同上。

第九,单一金融服务、单一金融产品不能有效对接和服务实体经济,综合金融服务需加强。实体经济企业不能只认借贷一条道,我们已经进入到一个综合金融服务的时代。改善金融服务不能"一头热",不能光给金融机构提要求,要金融与实体"两手抓",要政府、企业和金融机构三合一同发力。

三、山西金融与经济形势分析

2014年前三季度山西省社会融资3426亿元,其中贷款新增1200多亿元,占了三分之一左右;表外融资1200多亿元,直接融资900亿元左右,按大口径统计大约1100亿元,其实已经占到了银行贷款的90%左右;非间接融资加上表外业务,大约占70%左右,小口径直接融资占社会融资的30%左右,高于全国平均数的十几个点。尽管当前整个社会经济形势不好,但山西金融形势连续三年来却一直向好。

(一)近年来山西社会融资走势

这里有几项指标:第一是大口径直接融资占间接融资增量比,2010年是27%,2013年是77%,2014年近90%。这组数字说明什么?银行贷款没有大长进,个别好年份有增长百分之十几,但直接融资却增幅明显,很快赶了上来。2011年我来到山西,当年6月在交给省委、省政府的《资本市场支持转型综改试验区建设实施意见》中提了十条意见,其中第一条意见是预判未来山西经济转型发展的主要动力在资本市场、在直接融资。现在这个预判已经被验证是正确的,而且符合中央的判断。大家知道,党中央十八届三中全会讲得很清楚,要发展多层次资本市场,大力提升直接融资比重。

第二,2014 年前三季度宽口径直接融资 1145 亿元,占新增贷款的 92%;其中债务性融资 900 亿元,占整个直接融资的 78%。前面我提到了,现在整个资本市场在社会融资结构方面还有问题,债务融资偏多,长远来看这个结构难以持续。如果这个结构不调整的话,融资本身就没有后劲了,无力帮助企业应对当前的资金压力。所以,下一步必须赶快通过私募等股权融资等办法帮助企业解决资本金的问题。

第三,从社会融资结构上看,前三季度新增贷款占 36%,直接融资占 33%,表外融资占 37%,表外融资占第一位。表外融资量大、比重大是什么意思?它的潜台词是,由于我们的金融管制,正规渠道不能走,大家就只好去走偏门左道。比如说银行理财,银行怎么会有爱付出高成本去拉存款的道理?这其实是增加了银行成本。一方面是不让银行给企业提高贷款成本,另一方面是不给它创新空间,那银行只能通过理财的方式拉资金,用理财的方式转移贷款。我也不知道在国外有没有存贷比限制,但我们是有很多限制的,把银行贷款的手脚都束缚住了。金融交易其实跟商品交易没有本质区别,市场交易风险最终应由市场自己来控制和承担,但现在是金融部门管制,银行想贷点钱都不自由,就算愿意自担风险也不行;而且搞信贷责任终身追究,执行中"一刀切",更加剧了贷款难。

在 2014 年一次座谈会上我曾经讲过,就是说我们的政府部门把手伸得太长、管得太多了,该管的事没管好,不该管的事又去管。不该管什么?不该管应由企业和金融机构自己承担的风险,我们现在是把金融机构自己应该、愿意和能够承担的风险一并管了,不让发生风险同时还让金融机构创新、为实体经济服务,这其实是有矛盾的。金融风险有几类,有个体风险、系统性风险等等,中央给我们的任务是守住不发生系统性风险和区域性风险底线。这意味着各级政府和金融部门在管理风险上责任是管系统性风险、区域性风险,至于某某银行的哪笔贷款有没有没收回来那是银行应该通过自有资本、通过金融创新来解决的。现在不是,现在是只要是风险,监管机构都管。由于这样的管法,金融机构的创新能力大打折扣,甚至能做的服务也不做了,但不担风险是不会有创新的。

整个融资结构,包括新增贷款、直接融资、表外融资中都潜藏着这个问题。表外融资占比较大,这还是严格控制表外融资情况下的比重,比往年的表外融资更多。这不是一个好现象,一方面说明大量资金通过表外融资走出去,另一方面说明通过正规工具和渠道资金转不过来。

第四,2012 年末山西存款余额是 2.4 万亿元,2013 年是 2.6 万亿元,2014 年到前三季度是 2.7 万亿元,一个 2.6 万亿元,一个 2.7 万亿元,怎么看这个数字? 2013 年增加了 2000 亿元,2014 年前三季度增加了 1000 亿元,存款增幅下降了。由此可见经济形势严峻程度。还有一个数字是存贷比,2013 年存贷比54%,2014 年到 10 月份看是 60%,在整个融资工具中银行贷款地位在下降、增幅有限的情况下,存贷比还在提升,说明银行已经很努力了。

第五,人民银行在 2014 年年初发布了 2013 年社会融资情况报告,提到山西与北京、天津、重庆、上海、福建等六个地区为融资结构趋于改善的省份,我们排第六位。所谓趋于改善就是新增贷款比重占社会融资的比重低于 50%。这个告诉大家,虽然山西金融总体来讲是相对落后的,但在近年来我们的金融结构已经有了明显改善,这背后是我们辛苦推动的很多金融创新,通过金融创新丰富融资工具带来了直接融资比重上升。

(二)近年来山西金融创新走势

1.金融和资本市场工作近年来受到地方各级政府的重视。

例如 2011 年《资本市场支持山西转型综改实施意见》及其 28 条行动方案和 2012 年出台的资本市场"十二五"规划等等。目前全国没有几个地区出台资本市场"十二五"规划,但山西有,可见省委省政府的重视程度。在 2011 年山西省第十届党代会上,省委书记讲话中关于金融工作的第一句话就讲"要构建多层次资本市场",把资本市场工作放在全省金融工作之首。另外,经过两年坚持不懈的宣传培训工作,到 2013 年,山西 11 个地市中有 8 个地市以不同方式出台了鼓励资本市场发展的相应政策,这在全国都不多见。包括区县政府也越来越重视资本市场,三年时间中我下基层 90 次,几乎每次都要走到县里、乡里,跟我接触过的县长、书记没有不重视资本市场的。

2.山西资本市场体系趋于丰富。

主要表现就是产业结构趋于多样化,今天山西的金融机构门类很多。2013 年 9 月山西有了股权交易中心,还有证券柜台市场;包括正在办的以中国(太原)煤炭交易中心为依托的场外衍生品市场,这都是大举动。我们还有金融资产交易市场,还有现在已经形成的私募市场、信托市场;企业还可以参与到全国的主板市场、新三板市场。这么看,山西经济建设可利用的资本市场平台已经很多了,只不过是广大企业家还不了解。以上还不包括银行间中票市场和银行间定向债务融资工具。当然下一步也需要有关部门和我们共同来研究怎样适应新金融需要,帮助新型金融机构赶快诞生这个课题。

3.资本市场服务体系不断健全。

一是我们组建了各类协会。2011年之前,山西资本市场只有证券业协会,当年我们推动成立了期货协会,2012年初成立上市公司协会,2014年5月成立了投资基金业协会。中部六省、西南、西北三大区域中唯一一家投资基金业协会在山西率先成立,而且是叫投资基金业,别的省有的叫"基金业协会"、有的叫"私募基金业协会"。为什么叫"投资基金业协会"呢?看会员结构就看出来了,我们要把基金业和企业界拧在一起,这个协会中一半会员是企业家,另外还包括银行、券商、担保公司、期货公司,我们立志于搭建一个真正的综合性投融资服务平台,而不只是金融家俱乐部。

二是综合服务创新。前面我提到我们已经进入了综合金融服务时代,单一金融机构、单一金融工具都难以满足企业融资需要,更不能满足一个地区的融资需求,需要几种金融工具一起上。

三是推动资本市场三下乡。这是我们的创新,选十几家证券营业部,代表公司总部走到市县里去主动跟政府领导接触、跟企业接触,问需问计,主动探讨该怎么给企业和地方提供融资服务。这项创新开了中国资本市场和证券业的先河,以前没有人想到金融机构可以主动走出去到乡里去,找农民合作社、找中小企业去问需不需要到新三板挂牌、需不需要改制服务、需不需要发资产证券化产品。而且创新也很有成果,去年通过这种方式给山西提供的融资服务达100多亿资金。

四是我们基金业协会和高新区政府合作正在筹办的互联网众筹平台。这些都是推动山西综合金融服务、丰富资本市场服务体系的实效性举措。

4.创业投资基金和私募基金结构趋于多样化。

现在已经组成和正在组的各类型基金中,一是创投基金的结构已经实现多样化,有的是为煤电产业投资的、有的是为文化产业投资的。二是我们也有很多支股权基金。三是中小企业发展基金。四是县域城镇化基金,在这一点上我们值得自豪,因为我们再一次走在全国前列,目前有十五六个省派员来参观考察。五是在运城盐湖区搞的农业风险投资基金。六是文化旅游产业基金。七是并购基金。可以说,全国流行的基金在我们山西都有,其中不少还是领先的。还有我们正在筹备当中的一些基金,例如众筹基金、煤电产业基金、医疗养老基金、园区基金、物流基金等等。

5.资本市场融资工具多样化。

2011年刚来山西时,感觉就算是证监局干部关心的融资工具也不外乎股票和债券。但现在,除了IPO还有上市环节的增发、配股、企业债、公司债、私募债、证券化和资产管理计划,另外,还有票据、银行间市场的债务融资,这是近两三年刚刚兴起的,从现在的趋势上看,未来银行间市场定向债务融资会超过票据。另外,我省已有小型众筹平台开展众筹融资了。

6.金融创新领先。

一是2013年搞的城镇化基金试点,成功的有三个,分别是灵石县、武乡县和运城盐湖区。二是武乡县的金融创新。我们从山证选派了一名营业部经理到武乡县挂职金融办副主任,在那里实践金融创新,现在已经收到效果。武乡县参加新华社媒体组织的"全国基层金融创新十佳"评选,排位第二,列在北京中关村之后、天津滨海新区之前。这件事的意义十分重大,它首先是山西的荣誉,其次也是我们推动山西金融创新的一个非常好的动力、契机和抓手,说明山西不是注定落后的。只要我们解放思想、敢于担当,山西金融完全可以后来居上。

这里我插话讲一下城镇化基金试点。这项试点基于我对"县域城镇化是未来中国经济转型和确保经济增长延续的主战场"的理论判断,而恰恰当前它又是融资能力最弱的区域。山西县里存贷比大部分在20%到30%,个别县甚至是18%、19%,发展基础最弱、发展潜力最大,最需要发展的区域反而用不上自己的钱。所以金融服务要向这些地方延伸。基于这种判断,我把金融服务和创新的着力点放到基层,一年多的实践下来证明是对的。

以城镇化基金为依托,主要干了几个事情:一是协助政府解决政府土地收储、城市建设资本金缺乏的问题。从私募基金那里拿的钱是资本金性质的,大家想国家级贫困县有多少财政收入是可以拿来做土地收储的?有的连吃饭都不够。有了私募基金的支持就等于有了资本金,有了资本金那国开行、农发行就可以按3倍提供银行贷款。

二是投向县域中小企业和农业企业。灵石县的福苑养鸡场,基金支持前号称养殖规模是 20 万只,但看那破场房让人很怀疑有没有 20 万只。但如今这个养鸡场扩建到 50 万只。从基金出手到现在正好是一年,先后投入 1000 万资本金。养鸡场干了 8 年不过 20 万只,基金上手后一下子变成了 50 万只,产值和利润都翻番。除了去年开始鸡蛋价格暴涨这个有利因素外,嵌入创新金融是主要原因。

(三)2014 年以来金融和经济形势

1.存款增幅降低。

前三季度,新增存款 1335 亿元,同比减少千亿元,增幅不超过 4%。这是多年来没见过的景象。说明现在整个社会资金吃紧,我们创造财富的能力打折扣了,无论是老百姓还是企业,手里攥的钱都少了。

2.银行抽贷限贷,贷款成本上升。

信贷增幅大幅度下降,据统计国有煤炭企业少贷数百亿元,中小企业贷款利率上浮 50%,大企业提升了 10%。这些状况也许不是全面的,但与中央的要求格格不入。特别是今年以来,中央明令要求加强服务,增加贷款,降低融资成本,而实际上情况并不理想。

3.不良贷款增加。

全省超过 4%,不良贷款率全国最高。

4.信托兑付危机。

5.债券融资不乐观。

虽然 2014 年企业债增长了百分之二十几,但是整体上看形势不容乐观,特别是公司债下降幅度比较大,2013 年同期是 150 亿元左右,2014 年才 25 亿元。

6.上市融资难以突破。

虽然 2014 年新增了一家上市公司,2015 年又增加了两家,我们的上市公司从 34 家变成了 37 家,但其中一家是通过并购重组收别人的壳弄来的。

7.传统的私募处于两难。

所谓"两难",就是整个社会的私募基金处在一个募集资金难、投资选项难和基金规模小的状态。

8.传统财政政策遭冷遇。

2014 年以来,省市县财政都拿出不少钱来给银行做贷款贴息,但效果却差强人意。为什么?贴息资金贴不出去,因为银行不放贷了。个别地方政府手上的贴息资金贴不出去,这在过去简直是天方夜谭。财政资金支持银行贷款贴给银行都不要,可见银行贷款现在处在一种什么状态,或者说企业想从银行贷款处在多么艰难的状态。

9.金融创新推进难度加大,社会有钱没处落。

金融创新推进难度仍然很大。我们为地方政府部门和企业提出金融创新、解决融资难的建议,评价说好,但没人接手去做。

10.经济运行下行压力加大。

下行压力在加大,发展中的不确定因素和潜在风险不断增加,经济持续健康发展正面临严峻挑战。这是当前山西的综合形势。

总结来讲,我认为是山西的经济形势不容乐观,2015年可见分晓。但如果各方面应对措施有力,果断出手的话,我们是可以渡过这个难关的。

大家不要觉得经济困难下行压力大就没有前途了,转型升级的机会很多,包括煤化工等延伸产业、物流与电商、文化旅游、医疗健康、现代农业(三农)、城镇化、互联网金融和泛资产管理这都是可以重点投资的领域。

短板即商机,困难就是机遇。煤炭的困难是什么机会? 是煤炭企业并购或转型的机会,这是加大煤炭产业转型的真正动力源。投资下行是什么机会? 它意味着县域城镇化和"三农"的投资机会来了,新兴产业投资机会来了。所以说,关键是要善于抓到并引导机遇,苹果、淘宝、滴滴打车都是引导机会的典型。我们已经进入到一个创意时代,创意时代就是要引导消费、引导投资。但抓机遇不能功利主义,看问题要长远,要长期积淀,持之以恒,下决心用好资本市场,用好互联网和互联网金融带来的机遇。

(四)发挥好资本市场助力改革的作用

1.要培育向市场机制要出路、向资本市场要动力的政府工作理念。

长期以来,经济金融化和资源资本化水平低,是山西经济的一大短板。推动资源资本化,发挥资本市场在配置资源、调整结构和提供融资方面的基础作用应属必然。

2.要培育向市场经济要机会、向资本市场要财富的企业发展理念。

过去有些煤老板一夜暴富,那不是向市场要来的,是不可持续的。只有向市场要的财富和机会才是真正属于自己的。要推动企业改制工作,夯实企业信用基础和法人治理结构,夯实对接资本市场的基础;通过组织推动和政策激励,让一批民营企业上市、挂牌,到资本市场锻炼成长,以上市公司为主体培育企业集群和经济支柱。山西未来的希望在于培养新一代新晋商、新一代企业家。新晋商、新一代企业家不一定都来自于资本市场,但资本市场注定是培育新晋商、新一代企业家的摇篮。

3.要树立"企业要挣钱、地方要发展"的新式政绩观。

我们一天到晚讲要树立正确的政绩观,政绩观的抓手在哪里? 一是要明白企业是干什么的,企业就是为挣钱,这是资本逐利的本性决定的,我们不能忽视这个基本经济规律。二是要明白政府是干什么的,政府要的是发展,只有解决好发展问题,老百姓才能有福祉,社会才能长治久安。因此,政府要克服与企业争利的思维,多予少取,放水养鱼;要改变金融生态环境,打造政策高地、资金洼地,促进金融招商。资本市场和资本运作就是助力政府牵手企业、配置资源、促进发展的抓手。

4.要抓好金融创新示范,勇于尝试新事物。

资本市场要在深化改革、打造新生态中发挥作用,该如何开展工作? 就是要抓好金融创新示范引领,勇于尝试新事物,敢于支持包容金融创新。具体行动很多,比如证监局在推动资本市场发展方面做的十大金融创新工程和下一步要推动的太原高新区金融创新、大同市综合金融创新等试点,包括我们正在探索的众筹扶贫、金融推动打造农业产业链以及私募基金支持国企改革、并购重组和资产注入等等。

5.努力做到"四要四不要"。

这是王一新副省长最近在山西省企业新三板业务培训班上讲话中提出的观点:第一,不要向官场要财富,要向市场要财富,尤其向资本市场要财富。第二,不要做小炉匠,要向开放要财富、向合作要财富。这个"小炉匠"就是刚才我提到的"愿做鸡头,不愿做凤尾"的问题。第三,不要因传统思维受制于煤,要抓住产业转型的重大历史机遇,向创新要财富。第四,不要"为官不为"、不敢担当,要为企业服好务,为企业走向资本市场排忧解难。我认为政府机关和党政干部最该做的事,就是做开门、拉门的工作,就是为企业和社会提供方便,多行方便就是对企业最大的支持,为企业行方便就是为地方经济社会发展行方便。

总结一下:问题和机遇并存,山西经济若想更好应对危机、转型成功,归根到底得靠改革、靠市场、靠金融生态和机制的支撑。

前段时间阿里巴巴上市后,山西经济日报记者写了一篇评论,题目是《山西需要马云,更需要孙正义》。我要阐明一个观点:马云的成功更是孙正义的成功,也是美国资本市场的成功,马云的成功是应该引起我们反思的。

山西资本市场正在发力,山西私募产业正在崛起。一方面,私募基金业要看到前景,善于抓住当前机遇及时转型;另一方面,希望山西企业界要学到真经,特别是从这些年来山西资本市场发展的历程中悟到东西,也要从马云的成功当中悟到真经,要明白向资本市场伸手、到资本市场遨游,企业才能获得真正的成功。

(五)山西资本运作的几个案例

这部分是近年来我们在推动的一些金融创新,其中不少已经走在全国前列。比如,武乡县和灵石县政府出种子资金,组建城镇化基金,支持县政府土地收储、农业合作社和企业发展。比如,灵石县福苑养殖场 2013 年接受基金投资 500 万元,实现产值和利润翻番,养殖规模由 20 万只扩大到 50 万只,实现了 1+1>2。

这里具体讲一下我们利用众筹融资支持白家滩村产业扶贫。这个众筹项目已经有二十个多个机构和个人加盟,已募集 170 万元,支持白家滩村的第一个项目是养鸡合作社,原先存量 4000 只鸡,在众筹的帮助下新场房已经投入使用并新入了一万只蛋鸡,2013 年 12 月份就开始产蛋了。第二个项目是养羊合作社,2013 年 11 月中旬第一批羊到位。这个过程既简单又复杂,村民没有听说过"金融扶贫、产业扶贫",对我们而言这也是个新事物。由我和春生(山西证监局副局长)同志亲自带队前后跟村民谈了十几次才接受了这个观念,经过我们反复地做工作,由众筹基金借给贫困户每户 7500 元的额度加入两个合作社,让农民变成股民。第一期覆盖到了 95 家贫困户,其中养鸡合作社中 95 户农民占了 32.8%的股份;养羊合作社中占了 40%左右的股份。五年后,由合作社负责偿还这笔资金,村民不仅不用还钱反而还持有了合作社的股份,可以参与分红。这是我们搞的金融扶贫,等于为白家滩村打造了一个造血机制,"金融扶贫 + 产业扶贫"的模式已经开始实施了。

现在大家已经有共识了,就是在当前金融环境、经济形势下,银行贷款靠不住,资本市场正在发力,但是也需要一个改革创新的过程,真正有潜力的是私募基金和众筹基金。山西不差钱,问题的关键是大家不会用现代金融工具,或者说我们的企业也不太认可这些工具。下一步的潜力在私募基金和众筹基金,在座各位私募人要有自信,并从中发现属于自己的机遇,做实体企业的也要看明白钱在哪里,怎么才能搞到钱。

四、私募基金在哪些方面大有作为

(一)城市改造和城镇化建设

1.县域城镇化基金扩大试点。

城镇化建设的重点是县域城镇化。2013年,我们指导推动试点了三只城镇化基金,2014年省政府已经决定扩大试点到15—20个县,这项工作在省金融办的牵头下即将启动。想做好这件事只有一个秘诀,就是市场化。市场化的抓手在哪里? 组建私募基金,要引进私募基金管理公司来负责,按基金规则具体操作。每个县三到五亿元的规模,其中包括政府引导资金,这是一片很大的市场。

2.组建城市建设基金。

土地财政加剧了土地垄断和城乡差距,损害了农民和农村集体经济利益,造成了"畸形财政基数",不可持续;政府投融资平台公司在运行过程中拼凑资产包、过度负债、缺乏法人治理制约,加剧了地方债务风险,影响投资效率。政府投融资平台公司不能包打天下,改革创新投融资机制迫在眉睫。

前一段时间,我为住建厅干部作了一场报告,提出了组建城市建设基金的建议。因为债务不可能无限扩大,但全省三至五年内整个棚改和保障房建设投资任务高达5000亿元,体量巨大。而今年省政府决策从财政中拿20亿元,如果每个市再拿出10亿元的话,加起来也就130亿元,与5000亿元相比简直是杯水车薪。这5000亿元如果按两轮或三轮来使用的话,每轮也需要1300亿元到1500亿的资金投入才能干好这项工程。130来亿资本金,怎么能撬动这1300亿元? 这就需要我们搞金融工作的、搞私募基金的来想办法。

第一是组建城镇化建设发展基金,这是一个母基金的概念。就是要把省财政厅拨的20亿元做杠杆使用。这20亿元如果用传统办法负债贷款的话,按5倍倍率只能撬来100亿元贷款,再加上这20亿元才120亿元,这是初级方案。但如果将这20亿元做本金来组建基金,搞一个省级的城市建设母基金,也是放大5倍,就是100亿元的基金。放大之后,只拉动银行贷款,按3倍倍率就能拉动300亿元,这是中级方案,算下来是15倍的杠杆。

第二是组建子基金。这是高级方案,是在中级方案基础上的延伸,也就是在拉动银行贷款之前,在基金操作层面上再放大一次。即在母基金基础上做一次子基金,从 20 亿元变成的 100 亿元基金中分给每个地市 5 亿元,市里面再配套 5 亿元,那每个市就可以有 10 亿元的种子资金,放大 3 倍,就可以组 330 亿元的子基金。330 亿元子基金组完后,再跟银行配合,按 3 倍拉动可以拉出 990 亿元的贷款来,990 亿元加上 330 亿元是 1320 亿元,还加上母基金剩下的 45 亿总共是 1365 亿元。这是什么概念?是省财政的 20 亿元资本金被放大到 68 倍。

大家知道 1300 亿元是个什么概念? 它基本可以满足全省范围内完整的一轮投资,一年半回收后再进行第二轮投资,用两轮半就可以把 5000 亿元的投资完成。这是政府统筹与市场化运作结合的新路数,完全符合中央正在倡导推广试点的 PPP 理念。

(二)医疗健康产业——组建医疗健康产业发展基金

医疗领域是多少年来改革的重点领域,但始终没有大的突破。一直以来大家都没有想到好办法去解决医疗健康行业涉及到的不同利益主体利益平衡问题。今年初我们调研后提出了一套思路。

1.解决医疗领域问题的出路在深化改革。

2014 年年初,我着手设计医疗改革方案时,力求提出一个让与医疗相关的所有主体都满意的方案。哪几个主体? 一是政府,二是医院和医生,三是病人,四是投资者。这个方案怎么实现? 关键是要有现代金融要素的嵌入。

我先讲讲这项改革的几大原则:

一是必须有四方满意的解决方案。二是必须有一个打通产业链的组合方案,实现要素组合,形成完整的产业链。三是必须有系统的改革和运作方案,打通整个产业链。所谓打通整个产业链就是涵盖从医疗诊疗开始到治疗、康复、休养甚至到后期的养生、度假及其相关产品开发和服务供应的全产业链。这项工作做成后,我预算了一下,产值将高达 1000 亿元,可能会为山西培养出一个大产业来。四是必须有增量资金的大量投入,没有百亿资金的投入启动不了系统改革。五是必须发挥公立医院的主渠道作用。当前国内医疗改革大多是把公立医院民营化或直接收购公立医院、发展私立医院,这都应该鼓励,但我认为这不符合中国的改革方向,况且实践证明私立医院在现阶段还是难以得到大众认可,还是要牢牢抓住公立医院这个医疗市场的主渠道和骨干。我们设计的改革就是从公立医院入手的,不动公立医院的牌子、不动公立医院的性质,改的是中间环节、前端以及后端产业链。公立医院要当成杠杆使用,撬动更多新的社会资源。六是必须统筹好公益性与产业化、市场化的关系。要还医疗的产业属性,我们现在往往因医疗机构的公益性而将医院当成公益事业单位,不承认医院可以经营。但大家想一想,医疗事业的公益性与城市上下水有什么本质区别吗?城市上下水也具有公益性,那为什么这个公共事业可以上市,医院就不能呢?医院和现在大街小巷随处可见的足疗店有本质区别吗?没有,它们都是服务业。那为什么足疗店可以随便投资,医院就不能随便投资呢?其实是我们没有分清楚事物的本质。认识到这一点后,改革很容易了。

2.医疗健康产业资本化、社会化投资的路径。

现在搞得比较好的大概就是莆田帮。还有一个最近显现出的趋势就是私募基金介入医疗健康行业的浪潮正在兴起。

我给大家简单讲一下我们设计的方案,核心在三个环节:组建医疗产业基金、把政府公立医院资产资本化、资本化后组建医疗资产经营管理公司。这也是一个国资改革的概念,将医疗资产价值化、资本化,将医疗经营企业化、链条化。在整个改革中,要从组建医疗健康产业基金开始,这是一个切入点。大家想想全省医疗资产加在一起会有多少?通过这项改革赋予它价值、赋予它资本属性,然后政府用医疗资产管理公司旗下的医疗资源资本做杠杆来撬动民间资本。怎么撬动?用基金的方式撬动,而不是跟张老板、李老板合作。然后再组建医疗投资产业集团去负责经营这块资产,扩大投资,打造产业链。

经营集团组成后,任务不是光经营医院,医院仅仅是资源、是杠杆、是招牌,更重要的是打造产业链,进而反过来反哺医院。集团组建后,围绕医院打造产业链,进行产业链的剥离、分割,形成一个完整的链条。实现在全省或者全市范围内一直延伸到乡级医院。

这个产业链打通后,理顺了体制和资本的关系后,会帮助我们解决很多问题。一是解决了医疗资源的配置问题。现在怎么配置医生资源?靠行政命令,把一个市里的医生派到县里去,把县里的医生派到乡里去了,条件差工资低,那医生怎么会有积极性?当企业集团化打通产业链条后,可以怎么做?实行医疗半径制和业务分工制、医生分工制。医疗半径可以打破行政区域,比如以30公里为半径,乡里的医院以后少配医生,多配护士和救护车就可以了。现在我们搞村村通建设,30公里半径也就是10分钟左右的车程,危重病人直接就拉到县里了。在往县里走的过程中,再从市里派车把医生送到县里去。大家可能觉得这种成本很高,但放在一个大周期看,需要大手术救治的病人可能一年也没几个。另外,实现以县为中心的医疗半径之后,医疗资源高度集中,提升资源使用效率,避免了浪费。娄烦县的病人挨着静乐县近,但按现在的体制只能到娄烦县看,下一步改革后,资本不分地域的,病人可以就近看病。那对病人有什么好处? 病人的治疗成本下降了、陪护费用降低了,不用一有大病就跑太原、跑北京了,医疗综合成本下降了,也缓解大城市的医院拥挤问题。

二是解决了医生的增收问题。在这个体制下,医院投资不再需要政府,是由社会资本投的。政府此后每年财政预算投到医院的设备投资及建设投资都可以省出来用于购买医疗服务。用这笔钱反哺给病人,真正降低了病人的医疗支出,反哺给医生真正提高了医生的工资收入。我估算了一下,通过这项改革可以在存量调整中解决医生工资提升 1 倍的效果。另外, 因为企业化经营了,产业链中的其他链条也是挣钱的,医疗集团可以再反哺一块给医院,这又是医生增收的一条途径。

所以,这项改革可以照顾到四方都满意:政府满意,因为以后不用扩大医疗投资了,不用发愁缺口怎么办。医院满意,医疗腐败问题也解决了。现在医生即使有灰色收入也不敢露富,不敢坐宝马,但改革之后,院长能拿到百万年薪,就可以光明正大的坐宝马了。所以说院长高兴,医生也高兴。最后一个是投资者,媒体报道过,医疗行业经营的平均利润是 10%–15%。大家别忘了这是一个永远的朝阳行业,投资一个永远的朝阳行业,每年回报率 10% 到 15%,还有比这更好的投资方向吗? 所以说,医疗产业对全社会来讲都是一个好东西,但要把好东西做好,要有好的思路,需要担当、要敢去尝试。依医疗健康行业现状看,只要尝试改革,效果总会比不改革强,这是我们应有的改革思维和基本判断。

(三)现代农业投资

在座的各位中有不少从小是在农村长大的,我们打小留下一个印象就是干农业没出息,要通过念书离开家乡、改变命运。什么意思呢? 在过去,农业确实是不挣钱的,干农业没有出息,大家都往城里挤。但今天的农业已经不是过去的概念了。

关于农业,近几年我总结了两句话,叫"两不"理论——农业投资的风险并不高,农业投资的收益并不低。为什么农业投资风险并不高? 农业没风险吗? 有风险。农业风险的破坏性大不大？很大。来一场鸡瘟，整个一窝鸡全没了；来一场冰雹，整个果园水果没了。如2013年春天一场大雪导致山西水果80%的减产，它的破坏性确实很大。但要我看，这些风险都是可以抵御的。为什么？

大家想一想农业风险是什么性质的？它是一个流动性资金和流动资产的损失，鸡死了，鸡窝还在；猪死了，猪圈还在；作物减产绝收了，但土地还在。所以说这个风险是可以抵御的。那为什么过去农民做不到这一点？是因为农民的融资能力弱、储备不足，不足以抵抗风险。一旦农村金融化、农业经营资本化后，我们就从根本上具备了抗御农业风险的能力，所以说农业风险虽然客观存在，但它并不可怕。

"农业投资的收益并不低"也是同样的道理。我常讲一句话，叫投资与农业企业、与农民的关系，是99℃跟1℃的关系。一个农业企业经营了几年、几十年了，它打下了很好的基础，可能已经有上百万、甚至上亿的资产规模，老板已经前后投入了几亿资金在支撑着这个产业。他现在困难了，可能就困难在500万元资金，他只需要500万元的支持。以几十年打造的基础、形成的资本积累所带动的整个农业规模经营效益，来支撑几百万或者百分之几十的新投入高成本投资是完全可以实现的。去年我与朔州市几家养殖合作社负责人座谈，我问他们可承受的融资成本是多少？他们回答说30%能承受。所以说，对中小企业和农业企业的金融支持，并不是简单的融资贵，在什么情况下的融资成本可以接受、什么情况下不可以接受是有区别的。当这笔资金对它而言是救命，或者是给它起增量作用的时候，企业是可以承受一定幅度高成本的。所以说农业投资的收益并不低。

今天的农业是非常有前途、非常有投资价值的行业。为什么这么说？我总结了五点：一是农民知识化。二是经营现代化。三是产业链条化。无论是养鸡也好，搞粮食种植也好，单独一个环节确实不足以迎接市场价格波动的挑战。而当把农业产业链打通时，农业经营者抗风险能力就自然增强了，产业规模也就大了。欧美国家有一个统计数字，现代大农业概念已经占GDP的比重的30%到40%了。因此，看农业不能光看养殖种植这一段，要看它能够相应带动的其他链条，这是个崭新的趋势，希望引起大家的重视。朔州市怀仁县的养羊业就很典型。该县的养殖规模已经达到400万只，它的一个村，叫南小寨村的养殖规模有100万只，村里存款几十万的家庭比比皆是。就利润来看，一只育肥羊利润

150元,一只羔羊育肥500块钱利润,农民个人养殖极限是100头,也就是说农民收入能力是可以提高到1.5万元或5万元的利润。所以,谁说农民致富难,谁说农业不挣钱?而且羊的死亡率很低,最高死亡率不超过10%,养好的话在3%左右,羊在所有动物中算瘟疫发生率非常低的品种,又很容易养,这个产业非常容易做。但光养羊是不够的,要打造产业链,而恰恰羊是可以做全产业链的,我大致算了算至少有六个链条。四是农村金融化。刚才提到的创新都是与农村和农业有关的,我们不要把农村看得一无是处。农村金融化,对政府而言是要讲诚信,能让金融机构放心与你合作;对企业家来说也是讲诚信,得告诉金融机构真实家底,要配合得好。这些工作做好了,农村金融化会很容易推。五是政策机制化。目前,各级政府对农业的各种投入不断加大,并且已越来越注重财政资金使用的机制化。要会使用政府资金,善于发挥它的杠杆作用、机制作用。在过去的试点中,无一例外地体现出当地政府使用财政资金所起到的引导作用,武乡县政府在试点城镇化基金时就是这么做的,体现出政府解放思想所释放的改革红利。

以武乡县为例,一是做了城镇化基金的试点,二是由县金融办牵头搞了"助保贷"。政府拿出1000多万元拉动了1.6亿元的助保贷贷款下去,到期后基本回收了,这就是讲信用,下一步银行也有信心继续提供贷款。农村金融化的好处就是让农业企业通过金融支持、资本运作,从根本上增强应对风险的能力,进一步扩大发展和提升增收能力。2013年9月时,武乡县城镇化基金给该县的三里湾合作社投了200万元,这200万元投下去产生了什么效果?合作社生产规模扩大了35%,销售规模扩大了25%,产值由1000万元变成1500万元,固定资产增加了130多万元,同时促进了村民就业。正逢花生市场过剩,有了这笔资金的支持,合作社兑现了与所有农户的收购合同。现在合作社正在调整结构,并且已经在淘宝网、天猫网上开了直销店。这就是私募基金支持农村合作社在一年时间里产生的巨变,是政府政策机制化推动形成的改革创新成果。

综上结论:农业投资的风险并不高,农业投资的收益并不低。基金加龙头企业加农村合作社加农民,等于农业投资的新路径,结果是要实现农业产业链条化,为建设新农村找到新路径。金融工作不是简单地找一家企业投资就可以了,而是要以上述思维参与到农业企业投资和新农村建设中去。

（四）煤电产业基金

煤电产业是一个绕不开的话题,现在山西最大的产业是它,最困难的也是它。最大加最困难恰恰也是现代金融发力的主战场,但由于不作为,这又是金融最难以发力的一个领域。2014年8月初,我到上海平安集团调研,平安高管普遍不看好煤炭产业,我跟他们讲煤炭产业是基础支柱产业,几十年内看不到这个行业被替代的可能。山西七大煤炭企业集团经过多年来的发展,拥有大量优质资产和较强的市场竞争与抗风险能力,煤电行业没有风险。最后他们认同了我的观点,也很积极地愿意参与到我提议的山西煤电产业基金的组建工作中来,愿意出钱出方案。

我们搞基金的同志一定要意识到,目前在这个时间节点的资产价格,是并购的最佳时机。我们的煤电产业基金方案已经形成,定位是投向四个方向:一是投向在建的优质煤矿,激活这一块资产,替代银行贷款;二是投入电力;三是投入煤化工;四是投煤炭物流。最后的出口在上市,恰恰山西又不缺这种上市公司。所以,通过私募基金解决煤电产业的资本金问题是完全有条件的。

（五）物流与电商

这两者的结合代表着未来的发展方向,不可阻挡。山西可以着重发展两大物流:一是以农产品、食品、轻工产品为主导的物流产业集群,二是煤炭产业物流集群。打造物流体系和引进电商,最需要的是什么? 是资本。我估计没有20亿元资本金是不可能解决这个问题的。如何把电商、资本、物流这三件事统筹设计一种模式,使山西农业产业、物流产业上个新台阶,最后可能打造一个上市公司出来。

（六）众筹市场与创新型、中小微企业和三农

自山西省投资基金业协会成立后,这项工作已经开始筹备了。众筹其实是在私募基础上衍生出来的概念,也是一个集资合法化的概念。它是个典型的集资行为,它的集资对象都是小额的,这与私募股权基金不同,基金的入伙人都是大额的,按证监会现在的新标准,私募入资额度是100万元。而众筹呢? 可能5000元、10000元都可以加盟。

众筹尤其互联网众筹,是解决中小企业融资难的最有效手段。因为众筹可以提供个性化服务。当前银行贷款为什么支持不到中小企业? 除了企业小、信用不够外,还有企业情况千差万别,按照银行的标准化流程无法给它信用评价。

标准金融服务里没有万能扳子、没有万能钥匙，但众筹是可以个案解决的，所以说这个市场的潜力太大了。我给它定性是将来的小额股票市场、小额债券市场，或者也可以说是另类股票市场、另类银行。正是认识到它的潜力非常巨大，由山西省基金业协会牵头，与太原市高新区政府联手正在做平台，这又会为山西中小企业融资开辟一条新的直接融资路径。关键是我们有几大机制的支撑：一是选项机制，二是补偿机制，三是担保机制，四是领投机制，五是追偿机制，六是评价机制，七是风控机制。因为有这七项机制的建立，我们的众筹模式在全国范围来讲应该是领先的。这个平台 2015 年 4 月 20 日启动了，对在座各家私募基金公司而言，也是为你们打开了一条新的投资路径，可以带动私募基金转型。

另外，私募股权基金在推进国有企业股权多元化和混合所有制改革、推动我省旅游文化产业做大做强等方面也有十分重要的作用。

五、私募基金产业如何抓机遇、谋发展

想抓住上面那些机会，靠现在的做法是做不成的。十八届三中全会《决定》指出："健全多层次资本市场体系，推进股票发行注册制改革，多渠道推动股权融资，发展并规范债券市场，提高直接融资比重。发展普惠金融。鼓励金融创新，丰富金融市场层次和产品"；资本市场新国九条也提出要积极培育私募市场。随着《私募投资基金管理暂行办法》的实施，更是给了私募行业定心丸、强心剂。可以说，发展私募的有利政策很多，那具体来讲山西私募行业怎么做？

(一)抱团发展

要解决发展观念问题。目前我们山西各行各业普遍存在的一个问题就是做"小炉匠"的思维，不愿意合作，只想个人闷头发财。包括私募基金也是这样，干了三年还是今天的局面，散兵游勇多，主要原因就是我们不善于抱团。大家都有小九九，都觉得跟别人合作时便宜让别人占去了。这个观念不转变，山西发展不起来。下一步私募不能再小打小闹，不是盯一个项目赌一把的概念了，私募也得打大战役。比如说国企改革混合所有制，一单不得投入几十亿元吗？比如说园区基金，哪个不得有几十亿元？现在在座的哪家基金公司能做到？关于私募抱团，讲以下几点：

1.起步不晚。

最早是 1993 年成立的山西省科技发展基金，是创投性质的；2011 年同仁

基金是山西首只真正意义上的私募股权基金。1993 年山西就有创投基金,在全国并不落后。但是至今我们的创投和私募股权基金规模有限、引导带动作用有限,有的基金投资决策还需要政府部门审批,在全国也不多见。

2.发展缓慢。

为什么慢? 社会认知度不够。山西第一只正规的私募基金募集过程是我亲自发动和亲身参与的。就是因为当时大家都不懂,基金团队又是生面孔,得不到社会支持。从发动开始到资金到位花了 9 个月时间,组建过程非常辛苦,认购规模是二三十亿元,很可观,很振奋人心;但 9 个月后实际到位的是一亿五百万元,是 14 个个人和企业出的资。

大家可能不知道这其中的辛酸。我讲一件事,在晋中市最后一次发动的时候,市长书记把全市有头有脸的几位煤老板叫来一起吃饭,饭桌上最少的一家认购了 5000 万元,最多的认购了 2.5 亿元,那天晚上就募集了七八亿元,但到最后到位资金只有一个人友情交付的 500 万元。我永远记着这 14 个个人和企业,山西的私募历史上有同仁股权基金这一笔,同仁股权基金这一笔是这 14 个人帮助写下的。

发展慢是因为认知不够、抱团不够。到现在为止,山西的基金规模都不大。省内最大的基金管理公司典石管了一个并购基金 10 亿元、城镇化基金 10 亿元,加上同仁基金 1 个多亿,农业基金和晋尚博银联合管的不到 2 亿元,无论是在规模上还是在省内外影响度上,都远远不够。

3.实力不强。

实力不强不仅是资金规模的问题,我们的管理人才也严重不足。所以说为什么要办这个班,而且大幅降低学员收费?大家要明白自己的能力水平,在私募基金管理行业,我们的能力、知识,包括创新能力、思辨能力、创造能力还远远不够,运作也不规范,发展能力就更不用说了。什么时候我们能联手搞出 50 亿元的大基金,才敢说山西私募基金像样子了,成长了。

4.基金抱团。

抱团的方法有很多,包括联合组建基金、共同投资项目,智力合作、信息共享等等。还可以通过协会搭台实现抱团发展。在中部、西北、西南三个地区,山西省率先成立了基金业协会,目的就是要通过协会把台搭好。我给基金业协会立了很高的目标,要让它成为山西推动资本运作、推动金融服务的综合服务平台。

所以说协会的几位会长、秘书长、秘书处的同志们责任重大;在座的各位会员单位的责任重大,同时其中也有很多机会。希望通过这次培训班,通过这两个多月以来的学习讨论,我们共同把这个抱团文化贯彻下去,变成自觉行动。

(二)联手政府

1.与市县政府合作。

私募基金想发展好,离不开政府。政府也是市场经济组成部分之一,是市场主体之一,政府和企业不可能没有交集的,但勾结是完全可以避免的,要把勾结变成联手、变成合作、变成牵手。而在企业、市场力量与政府联手问题上,私募基金是最好的平台和路径。它有两大好处:一是可以合作形成规模。单个资本 1 亿元、5000 万元,甚至两三亿元,与政府或者与焦煤集团这样的大集团联手,根本没有话语权;但十个三亿元合在一起就是 30 亿元,就足以拿下大项目。这就是私募基金在合作中的规模效应,增加了合作的胜算和话语权。二是通过引进私募基金的平台和机制,在与政府合作过程中可以规避寻租嫌疑,真正地解决权力寻租问题。政府与私募基金合作时,不会再有张老板、李老板这些个性化的面孔出现了,也就不会再有人怀疑官员跟张老板什么关系,李老板什么关系,私募基金的机制就把这种寻租风险和嫌疑全部规避掉了。那这种合作何乐而不为? 所以我想发展私募基金即使是从为政之道上讲,也应该成为各级政府党政干部主动采用的方法。我们去年推动的城镇化基金试点、今年搞的农业投资基金等都是私募基金与市县政府联手合作的典范。

2.与财政资金搭配。

我曾为此写一篇文章,刊登在《人民日报》上,讲的就是财政资金的使用不能再沿袭以前的做法,撒胡椒面,直投直补了,要拿它做杠杆,与金融工具结合起来。

3.政府购买金融服务。

这是在朔州调研时发明的一个概念,准备下一步用到众筹创新中。给大家举个例子,金融交易中最根本的、影响金融交易成效、影响交易量大小的是价格,也就是资金成本。众筹是面向老百姓的,老百姓对资金的需要、对投资价格的需要一般在8%到15%,10%以上, 特别12%以上是有钱人比较看好的投资标的。也就是说,10%以下有点勉强,12%到15%则投资人乐享其成,肯定愿意买这个众筹产品。但12%以上给企业的话,显得略高,虽然实际上不算高,但与

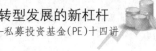

规定的银行贷款利率相比就觉得高了。那么,从老百姓手里按12%或者15%募集来的资金,还是以12%到15%给企业,企业愿意接受,可是平台等于白忙乎了。那怎么办?包括平台提供的融资服务,以及为融资业务达成所提供的券商或会计师事务所对项目进行的风险评估等类似服务的服务费从哪儿来?我估计大概就是3-5个点,就由政府提供。也就是说政府不要只给银行贴息,还可以贴给融资平台、贴给做风险评估的那些券商,这叫政府购买金融服务。它与单个项目政府提供多少补贴相比是既有效又简单,等于是把整个金融服务链条打通了,提高效率的同时管理也简单化了。

4.坚持市场化原则。

这两年来我有一个体会,就是很多改革很多事情其实并不难,难是难在人为的复杂化。导致复杂化的重要原因"翻烧饼",不讲信用。怎么能不"翻烧饼"讲信用?就是坚持一点,要按市场化原则办事,这场交易该是什么价码就是什么价码,不能随便改。定好这项金融交易是为某某项目投资的,就不要轻易改变,这也可以叫坚持信用原则,参与交易,发展金融服务,促进各方合作,信用是根本。

(三)对外合作

山西发展慢,企业发展不起来,基金发展慢、规模小,也是合作问题没解决好。山西社会既要改革,更要开放,但开放的根本是合作。特别是下一步要加强协会与外地协会的沟通交流,把外省市的私募基金引进来与我们合作。包括协会本身也可以搭台,把对内合作和对外合作的台搭好。对外合作中包括几点:一是与银行、证券、担保公司合作;二是与省外基金合作;三是与省外基金协会合作;四是通过协会搭台;五是借助互联网搞合作。

总的来讲,虽然现在山西的宏观经济形势不大乐观,我们可能会经历一个阵痛期,但这种混沌期、阵痛期蕴藏着抓机遇的机会,困局之中方显金融机构的能力作用。山西私募虽然规模小,但如果方法得当、抱团有力、切入点选得准,省内机会有的是。在这里,一方面我们山西证监局将继续加强指导,继续积极跟省里有关部门沟通、交流;一方面也要发挥好协会的平台作用,发挥好这次培训班的交流、互动作用。相信大家经过这个班的培训学习,一定会有所收获,包括通过这个班提升大家规范运作的自觉性,推动山西私募基金行业健康发展。

第二讲　促进山西金融振兴
从破解融资难入手

转型关键期，政府、企业、金融要合力而为[①]

孙才仁

今天的主题就讲一件事情：怎么贯彻好全省金融振兴大会和王儒林书记讲话精神，落点是怎么解决融资难的问题。当前整个经济工作处在一个关键的时期，资金的问题是各级政府、所有企业都面临的难题。贯彻全省金融振兴大会精神，不管采取什么方式，最要紧的就是先突破融资难困扰，把经济工作抓上来。

一、我对金融振兴大会的几点体会

1.这次全省金融振兴大会意义非同凡响，王书记的讲话意义非同凡响。

六月初，中央督导组花了一周时间来检查我省落实中央经济工作的各项方针情况。反馈意见会上，肯定了我省很多方面工作，第一就是肯定了 5 月 29 日召开的全省金融振兴大会，肯定了王书记讲话。第二肯定了我省最近采取的一系列"稳定经济、稳定增长、促结构调整、保民生、防风险"等工作，用了"难能可贵"四个字。我的理解是 5.29 金融振兴大会，其实是吹响了山西振兴经济的号角。

2.明确了我们当前抓金融乃至抓经济工作的系列重大方针。

这次王书记讲话非常有特点，全都是实的，也就是说我们照着做就够了，当然还要因地制宜抓落实。我想这次会议开完之后，对我们山西一手抓"净化政治

---

①此文系作者 2015 年 6 月 10 日在运城市金融振兴推进会暨资本市场专题报告会上的讲话。

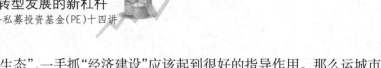
生态",一手抓"经济建设"应该起到很好的指导作用。那么运城市委、市政府在这么一个恰当的时候,及时出手召开这个大会,我想对下一步经济发展一定会具有重要意义。因为省里最近还要召开科技振兴大会和民营经济大会。这三个大会,我想是省委、省政府基于贯彻党中央的战略部署,基于我们省经济社会发展的新常态、新挑战作出的一个重大决定。

3.为什么省委省政府这么重视金融、科技和民营经济振兴?

一是今天山西之困难绝不是偶然的,也是中国之困。什么叫中国之困? 就是我们喊了十几年的经济转型、结构调整,换句话叫结构调整阵痛期也好,叫跨越中等收入陷阱最后一战也好。这一战还要打3~5年,今年和明年是关键的两年。顶住了经济下行压力,就为这一战赢得了时间,这是我的判断。大家要知道,目前的经济下行,不管有其他什么原因,但它是必然的,我们要做好打持久战的准备。所以,前几天《人民日报》发表了一篇关于形势判断的文章,我觉得至少县委书记、县长以上的干部要好好学习。

二是今日之困难,我四年前就强调了。那时候正是煤炭挣钱的时候,我说你们煤炭挣钱,顶多还有三两年;财政好日子顶多有五年。我希望山西企业家和各级政府趁着煤炭有钱挣的时机抓紧部署转型,包括希望煤焦企业赶快作套期保值锁定价格。可惜这句话几乎没有人接受,结果,我们在经受2008年那场经济危机打击之后,从去年开始在同样一个地方又一次摔倒了。为什么我说这句话? 我是想告诉大家:我们不能总是犯同样一个错误! 我还想说的是,今天省委、省政府提出来的金融振兴之策,就是我们要看到它在顶住经济下行压力和振兴山西经济方面具有根本性意义。我们在特殊时期要有特殊之策,要施特殊之力,新常态下不能按老套路思考问题,不能按老套路开展工作。省里搞的金融振兴大会,出台金融振兴意见,就是特殊之策,下一步就是要大家一起使出特殊之力。关于特殊之策、特殊之力,王书记讲话当中已经点出了很多,怎么样把这个力借过来,让它传导下来,这是我们市县两级党政干部要做的功课。

在出手之前,要认识到今天的困难和经济下行绝不是"黑天鹅事件",叫统一思想也好,提高认识也好,这个认识很关键。不要觉得这两年扛过去就好了,绝不是靠等能扛过去的,包括煤炭产业,绝不是扛两年你就有春天了,煤炭产业还会不会有春天是打问号的。传统能源过剩和能源结构调整的大势我们必须要有科学预判。所以大家要对艰难性、长期性做好充分预判,做好充分准备。当然，也绝不会是 8 年持久战，我看顶多是 3 年持久战，今年尤其关键。

在这种情势下，怎么做才能够把今年和明年特殊时期的困难应对过去，或者说怎么用空间赢得时间？怎么样为经济转型见效、为适应新常态赢得时间？什么能体现赢得时间呢？就是经济增长不要明显下滑，保到 7% 左右，结构调整、传统产业有转型的迹象，新兴产业有明显发展的迹象，有一个接续。新经济结构布局必须在两年内完成。

怎么看我们面临的困难？如果没有这么大困难，有几个人会有转型动力？没有这么大困难，煤炭企业不走出低谷，我们中小企业、新兴企业哪有出头之日？所以，对于今天的困难要辩证地看。但是说一千道一万，顶住压力是根本，顶住了今天下行压力我们就有生机，战胜了当前困难，两年后的山西包括运城一定是另一番光景。当然，如果还是依靠煤炭企业来顶，这是没有希望的，所以转型本身、转型的动力、动力来源、转型的主体也要调整，也要我们去思考。

三是"三大突破"，这是省委省政府提出来的重大战略，也是当前符合山西实际的转型升级、应对经济下行一个非常正确的战略决策。"三大突破"其实也是转型之策、发展之策，既是短期应对困难的"三大突围"之策，也有长远实现山西转型发展的战略意义。"三大突破"首先在金融突破上展开，希望各位党政干部，第一按照省委、省政府要求率先抓好金融突破；第二要用金融突破牵引"三大突破"。邓小平有一句话"金融很重要，是现代经济的核心。金融搞好了，一着棋活，全盘皆活"，讲的就是这个意思。

四是在当前这个特殊时期、新常态下，运城市是占了先机的，而且也有基础。运城市第一有条件率先突破，第二有可能率先突破，第三有义务率先突破。因为现在形势下，山西经济怎么振兴、怎么突破？并不是四面出击，而是需要把握重点。区域重点有几个地方，其中运城市是这几个地方里面最具特色、最有理由率先突破的。过去煤炭赚钱的时候，运城没地位，大家不重视，兴奋点也不在运城。但是今天的客观因素让我们运城人走在了山西转型发展和振兴突破的前沿舞台，可谓三十年河东、三十年河西。这是因为运城的经济和企业结构比较合理，非煤产业占 90% 以上，园区经济和产业集群的拉动效应明显。

二、钱从哪里来的问题

搞发展、搞振兴、搞突破没有钱是做不到的。但今天这个时代，没钱是生机，没有资源也是生机,有了资源反而是包袱,尤其是思想包袱。最近我讲了几次互联网报告,我一直在讲这个"互联网+"时代机会是给谁的? 不是给大企业家的,至少不是给我们资源型企业家的。在互联网时代,哪怕是过去做的好的企业家,如果你不顺应时代进步的潮流也会变被动的。谁是未来时代里面主动者? 是在座的中小企业家,但是主力还不是你们,是现在两手空空的年轻创业者,所以党中央提出"大众创业、万众创新"。大家不要以为这只是个时髦语言,依我看这就是党中央苦苦探索了十几年,为中国转型找到了一个转型新动力。

所以说,光有钱是不够的,至少不是根本。也就是说,缺钱问题现在是共性,但是我们不要被缺钱这个问题一叶障目。根本问题是什么? 根本问题是要懂得钱从哪里来,要会从市场上找钱。山西不缺钱,经济这么困难,我们还有1万亿元存贷差。运城市的存款余额1600亿元,至少有700亿元存贷差,这怎么能说是缺钱呢? 今年全市投资任务才1200亿元,银行还放着700亿元没用起来。所以说我们不缺钱。下面我给大家讲几个怎么拿钱的渠道:

1.从银行拿钱。

不可否认,银行信贷仍然是我们重要的融资渠道。即便如此,我们很多企业还不会从银行拿钱,银行存贷比很低,运城市还不到60%。所以,我们要研究怎么样把储蓄率给降下来、把存贷比提升了,怎么样把储蓄存款转成投资? 今年银行困难,从长远看,银行间接融资增长潜力也有限。但是,银行贷款还有潜力可挖,因为我们山西省的存贷比才65%左右,很多县域存贷比才20%~30%。运城要努力一下,至少让我们今年的存贷比达到60%。大家算一算,现在是56%,增加四个点,按余额算,就能增加70个亿银行贷款。

在银行贷款的概念下,还有一个抓手,这个是王儒林书记在会议上用很长篇幅讲的"加快信用社改制"。信用社改制,一般需要3-5个月时间。改完之后最大的好处是把信用社的贷款呆坏账消化一部分,增加注册资本后还能扩大贷款能力。大家也知道信用社是服务地方经济最出力的、贷款额度最大的一个机构。

2.从民间融资入手。

过去很多中小企业靠民间融资,而且很多是非法集资,现在大家已经有体会了,民间融资不规范、不合法的问题,导致了它不可持续。企业民间融资,用来短期过桥还可以,用长了对企业来讲是饮鸩止渴,中小企业、民营企业承受不起。在过去金融不发达的条件下,企业别无选择。但随着我们推进全省金融振兴,各方面政策到位,金融产业大发展,金融服务大发展,我们要尽快解决这个问题。要通过金融创新,通过嫁接正规的非标金融服务平台和工具,使民间非法集资向合法融资转变。

3.资本市场是希望。

目前的尴尬就在于我们相当一批党政干部、相当一批企业家不了解资本市场,也不会做资本运作,想做也做不成。为什么想做做不成? 不具备条件,叫心有余而力不足。我印象中运城是山西改革开放意识最强的一个地方,资本运作也是做的最好的一个地方。即便如此,全市上市公司才4家,事隔4年有个小小的永东化工上市,融资3.3亿元。这个举动还让市委、市政府振奋得不得了,让王书记都在全省金融大会拿永东说事儿。

永东上市的意义绝不仅仅是振奋人气。我跟大家算算永东的账。我估计在座的好多企业家根本瞧不起永东的董事长,会觉得永东这一个小小的上市公司,它的价值在哪里? 仅仅对这个企业来讲:上市前总资产不过8个亿,净资产四五个亿。如果这个企业不上市,用4个亿净资产到银行贷款,最多拿2个亿回来。但是这一次不仅发行股票拿了3个多亿,成为上市公司之后市值60个亿,打3折贷款,贷18亿元。而且这18亿元一定是银行抢着给贷,如果企业稍微拽一拽,能贷个4折的,就是24个亿,再加上发行募集的共27个亿。整个稷山县今年贷款多少? 恐怕远远不及这一个企业拿到的贷款多。紧接着还可以做一个资本运作,在全省范围内、全国范围内搞并购。并购什么? 我最近到吕梁调研, 发现了同样一家企业, 跟永东一样的规模——7个亿销售额,4000万元利润,完全可以上市。可惜,这家企业因为没有跟资本市场对接,同样的企业,它现在需要8000万元资金,银行不给,企业就停滞在这个水平。这就是懂不懂资本市场、解不解放思想的巨大差别。我想通过这个案例告诉大家,包括在座的企业,不要自己搞扩大生产线,搞并购是加快发展做大的最佳方式和最佳时机。也就是说,永东化工打的第一战是上市,为运城市争了光,为山西争了光;紧接着要做好准备打第二个战役,搞并购;第三个战役还可以做一件事情,咱拿出一到两个亿来支持市委、市政府干一件重要的事情,为其他企业解决融资增信问题。我们的老板过去赚钱了好搞点捐款、做慈善,现在你不用去捐款,各级政府最需要解决企业融资增信问题。永东化工还不用动上市融的钱,把股权质押出两个亿来,交给清宪市长用来搞增信,比如搞一个大的担保公司,既扩大了投资渠道,又帮了别的企业。一句话:善于嫁接资本市场和善于资本运作就是乘电梯,不善的就是爬楼梯。广大企业、各县市党政干部要赶快补充资本市场知识,向资本市场靠拢,在资本市场拿钱会源源不断,通过资本市场谋求发展会事半功倍。

4.我省资本市场有直接融资的基础。

这些年,我省在通过资本运作解决企业直接融资上也做了一些尝试,取得了很好的效果。直接融资来自两个大渠道,一个是资本市场,另外一个是银行间市场,这两个市场实现的融资基本是直接融资。直接融资跟银行贷款增量比,2010年是27%,2011年是38%,2012年是50%,2013年70%,去年120%。在金融发展相对还落后,广大企业家还不大会用资本运作直接融资手段的情况下,我们这几年闷头发小财,偷偷摸摸地把直接融资搞上来,已经见效了。我前几天到吕梁调研看了几个企业,吕梁市在资本运作方面没有这个概念,全市没有一个本土上市公司,没有一个新三板企业。可是吕梁除了煤老板一塌糊涂之外,非煤产业还是有一些好企业的。一个是刚才我说得和永东化工相当的立信化工企业,还有几个农业企业,其中有一个裕源核桃产品加工企业,销售额7个亿,利润4000万元,全国第一大,这完全可以上中小板的,但它没有资本市场概念,今年缺资金1个亿,银行贷款搞不到,类似的情况比比皆是。就是说,我们很多企业完全可以有条件利用资本市场融资的,但由于不懂,包括地方政府不重视、不推动,结果现在都吵着没钱。银行贷款现在确实收紧了,但是资本市场没收紧。包括永东化工,要按我今天提的建议和思路往下走,我敢说3-5年可以实现百亿规模。

我再给大家举两个例子,一个是太原的美锦能源,一个是晋中的永泰能源。不要以为煤炭企业一无是处,跟资本市场嫁接了依然会活的很好。永泰能源注册地在晋中,5年时间从资本市场拿了300多亿元,到去年年底总资产到了400多亿元,净资产200多亿元,今年又干了一个200亿元的并购。它的股价去年重组的时候两块多,现在9块多,这就是资本运作的魅力。

三、怎么把钱搞到手

有钱,也知道钱在哪儿。在资本市场有,在咱们运城当地有,但是怎么把钱搞到手为我所用,那才叫本事。怎么样在现有的条件下把运城市的钱和运城以外的钱,拿来发展咱们运城经济用,这个是关键。

1.需要几方面合力。

过去为什么需要钱时拿不出来呢？我说是因为我们缺乏合力。企业、政府、金融机构各自为战，所以，如果说教给各级政府招数的话，第一招就是要通过政府工作，促进形成合力；第二招要搞综合融资服务，让企业不是只想到银行，或者只想找证券公司，因为单个一家都解决不了问题。综合融资服务我提了4年，中国金融之所以今天这么不争气，在理论上讲，就是因为我们存在着严重的金融孤岛现象。我们要解决这个金融孤岛问题，首先提倡金融机构之间不要各自为战，然后政府、企业、金融三大力量之间不要各自为战。

2.企业层面提质量。

王书记也讲了，山西金融的问题如果是有短板、有问题的话，根子在实体经济。我们搞不到钱，不是没有钱，也不是金融机构不愿意给钱。资本是逐利的，你没给它赚钱的希望，他怎么会投给你，所以根子在企业，在实体经济上。我们企业自身质量有问题，即粗放、层次不高、信誉不佳。包括我们去年几大风险事件发生之后处置不及时，整个金融生态出问题了，一朝不慎，能影响我们10年。所以企业解决这个问题首先需要强身健体，提升信用，增强融资能力。

一是股份制改造。想发展好企业，先搞改制。改制的好处很多，但是目前看第一个好处就是帮你拿来资金，同时引进战略投资者以及新的股东。所以这次抓改制，一定要动员企业家引进第三方投资进来做新的股东，在引进股东的同时把增量资本引进来。引进来是资本，不用还且没有利息，若干年以后也是通过企业上市让股东从资本市场上转让股份收回投资，这是既能解决长远问题又能救急的办法。市委、市政府应该以强大的力度和最快的速度推企业改制，全市推100家就够了。当然，具体工作还是要请一批金融机构帮着改制，不能自己稀里糊涂改。

二是企业抓紧调整债务结构和资金结构。银行负债率比较高的，民间融资比较多的赶快清理清理。特别我们运城一些农业类企业，在经济下行情况下利润本来就低，都搞了负债，你就等于替银行打工。调整结构，引进股权投资，哪怕你不改制，也可以进行的。我举个例子，吕梁柳林县煤炭企业比较多，去年负债480亿元，利息42个亿，可是柳林县整个煤炭行业才8个亿亏损，减少100个亿负债就全行业盈利。

三是搞并购。这个是一个微观意义和宏观战略意义融为一体的事，我们农

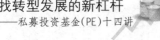
业企业正好适合搞产业链并购。从政府角度讲,通过推动企业并购,在资产价格最合适的时机打造产业链。微观上讲,选几个龙头企业,全力以赴支持它,用资本运作手段支持其收购其他企业,起到一个传递作用。既把龙头企业做大了,还把一些困难企业救活了,又把产业链打造成功。

四是借助资本市场金融工具。资本市场金融工具很多,也很重要,今天我告诉大家几个管用的办法:一个是通过改制尽快上新三版。第二个是省内外的四板市场,如果它能加快改革、能发挥作用的话,我们可以到四板融资。第三个是五板市场,就是在国内刚刚兴起的众筹市场,我们省其实草根众筹去年就有了,真正大手笔出现的是今年4月20日挂牌成立的山西高新普惠众筹平台。用互联网金融手段、综合金融服务的理念、用资本运作的技巧,为企业进行量身定做的个性化金融服务。它没有交易所那些标准和条条框框的要求,没有银行贷款的繁杂手续,只要你有融资需求,只要你解决好信用问题,你在我这儿就能融资,是一个新型的市场,我给它定性叫"非标金融"。这个平台4月20日开业以后运行效果不错,某一个项目1500万元融资仅仅用了6天。还有,这个平台在山西新闻联播报道了三次,王儒林书记在金融大会上讲的那个太原高新区轻资产的医疗信息技术企业,一个从银行拿不到贷款的企业嫁接了高新普惠众筹平台之后,不仅拿到5000万元融资,还带动银行主动跟进。这几个例子告诉大家,现在企业很困难,资金问题影响了我们的发展,打击了我们的信心,但是中国不缺钱,山西不缺钱,运城也不缺钱。去年全国有二三十家众筹平台,最大的一年大概完成融资2个亿,高新区这个平台运行不到两个月时间完成8300万元,大概到6月底完成一个亿,今年顺利的话能突破10–20个亿。如果省里有关部门出手给予企业增信,这个平台可能会发挥更大的作用。我们企业有多大能量,政府有多大能量,这个平台就能给你提供多大的市场。第四私募基金,运城的同志们对私募基金是不陌生的,这也是非标金融。最近半年多来党中央国务院各种场合和会议都在提这个事情。但是,我们在山西推私募比较艰难,原因很多,一个是我们政府不重视、不给政策,很少像盐湖区能配合那么好。我们大多数政府都是看眼前利益而不看长远,所以对私募基金这一块不太肯定,政府的钱也不愿意支持私募,喜欢自己搞又搞不好。再一个是我们企业家短视,不重视这个融资工具,愿意借钱而不愿意引进私募股权基金。过去的抱团用互保的办法抱,结果把大家抱死了。私募基金是企业家抱团发展的一个非常好的办法,包括下一步我们要加强担保公司也是最好的抱团。我们山西人不需要别人来救我们,我们可以自立,私募基金和担保公司就是抱团最好的办法。此外,债券、证券公司资产管理计划、银行间票据融资、金融租赁都是可以用的有效工具。

将来具体怎么干?政府挑头搞对接、给政策,金融办上手搞对接、搞服务,请进金融机构具体策划,每一个企业情况不一样,用的方法是不一样的。企业家们在搞金融服务的时候,买金融服务的时候,别抠抠缩缩的,购买金融服务时我少花100万元,那获得市场融资时就可能少拿1000万元。

3.政府层面抓增信。

这个时候政府做什么事情?要特殊时期有特殊之策、给特殊之力,要敢于出手,出手要狠,出手要准。

第一件事情,就是搞培训。证监局已经组织讲师团,我的四个副局长带队,处级干部主讲,以县为单位给干部和企业搞实用知识培训。

第二件事情,市县两级政府要下大力气刻不容缓地抓信用和金融生态建设。这绝不仅仅是长远见效的事,它是近期和长远完全结合起来的一件事情,因为你的信用生态不改善,人家也不会来。其中解决信用环境是当务之急。一个是你们已经在做的,把我们出的风险问题尽快解决,这是追回我们信用最好的办法,在哪跌倒在哪爬起来。第二个是解决增信,政府要舍得花钱。我在吕梁几个县调研发现,很多企业不错,就是因为缺少增信才无法获得外部资金。我就跟县里同志们讲,现在再穷再苦,宁可干部职工工资不发也要把增信问题解决好,因为企业没钱花了,不发展了,你后边更没税了,工资更发不出来了,这就是鸡与蛋的关系。增信并不复杂,做好两件事情:第一按王儒林书记要求做大做强担保公司。县级担保公司多数是过去政府出资1000万元左右搞的,由于没有人才,加上国有资本考核机制束缚,多数没有激活。如何激活?就是大量引进民营资本,如果政府钱能退出去最好,因为政府钱放里边让担保公司不死不活没有效率,考核的事又多。还不如国有资本直接退出,全部让民营资本进入,变成商业性担保公司,政府退出的资金可以用于做风险补偿金。第二个建议市县两级政府拿出一笔资金来做风险准备金,或者叫风险补偿金,这笔资金能对接各类金融服务,可以支持一批企业去市场上融资。在极端情况下,政府风险准备金能借上力,况且在风险准备金之前还有一层担保公司担保,不一定真花掉这些钱。各级财政不要犹豫,加大力度赶快投入。过去我们搞过助保贷这个

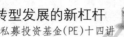

办法，撬8-10倍贷款。今后补偿的对象不要仅限于银行贷款，凡是外部融资都给提供风险补偿10%的比例。而且同样10%比例提供风险补偿金，我给私募股权提供，和给银行贷款提供比，这杠杆能一样吗？放1000万元在这儿给私募股权投资补偿，能带1个亿股权投资，股权投资到位还能带动至少5000万元银行贷款，放大15倍。所以风险补偿这个使用上要思想解放，拓展视野。

第三件事，就是政府的钱要购买金融服务。企业融资贵的问题怎么解决，就是政府购买金融服务，把以前的补贴改成购买，就是买金融服务的成本，把融资价格里属于担保、评估、服务收费的这些成本买下来，大概5-6个点，跟以前银行贴息是一个道理。目前，投资者愿意接受的投资回报是13%-15%左右，加上担保、评估、中介等费用下来企业成本19%-20%左右，企业当然支撑不了。政府可以购买5%-6%，政府掏出了利息成本中一部分之后，胜过政府融资给企业，政府相当于花小钱办大事。

4.金融机构方面抓服务。

今天请了不少金融机构来，我们要主动出手。王书记也有一句话说现在是"同舟共济、共渡难关"的时代，我们金融机构不要站在旁边看笑话，更不能做落井下石的事情，因为毁的是自己的根基。我们金融机构的根基是实体经济。怎么办？金融机构要主动出手来给企业提供服务。金融机构要学会全方位帮企业做好组合融资。希望党政干部要做学习型干部、思考型干部、实干型干部，这个时代更需要这样的干部。

我们要深刻领会、忠实贯彻王书记5.29的讲话，尤其运城市要为我们打好金融振兴这个开篇之战带好头、起好步。千头万绪，企业是绳头，各级政府要扭住企业不放，要抓经济、抓项目、抓重点，抓住企业家就是抓住经济工作关键穴位。过去搞不正当的官商勾结关系，害了一批党政干部，害了企业家，现在要建立新型政企关系，这是不矛盾的。"法无授权不可为"和"法无禁止即可为"不是矛盾对立关系，是个辩证统一关系。我们不要从胡乱作为的一个极端走到为官不为的另一个极端。经过两三年的努力运城应该是什么样的前景？3-5年内运城应该还有10家企业上市，应该有30-50家新三板企业，一年内到高新普惠五板市场融资的至少50家。这都不是梦想，实现就靠我刚才讲的那几条。希望政府、企业、金融机构联手，我们一起努力，打好山西的金融振兴这一战，打好运城金融振兴之战。

谢谢大家！

非资源型地区如何在经济困局下
寻找生机、融资发展①

孙才仁

我到文水,先看了两户企业:仙塔食品和立信化工。又听了王县长对文水经济社会发展情况介绍,对文水县情况有了一个初步认识。对企业困难要辩证看,上述两家企业资金缺口 1.5 亿元,但不像大家想象的或者说的那么严重,思路一调整资金问题就可以解决。大家讲的融资难问题,深层次的原因恐怕还是认识和工作方法的问题。下面结合我的一些做法和经验,就文水县的企业情况和大家做一个交流。

一、怎么看形势、看自己?

1.怎么看农业大县和没有资源的县?

山西要成功转型,煤炭产业首先必须转型升级,但光靠煤炭去转型现在发现有问题,以煤炭为龙头抓转型成效也不明显。这个问题倒逼我们要深刻反思经济发展战略。所以省委去年后期提出了"煤和非煤"两篇大文章,我觉得这个更实事求是。煤不能不搞好,不搞好不行,但是山西要想成功转型,真正走出困境,改变山西面貌还得靠新兴产业、靠非煤产业。也就是说像文水这样所谓没有资源的县,现在要理直气壮、挺直腰杆站在山西转型升级的前列。就是说山西未来希望靠谁? 要靠我们这些过去不受重视的企业、不受重视的地区。不光山西,中国现在也是这样,一个新的时代开始了,和我们八十年初是一样的时代,需要再次创业、再次改革、再次开放。

但这次改革开放、创业的着力点不一样。八十年代创业,只要勤劳的,敢于下海的就能成功,但这次创业光勤劳不够,光敢于下海也不够,是需要有知识的一代去创业。有知识的一代创业是什么概念? 是一个思考性的创业。到底选择什么方向? 或者说是需要重新选择产业、选择着力点,不能停留在过去的基础

---

①此文系作者 2015 年 6 月 6 日在吕梁市文水县调研座谈会上的讲话。

上。比如说资源大县,靠过去的思路和在过去的基础上去创业,创不出来。我们中西部地区搞经济建设发展,政府作用还是很重要的,当然政府的玩法要变、打法要变,希望县委、县政府能够认真学习省委、省政府领导讲话,对当前经济改革发展转型的新形势和特点,以及党中央讲的新常态有个深刻的认识。这是下一步我们县委、县政府能够带好头,帮助企业渡过目前困难期必须具备的一种新思维。新常态在文水县怎么体现? 要解决这个问题,前提是对当前经济社会发展特点、困难和它的本质要认识清楚。为什么这次省委、省政府这么重视抓金融? 就是建立在对新形势进一步认识和把握的基础上。"两大文章、六大发展、六型转变、三大突破",就是新一届省委、省政府对当前新宏观条件下山西形势特点有了科学认识之后提出来的。省委、省政府从 5.29 金融振兴会议开始已经出招了,大家要跟上形势,把书记的讲话理解透。这篇讲话绝不仅仅是讲金融,其实讲了当前整个山西经济的把握,讲了对突破当前困难、策略和方式方法的把握。会后几个市长告诉我,说从来没有书记能把金融工作讲的这么透。这篇讲话绝不是一篇普通的讲话,里面透着很多世界观、方法论,透着很多突破当前困难的方法。把这篇讲话吃透了,就够我们用了。

2.怎么看当前经济工作面临的巨大问题。

当前的经济形势极其严峻,但又是新常态,困难大,出路也有。但是首先要对问题严峻性估计充分,解决问题绝不是发几个文件、开几个会就能解决的。今年的工作重点是要学会攥紧拳头、集中发力、重点突破。重点突破的目标是什么? 就是解决拉动增长这个问题,保就业、保民生。当然要保这些,根本是要保企业,只有把企业保住了,其他问题才能解决,企业问题解决好了,反过来促进保工资、保就业、保民生。这可以比作是一团乱麻,线头在哪里? 企业。

这里面有个实际情况,反腐反的大家不敢跟企业接触了,饭也不敢吃了,见面也少了,这不行。反腐归反腐,支持企业归支持企业,两码事。在当前困难下,一级党委更要敢于担当,去扶持企业发展。反腐是最大的政治,扶持好企业发展也是最大的政治,两手都缺不了。不能因为我们过去和企业没处好关系,少部分党政干部和企业官商勾结的关系,影响了我们今天的新型政企关系。

3.克服困难要有新思维。

今年的中国经济形势,是改革开放以来最严峻的一年,而且今年乃至明年解决不好这个问题,整个中国转型升级这个战略性任务就完不成,这是重大理论问题。中央今年提出"大众创业、万众创新"的方针,绝不是随便说一句时髦的话,这是我理解的中央在推动经济转型发展走出困境的一个根本招数。无论"大众创业、万众创新",还是支持现有企业发展,都是一个道理:培育经济新增长点。培育新增长点就是把现在所谓的中小企业,代表产业发展方向,有市场、有空间的这种企业先培育好,然后再让一些创业者去创业,包括我们文水县有10万人在外面打工,咱可以重新打起招商引资的牌子,招我们文水老乡回来,这才是最现实的招商。而且在招商上,除了你条件优越,机缘巧合,有大项目之外,不要眼界只盯着高大上,哪怕是大学毕业生,愿意回来创业的,也要鼓励他回来创业,不要瞧不起小的创业者。在座的养牛企业哪个不是从养一头牛、两头牛开始的?在座的企业家哪个不是从零开始的?我们招商引资也要转变观念,有大项目固然好,但是不要把精力都放在大项目上。说实在,中西部地区本身拿大项目就不容易,没有资源的地方更没有优势。怎么办?眼睛向内,挖掘招商引资潜力。今天在座的20个企业家,就是我们政府招商引资最根本的动力,最根本的抓手。

改革开放以来,我相信各级政府、各届政府都没有停过招商引资,算一算招了多少进来?在座各位有几个是外地的,想想是不是这个道理?有的县当地企业家反映强烈,说我手里有10个亿,项目不给我,非要到外面招10个亿回来。招个项目哪那么容易?,光谈判就谈几年,落地再几年,还没弄完县长就又换人了,所以招商引资效果不好。要把身边的企业家用好,别瞧不起身边人。山西的事情还是要靠山西人自己来办,山西的事情也只有山西人自己才能办好。放大讲,中国30年改革开放确实起了很关键的作用,但是今天成为国民经济支柱的哪个不是我们中国人自己干的!把大家的事情办好了就是最大的招商引资。

然后是方法的问题。我看文水县的条件还不错,虽然代表高科技方向的新兴产业还比较少,但是现有这几个产业起码还说的过去,不容易。这里面很重要的原因是你们过去负债率低,但是负债率低这个问题要辩证看,一方面今天遇到经济下行了,银行抽贷的时候,负债率低帮咱们度过了危机,但这是小便宜,可不要因为这个沾沾自喜,觉得负债率低就是好事,你们发展慢、做不大就是因为负债率低。但是现在怎么看这个问题?今天的负债率低和目前的整个经济形势困难期,如果再加上咱们这次开展新的一轮融资和资本运作,就能帮助文水县抓住当前困难和危机中的机遇,两个加号,负债率低 + 困难 + 新的融资配套跟上,就能帮助文水县抓住新的机遇。什么叫新的机遇?危机当中孕育的机遇,大家都不行的时候你活的挺好,这时候给你加把油,你就起飞,你就超过别人。真正讲,国家与国家之间的关系也好,地区与地区之间的关系也好,拉开差距,不是在发展过程中拉开的,就是在停顿的时候拉开的,弯道超车最管用。所以建议县委、县政府要充分把握当前形势,这是文水县一个十年一遇的机会,不要在困难当中被困难一叶障目。换个角度看问题,要动员企业家们振奋起来,动员全县的党政干部振奋起来,大家两股力量合成一股力量,用两年时间实现文水县整个县域经济上台阶。如果下一步我们运作得力的话,2017 年文水县GDP 超百亿元没问题。比如说汇丰源养牛企业,两年后不达到 5–10 个亿,那就不对。立信化工两年后不发展到 20 个亿吗?包括仙塔食品,经过两年时间必须有一个大发展。企业产值都翻两倍到三倍以上,财政收入自然就跟的上去了。所以结合产业发展方向,通过存量调整优化支持重点企业,培育新的重点企业。文水县就抓 20 个重点户,通过一段时间的摸底、调查、分析、论证,选 20 个重点扶持企业,举全县之力,至少帮企业两年。

二、如何理解融资难?

下面,我再围绕解决企业融资难的问题,就如何拓宽融资渠道,解决企业发展资金问题,提几个具体建议。

过去银行是大家融资的主渠道, 但是这个主渠道现在受各种因素影响,作用发挥大大受限,在贷款增量方面体现的尤为突出。文水今年新增银行贷款 6.9个亿,这是个好现象,继续抓银行贷款也没得说,但是光靠这个肯定不行,远远不够,必须拓宽融资渠道。

1.要有专门的力量、专门的领导,把协调解决企业融资难和发展问题作为当前一个时期政府抓经济建设的第一抓手。

当前经济工作主要目标就是防控风险,解决信用问题,帮助企业把钱拿到。至于企业怎么发展?那不是政府想的事,那是企业家考虑的事,但是企业现在面临的最大困难就是缺钱,所以这就应该变成政府当前抓经济的第一个任务。金融振兴会上王书记讲了一句话,叫"金融活则经济活,金融兴则经济兴"。就是告诉大家,经济遭遇困难、面临经济下行压力时,金融是有效抓手。

对于政府来讲,抓金融首先要解决的是风险监控。怎么监控风险呢? 首先得有人负责,得有队伍,光有县长不行,要把金融办用好,优化人员结构。监控不是光看银行数据,当然银行数据看的还不够,要细挖、深化、做细,因为底数很关键,信息很关键;要侧重监控企业生产经营情况,不能等着看统计局报表,那是不行的。每个领导干部都要去企业走一走,听听企业汇报,最近经济情况怎么样,销路怎么样,资金怎么样,得做到这个份上,才叫监控。在监控基础上,要全力做好企业融资的协调和帮扶工作。客观讲,县一级企业无论对外的关系,还是掌握的信息和渠道都是有限的。比如说融资平台,政府有组织地把企业情况弄清楚了,统一对接。前几天,离石区区长主动组团,带了7家企业到高新普惠综合融资服务平台对接,这就是我说的协调工作。协调工作不能等企业找县长了才去协调,要主动形成一个工作机制。也就是说县长每周思考的最大问题就是企业融资的问题,这么干才符合今天的形势需要。

在此,我再提个新概念叫金融招商。为什么叫金融招商?因为金融、融资绝不仅仅是银行,要素很多,方法很多,渠道很多,要通过政府的组织优势和信用,才能去跟各种各样的金融要素对接,把各种各样的金融要素拉过来用。今天我主动把众筹平台带过来了,下一步大家要主动去找他们,把招商工作重新拿起来。这里顺带说一下,要做好这些工作一定要摸清本地经济和企业运行的底数,摸清社会资金底数,为下一步政府和外部金融力量为企业提供支撑、制定对策提供依据。比如当地居民的存款结构情况,5万元以上存款有多少,10万元以上存款多少,20万元以上存款多少,一直摸到50万元以上存款,还可以进一步细分为城市居民存款和农民存款情况。还有一个活情况,让我们的干部以村为单位走访农村老百姓的需求。国家一直强调投资拉动和需求拉动,去摸老百姓的需求情况,摸什么需求呢?最大的需求就是房子,房地产仍然是拉动投资和需求的重要抓手,而且符合中央最近几年关于城镇化建设的判断,出手容易见效。尽管受经济形势各方面因素影响,这两年房地产市场出现了停顿或者回潮,但不要因为受大环境影响就把这个拳头和着力点给忽视了。尤其文水37%的城镇化率注定城镇化拉动空间大,未来城镇化一定是文水县拉动投资和消费的着力点。尽管看起来政府好像花了不少钱,但农民进城后一部分房地产被激活了,消费也就上来了。只有通过挖数据,才能明确出拳方向,方向确定后要做好调研,做好分析论证,做好政策给力的准备。

2.政府要把精力用在强化信用建设方面。

企业融资难原因很多，但主要原因是缺信用。目前，我们全省信用遭到严重破坏，要想扩大融资增量必须增强增信能力。信用建设过去是作为目标提出来的，现在是抓手、是措施。信用建设里面有以下几个概念。

第一是政府有能力做到的，通过教育、激励和惩罚让企业家讲信用、守信用。我不知道文水县怎么样，我们有一些县的企业家不讲信用，能赖就赖，能不还就不还，严重的到什么程度呢？企业家准备出逃的时候先把财产转到老婆名下，然后再办个离婚。这是不行的，我觉得金融办以后可以考虑跟民政局建立联系，企业家要离婚先查一查怎么回事？是不是有什么问题？大家一定要把守信的问题当成信用建设的首要问题。

第二是增信。现在很多企业拿不到钱，就是缺乏增信，缺乏信用保证，人家不放心。但是政府的信用还是在的，尽管现在不允许政府担保了，但是政府信用在中国还是最强的，所以这个时候政府要把握住。不直接担保，可以创新担保。

政府在增信上能做的第一件事情就是把政策性担保公司做大。目前很多县面临的问题不是担保公司做大的问题，而是根本就没用起来。要激活担保公司需要做几件事：第一，人员配备要到位，有人才的要配好人才，没有人才的托管给市场机构帮你管理，盘活存量资源。第二，要搞股改，过去为什么不敢做？做不好？没人才是一方面，除此之外还有体制、机制的问题。通过股权多元化把它变成民营资本主导的担保公司，既能解决担保公司资本金问题，更能解决不敢干的问题。股改时如果民营资本积极性高，我建议政府把原有的1000万元注册资本撤出来，变成完全民营控股公司。如果民营资本足够大的话，变成5000万元规模就够了，能达到1亿元更好。其实就文水县20户重点企业进来，一家500万元不就1个亿么。为啥要搞1个亿规模呢？1个亿就能担保上千万元融资啊，这还是给银行担保的；要给高新普惠平台担保呢，1个亿可以担保5000万元融资。除此之外，其实还有一个好处，就是可以破解互保问题，过去都是企业之间互相提供担保，有一家企业出现问题其他企业跟着遭殃。换个打法就可以破解这个问题，一举两得的事。

政府在增信上可做的第二件事情就是改变过去贴息资金用途。有很多地方说想贴息但贴不出去。我们现在急需用政府的资金来增信，也就是说要把政府资金使用的主动权完全变成政府说了算，完全能发挥自己主观能动性的使用方法。怎么做到充分发挥主观能动性呢？把贴息资金变成风险准备金。只要政府支持企业融资，政府就拿出 10% 的风险准备金，既能促成融资，也能充分发挥政府资金的杠杆作用。把政府的钱拿出来做风险补偿，补偿给谁呢？首先补偿给担保公司，这在全国都有经验了。比如说补贴担保规模的 3%，这块怎么补呢？就是直接给担保公司。如果损失 3%，正好把窟窿给填上；如果损失 5%，那剩余 2% 跟我没关系，我就补你这么多；如果没有损失，这 3% 我也给你。这样一来，就打消了担保公司的后顾之忧，担保公司愿意担保了。其次，还可以供企业其他方式融资备用。比如说到高新普惠平台融资，其最大的特点是什么？叫非标金融。比银行门槛要低，只要平台看好你，缺几个指标也可以给提供融资服务。但是有一个指标不可或缺：信用问题，担保是缺不了的。这个时候只要企业风险可控，政府再拿出 10% 的风险准备金，就可以实现融资。政府拿 5000 万元风险准备金就可以帮助企业融资 5 个亿。政府通过采用增信办法，对于改善银企关系具有重要意义。除此之外，还有股权融资，股权融资是不需要风险补偿金的，只要企业资质好，就可以筹到资金。我看全县企业融资缺口加起来也不会超过 30 个亿，根本不存在融资难的问题，关键要把项目做扎实，把增信环节落到实处。第三件事就是政府要带头守信。一个地区信用状况不好，政府是有责任的。政府失信问题在山西其实挺严重的，表现在政策多变、承诺不兑现。这些问题在经济结构不健全、资源型经济突出的地方，或者贫困地区表现的十分突出，换一任县长换一套思路，这是最大的不诚信。希望在这方面咱们党政干部共勉，因为政府守信了才能带好头，否则企业会上行下效。

3.政府要优化财政支出，提高使用效率。

刚才讲的几招其实也是优化财政支出。但是为什么把它单独提出来？尤其对财政收入不多的地方，更面临如何勒紧腰带的问题。建议县委、县政府研究一下，至少今年、明年作为政府勒紧腰带的一个时期，要有这个思想准备。刚才讲了，不光发工资困难，搞建设，特别是增信的问题，哪来那么多钱？所以，要想方设法把政府手里现有的、可以用于增信的钱拢一拢。从现在开始把钱收拢完之后，要改变打法，而且跟分管领导要讲最后这笔钱还要用到你的分管领域，不会影响你的发展，只不过是使用方式变了。首先，是集中起来使用，用于做风险准备金，增加信用。第二，就是组基金，收拢出 5000 万元资金来，其中 3000 万元用于做风险准备金，2000 万元用来组基金。拿 2000 万元做底，放大 3 倍，能组个 6000 万元基金出来,加上那 3000 万元就变成 9000 万元。基金干什么用?基金在下一步的引进资金当中可以起到一个领投作用。比如说企业股权融资的时候,别人都不大看好,这时候我们的基金先带头投;再比如说企业发债,别人都不看好,我的基金先买点,这叫领投。我看财政支出这么几招就够了,也不想太多招了,关键的一招就是收拢资金。

4.要创造条件拉动贷款,创造条件转化存款。

我省的储蓄率很高,在全国靠前,文水的储蓄率也不低,我光看存贷比就知道。前面讲了文水资金缺口 30 亿元,其实不是这么回事,真实的情况是文水 100 亿元存款中有接近 50 亿元没有被本地使用,没有转化好。所以,要创造条件拉动贷款,转化存款,要把它当成一项任务。怎么样把今年的存贷比提高?怎么样把存在银行账户里的钱给转出来,变成投资,变成集资。这项工作我们金融部门可以帮助来做,但前提是底数要清楚。包括政府要培训和引导企业家,我们的企业在融资方面要增加股权融资,引进股权投资,改变企业的融资结构。特别是中小企业,包括一些负债率不高的企业要对股权结构进行调整,引进新的股东。当前,如果企业要大量依赖负债融资来发展,基本是不可持续的,因为资金成本超过 10%就承受不起了。大家都知道,金融其实就是一种交易,是一种买卖关系。企业为什么拿不到钱?除了项目问题,可能主要原因就是资金成本高的问题。那怎么办?引进股权投资。股权投资的好处是不需要支付利息,一定时间内可以不分红。引进股权投资,就可以让部分困难企业度过困难期,让部分质量不错的企业起飞。扩大股权融资,一方面可以弥补资金缺口;另一方面在企业资产负债比较高时可以置换部分债务,降低企业财务成本。

关于引进股权投资配套的工作也是一项重要工作,王书记在金融振兴大会上也讲了。下一步,建议把县里准备重点扶持的 20 家企业的股份制改造作为一项工程提出来,抓企业改制。我们山西企业为什么干的很艰难?都是家族企业,家族企业有好处,但是劣势也很突出,最主要是资本结构不具备优点。这也是王书记多个场合连批评带强调的一条,他讲到现在全省没有一个部门来负责这件事情。这个事情我推了 4 年,少数地方推了推,多数地方根本就没推。企业改制在 80 年代做过一次,那时候改了的企业都活的很好,没改的国有企业全没了!今天不改制不是国有企业没了,而是民营企业也要没。我建议县里把企业改制工作作为一项工程去抓,而且要落实到部门去抓,县里有中小企业局、经信局,或者抽调有关部门组建工作组,放在金融领导小组下面专项推动,今年年内20户企业全部完成改制。改制同时就是一次融资,是连在一起的,这件事做的越快,企业融资难问题就解决的越早。此外,还要只争朝夕,用几个月时间,加快完成信用社改制工作。全省已经有几十个信用社改制,改制完了效果非常好。首先,一部分不良资产清理了;其次,融资能力进一步扩大了。

把这几项措施用好了,解决十几个亿的增量资金应该问题不大,再加上五六个亿的社会融资增量不就接近20亿元了。我在文水看了两个企业,拿资金应该是没问题的,包括汇丰源和胡兰食品下一步好好做,拿资金都有希望。关键看你们怎么做? 这个东西和谈恋爱一样,你得看人家有什么要求,得改善条件努力满足人家的要求。其中,改善条件首要的就是要解决增信问题,一是外部增信,政府帮你增信,二是企业自身把资本结构调整好。其次,企业也要努力,不能光靠政府帮忙。

总而言之,县里克服当前困难,落实省委、省政府会议精神,还是要有人负责,要落实一个工作班子。落实工作班子,有一个好经验,就是用好现有银行的人。当然银行也需要解放思想,扩大视野,不能只盯着贷款。然后,把有关部门的力量整合一下,形成一站式办公。

三、要抓好干部和企业家的培训工作

学习很重要,最近在吕梁调研时给了我一个新的启示。当今的时代需要什么样的干部? 当今的时代需要学习型、思考型和实干型的干部。你光实干,不懂新知识,白搭,我们有这样的干部,就是舍不得动地方,还挺辛苦。我刚才讲的这些东西,大家能听懂足够了,怕的是听不懂,或听懂了也没引起足够重视。我省企业的经济工作为什么会出现这个困难局面? 一定是与干部不懂现代金融有关。党政干部不懂金融,是山西最大的短板,所以,建议县委、县政府一定要把干部的配备、培养、培训作为重点抓手,要将金融培训纳入培训计划,把办培训班作为落实省委、省政府金融振兴会议精神的第一个举措。以后各类培训班都要加强金融普及,还有党委理论中心组学习要主动邀请金融专家讲课。光有理论中心组学习还不够,建议县里专门办一个培训班,各主要局的骨干,至少股级干部,加上主要企业家都要参加。当然课程要好好设计,组织一批实战型专家,不讲大道理,只讲怎么解决问题,最终要达到了解金融融资知识和振奋党政

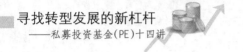

干部、企业家精神的目的。

关于产业发展方面的具体建议。

根据我的感觉，文水县农业这篇文章还要做大做强，养牛产业将是文水农业产业中最大的文章。文水县养牛至少20年以上，不出个10亿元、20亿元产值的养牛大户能叫养牛大县吗？建议县里规划目标，我不主张县政府在经济发展上规划太多目标，但有几件具体事情可以做规划。比如说在两年内文水县要培育1个产值超10亿元的，2-3个产值超5亿元的，5-10个产值超1亿元的养牛大户。就养牛本身讲，为什么不能合并呢？怎么合并呢？成立一个集团公司。我经常讲的观点，宁可我自己干赚一百万元，也不跟别人合作赚一千万元，这是我们山西人可贵之处，也是劣根之处，我们这几年发展慢就慢在这里。所以，对于同类企业政府是可以通过宣传来推动并购，但不能搞拉郎配。企业做大没有几个是靠自己滚动做大的，李嘉诚不是自己做大的，是靠并购做大的，而且每次都选择在经济低谷期并购。两年前从内地房地产市场撤离，一部分跑到英国去了，我相信另一部分钱在等着呢，哪天再杀回来。目前从行业做大角度看也好，牛产业是急需并购的。搞一个养牛龙头企业出来，这样才符合文水县作为山西最大养牛县这个身份。此外，通过并购规模达到10亿元、20亿元之后，上市进程也加快了。一旦企业上市了，这个产业增长速度可就不是我刚才说的那个速度了，就会呈几何基数增长，并且上市以后还可以去收购别的养牛企业，一个上市公司足以支撑一个县了。文水养牛产业完全可以培育一个大上市公司出来，但前提是并购、股改，早主动早做，不并购3年内没戏，并购了3年后一定会成为上市公司。结合考察的情况，文水县至少可以在养牛、农产品加工和化工产业中培育出3个上市公司。另外到明年年底之前完全有可能培育出5-10家新三板企业。

建议县政府大力发展包括旅游业在内的第三产业。这个产业正好是拉动消费需求的，文水县第三产业比重才占26%，第三产业发展潜力巨大。很多好的、发达一点的县，第三产业比重已经达到50%左右。文水县第三产业一年内增加10个点是有希望的，怎么增加？就是把它作为一项工程去抓。

谢谢大家！

第三讲　私募投资基金的立法与监管

刘健钧

刘健钧　中国证监会私募基金监管部副主任。曾任中国律师事务中心主任助理、中国农村发展信托投资公司基金部业务主任。

一、私募基金概述与中外立法探索

证监会 2014 年 8 月发布《私募投资基金监督管理暂行办法》，是在原来发改委立法基础上的一种扬弃，所以我们要想了解现在，有必要回顾过去。要想能够准确地了解国外私募基金立法的一些经验，就有必要对私募基金一些基本的风险特点做比较深入的剖析才行，为什么？因为私募基金是以私下的方式去募集，尤其是按照我们的办法是向具有风险识别能力和承担能力的合格投资者的募集，所以不能把社会公众卷进来。按照过去的理念，既然私募基金是私人之间的事，政府为什么管？2008 年以后全球加强了对私募基金的监管，一个很重要的原因就在于私募基金也会带来重要的外部风险性或者我们把它叫做有可能导致风险的外溢，把自身的风险外溢到整个社会，因此，政府有关部门仍然是有必要对它进行监管的。

私募基金的种类有很多，不同的私募投资基金究竟有一些什么样的风险特点?所以，把不同类别私募基金不同的风险特点交代清楚，对我们理解统一立法基础上的差异化的监管是非常重要的。要想了解不同类别私募基金的不同特点，首先有必要准确地对各种类型的私募基金进行分类。私募基金的类别很多，像对冲基金、并购基金、创业投资基金，红酒基金、艺术品基金，怎么去区分？如果说，我们只是从某些字面的意义去理解的话，那往往是没法理解不同类型私募基金的不同风险特点的。

我举一个例子,在绝大多数的国家,证券这个概念其实已经有很广泛的含义,既包括在公开市场交易的证券,像股票、公开发行的债权等,也包括在非公开交易市场转让的一些私募凭证,比如说现在新三板市场,甚至地方的一些产权交易市场转让的收益凭证、产权凭证,在美国等经济发达国家都归于证券,甚至像邮市上的邮票、二级市场上的房地产收益凭证都把它叫做证券。那么既然证券的外延包括这么广的范围,如果说,我们只是从证券这么一个概念出发来理解私募基金的话,就容易导致误解,就以为股权基金、创业投资基金都属于证券基金的范畴,如果这种基金也是以私募方式募集的话,自然也应该把它归结为私募证券投资基金的范畴。这样一来的话,在所有私募基金的品种里面,几乎 99%都是属于私募证券基金,除了极个别的像红酒、艺术品基金这样的基金没法归为私募证券基金的,其他的按照《证券法》都是可以归为私募基金。尽管按照现行的证券法,我们对证券的范围主要是界定在公开交易的证券,但是《证券法》也要修订,按照这一次修订,证券的范围就会适当的拓宽,很可能就和美国接轨了。那么按照这个证券的定义的话,是否股权基金、创投基金就没有存在的空间了? 因为都可以归为私募证券基金。

那究竟我们能不能够按照证券这样一种字面意义的理解,就把所有的都归属于私募证券基金? 如果结合实际,特别是系统地去考察国外私募基金的起源和演变过程的话,我们会发现,这种简单的分类,是没法揭示出不同类型私募基金的不同的风险特征,也没法根据不同的私募基金的不同风险特点去制定差异化的监管规则。

马克思说:"在所有的学科里面我就支持一门学科,这门学科就是关于历史的学科。"为什么? 因为任何一个事物都有它起源和演变的全过程的,那么由于历史条件的变化,这个事物也会随之发生一些变化。如果我们只是知道某一个历史的片段,就自以为了解了整个历史事物的特点,那就难免会发生片面性的错误。所以我们考察私募基金要历史地看问题。

(一)私募基金的起源与演化

对于私募基金不同类别不同风险特征的理解,现在很多教科书,其实并不是很深刻的,其中很重要的原因就是没有去分析私募基金的起源和演化的全过程。而我考察发现,尽管在美国私人股权基金所投资标的也是属于证券法规定的证券的范畴,但是从历史起源一开始,那是投资于公开交易证券的私募证券基金和投资于非公开交易私人股权的私募股权基金的,它的历史的分界是非常清楚的。要么这个基金是投资公开交易的证券,要么这个基金主要投资于非公开交易的证券,也就是私人性的股权,至少主要的领域是分的一清二楚。为什么从一开始历史就有非常清楚的分界？那是因为公开交易证券和非公开交易的证券,风险、收益特点是完全不一样的,这就决定了这两种不同类型的基金的盈利模式、风险控制技术要求是完全不一样的。

大家知道,证券基金如果投二级市场的证券,就能够公开披露信息,所以,这个公开披露信息的机制就能够帮助投资者约束基金管理人,防范好道德风险,尤其是投资公开交易的证券具有很好的流动性。所以买了上市公司股票的时候,你觉得这个上市公司股票还有成长性的时候,就继续持有它,如果没成长性的话往往采取什么办法？你是直接参与到这个上市公司重大经营决策里面去,甚至参与到这个上市公司具体经营活动里面去?还是直接把这个股票卖掉?从理论上讲,如果你成了某一个上市公司的大股东,你是可以参与到这个上市公司的重大经营决策,但是,你作为一个私募证券基金,你是一个被动的财务统计主体,如果把大量的精力参与到被投资的上市公司里面去,得不偿失,反而容易被动,所以我们投这个上市公司的时候,觉得这个上市公司不行了,往往"以脚投票",把这个股票卖掉,及时止损,控制自己的风险。所以证券投资基金,它的风险控制技术主要是靠这些手段的。

而对于投资非公开交易的各类证券,特别是私募基金而言,正因为这种证券没法公开披露信息,所以道德风险自然是比较大的。再加上这样的证券不具有流动性,没法"以脚投票",没有办法套现怎么办？这就决定股权基金和创业投资基金主要只能通过投票的方式直接参与到被投资企业的重大经营决策活动中去,主动地去控制风险。

我曾在《创业投资与方略》一书里面总结出了创业投资基金包括股权投资基金能有高收益的有三个奥秘:第一,独具慧眼发现企业的潜在价值。第二,投资以后还要为所投资的企业通过各种管理服务创造价值。第三,实时退出来实现价值。如何控制高风险,首先是要通过周密的尽职调查,把不可控的风险项目排除掉。其次是要通过精心的股权设计,比如我在这个企业里面要不要进入董事会,我要行使什么样的特别表决权,通过这个方式事先防范风险,然后再通过全方位、全过程的项目监控来主动防范风险。最后只能是通过适度的组合投资来分散风险。为什么说适度？因为证券基金是被动性的财务性投资,所以它要靠比较多的组合投资来分散风险。所以一个证券基金往往要投将近100家股票才可以分散风险。而股权创投基金恰恰不能投太多,投太多了精力就会分散,没法为所投资的企业提供管理服务,没法全方位、全过程去控制风险了。所以一个典型的股权性创投基金投的项目通常是10个左右,最多不超过20个,它的盈利模式,风险控制的技术显然是不一样的。正因为它盈利模式、风险控制的技术显然不一样,所以从历史起源开始,投二级市场证券的证券基金和投一级市场非公开交易市场证券基金,是泾渭分明的。所以不能只从字面意义上对基金分类。

三条相对不同的起源演化路径:

1.投资公开交易证券的私募证券基金

我们把私募基金分成这两大主流产品以后,再看每一大主流私募基金的特点,我们发现它也有它自身演化的过程,最后延伸出了新的特点。比如最早投公开交易证券的证券基金,原来是什么样的证券都投,是一个综合性的证券基金,但是后来随着市场的细分越来越专业化,最后形成了以对冲基金为主流,包括REITS在内的各类细分的品种越来越专业化了。

2.投资非公开交易私人股权的私募股权基金

在投非公开交易私人股权的股权基金里面,它的分化就更加鲜明了,以至于在整个私人股权基金里面,又分化出两大类截然不同的产品,叫并购基金和创业投资基金,这两大类品种跟股权基金究竟是一个什么样的关系？现在很多的学者、业界人士实际上也没有完全搞清楚。后来我发现,很多教科书里面写的东西往往是似是而非的。比如说很多人也是从私人股权基金这个字面意义上去理解它,那么很多人就理解成私人股权投资,而对于创业投资基金我们过去望文生义翻译成风险投资基金,很多人往往以为风险投资基金肯定要投风险最高的基金才叫风险投资基金,那它范围肯定是很小的。所以很多人往往只是把创业投资基金理解为是股权投资基金很小的门类,更重视股权投资基金,把立法的焦点放到股权投资基金的范围。所以我们在起草私募基金的立法的过程中,提出很多相关意见,但有人说创业投资基金只是股权投资基金很小的一部分,为什么不给股权投资基金搞专门的一章？把这个问题搞清楚,我觉得仍然是要考察它的历史。

我通过考察历史,发现了其实我们现在讲的私人股权投资基金,恰恰是从创业投资基金的起源过来的, 是创业投资基金发展到上世纪90年代以后的一个新的产物,所以股权基金恰恰是创业基金之子。为什么是这么一个历史过程?因为创业投资基金其实在十五世纪的时候就已经萌芽,那个时候英国、西班牙、葡萄牙等国水路比较发达,所以手工业比较发达,后来有一些富有的手工业工厂主就觉得老在西班牙小岛国做生意做不大,随着地理大发现,他们就觉得到应该到东印度、到中国去做生意。可是去那么遥远的地方做生意,首先必须打造一支庞大的远洋贸易船队,打造远洋贸易的船队,光靠原来个体户性质手工业工厂主的资本实力是不行的,所以他往往要把几十个手工业工厂主的资本汇在一起,然后还向民间去募集资本。所以后来人们就把当年打造远洋贸易船队的经济活动理解为是人类最早意义上的特殊意义上的创业活动。当时支持创业活动主要有两类投资者:一类投资者是他直接去经营这种远洋贸易企业,他对这种远洋贸易企业的投资就相当于企业家对自己的企业投资一样,是属于产业资本的范畴。另一类投资者不直接参与远洋贸易企业的经营,他只想通过投资获得财务性的回报,所以他就属于金融资本,是属于资本经营的范畴。

我对创业投资的理解就是,创投是与创业相联系的资本经营活动,以区别于产业资本,包括区别于战略投资者的资本。战略投资者是什么意思?所谓战略投资往往是一些大型的实体企业集团, 为了某公司的长远发展战略的考虑,去投资某一个企业。比如说中国神华集团,它是一个从事能源生产、加工服务的企业集团公司,为了完善神华集团整个产业链条,它跑到我们山西来投资于一个煤炭深加工的企业,即便是这个煤炭深加工企业本身不能给它带来财务回报,但是只要可以为整个神华集团的产业链做出贡献,能够与神华集团的其他的企业形成一种战略性的协同效应的话,出于战略目标的考虑也会投资,它这种投资活动就属于战略投资的范畴。所以战略投资并不是金融资本,跟我们这种与创业相联系的资本经营活动是完全不一样的。

创业投资就是作为与创业相联系的资本经营活动,就是因为创业投资需要最终推动它的起源和发展。这又有点像恩格斯讲过的一句话:"当社会产生了一种需要的时候,往往会比十二所大学更有力的推动社会发展。"创投也是创业的需要起源出来的。当然十五世纪的创业活动是一种自发的,偶然的创业活动,没法推动创业投资发展成为专门的行业,但是二次世界大战以后极大地推动科技进步,技术创新的周期大大缩短。英国一个专门研究科学史和科学哲学的专家统计过,在中世纪的时候,技术创新的周期是 600 年,16 世纪的时候缩短为 300 年,17 世纪是 100 年,18 世纪是 60 年,到了 19 世纪进一步缩短,二战以后平均技术创新的周期也就变成 30 多年,尤其那个时候技术创新不是某一个点,往往呈现出此起彼伏的特点,这就有力推动了创业成为持续的经济活动了。二战以后,美国的一些有识之士就意识到美国过去主要靠二次世界大战发了军火财,但是二次世界大战给人类带来了深重的灾难。所以未来世界的主题应该是和平与发展,那么在和平与发展的年代里面,美国仍然依靠大型的军工公司去推动经济的发展,那是不行的。必须大力发展民品工业,发展民品工业主要靠千千万万的中小企业,而中小企业没有条件去向银行贷款,没法通过发股票发债权来解决融资的问题,所以必须打造一个能够有效地支撑中小企业创业的新型投资制度,这种新型投资制度就是我们今天讲的创业投资的制度。

下面,我们从美国看 VC 和 PE 的演化过程。

1946 年,美国哈佛大学的两个教授和二战时期退休的一个将军搞了一个试验,专门设立了一个研究与开发创业投资公司,通过这个投资公司去支持中小企业的创业。那个时候,这个投资创业公司因为还没有得到政府的支持,它是属于自发的探索,再加上长期的投资,一时也没有见到经济的效用,所以此后经历 13 年自发的发展,没有人来模仿它。一直到了 1958 年,政府也认识到了创业投资的重要性,所以美国专门成立了正部级的单位叫小企业投资管理局,里面又专门成立了一个正司级的部门叫小企业投资公司管理司,在这个司的支持下,后来美国发布了《小企业投资公司法》,这个小企业投资法实际上就是指的创业投资基金法。因为这种小企业投资法就是专业投资于小企业的创业投资基金。这个法规、法律的实施推进了创业投资进入了法制化的发展轨道。后来,在一系列的配套性政策的扶持下,美国的创业投资就在 60 年代、70 年代、80 年代蓬勃地发展起来了,尤其是经过 50 多年制度化的发展以后终于又催生出了我们现在讲的 PE 的概念。那么这 50 年里面为什么催生出了 PE 的概念?我们再来看看它又分为四个阶段:

(1)创投经历 22 年发展后,于 1980 年出现并购基金,创投从狭义发展到广义。

第一个阶段是指从 1958 年创投经过 22 年法制化的发展以后,发展到了足够的规模,这个时候创业投资基金自身有一个动力去开拓投资的通道和投资的领域。而另一个方面,美国在 1980 年正好处于经济结构调整的关键时期,大量的大型企业这个时候也陷入困境了,需要重组、重建,靠谁来重组、重建? 过去支持大型企业重组、重建的投资主体主要是战略并购者。

以前的战略并购者在美国已经形成了五次浪潮来推动企业的重组、重建,那么这种战略收购者去收购企业的时候,确实有它的两个好处。第一个好处是,当它去收购一个企业的时候,从一开始就想到了这个企业未来长远的发展,为什么? 因为它要服务于某公司的长远战略考虑;第二个特点是,这些战略收购者往往都是实业企业集团,所以它去收购企业能够为它提供很好的产业资源的整合。但是战略收购者有一个最大的缺陷就是它有自己的主营业务,所以它就没法有太多的闲置资金来从事收购活动。所以当一个国家的经济结构调整处于快速调整时期时,只靠战略收购者去收购是远远不够的,于是就给创业投资基金去展开这种活动带来了新的投资机遇。过去创业投资基金主要是投资于成长性的中小企业,而现在创业投资基金觉得自己去收购一个陷入困境中的大型企业,然后通过产权结构的重组、企业组织体系的重组再加上市场营销模式的重组等就能够让这个企业起死回生。等把这个企业重组、重建好了以后我又把这个企业的股权卖掉,这种经营的模式与典型的创业投资虽然有不同,但是又有相对相似的一面,就是开始讲过的三个要点:一是独具慧眼发现企业的潜在价值。二是投完资之后都要通过各种管理服务为所投资的企业创造价值。三是要适时退出来实现价值。这三点应该说是相同的,于是创投基金自己就把它的投资领域拓宽到了并购的领域,而且这种并购活动应该说对于支持美国经济结构的转型和经济结构的调整也起到了积极的作用。

(2)到上世纪 90 年代年初,创投领域并购基金快速发展,取名 PE。但统计上,仍放在创投中。

但是,美国的一些学者对并购基金有一些不同的看法。比如说,到了 90 年代初期的时候,随着并购基金进一步发展,哈佛大学的两个教授写了一本书叫做《十字路口的创业投资》,他们说现在美国的投资已经步入了一个十字路口,究竟向右还是向左转? 这是一个重要的问题。过去政府给了创投很多的政策扶持,那是因为支持创业投资主要支持中小企业的创业。但是现在经过考察,发现创投基金里面 70% 的基金不用于支持中小企业的创新创业,而用于对大型企业的并购投资。这两个学者觉得有点不务正业,是"挂羊头卖狗肉",所以他们呼吁创投向左转,要回到80年代以前经典的狭义的创投概念。在这种情况下,那些专门做并购的创业投资基金有一点不好意思再把自己称为创业投资基金,所以后来就叫并购基金。但叫了并购基金以后,引起了更大的麻烦,一个记者写了一本书叫《门口的野蛮人》,这本书就激烈的批评这种并购基金野蛮的收购企业,然后又把企业卖掉,导致企业的第二次阵痛。应该说这本书也有其正确的一面,因为并购基金和战略并购主体相比,确实有其短期投机的一面。为什么? 因为战略并购者为了某公司的长远战略考虑,从并购开始就想到被并购企业未来的长远发展。这种并购基金没有自己长远的战略目标考虑,唯一目的就是获得财务性的回报,以满足投资者的需求,同时给自己创造基金管理的品牌。所以希望把一个企业低价收购,过一两年财务包装以后就赶紧卖掉赚钱。这种情况下,确实存在一些不惜裁员,甚至降低企业产品质量的情况来降低成本,这种并购基金不太鼓励企业做长线投资,尽管长线投资有利于培育长远的核心竞争,但是只有投入没有产出是不可以的,所以他们就希望做短期的快投资,这是存在的问题。

　　然而这个记者没有看到并购基金两个积极的作用:第一是宏观上快速推动经济结构调整。第二,微观方面能够以并购基金强有力的产权约束机制促进被并购企业完善法人制度的构建。但他只是批评他们是门口的野蛮人。而且影响非常的大,最后被拍成电视连续剧,导致并购基金的经理们都灰头土脸的,他们觉得并购基金形象不好,总觉得要取一个中性的称谓体现行业的名份。经过考虑以后,发现跟对冲基金有很大的不同,对冲基金为了频繁的搞对冲操作,主要在二级市场买卖证券,所以它的交易是公开交易证券,而并购基金不一样,没有办法在公开市场去收买公开的证券,始终只可以私底下收购非公开交易的私人股权,后来就用它的交易对象"私人股权"来作为行业的称谓。

　　那么为什么并购基金没有办法在二级市场收购? 现在很多人说美国的并购基金80%都是用于收购上市公司,那为什么收购上市公司不可以在二级市场收购? 我解释一下,因为大家知道,所有国家的证券法规为了避免市场操作行为,都规定当某一个投资者收买某一个上市公司的股权超过3%到5%的比例,要举牌公告,我们国家是5%。假如我是一个并购基金,我去收购孙总这个上市公司,我今天买了5%的股票,我要公告一次,一公告市场散户就知道了,说有一个大的并购基金来收购这个上市公司了,那么他的股价肯定飞涨,到明年再收购第二个5%,价格又飞涨,我没有办法以适当的价格收购这个上市公司。那怎么办? 我要先琢磨这个上市公司的特点,逐渐的发现王总在这个上市公司里面正好拥有5%的股票,他是第一大股东,我就跟王总商量,我说今天这个股价已经掉到一块钱一股,如果不赶紧处理掉,明天很可能掉到一毛钱一股,因为国外很多的市场没有跌停板的制度,这个时候王总就有点发毛,但是又有一点不甘心——我原来持有的成本很高,现在这么低价格卖掉,舍不得。那怎么办? 我作为并购基金,就要把这第一大股东搞定,我说我有办法让这个上市公司起死回生,那么我用20%的溢价,就是1.2元一股把你的5%股份私底下买了。那么王总一想这样太好了,于是达成了私下受让5%股票的协议,签完以后到证交所申请通过,私下履行合约,最后我就可以成为这个上市公司第一大股东,我就可以向证交所申请把这个上市公司整体摘牌下市,从一个公众公司变成了私人公司。那么我再去收购另外95%的时候,我就可以用当天的收市价一块钱收购整个上市公司了。收了以后,我再做大的"外科手术"的时候,就不需要公开披露信息了, 成功以后我又可以将退了市的上市公司进一步再推动上市,等股票涨到了三到五块以后,我再把这个股票卖掉,这就是私人股票基金的操作。

这种并购基金正是因为始终只是以非公开交易的私人股权作为交易的对象,所以后来就用它的交易对象PE作为这个基金行业的名份。那么正是因为有这么一个特殊的历史背景,所以我们理解PE的概念时,也应该要结合这个特定的语境理解,千万不要望文生义,如果望文生义,那就差之千里了。

特别是一些学校的教科书把私人股权投资基金翻译成私募股权投资基金。然后,又按照私募股权投资基金的字面意义把它望文生义解释为"以私募方式设立的,用于投资未上市企业的基金",那这种解释是彻头彻尾错误,为什么? 首先,我们这里面讲的private,是讲的股权的性质是私下交易,是非公开交易,这跟私募没有必然的联系。私募英语叫做"private placement"。而PE本身是既可以私募也可以公募。在美国有600多家是公募的,英国历史上有200多家是公募,法国有300多家是公募的,那么对于这种公募的PE基金怎么可以理解为私募股权基金?

当然在我们的国家,目前PE基金还只可以私募,但是并不表明今后不可以公募,我们现在正在推动。希望以后 PE 基金也可以公募了,只不过现在私募规范的办法只是私募的私人股权基金,全称应该叫"私募的私人股权投资基金",所以跟募集没有必然的关系。那么"投资未上市的企业的基金"的说法,也是错误的,为什么?绝大多数的并购基金主要是收购上市公司,为什么?上市公司规模效应,收购的时候定价比较方便。所以现在美国的并购基金 80%用于收购上市公司,那么,尽管并购基金收购孙总这个上市公司的时候,开始要对王总持有的 5%股票展开私下的收购行为,最后整体把孙总的上市公司摘牌下市,变成一个私人性质的公司,但是我的并购基金在私底下收购王总 5%的股票,这个时候上市公司还没有摘牌下市,那么这个时候孙总的上市公司仍然是作为一个上市公司存在的,所以开始仍然属于投资于上市公司的性质,所以很多人把股权基金理解为投资于未投资上市企业的理解是错误的。证券投就投上市公司,股权投资就投未上市公司,那么究竟有什么区别?

很多人这样理解,说狭义的 PE 投资于成熟期的未上市公司,而广义的 PE 既投资成熟的上市公司也投资早期的创投,那么这个理解对不对?同志们,这个理解也是不对的,为什么?首先,在国外,对一个未上市公司而言,如果它已经比较成熟的话,它就没有成长性了,所以这种基金往往不去投成熟期的企业。那么成熟期谁来投?只是一些投后期的创业投资基金偶尔投一点,但是它的规模占比也只是 2%多一点,不是主流的投资。结果我们把投成熟期的基金作为狭义的经典的股权投资理解,那就导致我们前些年股权投资基金非常的浮躁。但是话说回来,我们国家过去的股权投成熟期的认识有它的特殊历史背景,因为在国外的话,股票都是注册制的,一个上市公司只有非常好的时候,IPO 以后,才可以保持比较好的二级市场的价格,但是如果不好的话,没有办法保持很好的价格。所以在国外一个企业上市以后,比一级市场上升的比例就是 50%多一点,而比一级市场价格还低的也占到了 40%多,所以说要投成熟期的企业没有办法获得好的收益。但是在中国不一样,过去我们搞审批制,所以 IPO 成了稀缺性资源,大家为了过独木桥,拼命的包装,上市了以后往往出现了三高现象:高定价,高市盈,高超募资金。结果人为导致一级市场和二级市场有了价差,所以人们认为只要投了可能上市的企业,一旦上市就可以获得很高的回报。但是这不是经典的情况,而且随着注册改革的推进,今后这种情形一去不复返,如果今后把股权基金市场定位为投成熟期的企业那就错了。

第二个,把狭义的股权理解为投成熟期或者再广一点是指中后期,创投是投早期,那么这样区别股权基金和创投基金实际是用相对标准区分的。那么用投资早期或者中后期来界定,怎么界定他们典型的不同?你说早期,这个企业注册一个月是早期还是一年、两年是早期?这个相对标准是不能够用来界定创投和股权投资基金的。那么究竟用什么标准?

我刚刚用历史的考察方法,为大家找出了一个标准。经典的创业投资基金或者狭义的创业投资基金主要是对成长中的企业进行增量的股权投资,而经典的股权基金或者叫做狭义的股权投资基金,它是对大型企业的存量股权展开收购活动,这两运作方式完全不同。那么经典创投怎么运作?比如王总,你是一个成长性的企业,现在资本金1000万元,我创投投2000万元,资本金就变成了3000万元,这是增量资本的投入。而孙总公司就不一样,现在有10个亿的资本金,他不差钱,他的问题是有一个大股东把持了5个亿的股份,这个大股东不懂行,可是总是干预孙总的管理团队运作,结果导致没有办法施展拳脚,怎么办?那么孙总要经常跟大股东展开谈判,甚至要这么谈,要么你大股东走人,要么我整个高管团队走人,你把这个话说出去,大股东就要想了,我不相信孙总按照这个办法可以把企业做好,可是一旦孙总整个高管团队走人,我毕竟不懂这个行业,那我持有的5亿元股权的价格进一步稀释,直接的亏损者是我。既然孙总有信心把这个企业重振旗鼓,趁着他有这个信心,我干脆跟他谈一下,让孙总能找到一个机构可以把我这个5亿元的股权受让下来,让我有比较高的价格套现走人,给我7个亿的价格走人,我也很高兴。可是孙总去哪儿找?7个亿买5个亿股权,这时候并购基金就起作用了,我觉得孙总管理团队挺好的,经营理念、管理方式都挺好的,那么干脆我来受让其中4.5个亿的股权,你受让其中0.5亿元的股权,为什么还要你也受让一部分股权?这样有利于建立起管理者的激励机制,孙总你没有那么多的钱,我帮你到银行贷款,我并购基金在银行界是有声誉的,那么咱们俩就可以把这个5个亿的股权全受让下来,这样我虽然对这个企业投了4.5亿元的股本,尽管虽然价格高,但是最终的孙总企业的资本金多少?仍然是10个亿,不增也不减,所以并购基金始终是对存量股权的收购,这个收购活动和对增量股权的投资活动运作机制和风险控制的手段也是截然不同的。所以这也就决定了并购基金即狭义的股权基金和经典的创投基金,后来自然要逐步向专业化方向发展。

有哪些不同？比如经典的创投基金是投成长性的企业,成长性很好,所以投了五六年以后,把股权卖掉本身就可以获得很好的投资回报。而并购不一样了,并购往往是并购陷入困境的企业,没有成长性,那怎么保障并购基金到最后可以获得非常好的投资回报？我刚刚讲了,陷入困境的时候收购它,重整旗鼓,今后的股权价格可能增长,但是不可能像成长性创投基金增长那么多,况且还有很多并购有可能是亏损的,所以并购基金往往要通过杠杆的方式来提升资本的回报率。那么杠杆方式怎么提高资本的回报？打一个比方,假如孙总的公司,1 个亿的资本,没有任何的负债,假如资产回报率是 8%的话,那么如果我对你展开收购活动,我也只能享受 8%的资产回报率,这样的资产回报率常年累计下来就相当于内部资本的回报率,可是并购资金每年还有管理费和其他的费用,我扣掉这些费用,那么给投资者只有 4%的回报率,投资者怎么可以满意呢？所以往往并购基金要求被并购企业做大量的杠杆融资来提升资本回报率。比如说现在我希望孙总负债 5 个亿,这样就有 6 个亿的资本运作,加入资产回报率仍然是 8%,6 个亿,那就是 4800 万元的年收益,那么我要还 5 个亿银行贷款的利息,如果利息只是 5%,那么就是还 2500,4800 减去 2500 还有 2300 利润是由资本分享,这样回报率就从原来的 8%提升到了 23%。那么正是因为并购基金往往要进行杠杆融资,这和我们前面讲的风险的外溢性就联系在一起了,所以风险的特征就不一样了。

(3)2000 年网络泡沫破灭后,整个 VC 业急速回调。

在上世纪 90 年代初期的时候,并购基金在行业自律方面仍然是归到美国创业投资协会里,都是由美国创投协会来介入创投行业的自律。一直到了 2000年网络经济泡沫破灭以后,情况发生了变化,因为那个时候很多的行业陷入了困境,创投投的一些网络企业破产了,导致亏损,所以整个创投业急剧下降,而这样一种急速回调又恰恰为并购基金创造了很好的条件,因为并购基金就是对陷入困境的企业展开收购活动,又增加了很多的收购投资的机会,所以创投反而是增长的。

(4)2004 年并购基金快速发展起来,最终从 VC 中独立出来。

2004 年以后,美国长期实行低利率的政策。并购基金要用杠杆融资来提升资本的回报率,而低利率政策恰恰能够极大地提升杠杆融资的效率,所以并购基金就可以用很便宜的价格要被并购企业搞杠杆融资,于是并购基金又快速发展起来了。再加上美国后来又要求对上市公司进行严格的信息披露和严格的监管，以至于一些上市公司觉得上市公司地位不方便，不如摘牌下市，又为并购基金创造了很好的机会，所以此后并购基金规模很快超过了经典创投的规模。以前这种并购基金都是统计到创投里面的，后来发现，它的规模是两到三倍经典创投的规模，他觉得仍然放到创投行业里面没有办法体现出行业的特征。所以到 2005 年，那些并购基金纷纷从美国的创投协会分化出来，专门成立了美国私人股权投资联盟，这标志着美国私人股权投资基金发展成为了一个新的行业。当然这个时候的 PE 是狭义的概念，主要是指财务性的并购投资。

这种并购基金在运作过程中也经常会碰到一些成长性的投资机会，所以后来也做了创业投资。于是 PE 的概念就从狭义发展到了广义的层面。我们从广义的角度来看的话，广义的创业投资和广义的私人股权投资是可以百分之百划等号的。尤其是后来的一些大型并购基金做了创业投资以后，为了跟别的经典的创业投资项目区别开，他把自己的基金叫做成长性基金，这样来区分与经典的创业投资基金，在美国形成了很大的新闻效应。因为美国新闻界总是盯着大的 PE 机构，对小型的创投机构很少有人关心，那么这些大型的并购基金倾向于把他们做的创投叫做成长性基金跟经典的创投区别开来，于是有一些人就在狭义创投里面又区分出更狭义的创投和成长性基金。这种区分对不对？我觉得作为个人习惯无可厚非，但是这毕竟不是一个经过严格的学术推理的概念，为什么？因为严格的学术推理的概念必须讲究一个逻辑的周严性才可以。比如我刚刚把成长性的投资叫做创投，对存量股权的收购叫做 PE，那么这两者之间非此既彼，逻辑很周密。而大型的并购基金把自己的基金叫做成长性基金，要和创投基金区别开来只是自己的习惯性划分，究竟怎么区别？世界各国都用成长性标准来界定创投，而成长性基金，标准无非也是成长性，那么一个标准怎么界定两个不同的事物？所以对于大型机构的区分也只是一种习惯性的区分，不能当做科学的概念衡量。但是现在很多的业界没有经过科学的划分，所以往往人云亦云跟着某些机构的习惯进行划分，但是这种划分是需要我们自己反思的。

3.其他私募基金

创投如何发展到后来的并购基金，我们再回过头来看看整个私募基金的行业分类。两个分类：要么投资于公开交易的证券，要么投资非公开交易的私人股权。那么还有一种类型的基金，既不投资公开交易证券，也不投资于非公开交易的私人股权,而是直接投资于艺术品、商品这样的基金,在意大利和法国大有其在。对这种基金怎么区别? 你说一箱红酒,我没有办法纳入到公开交易的证券范畴,也没有办法界定为一个私人股权性的权益,对不对? 所以,为了照顾这种类型的基金我们只好分出第三大类型,就是其他的类型。所以在国外的私募基金首先是这三大类型。其中的第二大类型投资于非公开交易私人股权的基金,我刚刚讲过,因为创投基金和并购基金具有完全不同的风险外溢的特征,创投基金往往不需要搞杠杆融资,而并购基金往往需要杠杆融资,这种特质就决定了他们的风险外溢特征不一样,所以就决定了在立法和监管上要把它们区别开来。于是在国外实际把私募基金分成四大类型,就是二级市场的私募证券基金主要是对冲、典型的并购基金、典型的创投基金,再加上红酒、艺术品这样的商品基金。当然红酒、艺术品基金非常少,所以立法主要是关注前面的三大类型。

(二)不同类别私募基金的不同风险特点

三大类型有哪些不同的风险特质? 正好和我们的立法监管联系在一起,从三个层次进行风险的划分。

第一个层次,各种基金都可能存在非法集资和利益输送的问题。

第二个风险就是可能大量运用杠杆导致风险外溢的问题,为什么? 因为大量运用杠杆,一旦你运作失利的话,就导致了银行的坏帐负担,这样就可能导致中小储户的利益不可能保障,世界各国很关心对中小储户权益的保护,对这样大量运用杠杆的基金政府就要适当监控起来。那么三大类基金,对冲基金自然要运用杠杆,并购基金也要用杠杆,创投基金却不需要杠杆,因为它本身有高成长性,即便想要用杠杆也没有办法,因为投的是成长性的企业,没有足够的资产可供抵押,即便要这个企业去负债,它也没有办法去负债。而并购基金收购的都是陷入困境的大型企业,尽管这些大型企业暂时有一些困难,但是,瘦死的骆驼还比马大,往往还有一些可供抵押的资产,所以只要基金提供一些增量性的,它就可以向银行贷款。所以杠杆过高引发风险外溢,我们就看出了并购基金和创投基金不同。

第三个风险就是基金业也可能操作市场引发风险外溢。对于这种风险,对冲基金因为频繁在公开市场搞对冲操作就容易操纵市场,这个风险我们要多关注。而并购基金即便收购上市公司也没有办法在二级市场收购,只可以私底下先协议受让第一大股东的股票,然后整体私底下去收购其他的股票,私底下收购不可能操作二级市场,那么对于这种也没有必要担心了,因此创投基金更没有办法操纵市场了。

这三大类主流类型的私募基金因为风险特征不一样,国外普遍是监管分类,管的最严格的是私募对冲基金,就是典型的投二级市场证券的私募基金。其次是并购基金,就是我们讲的典型的私人股权基金。第三种类型才是创投基金,尤其是创投是支持中小型企业的创新、创业,政府往往要给予特别的扶持。

(三)境外私募基金立法实践

我们了解了不同类型私募基金的起源和演变,以及不同的风险特点以后,就可以比较好的探索理解国外的立法和我们国内的发改委的探索。

国外按新的监管理念划分为两个历史阶段,一个是金融危机前,另一个是金融危机后。

1.金融危机前境外私募基金立法状况

金融危机前,所有金融部门更多的强调防范金融机构的微观风险,所以又叫做微观谨慎管理,目的是为了保护投资者的权益。那个时候,监管部门普遍没有认识到金融机构之间可能导致风险之间的互窜,从而导致风险外溢。在不同的国家由于传统不一样,对微观的监管理念也许不同,在英国、法国这样信托传统比较悠久的欧洲国家,基于当时的基金主要是信托型的基金,那么在信托型基金的法律框架下,受托人的信托责任十分重大。我给大家做一个比较,信托法律关系是跟我们《民法通则》里面讲的委托代理关系完全不同的法律关系。《民法通则》的委托代理关系下,委托人只是把资产的经营权让渡给代理人,代理人不具有所有权和相适应的资产处置权,在这种情况下,代理人可以充分发挥专业水平帮我选项目,然后投放进行充分的评估,一旦觉得这个项目有风险,要处置这个项目的时候,他是没有权力直接处置的,除非我特别授权,否则没有办法直接处置。那么这种情况下,委托人就可以比较好的控制代理人的道德风险,这是一个优点。但是有一个相应的缺点,就是代理人的权力小,往往经营决策的效率相对比较低。

那么信托的法律关系是什么? 就是我作为委托人不光要把1000万元资产的经营权让渡给代理人,而且还把所有权以及相对应资产处置权都要转移到他的名下,这样代理人就集经营权、所有权、处置权于一身,随时可以按照既有的约定处置这 1000 万元的资产。那么这种情况下,决策效率是最高的,但是发生道德风险的概率也比较大。正是因为责任非常重大,所以,以前英国、法国的法律就要求,即便基金是私下募集设立的,考虑到责任重大,所以必须在主管部门完成注册以后才可以开展业务。而且在英国、法国的法律体系里面,事后的注册是可以设置前置门槛的,就是这个基金管理公司先设立,但是一定要注册,注册完了以后才能够去开展业务,这样实际有一点《行政许可法》的许可性质。但是国外,市场经济比较成熟,不像我们还专门出《行政许可法》解决一些擅自进行行政许可的问题,国外没有行政许可,就是只有程序法,把各种行政许可的程序规范清楚就可以了,总之有一定的条件。

美国情况就不一样了,美国考虑到了信托基金的道德风险,为了更好保护投资人的权益,就做了一个创新,大力推动公司型基金的发展,所以美国证券投资基金 40 年代的时候基本上都是公司制设立和运作的。公司型基金结构就完全不同于信托了,信托就是经营权、资产经营权、所有权都归于受托人名下,而公司型基金的情况下,基金公司和基金管理公司之间的法律关系实际上只相当于《民法通则》里面讲的委托代理关系,也就是说我这个基金公司有一个亿的资产,我委托管理公司管的时候,我只是把经营权受让给管理公司,但是一个亿资产的所有权以及相适应的处置权仍然在我这个基金公司的董事会。这种情况下,管理公司就不可以随便处置这一部分资产,我基金公司的董事会还可以对管理公司实行有效的法人治理。正是因为公司型基金进行了重大的制度创新,能够实行有效的法人治理。美国法律觉得如果是公募基金,投资人缺乏起码的风险识别能力和承担能力,政府有必要做认定。如果是私募基金,投资人本身有风险识别能力和承担能力,没有必要搞前置的资质认定。所以在美国,过去对私募基金就豁免了注册登记,交给了投资者,这是过去的情况。

那么对创投基金,无论是英国、法国还是美国,都实施特别的立法和监管,因为给了特别扶持政策,所以从引导投资方向的角度,就必须采取特别的立法和监管。比如美国的小企业投资公司法、英国的创投股份公司促进计划、法国的创投基金促进计划。所以一开始,尽管对一般的私募基金有一些国家适当监管,美国是不管,但是对创投基金都进行特别的立法和监管,这是 2008 年以前的情况。

2.金融危机后境外私募基金立法新趋势

2008年以后,情况发生了变化。大家知道美国次贷危机,经过实际考察发现,不少的对冲基金、并购基金在里面起了推波助澜的作用,结果导致了大量的杠杆运用,使银行出现了一些相对的呆帐、坏帐。所以美国觉得金融监管不能仅仅局限微观谨慎管理,还要考虑宏观谨慎管理,看看有没有风险外溢。所以美国2010年通过了《多德—弗兰克法案》,法案要求受托管理规模达到1.5亿美元以上的私募基金管理必须无条件到美国证监会注册登记,基金设立以后也要无条件备案。管理一个亿美元以下的,必须到州政府注册登记,因为美国有非常完备的体系和制度安排。那么1亿-1.5亿美元之间的,自愿选择到证监会还是到州政府登记。所以美国的监管理念变了,也要无条件的实行事后的监督管理。

在欧洲监管比以前更严格了,2011年欧盟发布了一个专门的法律叫《另类投资基金管理人指令》,这个指令不仅继承了以前的英国、法国的信托理念,而且对基金管理人提出了相对严格的资质要求,包括初始资本、两名有资格决策人员,甚至重要股东资格都有规定。而对创投基金仍然坚持过去特别的立法和监管的思路。比如美国证监会在2011年6月份专门就创投基金作出了特别的豁免规定。什么情况可以豁免?总要界定一下什么是创业投资基金,所以后来美国证监会专门对创业投资的定义发布了规章,符合这个条件的才可以豁免到证监会注册登记,但是必须要接受美国小企业管理局的严格监管,而且美国小企业管理局要随时跟美国证监会保持协作的关系,有了问题就必须和美国证监会一起进行处置。欧盟又在2013年发布了《创投基金管理规则》,对创投基金的特殊作出了特别的规定。所以,以2008年为分界线,世界各国对私募基金的监管理念不同了。

但是总体来说有几点。第一,要对各类私募基金适度监管。第二仍然要对创投基金实行特别的监管,包括特别的扶持。

(四)我国私募基金立法探索

发改委原来做了大量的工作,因为毕竟这是新的事物,所以我们过去立法探索也走了一些弯路。总体上经过了五个阶段。

第一阶段就是从1996年至2001年,试图对各类型的PE、VC基金通过《产业投资基金管理办法》的形式统一立法。因为那个时候,美国的PE基金都不流行,PE基金是算到创投里面去的,而我们当时把创投望文生义地翻译成风险投资基金,结果很多人很难接受风险投资的概念。后来,我就把风险投资改为创业投资基金,这样可以更准确反映它的内涵。1996年全国上上下下都在学习日本、韩国的"航空母舰战略",说我们的国有企业为什么没有竞争力? 是因为我们的规模太小,那怎么办? 要像日本、韩国那样搞大型企业集团的试点,所以1996的时候都在搞企业集团的试点。大家说国务院肯定关心产业的发展,所以直接叫做产业投资基金吧,虽然定义里面叫产业投资基金,但是借鉴了市场经济发达国家创业投资基金的运作机制,主要对非公开交易的个人、私人权益进行投资的一种投资基金,实际上就是按照广义的创投界定的。后来报告到了国务院,当时总理做了很长的批示,并且责成发改委抓紧起草产业基金的管理办法,但是因为产业投资基金这个概念是一个不准确、不科学的概念,导致了有关部委都不理解什么叫做产业投资基金,有误解也可能。在国外,创投和私人股权投资基金为什么不叫产业投资基金? 因为投资者关心的是如何获得投资回报,他才不会考虑这种基金是否支持了产业的发展。谁关心产业的发展? 是政府。所以国外产业投资基金是一种政策性的基金,就是指为了解决那些弱势产业项目的融资问题,政府用财政性的资金来进行无偿拨款或者是无偿贴息,通过这种办法解决弱势产业项目融资困难的问题,所以这种基金是按照政策性基金运作的。结果我们把商业性的投资基金叫做了产业投资基金以后,一方面有关部门都不理解了,地方政府他们反而喜欢这个概念,因为地方政府就想支持地方产业的发展。结果我们的办法迟迟没能报国务院审议,但是地方非常热衷推各种产业试点。1997年、1998年地方政府最缺钱的是基础设施,结果后来有60多家基础设施的基金报到国家发改委,没有办法批,很多地方就报到国务院领导那里。但是没有被通过,思路又退回创业投资基金层面。

后来,我们按照领导的指示搞创投立法的时候,各个有关部门都很支持,因为符合国际惯例,所以创投办法最后经过我们的协调,以十个部门的名义联合发布。但是那个时候不叫创业投资基金,叫创业投资企业,为什么这么叫? 这也是国务院领导的意见,他说这个创业投资基金主要是公司、合伙设立,公司、合伙都是一个企业组织,为什么叫基金? 你叫基金反而容易被一些不法分子打着基金的概念忽悠投资者,你叫企业,那这个概念就比较低调,可能不会有这种问题,所以只好把创业投资基金叫做创业投资企业,后来发布了《创投企业管理办法》,本质就是创业投资基金管理办法。这个办法发布了以后,我们一方面对创业投资基金实施备案管理,而且,只要你到我们这儿来备案,投资于中小高新技术企业的还可以享受相应的税收抵扣,包括财政性的创投引导基金的扶持等。

另一方面,我们还在继续寻求产业投资基金试点的机会。到 2005 年起草《天津滨海新区十一五规划》时,我们写了要支持天津搞一个大型基础设施产业的投资基金,并获得批准,这样我们就支持天津搞了第一家大型基础设施的渤海产业投资基金。这个基金设立以后,在市场形成了很大的示范效应。2009 年还草拟了《产业投资基金管理暂行办法》,但是因为种种原因没有出台。后来,中央编办把创投基金和产业投资基金分开了,作为两种不同的职能都赋予了发改委,而这个产业投资实际上就是我们现在讲的狭义的股权投资基金,发改委承担这个职责但是没有办法规范,出了事怎么办? 所以,后来参照创投的办法来开展股权投资基金在国家发改委备案的先行先试试点。

在天津试点过程中,由于种种原因,出现了一些机构打着私募基金名义非法集资的问题。结果搞了一年的试点被迫停止。在 2011 年 7 月份我们就把全国统一的规范性文件制定出来,并在 11 月迅速发布了。应该说发改委 2011 年 11 月发布的《促进股权投资企业规范发展的通知》是非常的市场化,可以接受市场的检验。

到了 2012 年,国务院有关部门职能重新调整,私募基金监管职能调整到了中国证监会,这也是符合国际惯例的。因为私募基金,在美国确实统一由证监会管的多。后来调整到了证监会以后,我们会领导对私募基金非常的重视,到了 2014 年 8 月份发布了非常市场化的社会各界广泛肯定的统一的私募基金监管办法。

二、《私募投资基金监督管理暂行办法》解读

(一)六个立法原则

现在我们看社会各界的反映,总体来看大家对这个《办法》还是比较肯定的。那为什么能够赢得市场很多的称赞? 我想首先是在于我们确立了私募基金立法的六大原则。

1.与公募监管相区别的适度监管

首先一个原则就是与公募监管相区别的适度监管的原则。大家知道,公募基金要公开募集,难免就会把公众投资者吸收进来,公众投资者不具备起码的

风险识别能力和承担能力。因此,政府监管部门有必要为老百姓、为公众投资者设立一个起码的管理公司的资质条件,通过前置的核准来为市场把关。私募基金就不一样了,它不通过公开的方式募集,只能私底下向已经具备承担风险能力的投资者募集,就不涉及到要保护公众投资者权益的问题。我们考虑到这样的合格投资者,他是有动力去选择优秀的基金管理公司管理,而且也有一定的眼光去选好优秀的资金管理公司去管理他的资产。所以我们认为,就不需要像公募基金那样设置前置的资质条件,并且实施前置的行政审批或者是行政核准之类的手续。这个目的就是为了更好地发挥各类市场主体的主观能动性和积极性。所有能够得到投资认可的发起人都可以去发起设立基金管理公司,最后去募集资金。这些基金管理公司作为草根金融,它有自然的生命力,创新的动力也是比较强劲的。那不设行政审批、不搞前置审查,如何去实现必要的监管?我们贯彻监管转型的要求,就是把监管从前置审批要转移到事中、事后的行政监管。尤其对私募基金来讲,事中、事后的监管更有必要。

那如何体现出事中、事后的行政监管?我们主要是在两个层面考量:一个层面是从防范微观金融主体的风险,保护投资者权益的角度考虑;第二个层面是从宏观谨慎管理的角度来防范市场风险的外溢。

第一个层面主要是通过建立健全发行监管制度、强化事中事后的监管、打击非法集资等措施,来切实保护投资者权益。那么监管发行制度怎么设计?事中、事后怎么监管?怎么打击非法集资?我后面会跟大家详细解读。第二个层面通过经营机构建立风险控制和自律管理的制度安排,监管机构建立统一的监测系统来促进市场规范的运行,防范市场风险的外溢。

2.规则监管和原则监管相结合

第二个原则我们提出了一个规则监管和原则监管相结合的原则。大家知道规则监管比较好理解,说白了就是政府立法部门通过明确基本的规则,告诫市场主体只能这样干,不能那么干。这种规则监管有它的好处,一个是市场便于遵循,因为规则讲的一清二楚,我照章办事就可以了。那么对于监管主体而言也是依法执法,你没有太多的自由裁量权。但是规则监管也有一个不足就是它的规则过于僵硬,使得市场主体没有任何空间来发挥它的主观能动性和创造性。那么这样的规则监管对于私募投资基金而言就会存在严重的不足。所以,现在世界各国在原来规则监管的基础上,又在探索一种新型的监管理念和方式,这就叫做原则监管。

原则监管主要基于最终的目的来设立一些基本的原则,但不是制定僵硬的规则。在这种情况下,市场主体按照监管部门、立法部门确立的基本原则去设立相应的制度安排就可以了。这样一来就能够比较好地发挥市场主体的主观能动性和创造性,所以现在世界各国都在探索规则监管和原则监管的相结合问题。

我们感觉到私募投资基金尤其是要率先引入原则监管相关的理念和方式,那究竟如何来结合呢? 我们考虑到规则监管和原则监管各有它的优点和不足,应该把它们的职能地位搞清楚,进行合理的分工,这样才能够做到两者之间相辅相成。那我们怎么分工? 对可能损害投资者权益,或者引发风险外溢的各种行为,必须明确基本的规则,实施底线的监管,这个里头没有什么二话可说。比如说你就只能向有风险承担能力的、合格的、老练的投资者募集资金,你就不能向缺乏起码的风险识别和承担能力的非合格投资者去募集资金。再比如说,你不得变相地去公募,为什么? 因为如果变相地公募的话,照样有可能把不具备风险识别能力和承担能力的公众投资者忽悠进来。第三个,基金募集完了之后在运作的过程中,基金管理人不得有九大类型的违法失信的行为,这个也是最起码的,只能这样做,不能那样做。在这三个层面我们坚持规则监管,目的是为我们今后实施底线监管做一个基本的铺垫。

对于所有的促进保护投资者和防范风险外溢的制度安排,我们就给予明确的原则,给予必要的引导就可以了。这样才有利于给市场有创新的空间。

比如说,基金合同是整个基金核心的文件,这种文件你要体现出保护投资者权益,防范各种利益输送、内幕交易的基本的原则,那么究竟如何去防范利益输送、内幕交易? 不同的基金管理公司可以根据自己具体的实际情况去做自己的实际安排。

另外对托管的要求,公募资金主要是用信托形式设立,基金本身就不是一个独立的财产主体,所以公募的信托基金必须是无条件托管的。我们私募投资基金除了有信托形式之外、还有公司性的、合伙性的。我们考虑到公司性、合伙性本身就有自己独立的资金账户,天然的就跟基金管理公司资金账务分开的。那么在这种情况下,我们认为有没有托管的话,不宜强制要求,但是考虑到托管的目的是为了保证资金的安全,所以我们提了一个原则性的要求。就是原则上要有托管,但是如果通过相应的制度安排能够保证资金安全的,投资者也同意的,我们觉得未必非要托管,所以对于托管只是个原则性的要求。

还有,不同的私募基金经营的技能、风险控制的技巧都是有很大的差异性的,所以为了有效的保护投资者的权益,应当实行专业化的管理。随着各种私募基金管理机构的发展,往往是同一个私募基金管理的机构可以管多个基金,甚至是多个种类的基金,这种情况你也不宜去反对或者禁止。因为同一个基金管理公司去管理不同类型的基金的时候也可以比较好的发挥他的品牌效应和规模效应。不能禁止,那如何保证这个专业化的管理能够实现?我们这个《办法》里面就有专门的一条,当同一个基金管理公司管理不同种类的私募基金的时候,一定要实行专业化的管理才行,这种专业化管理就是一种原则性的要求。那么究竟在具体的实施过程中,你是采取什么样的制度安排来保障专业化的管理?我们觉得是可以根据你的具体情况做出不同的安排。比如说,如果你这个基金管理公司成立也就六七年的时间,本来你的管理人员就不是太多,你还能初步探索搞多元化的基金管理,这个时候你在你的管理公司里面设立独立的部门去管理不同类型基金我觉得也是可行的。如果说这个基金管理公司发展了十几年、二十年,已经有了一批庞大的基金管理的队伍了。这个时候为了更好地体现专业化的管理,自然你就可以设立不同的分公司、甚至不同的子公司去管理不同类型的基金。比如台湾有很多的创业基金管理公司发展成了创业投资基金管理集团公司,在集团公司底下又专门设立不同类型的子公司去管理不同类型的基金。

各种不同的管理模式让我们觉得完全可以由市场主体来自行做出相应的安排,包括防范利益冲突的要求,包括信息披露的要求,资料保存的要求,都只是一种原则性的要求。有了这些原则性的要求之后,市场主体一方面有责任义务去做相应的制度安排,但另一方面又给它足够的空间,就能够比较好的发挥他们的主观能动性和积极性。

3.功能监管和机构监管相结合

第三个原则是坚持功能监管和机构监管相结合的原则。讲到机构监管大家相对来讲比较好理解,在大多数国家,当它的金融业还处于初级发展阶段的时候普遍实行分业经营、分业监管的体制。比如说像我们在90年代后期的时候,我们就实施了这么一种体制,像银行主要就是从事存贷的业务,信托投资公司主要是从事信托类的存贷业务,是一种准银行的业务,所以他们都交给银监会来监管。证券公司、期货公司、证券基金管理公司,这种证券金融机构就由证监会来监管,保险公司由保监会来监管。这样的制度安排一方面促进了不同行业金融业务专业化的发展,另一方面又促进了不同监管部门的专业化监管,所以过去这种制度是有它积极的意义的。

但是问题是当一个国家的金融业发展到一定阶段的时候,金融机构有一种创新的动力。在这种情况下原来传统的某个金融机构很可能通过创新去开展新型的金融业务,而这种新型的金融业务可能发挥与原来完全不同市场的功能。在这种情况下,仍然交由原来的监管机构去开发协调机构监管的话就会带来一些问题。比如说信托投资公司,传统的业务就只能做信托存贷准银行的业务,但是现在很多的信托投资公司开始又通过信托投资计划、资产管理计划实质性地介入到私募基金的业务范围里面来了。当你把各个领域的私募基金仍然是由原来不同的金融监管部门去监管,就导致现在的私募基金,过去是发改委一块、证监会一块、银监会一块、保监会一块,统一的私募基金就被人为地分割成四块,就容易导致监管套利的行为。什么叫监管套利? 就是市场主体觉得哪个部门管理的宽松,我就到那个部门去搞监管套利。甚至也有一些监管部门为了让自己监管的业务越来越大,它就容易产生一个"父爱主义"的情怀,有意降低监管的标准,那就会引发更大程度的监管套利,不利于统一私募基金市场的形式,更不利于私募基金健康规范的发展。

如何解决这两方面的问题? 现在世界各国普遍探索出新型的监管模式,这种新型的监管模式在原来机构协调监管的基础上,再赋之以统一的功能监管。也就是说对信托投资公司干私募业务的,首先也该尊重银监会从信托投资公司这个角度进行必要的机构监管。与此同时,由私募基金的市场监管部门来从业务的角度、功能的角度进行统一的监管。这样,机构监管和功能监管之间的叠加就能够形成一个相互补充、相得益彰的局面。

但是对这样相结合的思路现在有一些人认为,这样岂不是导致重复监管了吗? 其实这不是重复监管,而是一种相互补充式的监管,因为只有相互补充式的监管才能够实行更加有效的监管。所以这次国际金融危机以后,无论是美国还是欧盟都已经采取这样一种机构监管,加统一功能监管的管理构架。

我们出台的监管办法率先实现对证监会范围内的统一的功能监管。所以我们的办法就明确规定,证券公司、基金管理公司、期货公司及其子公司从事私募基金的业务要适用本办法。

4.统一立法基础上的分类监管

第四个原则是统一立法基础上的分类监管。我们对不同类型的基金采取统一立法以后,如何来适应不同类型私募基金的风险特点来进行差异化的分类监管? 后来我们在制定《办法》的过程中,从两个环节比较好地解决这个问题。

第一个环节,首先各类不同的私募基金管理机构在做登记的时候,要根据自己主营的私募基金类型来选择私募基金管理机构的类型。我们基金协会登记系统里面,就有一个下拉菜单,那个菜单就分出四个大的类型,私募证券基金管理公司、私募股权基金管理公司、创投基金的管理公司,商品基金管理公司。这四大类型就已经标出来了,你必须选择其一,目的就是告诫你一定要明确自己主营的私募基金,究竟是干证券的,还是股权的,还是创投的,来保证按照专业化运作。尤其是你自己做了分类后,我们就可以对不同类型的私募基金管理机构进行分类的统计和监测。

第二个环节,根据不同类型私募基金管理机构的不同运作的特点,我们将设立相应的私募基金专业委员会。比如说我们已经设立了私募证券基金的专业委员会,现在正在考虑再设立私募股权基金的专委会,同时还要设立私募创投基金的专委会。今后股权基金的专委会主要是各个并购基金在里面做会员,至于各种成长型基金都是放在创投专委会进行行业自律。这样我们对创投基金的行业自律就会最宽松,这样更有利于促进创投基金的发展,也便于为创投基金提供更好的差异化行业服务。

5.全口径登记备案基础上的重点监测

第五个原则就是坚持了全口径登记备案基础上的重点监测的原则。我在前面讲过美国的 1.5 亿规模以上的基金管理公司必须到美国证监会去登记注册;1 个亿以下的就交给州政府去登记注册, 基于这两者之间由市场主体自行去选择。为什么我们中国要由证监来搞全口径的登记备案? 这是中央编办根据中国的国情所制定的相关金融监管的分工。

去年中央编办专门搞了一个课题,课题名称叫做"中央与地方政府金融工作监管分工研究"。这个课题后来考虑到我们中国的地方政府跟美国州政府相比还是有不同。美国是实行联盟制国家,州政府普遍有风险的约束力,美国的州政府自己都可以破产的,所以别人的州政府主要是管防范风险,州政府本身一般来讲不再去介入具体的经济事物。但是中国的地方政府官员第一位是发展地方的经济,至于防范地方的风险问题往往是第二位的,尤其是去搞发展立竿见影,而你防范风险往往是三、五年以后才可能出来,那个时候主导官员已经去异地做官了。所以这样的体制特别容易造成重发展、轻规范的倾向。

所以最后中央编办也是考虑到中国的国情,做了一个果断的决策,就是地方政府的金融监管权限限于小型的、区域性的金融机构。对于各类私募基金,考虑到了这种基金天然的跨区域募集资金,之后往往又是跨区域去投资和运作,所以这个机构一定要由中央金融监管部门统一监管,在这种情况下,证监会也只好履行起这么一个责任来。所以我们的《办法》也就要求各种管理规模不等的基金管理人和基金都要统一到基金业协会去登记和备案,包括创业的基金在内。而且中央编办在2014年2月份又另行发布了一个书面的通知,明确创投基金作为私募股权投资基金一个特殊的类型,一并移交到证监会。这样一来证监会的监管压力很大。按照市场目前初步的摸底,各类私募基金管理机构的数量是1.6万家,各类私募基金的数量超过2万支。我们的私募基金监管部一共才3个处,工作人员也就20多个人,这样的力量往往很难把每一支基金都管到。怎么办?我们后来就借鉴了欧盟,特别是英国的做法,在英国和欧盟大大小小的基金也是由国家层面的金融部门去监管的,它管不了怎么办?它就采取重点监测的原则,一方面只管大型的金融机构,但是另一方面要按照问题的导向对有问题的小型基金管理公司要进行稍微频繁一点的事后监测。

我们根据中国的国情也采取这个办法,就是一方面基于协会的登记备案信息,证监会主要对管理规模较大的基金管理机构进行重点监测。而另一方面对规模较小的基金管理公司,我们将按照问题导向的理念,主要基于证券交易所、资本市场监测中心等机构的监测信息、投资者的投诉、社会举报、舆情监测的线索进行风险监测,然后根据风险监测的信息来开展现场检查和执法活动。我们觉得通过这种方式就能够基本上控制住风险,因为事后的登记和备案至少我们可以提供基本的信息支撑,便于我们进行事后的风险监测,一旦监测到风险对它进行查处,就会对其他的基金管理机构构成威慑力。

6.对创投基金进行特别扶持和监管

第六个原则就是始终坚持对创投基金进行特别的扶持和监管。为什么?因为创投基金通过支持中小微企业的发展,有利于促进创新创业,但是因为它有较高的风险性和规模不经济性,所以需要政府给予特别的扶持。而为了实现扶持的目标,自然是有必要对它的投资领域进行特别的监管,否则的话,你打的创业投资旗号,结果任意去炒买炒卖股票和房地产,怎么能够实现政府的投资目标? 所以我们自然有必要对你事后投资的方向进行引导甚至必要的监管。

当然有一些创投基金有闲置基金,偶尔也做一点二级市场也未尝不可。只不过对于创投基金由于我们给了扶持政策,如果你还去做二级市场,那没法去享受扶持政策。但是你做的行为也是市场行为,所以我们对这些事情还是要充分地尊重市场选择。

(三)《办法》的九项主要制度安排

1.全口径登记备案制度

比如第七条讲:各类私募基金管理人应当根据基金业协会的规定,向基金业协会申请登记。

未来协会组织的发展方向确确实实要逐步地市场化、民间化,与监管部门脱钩,但是在中国特殊的国情下,一些金融行业的协会组织往往由国家的法律授权可以承担相应的行业自律的功能,包括通过监管部门的授权承担相应的行政管理职能,这是《行政许可法》留的空间。而且《证券投资基金法》就已经明确了私募证券基金的登记备案直接由基金业协会去做,但是证监会在修订《证券投资基金法》的时候,为了体现简政放权的方向,才直接写明证监会不再去履行具体登记备案的工作,交给基金协会去做。后来股权基金、创投基金划到证监会,这个时候你非要把这块登记备案的职能留在证监会私募部,那会带来什么问题呢? 一方面在这个领域里面没有办法体现证监会简政放权的方向,另一方面没有办法发挥协会统一登记备案的效率。最后我们专门报请中央编办批准将股权基金、创投基金的登记备案的职能也放到基金协会,这是经过权威部门批准的。

第八条规定:各类私募基金募集完毕,应当到协会办理备案手续。同时我们考虑到有一些市场主体往往拿我们基金协会登记的备案作为增信的手段去忽悠投资者。所以我们《办法》又明确规定基金业协会为私募基金管理人和私募基金管理登记备案的手续不构成对私募基金管理人能力、持续合规情况的认可,不作为对基金资产安全的保证。

第十条对注销登记也做了一个规定。比如说私募基金管理人依法解散、被依法撤销或者被依法宣告破产的,应当及时注销基金管理人的登记,并且通过网站公告。既有登记也就有撤销登记。

2.合格投资者标准

首先《办法》开宗明义地提出,私募基金应当向合格投资者募集。为什么?因为这种基金风险比较高,你把老百姓卷进的话就可能引起社会的动荡。天津有一个非法集资案叫"天凯合伙管理企业",它管了一个合伙制基金,结果把1万多个老百姓都卷进去了,涉及到 31 个省、市、自治区。后来到发改委上访,每个省选一个代表, 其中有 3 个省选择了年轻少妇抱着不满周岁的小孩来上访,为什么派这种代表呢? 他就知道,像这种代表你没有办法把她拒之门外,你只好把她请到办公室跟她谈。当时我就跟她谈,我说这种基金风险比较高,不适合你们来投资。结果她说,国家不是出台的促进民间投资的意见,我就是民间投资,那你怎么能剥夺我投资的权益。所以说你一旦把这样的类型的投资人卷进来了,就被动了。

如何避免这种被动? 就是我们私募基金在募集的时候就要把这类投资者们回避掉,不要把这类投资者给卷进来。怎么办? 只能通过规范的私募方式来。怎么通过规范私募呢? 显然国家法律要有一个基本的原则,这个基本的原则就是我们讲的应当向合格的投资者募集,而且单支私募基金的投资者人数累计不得超过《证券基金法》、《公司法》、《合伙企业法》等法律规定的数量。为什么要规定人数呢? 因为私募基金,它的基金治理的重要方面靠投资者和管理者之间形成一种私人约束机制来约束他,包括通过私人关系、感情因素去约束这个基金管理人。如果投资的人太多,这种感情、私人管理的约束就容易弱化。

所以世界各国都规定起码的投资人数, 你看有限合伙就要建立有效的治理,就不能超过 50 个人,只有股份有限公司法人治理比较健全,所以才能最高到 200 人,但是也不能超过 200 人。当然一个私募基金募集完了之后,投资者也可以私底下转让一些他的基金份额,这个我们不禁止。但是你在转让的过程中,受让人始终应该是合格的投资者。也就是说你不能在募集状态保证向合格投资者募集,结果在运作的过程中让这些投资者把他的基金份额转让给其他的老百姓了,这样也容易导致在运作过程中的变相公募了,而且转让以后,投资的人数仍然要符合相关规定。具体到合格的投资人我们怎么规定? 我们是严格按照

《证券投资基金法》的要求从三个层面来规定：

第一，投资者必须具备相应的风险识别能力和风险承担能力，这是定性的要求。

第二，投资者投资单支私募基金的金额不得低于100万元。也就是说他还要有比较强的投资能力才行。

第三，光投资能力还不行，还要能够承担起风险才行。否则的话一个投资者把自己的100万元全投到一个基金，如果这个基金亏了就容易倾家荡产，最后又来找政府。所以我们还要求投资人自己的净资产规模达到一定的限额。如果你是一个机构的话，净资产不得低于1000万元，如果是一个个人的话，金融资产不得低于300万元。当然我们也考虑到有些投资者没有太多的金融资产，但是最近几年他营业收入的状况比较好，我们也可以给他网开一面，即便这种情况也要求他最近三年人均收入不得低于50万元才行。所以我们是从这三个层面去规定合格投资者的标准。

对合格投资者做了基本的规定以后，也考虑到有一些投资者因为他具有特别专业管理的经验，或者是特别的知情人，我们也可以把他视为当然的合格投资者，就不需要再经过这几个标准衡量他。哪些人呢？比如说个人养老基金和社会公益基金，考虑到他的资金具有较高的稳定性，而且可以用做长期投资，所以我们自然把他视为当然的投资合格投资者。第二类，依法设立并且在基金业协会备案的投资计划。比如说股权投资的母基金、创业投资的母基金、政策性的引导基金。这样的投资计划已经有专业的机构来管理了，而且是纳入到证监会来监管，在备案的时候我们已经考察过他背后的投资者已经是合格的投资者了。那么，50个这样的合格投资者凑在一起形成一个创业投资的母基金，我们自然要把这个母基金也理解为是当然的合格投资者，没有必要再去按照原来的三个标准去一一进行衡量了。第三类，投资于所管理私募基金的基金管理人及其基金从业人员。基金管理的专业机构，从业人员对他所管理的私募基金知根知底，所以我们认为也可以把他视为当然的投资者，即便是他所投资的基金发生了亏损，因为就是他自己管理的，他怎么有理由再来找政府呢？所以这种情况下，我们也可以视为当然的合格投资者。

但是我们又想到如果你已经列出了这几个当然的合格投资者，相应的制度安排不严谨的话，就可能被一些市场人士所滥用。所以我们又从另外一个角度制定了相应防范的条款。我们在第十三条第二款进一步明确：如果你是以非法人的形式汇集多数投资者的资金投资到一个私募基金里面去的，我们就应当穿透核查最终投资者是否是合格投资者，并且要合并计算投资者的总数。为什么这么设计？我刚才讲的天凯的例子，它是一个合伙制基金，按照规定投资人数不能超过 50 人，但他为什么把一万多个老百姓都忽悠进来了？他通过汇集多数投资者的基金形成一个合伙制企业，然后再投到基金里面去，通过这种拖斗，甚至是拖斗形成一个拖拉机，把一万多个投资者都忽悠进来了。他怎么拖斗呢？他先按 10000 元钱作为单位，汇集 50 个人的钱，那就形成一个 50 万元的合伙制企业。那在这个合伙制企业环节中，合伙人数是 50 人，没有超越合伙企业法人数的上限，看起来是符合合伙企业法的，所以工商部门往往也都给他登记了。那形成一个 50 万元的合伙的拖斗以后，再以 50 万元为单位汇集 40 多个人，那么汇集 40 多个合伙制企业混在一起是否就是 2000 多万元了。那这个 2000 多万元的合伙制企业表面上看起来，它的合伙人也没有超过 50 人，也是符合合伙企业法的，所以工商部门也没有责任去深挖它。然后再以 2000 多万元的合伙制企业为基础，又汇集四五十个人，最后就形成 10 多亿元的基金。这里面有三级拖斗，构成了一个拖拉机。

对于这种情况如果不穿透核查的话就麻烦了，那今后就有很多定时炸弹，最后会爆发出来。所以我们后来考虑到凡是以非法人的形式汇集多数投资基金，然后再投入基金里面就要穿透核查。这个非法人的形式包括合伙、各种信托计划，各种契约计划。那么为什么把个人、非法人都要考虑进去呢？为什么法人形式没有考虑进去？因为如果你用法人公司去设立拖斗的话，一方面任何一个公司在工商完成登记以后，就马上有一个税务登记，公司要承担所得税缴纳的义务，涉及到税的问题就比较麻烦，所以现在很少有人用公司去做拖斗，大部分都是用合伙去做拖斗。第二，即便是用公司做拖斗之后，公司能够建立有效的法人治理机制。所以公司会有一个董事会这样的机构去约束它，去衡量投资对象是否具有风险。所以对这个问题我就网开一面，否则的话把各种法人、非法人的汇集方式都要穿透的话，那这个行业也没得做了，所以我们还是要区别对待。

对法人不穿透了，但对非法人就要穿透。我们把这个穿透以后又有可能把一些类型给堵死了，比如说创投母基金、股权投资母基金，母基金就是通过汇集多数投资基金再投资一个子基金。为了不至于影响股权基金母基金和创投母基金的运作,我们又从另外一个侧面做出了补充规定。《办法》里面讲了,符合前款第一、二种情形的投资者投资私募基金的,就可以不再穿透核查,最终投资者是否为合格投资者,也不再合并计算投资者的人数,为什么? 因为前面的第一种情形,因为它已经是一个养老基金,社会公益基金,它已经有一个专业的主体基金管它了,再加上它的资金具有较高的稳定性,可以用到产品投资。第二种情形,已经有管理公司在管理了,而且在协会已经登记、备案了,在备案的过程中就可以核查它是否是合格投资者。他备案了之后接受我会的监管,这种情形自然不需要穿透核查。所以我们对合格投资者的规定,反反复复的从这个侧面做出规定之后,我们又考虑另一个侧面。反反复复地做出各种补充性的规定,尽可能使我们的规定比较人性化,不至于对大家构成太大的约束,但是同时又能够把坏体制给管住。

3.资金募集规则

第三个制度安排就是明确的资金募集的规则。首先我们明确不得向合格投资者以外的单位和个人募集资金。这是在原来规定的基础上的重申。那怎么保证呢? 就是不得通过报刊等公众传媒或者讲座、布告、传单、短信、微信、博客和电子邮件等方式向不特定的对象进行宣传推介。这个条款是我们借鉴《证券投资基金法》和最高人民法院关于非法集资的司法解释设计出来的。这个条款在征求意见过程中有一些市场机构不理解,说你这样弄我们就没的做了。我们通过讲座的方式去宣传也不行,是不是这样的? 我们觉得他是一种误解。我们讲的是不能通过公众传媒,不能通过讲座的方式, 向不特定的对象宣传推介。但是并不排除你是可以通过适当的方式向特定的对象宣传推介。什么叫特定的对象? 什么叫不特定的对象? 我们有一个解释,所谓特定的对象,就是你事先就已经知道这个投资者具有风险识别能力和承受能力。如果说你不知道这个投资者是个什么样的情况,那他就是一个不特定对象。

我们规定你不得向不特定的人群宣传推介以后,那么为了防范你去忽悠投资者,第十五条又规定:不得向投资者承诺资本金不受损失或者承诺最低效益。为什么? 因为投资是有风险的,他跟银行是不一样的。银行是通过特殊的风险控制的机制来保证对储户资金的安全,所以它是可以保本保息的,而我们投资活动没法像银行一样控制风险。为什么? 因为银行是基于概率论里面的大数定律去选择贷款的客户。一个银行往往要放一万多笔贷款，可是每一笔贷款它都要对客户进行调查，最后感觉到这个客户有充分地现金流、而且有足够的资金做抵押担保，以至于他最后发生的外呆帐、坏账的概率是小概率、不可能实现的时候，也就是万分之零点几的时候，我才去给他贷款。我放了贷款以后，即便是有那么一、两笔贷款小概率不可能实现的事件也已经发生了，黑天鹅事件也已经发生了，那我仍然可以 10000 万笔贷款存贷差形成收益，然后形成呆帐准备金去冲掉它，最后我还可以总体盈利的，这样我才能够保证储户基金的安全。

我们做股权基金、创投基金的，你投资的项目最多不超过 20 个，尤其是你是作为投资活动，你投资失败的概率，按照国外的推算是 1/3 血本无归，还有 1/3 是清算以后刚刚保本，还有 1/3 可能回报比较高。也就是你失败的概率是 66.6%，那不是小概率事件，是大概率事件，你都没有办法保障你的基金能够完全控制风险，那你怎么能向投资人保证呢？当然也有人讲，我这个基金就是很安全，我通过担保公司。但我们仍然考虑，既然是做私募基金，那么就要求投资者有适当的风险识别能力和承担能力。

《办法》已经明确规定，应当采取问卷调查等方式，对投资者的风险识别能力和风险承担能力进行评估，由投资者书面承诺符合合格投资者的各项条件。完了以后对你的资金制作风险监测书，最后也要投资者签字，确认他已经支持了你这个基金的所有风险，那才行。最后我们还规定，你还应当自行或者是委托第三方机构对你的基金进行充分的风险评级，保证你的基金只是向风险识别能力和承担能力相匹配的投资者去推荐才可以。为什么？因为你前面的问卷调查，包括风险监测书只能证明这个投资有起码的风险识别能力和承担能力。

但是你如果有非常高的风险的话，那你还是对投资者做一个分层级的分类。比如 40 个投资者里面，筛选出有 10 个是具有高风险投承担能力的，我才去向他推荐。但是后来我们还加了一些规定，比如说投资者应当如实填写风险识别和承担能力的问卷，如实承诺资产和收益的情况，并且对其真实性、准确性和完整性负责。投资者应当确保资金来源的合法，你自己不得非法汇集他人资金投资到私募基金里面来。

4.投资运作的基本原则和规则

第四个安排就是投资运作的基本原则和规则的制度明确。在基本原则这方面，我们贯彻了原则监管的基本精神，哪些方面我们要符合基本原则的要求？

第一，是对基金合同要有一个原则性的要求。因为它是所有私募基金法律文件的中间最核心的文件，所以这个文件必须明确各当事人权利和义务、基金运作方式、出资方式、投资范围和策略、收益分配原则、信息提供的内容和方式等等。

第二，原则上要有托管，目的就是为了保证资金的安全。

第三，同一基金管理人管理不同类别基金的，应当坚持专业化管理原则；管理可能导致的利益输送或者利益冲突的私募基金应当建立防范利益输送和利益冲突的机制安排，这是一些原则性的规定。

还有一些基本的规则，除了我们前面讲得募集资金只能向合格投资者募集，不能向社会公众募集，除了不能够去搞变相公募这些个基本规则以外，我们在投资运作的时候又明确9个方面的基本规则必须遵守。这些基本规则基本上都是参照《证券投资基金法》的表述来把它们定下来。有些投资者说，怎么解释它？《证券投资基金法》发布修订案以后，全国人大法工委专门就这几个不得有以下行为做出了详细的司法解释，今后我们就按照那个司法解释来执行。

5.信息披露相关制度

第五个是明确基本的信息披露相关制度。对私募基金来讲，我们不搞前置审批，主要是靠事后的风险监测进行适当的行政监管和行为监管，尤其是我们主要是靠事后的信息披露来对基金管理公司形成强有力的约束。也就是说，要向投资者披露必要的信息，还要向协会披露必要的信息。这样协会就能够把你的基本信息包括负面的信息报送到私募基金监管部和各个派出机构。最后我们基于这样的信息进行事后检查，一旦发现你有重大违规事项的，该怎么处理就怎么处理。如果你都被曝光了，你在这个行业里头声誉全部丧失了，就无法立足这个行业，所以信息披露相关制度是比较严格的。

6.行业自律相关制度

第六项制度我们明确相应的行业自律相关制度安排。比方说基金协会应当建立起私募基金管理人登记、私募基金备案管理信息系统，这样便于我们及时地知道私募基金运行的状况。第二个是基金业协会应当建立与中国证监会及其派出机构和其他相关机构的信息共享机制，定期汇总分析私募基金的情况，及时提供私募基金相关信息。这个其他相关机构也包括国务院有关部门，审计部门也包括相关的在座的各位厅局级机构。

第二十九条:基金业协会应当制定和实施行业自律规则,监督、检查会员及其从业人员的职业行为。会员及其从业人员违法违规,那我们就要视情节的轻重采取自律管理措施,并且通过网站公开相关违法违规信息。如果是涉嫌违法的,违背行政法规和规章的,还要及时报告给证监会。我们证监会了解这个情况后要作出处理,或者是请派出机构进行处理。

另外,协会还应当建立投诉处理的机制,受理投资者的投诉,进行纠纷的调解。半年多以来,协会已经受理了几十起投资者的投诉,这说明我们的投资者比较关注自己资产的安全,这也是一个了解行业运作情况的很好通道,所以下一步我们要把这个通道弄好。

7.行政监管相关制度

第七个明确行政监管的相关制度安排。首先是明确了证监会及其派出机构可以依法对各有关及机构开展私募基金业务的情况进行统计监测和调查。具体怎么去做?依照《证券投资基金法》第一百一十四条规定可以采取以下相关措施:比如说可以要求你配合我们的现场检查,并且报送基本的业务资料。我们可以对你进行调查取证;询问当事人及其相关单位和个人;可以查阅、复制相关财产权的登记、通讯记录等资料;可以查阅、复制直至封存相关交易记录、登记过户的记录、财务会计资料及其他相关文件和资料;可以查询直至冻结查封和有关资金账户、证券账户和银行账户;甚至可以在必要的时候,当机立断限制当事人的证券买卖活动。这是法律赋予我们的权利。

通过这种检查,如果发现了你的问题怎么办?第三十二条规定:证监会要将私募基金管理人及其从业人员的诚信信息记入证券期货市场诚信档案数据库。今后在你这个机构运作过程中,我们是可以查询这个诚信档案的,如果发现你有一些失信行为的话,在很多的政策方面我们不会让你去享受,包括可能要对你进行更加严格的监控,这也是《办法》讲的要根据私募基金管理人的信用状况实施差异化监管。

第三十三条规定:私募基金各有关机构及其从业人员违反法律、行政法规和本办法规定,证监会及其派出机构可对其采取相应的行政监管措施。比如我对你进行现场检查发现你有问题,可以出示提醒函,甚至是警示函。如果在规定的时间内你没有整改过来的话,我们就可以对你采取进一步的措施,通过这种事后的监督管理来形成的倒逼的机制。

8.对创投基金的特别规则

首先我们是从法律可操作性的角度对创投基金做出一个基本的界定,那怎么界定?它的投资对象应该是未上市的企业,投资的方式可以是普通股或者依法可转换为普通股的优先股、可转换债等权益。这个定义的特点是什么?就是我们考虑到法律定义往往不能够照搬学术定义来采取可操作的方法界定。对于私募投资资金,特别是股权基金和创投基金,不同类型的私募基金界定可以从三个层面去展开。一个是不同的机构可以有自己的习惯。比如有些传统的创投机构把并购基金也理解为广义的创投,这没有错,因为并购基金就是从创投基金延伸出来的。但有些专门做并购的基金,为了体现并购行业的名分,要求把并购从创投里面独立门户出来,甚至有一些机构后来又做了一些创投的项目,他把它做的创投界定为成长性的基金,这是他的习惯,都是无可厚非的。但是,这种习惯性的划分是不科学的,因为起码是逻辑不周严。那怎么做到科学的划分?至少要用典型的差异性来作为不同基金的判断标准。比如说狭义的创投,就是对成长性企业进行增量性的股权投资,而并购基金就是对陷入困境中的大型企业的存量股权展开收购。这种学术性的概念解决了概念的周严性问题。但是如果直接把它作为法律性的概念,往往又很难操作,因为学术概念只需要讲逻辑的周严性就可以了。但是往往是越周密的逻辑推理越难以通过政策去实施,通过法律法规去执行的。怎么办?所以我们的法律概念不能够简单地照搬学术概念,要讲可操作性。通过看投资对象是不是一个上市企业,就能够比较好的界定了。

现在美国对创投的界定就是用投资对象是不是一个上市公司。如果你的投资对象已经上市了,那你投资超过一定比例,你就不能够把自己界定为是创业投资基金了,而应该把自己界定为股权基金,这样就必须接受证监会无条件的监管。后来我们也是借鉴这个办法,用投资对象是否上市来进行规定。

关于创投的特别规定,除了把定义做得比较恰如其分以外,我们又明确要鼓励和引导创投基金投资于创业早期的小微企业。那如何引导投早期呢?《办法》三十五条又明确讲,还要引导你尽可能多一点投早期,更好支持创新创业。有什么办法呢?我们通过有关部门完善相应的财政税收政策,当然如果你享受了国家的财政税收政策之后,那你的投资范围就要进一步符合国家的有关规定。

第三十六条明确:基金业协会在基金管理人登记、基金备案、投资情况报告要求和会员等管理环节,对其采取差异化的行业自律,并且提供差异化的会员服务。比方在登记备案的环节,创投基金管理公司要选择作为创投基金来进行登记,创投基金要选择作为创投基金来登记,这样我们才便于把你归到创投领域里面进行事后的风险监测,这样也才能够把你吸纳到创投专委去进行差异化的行业自律,提供差异性服务。

第三十七条明确:证监会及其派出机构主要在投资方向检查等环节,对创投采取差异化监督管理。为什么?前面讲过,创投的风险外溢性的特点不同于并购基金和对冲基金,不可能超过二级市场,也不可能去搞杠杆,唯一的风险就也可能导致非法集资。比如前不久,有一个著名的创投基金管理公司,用合伙制思维,结果把创投基金的资金投到自己亲朋好友的项目里面去了,给投资者造成很大的亏损,这种风险我们也是防范的,但是我们主要是在投资方向来引导它。

9.相关处罚规定

第九项是明确相应的处罚规定。我们前面规定了很多只能这样做、不能那样做的这种底线监管的规定,如果你没有按这种原则要求做,甚至你突破了底线的话,那我就要对你采取相应的处罚。比如说你不履行登记备案的义务,我们要怎么罚你,你向非合格投资者募集、变相公募我们要怎么罚你,你如果承诺本金不受损失或者承诺最低收益我们也要怎么罚你。我们按照情节的不同,要采取相应的措施,通过事后必要的处罚,最终对市场形成威慑的机制。

三、有关监管工作的部署

我跟大家透露一下近期私募基金监管工作有关的部署。

最首要的工作,是按照肖主席关于私募基金要一手抓规范、一手抓促进的原则来推动这个行业又好又快发展,不能去打压这个行业,而是要扶持这个行业。所以我们要加快完善相关促进的政策。

(一)加快完善相关促进政策体系

1.财政性创投引导基金政策

第一项要推动财政性创投引导基金的政策更好地支持创业投资基金的发展。关于创业投资引导基金政策,原来我在国家发改委的时候,就倡导而且直接执笔起草了关于创投引导基金规范设立和运作的指导意见。这个意见报到国务院以后,国务院非常重视,最后以国务院办公厅的名义发布了这个政策,此后我们不少省级、地市级政府都设立了创业投资的引导基金。但是在中央层面我们感觉到财政性资金支持的力度还不够,所以在发改委的时期,我们就曾经推动财政部要拿出更多的钱来搞创投的引导基金,到了证监会以后我们是继续与财政部沟通,现在这方面应该也取得了一些进展。

我们下一步还考虑了从中小企业发展基金里面再切出一块来搞创业投资的引导基金。那为什么要搞创投引导基金?以前讲过了,创投本来是只需要投国有企业就行了。因为创投也是一个商业投资主题,它也是要天然地去规避高风险的项目,怎么才能够引导它到前期投呢?政府有必要采取财政性的办法去促进它。那我们国内过去地方的政府很重视创投,涉及到很多国有独资或者是控股的创投公司,像我们山西就设立了山西科技风险投资公司,这是我们中国最早的创投基金之一,应该说这个方法也起到了一定的促进作用,但是普遍有两个不足:

第一个没法建立起与创投相适应的激励机制和约束机制;第二个没法发挥财政基金杠杆放大的作用。所以后来我到美国、英国、以色列、韩国去考察,结果发现这几个国家普遍通过财政基金去促进创投的发展,但是财政基金一般不直接去做创投,也就是说,你这个财政基金不再去做运动员,而是做发奖牌的裁判员。我们已经跟财政部谈好了,就是以后凡是到我们证监会登记备案的创投公司也可以享受各种的财政性创投引导基金的支持。

2.国有股豁免转持政策

第二个政策就是国有股豁免转持政策。我们财政部和全国社保基金在2008年的时候就出台了一个国有股豁免转持的政策。按照这个政策,所有的国有机构,不管是实业企业,还是创业投资机构,你所投资的企业上市以后,那就变成了具有流动性的国有股票,结果这一块要求无偿地划拨到全国社保基金账户里面去。当时我在发改委,就觉得这个政策有它积极的作用,但是对创投,特别是国有创投构成釜底抽薪的效果。积极作用在哪儿呢?这么一个政策有利于做大我们全国社保账户,确实我们社保账户不足以去支撑未来的支付,通过预算来注资不行,只好把很多的国有资产无偿划拨给它。但是后来我们考虑到了,创业投资行业是需要国家特别扶持的行业,另外我们也跟财政部讲了,创投跟一般的垄断行业里面的国有企业不一样,垄断行业的国有企业,它是靠垄断国有的资本经营的,所以它有投资的收益划到社保账户去也是理所应当的。而创投都是属于天然的竞争性领域,辛辛苦苦找到项目,投了项目,把它培育上市了,结果形成的国有股要无偿划到社保账户里面去,那你这个创投就是白干一场。

一方面要扶持创投的发展,另一方面要通过这个办法对创投形成一个釜底抽薪的作用,我们觉得这样是不利于创投的发展。最后我们给财政部打了一个报告,就是要求对国有创业投资机构要网开一面,即便他们所投资的企业上市以后形成的具有流通性的国有股票也可以豁免划到社保账户里面去。效果还是挺好的。过去,基本前提就是在发改委备案的创投,并且经过发改委年检合格的创投才能享受。现在创投的职能划到证监会了,就是说今后你到我证监会备案的创投基金照样可以享受引导基金扶持政策,照样可以享受国有豁免转持的政策。

3.税收扶持政策

第三个政策我们现在要针对不同组织形式私募基金,税收政策严重不公平的状况,要推动出台一个能够适用各种组织形式私募基金的全国统一的私募基金的税收政策。然后在这个基础上针对创投基金再出台一个更优惠的税收扶持政策。现在不同组织形式私募基金怎么交税呢? 对于信托性的基金,尽管理论上讲,你把收益分到投资者环节,投资者应该按照个人所得税法去缴税的。但是大家知道,中国缺乏完善的税收征管的体系安排,尤其是个人的避税人动机比较强劲。因此各种信托性基金,它的基金环节没人管它不去缴税,到了投资者的环节往往也不去缴,两个环节偷逃税,所以信托性基金成了税收征管的盲区。

对于公司性的基金,它必须作为应纳税所得的核算主体,在公司性基金环节缴够税,然后收益再分到投资者的手中,是企业投资者可以视为税后收益不用再缴税了。但如果是个人投资者的话,还要缴 20%的股息红利所得税。

对于合伙制基金,咱们现在仍然没有按照国际通行的投资管道特征去实行真正意义上的先分后税,我们把合伙基金当做一个合伙企业来对待。在合伙企业环节你必须进行应纳税所得核算,只要你核算出了,有应税所得,不管这个应税所得分不分配给个人或者是法人投资者, 都要由投资人去承担相应的税负。所以这种做法也是没有完全解决合伙制的税收问题。那怎么办? 后来我又去研究美国、欧洲各类基金的税收政策,我发现投资基金不管是用公司合伙这种企业形式设立,还是用信托形式设立,都有一个最显著的特点是不同于一般的工商企业。比如说我们一般工商企业有了收益以后,它为了做强做大,更好地体现出自己的资信,往往是有了收益要把收益转为资本金,使得我这个企业的资本金从10万元到100万元,到1000万元,到1个亿,所以这种工商企业天然的是收益主体,那你天然的需要作为应税所得的核算主体,包括天然的应该当作为税收的征管主体来对待,这是没问题的。

但是投资基金是不一样的。它从一开始设立的时候就逐步的规模了,一旦投资运作有了收益以后,他往往会把收益全部分配给投资者。那有时候呢,基金本身不再是一个收益主体,它只是起了一个投资管道的作用。资金从投资者那端通过基金这个管道流到企业里面去,收益从被投的企业这端通过基金这个管道再流回到投资者,所以国外对投资基金就有特殊的税收政策来考虑。只要你每年把90%以上的收益分配给投资者,由投资者去缴税的话,那这个基金就可以作为免税主体来对待,因为在投资者的环节去承担税负。通过这种方式就可以把信托制、公司制、合伙制基金的税收政策就完全公平起来了,都在投资者环节去开征就行了。

下一步我们就想用这个投资管道的理念去推动制定一个全国统一的,并适应基金特点的税收政策,然后再去推创投基金税收政策。另外我们也会明确,今后凡是在证监会备案的创投基金也可以享受类似于原来发改委那样的创投税收政策,这至少是平等起来了。

4.工商登记政策

第四个是工商登记的政策。工商局实际上是要承担很大责任的,尽管我们说现在工商登记改革了,我们没必要去搞任何前置的审查了,自然我们工商部门也不需要再去承担太多的责任了。现在我们工商监管也是从前置审查转向事后的信息披露,然后让已经工商登记的企业接受社会的监管。我觉得这个理念是对的。尽管这个改革了,但是在现实操作过程中一旦你所登记的公司出现了非法集资,那有一些对中国法律不太熟悉的地方官员,就可能责备我们工商部门,所以我到工商部门跟他们沟通过。后来通过深入的座谈我们发现了现在私募基金领域工商登记有两个问题:

第一个问题按照新发布的《公司法》,包括工商总局发的文件,你不能再去搞任何前置审批,但问题是到了地方,有一些地方的金融办怕出事,仍然会设置这样或那样的前置性的条件,有些名义上不叫审批核准,叫做备案。

第二个问题确实也存在一些现象,就是有一些市场主体一旦被登记为基金管理公司,他就觉得自己的身份特殊了,由于我们过去的公募基金也叫基金管理公司,他就利用私募基金和公募基金现在还没有区别的这么一个漏洞鱼目混珠,说我是某某基金管理公司的,结果就借助于公募基金的公开募集的方式去募集资金,或者变相的去公开募集资金。对这两个问题怎么办呢?我们下一步想考虑由工商总局和证监会联合发布文件,明确两个方面的事项:第一个各类私募基金和私募基金的管理公司可以自主地去登记成为某某基金公司、某某基金合伙企业,或者是某某基金管理公司。任何地方的金融主管部门不能再去设置前置性的条件,否则他就是违背了行政许可法。

但是另一方面为了避免一些私募基金管理公司打着基金管理的旗号,我们要在工商登记的名称里面加上私募这两个字,让它跟其他的基金管理公司区别开来。

5.基金账户开立政策

第五个政策就是我们要推进基金账户的开立政策。现在我们已经取得成果了,证券账户、期货账户已经是可以开了,但是现在还有个什么问题?我们中国人民银行有一个银行间市场,它那里面有很多的短期票据、中期票据,还有很多的国债交易品种,我们一般的私募基金还没法到那里去开户,我们下一步要解决可以到那里去开户的问题。那么在那里开户有什么好处呢?对那些专门做标准债券的基金,你就可以到那个系统去买标准债券,我们股权和创投基金也有一些闲置基金,按照税收政策的标准你是不能去。但是你可以偶尔去投一点债券的品种,因为它风险比较低,流动性比较好,也不会花太多的精力,这样我们就可以为创投基金创造一个充分运用闲置资金的管道。

6.基金份额转让政策

第六项政策我们要出台基金份额私下转让的政策。就是投资者从私募基金退出有两种方式,一是私募金有了收益分给投资者,第二种方式,如果这个基金做长期投资,一时半会儿没有收益怎么办呢?如果你允许私下转让,而且形成私下转让市场的话,也能解决它退出的问题。为了这个政策我们专门指导证券业协会监测中心搞了一个机构间报价市场,欢迎我们未来的私募机构都到报价系统去私下转让份额,提高投资者的流动资本。

7.拓宽资金来源

第七项政策就是要拓宽资金的来源。我们考虑到私募基金包括创投基金现在资金来源还是有限的。从国外来看既允许社保基金、大学基金、商业基金投资于创投基金,而且也允许资质比较好的基金管理公司可以通过公开募集的方式去募集股权基金和创投基金。我们下一步还继续推动有关工作。

8.基金管理公司多元化经营的大资管政策

第八项政策就是为了鼓励基金管理机构做强、做大,形成国际品牌,还积极推动私募基金管理公司多元化、大资产管理的政策。什么叫大资产管理?所谓大资产管理是相对于资产管理专业化运作的,不同的资产管理需要的专业技能不一样,风险控制的技术不一样。所以要坚持专业化管理的原则。但是一个基金管理公司成立以后,如果它的品牌不断地提升,那为了更好地发挥它的品牌效益,如果它适当地通过子公司、分公司或者独立事业部门方式去开展多元化的经营,我觉得这是有积极意义的。对于这个我们是用一种包容开放的心态来对待。

9.基金管理公司上市激励政策

第九项政策,我们为了鼓励基金管理公司建立起有效的业绩激励和股权激励的机制,我们今后还要推动优秀的基金管理机构公开上市,因为上市以后股权激励的效果才能够很好地体现出来。一个机构如果它老是不能够上市,即便是搞股权激励,管理层持股它的价值也很难体现出来。如果是它上市了,那管理人持有股权的价值就能够鲜明地体现出来,那才能够更有效地激励高管人员,最后真正实现了通过优秀的人力资本来达到优秀的基金管理品牌效果。我相信如果在有关部门的支持下,今后中国的私募基金的政策扶持制度就能够逐步地完善起来。

(二)加快建立分工协作机制

我们这里首先会形成证监会私募部和中基协、证监局三位一体的会内分工协作机制。那证监会私募部干什么?它作为一个指挥部,主要制定和完善相关的配套规则,指导并组织实施对私募基金管理的业务活动的日常监管和现场检查,对监管中发现的重大问题进行处置。

中基协的职能是什么?负责基金管理、登记备案的工作,配合开展行业统计分析和风险监测工作,制定行业自律规则,实施行业自律管理,负责纠纷调解,维护行业的利益。

对证监局来讲,其实可做的工作是更多的。对私募部来讲,全国这么大,你说我要了解山西每一个基金的运作相对困难,尽管我们也可以基于协会的登记备案的信息系统,在我们的办公室里就能够去查询某一个具体的私募基金管理的情况,但是随着私募基金管理登记数量的增加,茫茫大海去找谁呢?而我们派出机构就有这个优势,亲临一线知道哪个机构管得好,哪个机构可能出问题。有问题导向的私募,对它进行重点监测,那就相当于我们私募部在全国有40多个瞭望的哨所去帮我们洞察敌情。

除了私募部和协会、证监局要形成三位一体之外,我们还要与证券业协会、期货协会、证券期货有关的交易所、中登公司、期货保证金监控中心、投资的保护基金公司等机构建立起监控协作的机制。甚至还要与地方政府和部门加强合作。

(三)加快形成分类行业自律机制

首先是要研究制定私募基金销售、信息披露、投资运作等环节的业务规则,促进私募基金的规范运作。其次要在成立私募基金、私募证券基金专委会的基础上,尽快成立股权专委会、创投基金专委会,以各个专委会为平台,对不同类型私募基金实行差异化的自律。第三要建立行业黑名单的制度,健全行业诚信体系。

(四)加快建立行业统计和风险监测机制

也就是说首先要结合私募证券基金、股权基金、创投基金和其他不同私募基金的特点,设计季度报告、年度报告指标体系和网上填报的体系,建立起行业的统一分析体系,并且形成定期的报告制度。现在我们季报、年报的指标体系已经完成,交给中基协做电子化系统的开发,这个系统一旦开发成功的话,今后季报、年报的体系就很快会建立起来。

第二个基于证券期货相关交易所、中登公司等等这样的,包括投资者投诉、社会举报、舆情监测这样的线索,建立多渠道的风险监测的机制。

(五)建立信息共享机制

这就涉及到国务院各有关部门,包括地方政府各有关的厅局。比如说我们按照中央编办进行分工,证监会负责具体的监管,但是促进政策由发改委去牵头推动。那它怎么样知道这个行业还需要解决哪些政策?所以我们需要定期向发改委通报股权基金、创投基金登记备案的情况和投资运作的基本形式,对政策存在的问题也要及时通报给发改委,借助发改委这个宏观部门的优势推动有关政策。

另外为了有效防范私募基金带来风险外溢引发系统性的风险,我们将定期向人民银行金融稳定局通报私募基金的运作情况,特别是它的杠杆负债情况。一旦觉得这个行业杠杆比例太高了,那我们的央行就要采取相应的措施来防范于未然。

第四个派出机构要和会内的有关系统加强信息的沟通和信息的共享。当然在这个基础上我们也希望地方派出机构能够都像山西证监局这样搞好跟地方各厅局的关系,建立起很好的信息共享机制,促进分工协作机制的运行。

(六)建立风险事件应急处置机制

一旦有了风险,我们就要建立风险事件应急处置的机制。具体就是我们私募部要根据私募基金监管工作运行情况,研究提出突发事件风险处置预案,防范于未然。

第二,我们各地方证监局也可以探索建立与地方政府有关部门的沟通机制,防范发生群体性的事件。这个方面我们派出机构可以跟工商部门、金融办、地方银监局建立广泛的关系。

第三个要依靠我们证监会强大的稽查执法力量,及时查处私募领域的违法违规行为,树立监管权威。

第四个一定要配合地方政府做好非法集资的处置工作。对于非法集资的分工,国务院已经有了处置非法集资会议办公室的机制,按照那个机制就是处置非法集资由省政府负总责,那自然省政府应该再责成一个主管部门,去具体处置非法集资。现在大多数的省由金融办来做处置非法集资的工作,公安部、工商局等其他的部门积极配合。在这个环节我们证监局也可以做一些工作来配合地方政府。

(七)建立投资者教育和投资者保护机制

比如说要联合我们证监会系统内的投资者保护局、中基协等等,组织开展投资者教育和媒体宣传的工作,充分提示私募基金的风险。另外由基金业协会探索建立投诉处理机制、纠纷的调节机制来更有效地保护投资者合法权益。

第四讲　私募投资基金机构设立与变化升级之探讨

史　巍

史　巍　现任昆吾九鼎投资管理有限公司副总裁。曾就职于德勤华永会计事务所。

非常高兴有这个机会就私募股权投资基金的募集和设立跟大家做交流。我们九鼎投资所管理的基金规模接近 300 亿元,也累计投了 200 多家企业,所以关于基金设立和投资等问题也积累了一些经验,今天我将这些年我们在实战中总结出来的一些经验和大家做分享,可能对大家今后做基金管理或者参与这个领域有一定借鉴和参考的意义。

一、私募股权投资基金的概念和设立

我们首先介绍一下私募股权投资基金的概念,也就是大家所熟悉的 PE。当前这个词应该是比较火的一个名词,有人说现在是"全民 PE"时代,尤其在华南、江浙一带有投资能力的个人,基本上都或多或少地参与过这个事情,有些人通过参与股权投资也赚过不少钱,也有因为这个赔钱的。

(一)私募股权投资基金的概念

1.私募股权投资基金(PE)释义

从字面上理解,PE 就是"PrivateEquity"的缩写。Private(个人)主要是指资金的来源, 就是通过向特定的对象募集的这样的一个形式;Equity 就是权益的翻译,指的是投资标的物是权益类,直白讲就是股权。所以说,私募股权投资基金所投资的是企业股权,是权益类资产,而传统固定收益类投资主要是债务形式,还需要考虑抵押、担保、期限等要素。

综上,凡是私下募集来的资金且投资标的是股权,都可以叫私募股权投资基金(PE)。

2.私募股权投资基金分类

(1)最常见的就是按照企业的不同成长阶段将私募股权投资基金分为以下几种:

第一个是天使投资。你可能有一些非常好的想法、有自己的发明想去创业,但没有资金,这样的话你就可以从天使基金里面拿一些启动的资金,比如200万元、500万元、1000万元甚至更多的资金,这就是种子期的天使投资。简单说就是创业者只有一个想法的时候、企业处于种子期的投资叫天使投资。

第二个是创业投资。当你的企业已经开始慢慢起步,可能还处于亏损,但行业不错,将来有可能会赚很多钱,但企业暂时没有盈利,未来什么都没有的可能性也比较大。这一阶段得到的投资叫风险投资,风险投资阶段虽然风险比较高,单个项目可能收获的投资回报也比较高,有十倍、二十倍,甚至上百倍的回报也正常,但毕竟冒了非常大的风险。

第三个就是我们今天说的PE投资。在国内基本上都是企业处于发展阶段,初具规模并有一定的利润,整体的管理也相对比较规范,具备了未来去上市、去冲击资本市场的基本条件,这一阶段的投资大家普遍把它划分为PE投资。这个阶段的投资相对来说风险不高,因为企业已经有几千万元,甚至上亿元利润,虽然投资回报可能相对偏低,但是风险相对来说更低。

还有一个阶段就是上市前投资,即Pre-IPO投资。现在二级市场也存在着很大的机会,而且上市的企业中有一些有远大理想,想把自己做到全世界排名比较靠前的企业,认为现在仅仅是个开始。一个企业估值几亿元到几十亿元通过上市是可以完成的,但在现在的二级市场对预期达到几百亿元、上千亿元估值的企业来说,只是刚刚起步的一个市场。所以Pre-IPO投资在中国也会有一个非常大的机会,我们九鼎投资已经在这里布置了我们整体的战略。

(2)按照投资方式和投资目的区分的话,分为财务型和产业型两种。给企业投资只是出钱,其他什么都不做,这种我们称为是财务型投资。第二种除了出资,对该企业在产业上帮助很大,对该产业非常熟悉,对企业在内伸和外延上有很大的帮助,这种投资叫产业型投资。所有的企业都希望自己得到是产业型投资,财务投资人往往就是投机。

（3）从投资比例上来讲，分为参股和控股。前者就占一定的股份，做企业的小股东；第二就是控股，并购型的，直接把企业控股权拿在手里面。控股并购在中国有非常大的机会，举一个非常简单的例子，就是一代企业家从创业成熟到现在，已经积攒了较大的财富规模，企业做大到一定阶段，很多的企业家的二代基本上到了接班的时候，可是企业家二代通常是在海外留学，回来以后基本上对一代企业家选择的比较老的传统行业，比如制造行业，不感兴趣，不愿意接班。虽然这个企业还不错，但是有很多二代不愿意接，甚至是接不上。这个在全国是非常普遍的现象，尤其在华南这块，由于二代的生长环境和条件太好了，而且被过分溺爱，所以二代很难接上。所以一代的企业要么上市，要么只能把它出售给其他产业投资人，这块在中国有很大的投资机会，我们也做了很多尝试。

（4）按照资金类型分为国有、民营、外资几种。九鼎投资是个纯民营的企业，从 2007 年由几位个人股东起家成立到现在，管理 300 多支基金，在全球排名中 2011 年、2012 年都连续第一名。这在中国的私募股权投资历史上可能只有我们和另外一家机构鼎晖连续蝉联过全球第一的排名。鼎晖是外资，我们是民营，在国内很多机构包括深创投都是国有性质的。

（5）按照投资主体可分为合伙制企业、有限责任公司和契约型三种。第一种合伙制企业主要采用有限合伙制企业的组织形式；第二种比较常见的就是有限责任公司，多数是注册为有限责任公司的形式；第三种就是契约型，现在国内已经有人在做这个事情，大家通过一纸契约，来组成法律实体进行投资，但是整体还没有普及。今天将给大家介绍的是全世界最通用的有限合伙制的基金组织形式，几乎是为我们做投资这个行业而设计的，还有很多其他组织形式不具备的一些优势。

（二）合伙制 PE 基金的架构

1.合伙制 PE 基金组成结构

有限合伙制企业是中国在 2006 年、2007 年《合伙企业法》修订的时候才出来的组织形式。它很特殊，不像有限责任公司，里边有几个比较关键的角色，第一个是普通合伙人，第二个是有限合伙人。最简单的有限合伙制企业就是两种角色。

一个是普通合伙人（简称 GP），GP 在有限合伙企业里面承担了类似于有限合伙制度的基金管理，GP 是管理层，负责基金整体运营、投资管理。

第二个是有限合伙人（简称 LP），有限合伙人相当于有限合伙公司的股东，以它的出资承担有限责任,但不参与管理。参与管理的话,他是要被追索无限连带责任的。

一般情况下在有限合伙企业里面出现第三个角色,叫管理人。根据不同的投资标的和目的可能会涉及到各方面的人才,一个公司不可能所有人都有,所以一般会涉及一些管理人。除了 GP 承担无限连带责任以外,还会设一个管理人,大家可以认为是有限合伙基金的投资顾问。GP 负责投资管理,和管理人一起负责整个基金的运行,但是他要承担无限连带责任。如果是基金有一些道德上的或者其他义务的话,被追索无限连带责任的时候是由 GP 承担。

2.有限合伙人与普通合伙人的权责

LP 很简单,就是出资人,比如在 10 亿元基金里面出 1 亿元,最大的限度就是把 1 亿元亏光了,不承担无限连带责任,这是按照出资额承担的义务。为什么 GP 会承担无限连带责任?基金是由 GP 管理的,在管理过程中可能发生各种各样的不规范的事情,或者有违道德约束的事情,所以在法律上 GP 一定会承担无限连带责任。

GP 也会获得相应的回报,在国际上基本上收费标准有两种,第一管理费,作为管理人员自有的资金不会太多,承担了一个资产管理的角色,主要工作就是做投资管理。平常运营费用通过收取管理费,一般标准是按照每年 2%,可能不同的基金管理费略微有一些差别,在投资期基本上的标准是 2%,在退出期的时候,基金一般是 3 年到 5 年,通常是 3 年,3 年以后按照本金 2%收取。

还有一个需要大家特别注意的是管理费用就是一个现金流占用,大部分基金管理人收了之后不会还你了。作为标准的基金管理人,管理费收取以后在未来投资项目的收益回报时,第一要归还本金,第二归还管理费。凡是管理费不归还的,或者在规则上、数字上做文字游戏的,这一点大致上可用来辨别对方到底是不是一个合理、规范运营管理人

除了管理费外,还有超额业绩回报。具体解释为投资结束,基金退出以后,支付出资人的优先回报,退还管理费。超额回报部分,管理人要拿 20%的超额业绩回报,管理人赚的就是未来超额收益的 20%,是管理人追逐的目标。这是有限合伙企业运行的基本的架构。

3.合伙制 PE 的优势

第一,在企业层面没有所得税,但如果是以有限责任公司形式做投资,投资

回报取得后首先要交企业所得税,税后将投资回报分给股东,再由股东个人自行缴纳个人所得税。而有限合伙企业在合伙企业层面没有所得税,这一特点使得该形式天然适合做投资,这类企业获得投资回报后直接节省 20%多税费。股权投资的个税按资本利得征税,税率 20%。各地区有些许差别,地方税收的返还标准不同, 所以作为一个自然人投资主体, 只需承担不到 20%的资本利得税。但是作为一个法人投资主体,即 LP,有限合伙企业将来的回报是直接分给 LP 去纳税的,个人代扣代缴 20%的所得税。在基金实际操作中可以省一个企业层面的税收,这省去的 20%是非常有优势的。

第二,有限合伙企业可以分期到账。比如基金募集规模为 10 亿元,可能先到账两三亿元,不足以投下个项目的时候再缴款,可以约定分 3 到 5 次到账,提高整体投资的资金效率。如果 10 亿元资金一次性到账, 有 8 亿元可能是闲置的,只能在前期做一些稳定的理财,不经济,而分期到账是一大优势。可能各个地区碰到的管理方式不一样,分期到账的结构也不同,操作中我们要求可投资金低于 15%的时候缴一次款。

第三,所有权和经营权相分离,GP 负责管理,LP 是出资人,这是现代企业管理制度的体现。为什么这个被提倡? 因为管理人的回报是基金收益的超额回报,管理人能够赚钱的基本前提是帮基金赚钱,基金赚到的钱越多,管理人能够分得的收益越高。管理人跟基金整体的利益绑定。私募股权的这一结构设计保证管理人和出资人永远是站在一起,永远是一起赚钱,这才能长远,从本质上我理解就是这样的。

(三)中国 PE 发展史

PE 在中国的发展和美国有非常相似的地方,只是时间落后美国几十年。美国从 20 世纪的 50 年代艾森豪威尔签署了《中小企业投资法》后,就开始有私募股权投资基金。1958 年美国第一家有限合伙制的 PE 机构成立。1979 年美国劳工部明确允许养老基金对私募股权(PE)投资,保险资金是长期、稳定的,且成本非常低。

为什么养老基金、退休基金可以投 PE 呢? PE 在投资较低风险的项目时,养老基金才会在投资配置里面配置一小部分,划到另类投资里面。随着 PE 的慢慢发展, 尤其是中小企业在美国互联网的投资, 这个行业开始火起来了。1978 年还有一件事情,就是资本利得税下调到 28%,1981 年再下调到 20%。中国非常明确,做私募股权基金资本利得税就是 20%。

2007 年我国《有限合伙企业法》做了修订,明确法律归属。2007 年第一批合伙企业 PE 诞生,我们公司是前 5 名注册的,但是当时规模很小,仅 1 亿元。2008 年国务院正式批准全国社保基金可以投 PE,2010 年《保险资金投 PE 暂行管理办法》正式实行,我们也拿到一些保险公司的资金,包括中再保、百年人寿这些保险公司的资金。2009 年创业板开板,瞬间产生了几百亿元富翁,形成了巨大的财富效应。投资公司推动其 IPO 的时候,这是获益最大的一块,这一阶段的财富效应促进 PE 行业大大往前进了一步。

随着大大小小 PE 的出现,各个地方也陆陆续续出了一些税收优惠政策,主要在资本利得税地方留存部分。引入 PE,地方有较多获益,第一,基金注册在当地,招商引资,实实在在做投资;第二,私募股权基金平均收益 1 变 3,100 亿元基金注册,200 亿元收益,分成 20% 是 40 亿元,缴纳国税 20%,剩下的 80% 就是当地的净收益。

PE 机构和管理人员是分离的,而且基金运营比较规范,也有托管监管,如果能吸引大批资金和机构过来,第一税收上有优惠,第二招商引资,第三基金注册在当地,寻求当地的优质项目,如果当地有好的拟上市公司也可以吸收过来,我们作为产业资本投到当地,会协助企业收购一些好的标的。如果把全国最好的 PE 管理机构资金大批吸引来,对当地产业扶持也是很有益的,因为大的 PE 管理机构涉足产业较全面。如果管理得当,对地方产业发展,将投资习惯往高收益投资方向转移是非常有帮助的,加上规范运营,于国于民都有利。

特别强调 2014 年 8 月,证监会 105 号令发布《私募投资基金监督管理暂行办法》,中国基金业协会作为 PE 的备案单位也成立了,我们也积极响应,在中国基金业协会备案,协会也颁发金融机构的牌照。

中国的 PE 发展和美国的发展类似,其间伴随着法律的健全和财富的积累。第一有法可依,第二这一投资形式赚取不少财富回报,这两个主要因素使 PE 发展起来。全国大大小小的 PE 机构,目前非官方数字是一两万元,官方统计不到一万家,也可以说这是一个门槛相对比较低的行业。

(四)基金募集

1.不可触碰的底线

第一,不能向不特定的对象公开募集,包括报纸、微信、微博,或者其他一些自媒体的平台都不可。募集一支基金一旦在媒体上公开进行,就触碰了这个红线,可以算作非法募集。总结一下即不能公开募集,不能通过任何一个公开手段募集,如果逾越就是违法。

第二,不能承诺保障本金,不能承诺最低收益,或保本保收益。比如"这个事非常好,用你的资金三年,每年承诺15%、20%",这就涉及非法集资了。大家日常购买银行理财产品的时候,可以发现所有的银行理财产品,包括购买信托产品都不会写明保本保收益,呈现出来的都是预期收益。大家购买信托产品,可能从来没有出过太大的问题,但大家很可能也没有看过产品厚厚的合同,但大家留意一下在合同中绝对没有最低收益保证,描述上都是预期收益。所以,如果在资金募集时承诺保本保收益的,则又属非法。

这两点是非常敏感的地方,重申一下,第一不能公开募集,第二个不能承诺保本保收益。过去这么多年,我们所有的员工,包括我自己招募的员工做资金募集的时候我首先强调的就是这两点,可以允许事情做得不够好,但一定不能触碰这两条法律的红线。

第三,关于资金来源的合法性。这属于操作层面,大家做资金募集时,会涉及银行《反洗钱法》。作为投资人,都要求是实名投资,由他人代表做投资是不行的,这一点大家做资金募集时一定要注意,这在银行业务层面也非常敏感。

在自筹能力有限的情况下,会寻求某些三方渠道募集,比如诺亚财富等全国知名的三方理财公司,也需要强调实名购买,而且上述三点也一定要遵守,如果渠道公开募集,或者给投资人做保本保收益的承诺,也会关联到自己。

2.合格投资者标准

关于《暂行办法》里对合格投资者有一些规定,因为在募集过程中也涉及一些实务性的问题,所以在此稍作沟通。

第一,有限合伙企业的合伙人数不超过50人,至少有一个GP,以及一个LP,所以投资人不超过49人。

第二,单个投资人投资起点不低于100万元。私募股权行业是一个要求投资人具有较高风险识别能力的行业,所以它设了一个比较高的投资门槛。但国内排名前十的PE机构自设的投资门槛都基本高于《暂行办法》要求的100万元的起点。九鼎投资起点一直是一千万元,现在逐渐提高到三千万元到五千万元,起点设置比较高,要求我们对投资人十分清晰,筛选对风险识别清晰的人,理性投资。

第三,净资产标准,单位 1000 万元净资产,个人投资金融资产不低于 300 万元或者最近三年个人年均收入不低于 50 万元。

第四,其他合格投资人,包括社保基金、企业年金、慈善基金等社会公益基金,还有在基金业协会备案的投资计划、专业 FOF 等。专业 FOF 指母基金,也是有限合伙制企业,成立的最主要目的是做基金的投资人,即基金中的基金。

为什么对 FOF 做着重强调呢? 因为母基金有一个专门投子基金的基金,该基金有几十个人,除了该母基金外的其他出资人可能已经有几十人,加起来将超过监管允许的 50 人。在协会经过备案的 FOF 或投资计划,不管其中参与多少人都视同一个人,虽然是嵌套了两层架构,但是没有违背 50 人的限制。如果为了不超过 50 人的限制,就要设立好几个基金,管理起来很麻烦。遇到此类投资人,可以把他设立为专业的 FOF,在协会备案后就视同一个人。所以说,在实务操作中,在协会备案与否跟以后整体运作是否规范是相关的。

(五)基金设立

1.注册地的选择

关于注册地的选择,为什么我们过去倾向于选择在具有一定 PE 基金注册经验的注册地? 因为坦白讲我们在西部某省注册一支基金,当时花费大量时间精力和工商、税务等部门沟通,相同的注册事宜在江苏苏州中心工业园区只需一周时间,从核名到拿章仅一周,而在西部仅核名两周都不一定能完成。如果有关部门做设立基金的工作,多学习多研究,简化行政手续,严格按照法律规定把该省的全部省掉,提高办事效率,当地私募基金也不愿意往外地跑了。

还有一方面是税务。在江苏常州技术园区,我们在当地做募集工作,当地税务部门对这不是很了解,对基金税收要求按个人所得税而不是资本利得税缴纳,按我们的收益确定缴纳比例是 30%到 40%。税收 30%对出资人来说太重了,我们会选择比较优惠的地区,百分之十几左右,相差很多。出资人为了追求较高的投资回报,节约税负是一大环节,会重点考虑。

2.合伙期限及投资期

合伙期限是根据基金投资策略选择决定的, 股权投资基金年限一般是 5+1+1 的方式,可提前清算。如果等到接近 IPO,或者达到行业或者公司发展的较好阶段,暂时不适合退出可以延长,一般由合伙人约定决策,每次可以延长一年,最多不超过两次,基本上七年完成。如果做短期投资,可以缩短期限,早清算。在做下一次投资时可以再设一个主体开展,而不像有些投资采取不断滚动的方式。合伙企业模式比较简单,也非常清晰。

投资期内管理费按照管理规模收取,管理期五年,第二年投资完成,但是投资期约定三年,三年每年都要收取2%的管理费,但是退出后收益分配时要返还出资人。三年每年收2%的管理费,第四年、第五年不收取。在风控符合大家投资偏好的情况下,项目较多,可能规定三年,但基金在第四年才能投完,按规定基金规模要缩减,即第四年没有继续缴付义务,对应的管理费也要缩减。但投资期是投资人、管理人约定的,没有法律上的规定或要求必须两年或者三年。

3.合伙人及出资承诺

出资可以分期缴付,为什么把认缴出资和实缴出资分开?因为作为投资人参与基金,认缴和实缴是很需要被关注的,假设基金规模5亿元,认缴5亿元,实缴只有3亿元,投资3亿元后结束投资,该基金需要缩募,但可能大家觉得麻烦,没有缩募。在实际操作中,管理人是有收缴义务的,需要认缴没有实缴的2亿元,假设基金亏损,投资人需要按认缴义务来承担亏损。因此,如果投资结束,还有一部分认缴没有到位,一定要求管理人马上缩募,基金运营一定要规范化,避免不必要的风险和损失。

4.普通合伙人(GP)承担的角色

在管理办法里我把普通合伙人和有限合伙人做了重点区分。普通合伙人代表合伙企业执行合伙企业事务,承担无限连带责任,由一个执行事务合伙人授权代表。授权代表就是执行事务合伙人授权代表,类似有限责任公司的法人代表,代表这个合伙企业对外签字、签章。投资项目决策是按法律规定,由普通合伙人和普通合伙人委任的管理人全权负责的。

5.有限合伙人(LP)承担的角色

有限合伙人首先需要认缴出资额,在投资期内负责实缴到位,如果实缴不到位需要承担一定的法律责任,具体说来需要承担违约责任和支付罚金,简言之有限合伙人主要工作是出资。第二有限合伙人不能代表有限合伙企业对外做执行事务。管理人是企业的法人代表或者授权代表,是代表企业投资的。如果作为LP却要行使GP的职责,会被追索无限连带责任。作为一个成熟、合格的投资人,在投资前一定要了解管理人能够把基金管理好,从法律上投资人也不能参与管理。除此之外,投资前的调查工作纷繁复杂,管理人花费大量时间精力详细完善地调查,之后的投资就会非常简单。投资人考虑清楚和管理人的利益绑定和分配关系后才能建立良好的合作关系,共同开展工作并赚取投资收益。

6.管理费与业绩报酬

之前介绍了管理费、管理报酬,现在提出一个优先回报的概念。大家在读有限合伙制企业章程时可能注意到优先回报,5%、8%或者10%,这并不是保底保本收益。优先回报指分配顺序上优先,也表达管理人对管理能力的自信。假设基金未来投资收益年化低于8%,该部分优先分配给投资人,低于8%管理人没有20%的业绩报酬,低于8%管理人就白干了。因为取得投资收益后,先偿还本金,再偿还之前提取的管理费,再实现8%的优先回报,如果还有超额收益才继续分配。如果GP承诺给大家优先回报,这是比较自信的。第一它不等同于保底保收益,第二这体现管理人对投资能力的信心。

7.基金备案及托管

现在备案形式有创业投资和股权投资两种类型,两者没有特别明确的概念区分。如果备案的是创业投资,当地会鼓励投向小微企业,还可享受当地政策优惠。因此备案时应根据投资形式备案,但界线确实不明显。现在管理基金基本上是创投基金,法律和《暂行办法》没有明确具体规定到底什么投资阶段是创投基金,如果大家做初期投资的话,都可备案创投基金。

第二个问题是托管,《暂行办法》并没有规定需要托管,但是如果不托管的话,需要在基金合同里明确保障私募股权投资的财产是安全的,还要明确制度措施和纠纷的解决机制。这些问题很难明确解释,如何保证财产保管没有任何质疑呢?所以建议大家都去托管,九鼎从成立之初,资金很小的时候就选择浦发银行给我们做托管,且一直按照标准托管,之后每支基金都选择在全国性商业银行托管。

资金托管银行有监管的义务,资金投到项目,第一需要提供投资决策的结果,第二需要提供投资协议所有相关资料,以及预留印鉴,银行才会将资金转给企业。资金是存放在银行的,不在管理人自己的账上,避免老鼠仓,我们从成立之初就做了很好的规范。

二、私募基金设立升级探讨

(一)结构化安排介绍

私募股权基金在不违背法律法规的情况下,架构设计非常灵活。投资人结构化安排，简单说是投资人之间的利益分配顺序和风险承担顺序上的不同安排，这当然是在合规前提下安排的。有限合伙企业法规定得非常灵活，只要不违背大法、不违背公司制的原则，都可以按照投资人约定安排。

大家可以把修订的《合伙企业法》逐条研究，90%以上条款只要不涉及到上面说的红线，很多条款后面都有"投资人另行约定"的除外，很大程度上都遵循投资人投资意愿或整体收益风险偏好的不同而约定，可在企业合伙协议里约定实现。只要不违背法律，不违背基本规则都可以在协议里面约定。总之，设立的形式可以非常灵活，可以按不同投资人偏好设立。

(二)结构化安排类别

1.特殊 LP 结构化安排

这个架构比之前介绍的复杂得多，基本元素无差别，有 GP、LP、管理人，以及托管银行。但不同的是，第一，SLP 的出现，SLP 指为特殊目的设立的 LP。LP设立不纯粹为了出资，有可能是考虑到税收或投资回报率安排等特殊目的而设立的投资人。比如说海外收购，我们可能有非常好的投资顾问，投资顾问可以通过投资做 LP 的形式获得投资回报。这个 LP 的身份就不是简单的出资人概念的LP，不是同股同权的，SLP 可能因为特殊的贡献可以约定给予更多的分成。

假设基金投资回报可能 1 变 3，SLP 参与后实现了 1 变 4、1 变 5，或者更高。在原来超额收益里，超过 30% 的 20% 的部分分给 SLP。SLP 履行的是出资人的义务，但在我们基金里面做出突出贡献，或者由于一些其他安排，会把一部分超额收益分给 SLP。SLP 的设立有各种各样的目的和方式。大家在基金设立运作时，如果有些特殊安排，可以通过 SLP 实现。但前提是不能违法，不能违背基本原则，海外收购时 SLP 可以做一些顾问性安排、避税性安排。

2.结构化的投资人

结构化的投资人可以按照优先级、劣后级分层，由优先级 LP 和劣后级 LP组成，实现收益及承担的风险可以差异化对待。比如 3 亿元基金，1 亿元作为劣后级投资，2 亿元作为优先级投资。假设该基金出现风险，将先亏损劣后级投资人的资金，先把 1 亿元亏光，再亏 2 亿元的部分，相当于 1 亿元资金给 2 亿元资金做一个安全垫。但这对优先级出资人并不是保本保收益，只是在亏损顺序上的先后约定。

作为劣后级投资人，承担更多风险，在收益分配时当然不能同股同权。优先投资人先分收益,按约定是 8%。超过 8%的部分,在不设结构化时出资人是同股同权的,但在设计优先劣后的结构化时,对于劣后级出资人,除了应得的分配,还要把优先级收益的里边的 50%给我,因为劣后级出资人承担了更多风险,做了安全垫,这种出现了收益风险分配顺序不一样的架构,我们称之为结构化安排。有些人承担了风险,有些人优先获得回报。大家在投资过程中经常会用到,因为不同投资人的风险偏好不一样,有些人对风险厌恶,不想要太多收益,风险偏好比较低;有些人风险把控能力较强,但风险永远不可能为零,但如果判断得较准确,愿意冒更大风险,放更大杠杆,这部分人适合做劣后级。劣后级相对经验较丰富,对股权投资比较了解,实力也比较强的,愿意冒险,可能极端情况下投 3000 万元到 5000 万元在里面,即使全军覆没,对投资人也没有太大影响,才比较适合做劣后级投资人。

优先级投资人是个人财富没有太多或者不希望冒较大风险,但是希望在固定收益外分超额收益,投 300 万元或 500 万元,有 8%优先回报,超额部分再分 20%或者 30%,至于剩下可以都给你。这种结构化的设计可以满足不同投资人的偏好。如果对项目极其看好的,判断几乎不可能出现风险,杠杆放到 3 倍、5 倍,基本上等于"抢钱"。股权投资有几个特点,第一收益不确定,第二风险相对高,第三周期比较长。这种结构化的安排在债券投资里面非常常见。

标债市场大笔基金进场, 极容易放杠杆。我们拿一笔基金做标债市场,杠杆 1:99,目前没有出现风险,光大银行给我们提供了很大的杠杆,我们来管理。但是标债市场投资标的收益非常低,比如国债、央票、企业债、公司债,整体收益很低。标债市场除了要赚取绝对收益外,还有个市场价,债券市场的价格每天在波动的。我们的操作,第一争取收益是我们主要工作;第二采取一些波段性的投资,适当放大收益。光大银行给我们是 1:99,资金成本 6%左右,我们投资标的收益大概也就在这个水平上。

结构化的基金在债权投资中也被广泛使用, 股权投资里面也有, 但不多。大家可以选择在山西做尝试,毕竟在这里接触结构化基金的人不多,选择从结构化债权基金开始接触, 风险相对较低。但是也有一些人对这种基金形式很了解,已经参与很多了,有两个山西的朋友跟我交流,已经做得很成功了,其中有几个案子跟我们有关系,比如深圳宝丽来,他们当时也接触过。山西有很多朋友很早就接触了结构化基金,刚开始可以做优先,试着参与一下,基金运作下来,整体了解后,才能再尝试做劣后。这种架构设计,为什么拎出来在这里讲,因为有些人可以这样做。但这里后续还有很多复杂的东西,需要不断学习与探讨。

(三)结构化基金收益测算

刚刚说的结构化基金有几个意思,第一个就是避税,SLP 在海外基金是有避税功能的;第二是风险和利益的安排可以结构化,优先级 LP 和劣后级 LP 不同对应不同的风险和收益。一个结构化基金,对投资收益的测算做前提设定,第一管理费 2%,第二基金存续期按 5 年算,第三杠杆 1:2。给 LP 的优先回报是 10%,超额回报按 3:4:3,在优先 LP、劣后 LP 和管理人之间进行分配,这是它的一个测算基本前提。大家发现基金收益率从 50% 开始一直到 400%,优先级 LP 年化收益率增长速度很有意思,刚开始一直在 10% 以上,11%、14%、18%,但是速度很慢,经营收益率越高的时候,优先级 LP 的增长并没有那么高,在基金收益很低时也能获得一个比较高的回报,但当基金收益很高时,回报也是相对比较稳定的。

劣后级 LP 在基金收益很低时可能亏损,在基金收益只有 50% 的时候,劣后级 LP 只能拿 2% 的年化收益率,在基金收益很高时,劣后级 LP 的收益就完全体现出来了,当基金收益达到 4 倍时,劣后级 LP 年化收益率是 73%,净收益。对比一下,如果没有做结构化安排,出资人同股同权,基金有 4 倍的时候,仅有年化 10% 的差异。按照 1:3、1:4,基金收益很高时,作为劣后投资人,收益是很可怕的,一年翻一番。完全看后续标的的运行情况,如果运行很好,收益情况非常好,每年都能翻一番。如果基金收益非常差,收益可能很低,甚至亏损。在收益趋势上大家可以看到不同安排下不同类型投资人会获得什么样的收益,做一个测算。

(四)定增基金介绍

关于投资方向不同,在设立基金时,有几个要点。第一我们是做私募股权投资的机构,做了大量参与上市公司三年期定向增发的事情,一般三年期定向增发都是伴随着重大资产重组,而且重大资产重组基本上都是我们自己操作的;还有我们跟上市公司或者拟上市公司合作成立并购基金,这两种形式是我们过去做了很多,后续还会大量做的事情。所以我单拎出来给大家做分享,就是在基于我们之前讲的内容上。

1.组织形式

刚刚讲的所有形式都基于有限合伙企业,如果参与上市公司定向增发,可以采取别的形式。参与上市公司融资,可以用信托计划,可以用基金公司子司的资管计划,或者用公募基金专户,这些形式都可以做上市公司的定向增发业务,也都有自己的优势。为什么我们做未上市企业的私募股权投资的时候不能用资管计划或信托计划呢?因为要求在做企业上市之前,要把所有计划清理掉,如果用信托计划投未上市公司的股权,投没问题,但是上市之前要清理掉,清理掉也很麻烦,要做一系列的变更,还涉及到税费问题,所以建议大家做私募股权投资时,参与未上市公司投资用有限合伙企业,这种形式是很好的,安排也很灵活,而且现在也有法可依,税收、优惠都有,建议大家用。如果做上市公司定向增发,大家可以用一些信托公司的信托计划,用一些资管计划做一些使用通道的处理。

比如我们做基金管理人,对项目判断清晰,未来情况也披露得很清晰,第一选择是可以成立个有限合伙企业去投;第二可以找一家信托公司、证券公司或者基金公司用它的通道,成立个信托计划或资管计划。这有几个优势,第一信托计划和资管计划是不用代扣代缴,没有税收代扣代缴义务,不管后面的投资人是法人也好,还是自然人也好,信托计划没有代扣代缴义务,这块分多少现金回来,刨去管理人的费用以后,就原封不动还给大家,自行纳税。有限合伙企业是对自然人有代扣代缴义务的。

2.结构化安排

尤其是一年定增是可以做结构化的,你用有限合伙企业,就不如用资管计划更方便一点,它组织形式更简单。大家如果做三年期定增,有一个特别重点的东西提一下,三年期定增,定增现在就两种,一年期是定价定增,三年期是锁价定增,按定价日往前推20日打九折,现在有新的规定,20日、60日、100日都可以选。过去按20日打九折做底价,一年期要围标,发行底价8块钱,竞价3块钱,可能最后定下是9块钱。三年期定增三年是锁定的,不能卖。原来不明确,报进去以后一直不批,也没说不行,但是不批。但是现在明确了,三年做结构化是不行的,不管是有限合伙企业,还是资管计划,尤其资管计划很难做,而且要求你给承诺,我在集体投资的时候没有结构性安排。

做三年期定增不要做结构化安排。一年期定增是先审批后募集,募集可以多种化,不管是结构化安排还是直接的安排,都是可以的,三年期是不可以的。做定增的时候,要点就是两个,一个是可以用信托计划或者资管计划来做,这些比较灵活,没有代扣代缴义务,投资人自行纳税。第二是三年期定增不要用结构化,不管是有限合伙企业还是信托计划。

(五)并购基金介绍

1.组织形式

并购基金,我们建议成立并购基金,要收企业或者和上市公司合作收企业的话,大家最好用有限合伙企业,因为比较灵活,主要有资管计划。很多受监管要求,并不是说我们做的事情不合法,因为我们做并购的时候,交易价格是极其复杂的,要满足不同的人。因为并购有几方,一个是管理人,收购标准,收购方,这里面非常复杂,三角关系非常多,要处理方方面面,你要收这个企业,处理的人员问题,一些其他的安排极其复杂。设立的法律条款也很多,所以建议大家做并购基金的时候基本用有限合伙企业比较干净利索。

2.基金管理模式

大家可能做并购的时候,不是一方基金管理公司可以完成的,标的是我找的,上市公司是另外一个机构找的,或者大家在标的的运作中更能起到自己的作用,我们做医院投资的时候,作为管理人,投资医疗做的很多,管理医院的经验很少,可能引入另外一个人跟我一起管理。使用的是双管理人模式。

一般找合伙公司的时候是双GP,成立一个基金公司,你占90%,我占10%,或者我占20%,你占80%。用公司管理GP管理这个基金,是很麻烦的,因为确定第一管理公司股份比例的时候,这个当然是事先要明确的。再者各个职位,基金公司双方人员互相搭配,明确什么人承担什么责任,又要扯皮,很麻烦,另外还有其他税收上的不便利。管理公司的公司又要交所得税,你还要再交税,税后安排也不合理,也不好,还有各种各样的事情,非常麻烦。

所以我们建议大家做并购基金的时候,用双管理人,GP还是我做,我从一开始成立还是非常规范的,我愿意承担无限连带责任,不愿意把大家拉进来。我作为一个大机构来讲,不愿意跟太不规范的合作,我愿意和规范的合作。这里面我要控制全程的风险。第一要做GP,第二如果你可以在这里面起很大作用的话,我们一起做管理人,做双管理人。无非就是在基金对管理人的委托管理协议,这里面有一个委托管理协议,基金管理公司成立以后,委托管理的话,管理协议里面把你加上,我们在管理费和业绩报酬的分配上给你做一些分享,建议大家做并购基金的时候用这种模式。

3.与上市公司合作

相信在座的各位可能有这种经验,在合作模式设计上,双GP容易产生很多麻烦,双管理人就非常干净,这是一个经验。第二和上市公司合作,我们过去谈了很多上市公司和我们合作做并购基金,鼓励上市公司做并购基金,做全产业内伸或者外延做扩展,上市公司做并购基金,主体业务非常多。有机构统计,今年前三季度,在中国市场上发生的所有并购案例,涉及的并购金额超过1万亿元,这是非常大的一个规模,我指的是所有的并购案例,有的可能是上市公司直接收购企业了,有的可能是PE参与了。

有些标的是需要PE投了卖掉,规范、梳理、整合以后才能卖给上市公司的;有些如果是非常规范的,上市公司就直接收了。前三季度已经超过1万亿元了,可能跟现在的形势有关系,IPO发行很慢,有些可能现在必须面临一些退出的地步,必须要退,所以整体并购市场非常活跃,如果大家希望在并购这块分一杯羹的话需要抓紧。这是一个非常好的机会。国内没有哪家机构涉及,包括我们涉及的金额不是很大,这属于每个人都在参与,每个占比都不大,企业处于小散的时候,包括大机构参与,未来一定会有一些机构进来越做越大,这把这个市场整合起来。并购市场或者任何一个投资市场永远都是有一个规律的,开始小的几家尝试,后来大家一窝蜂都进来,最后有很多会被淘汰掉。任何一个行业20%的企业贡献了80%的产能,这才是一个健康的行业。并购市场很大,参与者众多,大基金占比不大,参与进来你有可能就是未来中国市场的KKR或者黑石等机构。

4.与上市公司合作方式

在实务中要一步步做起来,上市公司一定要让它出一部分资金,第一,首先从监管、从个人来讲他是愿意出这个资金的,所以大家跟他合作一定要让他出一部分资金,不管多少,出一部分。如果上市公司为了取得收益,少出一部分资金,赚一部分收益,如果是上市公司未来收益标的要装入到自己公司里头,希望在自己的公司里面增加控股权的时候,投资比例会比较大。实务当中跟上市公司谈的时候要特别注意两个地方,对于基金管理公司来讲,上市公司出资比例低的话,千万不要被上市公司利用做一个融资通道。因为并购相对来说是一个非常复杂的事情,你启动的资金当然可以由一些金融机构如银行以并购贷形式或其他形式出一部分资金,但有些上市公司不愿意冒这个风险出劣后资金,有可能把你作为一个融资通道,这是第一点特别重要。

第二,上市公司把所有资金都出了,但是作为基金管理公司来讲,别的不做,给上市公司找项目,被当做一个项目通道。如果基金管理公司只找项目也非常麻烦,收益低。这个基金管理公司不能干,这样容易让一些既得利益者很舒服。我们这个行业互相之间恶性竞争越来越重,希望大家在跟上市公司成立并购基金的时候特别注意这两点。

还有一个上市公司的大股东,有些是和上市公司大股东合作成立并购基金。上市公司大股东也是有这种需求,二级市场有很多传统行业比如纺织的估值很低,利润很差,需要找一些利润更加稳定的业务,比如今年上半年比较火的就是手游、影视公司。上市公司收购这些公司,一般股价就飞到天上了,这类估值又非常高。原来做纺织的,希望增加新的主营业务,把整体利润维持住,第一做市值管理了,第二屏蔽风险了。一般上市公司大股东会自己出来搞一些收购,原来不是做这个,搞影视不明白,找专业的人合作,一般找基金管理公司作为管理人合作。还有一个企业刚刚收的时候的标的,民营企业有很多税收上、安排上是不规范的,一些资产也不是很明晰,所以需要上市公司大股东和我们一起把它吃掉,慢慢规范好,再放到上市公司面里。这时候我们要考虑大股东想法在哪里,是为了收益,还是真的要和上市公司合作。这是很重要的一点。

在二级市场有很多大股东,他是相对控股,这个大股东在自己的其他业务板块规模很大,有很多现金,他跟你成立并购基金的话,极有可能想把资产价格,当然在公允的基础上尽可能更高地卖给上市公司。在上市公司他的控股比例非常小,这个资产高价放到上市公司里,在上市公司他可能赚的不太多,赚的多的是在并购基金。大股东的意图要考虑非常清楚,他到底是为了干什么。

增加控股权,我现在占上市公司百分之几,我多出点资金,进入上市公司以后换股换的多一些,有很多不同的种类的并购需求,并购是一个非常复杂的事情。一定要在并购的产业链里面了解它的每一个人的想法和意图。这很难用一个标准化的东西,在一天里给大家讲清楚。大家都是做基金投资的,有很多实战经验,这里面有几个方面真的特别要注意。

5.结构化安排

我们做并购的时候也可以做一些结构化安排,在金融行业里面,尤其是银行有几个比较典型的,就是浦发银行和招商银行在并购安排上非常积极,尤其是招商银行,我收到了总行发给我的过去定增和并购的案例,和他们自己对这个行业的理解,非常专业,我挺佩服他们行业研究人员做的非常好。招商银行刚刚完成了一些人事变动,调整完以后,在同业条线上,他们整体授信有非常大一块,拿出这块资金来做并购和定增的配套资金。大家未来如果说想做这块,需要做银行的配套基金,可以找他们,他们很积极,他们有不少额度,相对模式比较灵活一点,比你想象中的银行是有一点变化的。说明中国的银行业在发生一些变化,通过存贷差赚取收入也不舒服,他们慢慢有危机感了,存贷差随着市场发展慢慢会越来越少,坐着赚钱的机会越来越少,所以银行整体业务实现投行化,支持力度很大,最多1:2,1:3的杠杆都可以放。

他们有好多方面现阶段还是无法突破的,从投行和商业银行的角度来讲,还有很多不一样,他很难按你收购的标的来做,还是需要提供一些其他的增信,相信你做这些事情是有保障的。

国外不是这样的,有高收益的,在中国叫垃圾债的东西,它就是在国外做大型并购收购的时候最常用的工具,在国内我们没有这个东西。像KKR在70年代收购纳贝斯克的时候花了200多亿元美金,在中国是不可能实现的,因为我们没有这个工具,其实KKR动用自己资金不到3亿元美金,大部分资金来自于商业银行和垃圾债。

在美国最富有的地方贝弗利,住的大部分是做垃圾债的人。米尔肯是美国的垃圾债的皇帝,在80年代也风光了一把,但是现在慢慢出现了一些问题,垃圾债的杠杆放得高的话,毕竟是一个高风险的事情,美国也经历了一波并购放杠杆放的极大的风险,生产泡沫的阶段,慢慢到了瓶颈。中国现在还没有起来,没有这个工具。如果大家参与并购市场投资的话,现在就开始参与,现在开始准备,方兴未艾。现在只是刚开始,大家一定要做好准备,未来的投资一定是一个并购为主的投资。在私募股权投资这块一定是并购为主的,在整体的中国市场会发生巨大的变化,未来也有可能发生KKR收购纳贝斯克的状态。如果我们有非常大的资金把蒙牛收购下来,每袋牛奶涨一毛钱,对消费者的影响不大,整体收益每年多几亿元,甚至上十亿元的利润,收购就是这样一个巨大增长的特点。如果你采用杠杆收购的话,你的标的一定是现金流非常好的,消费为主的,还有医药。

消费类行业大部分回来都是现金,可能个把亿元的利润,但是沉淀在账上的资金有好几十亿元,这是一个非常好的资源,用自有资金偿还并购贷款的利息。医药行业,我们在山西投了一个做人血血液制品的企业,它的存货就是利润,拿到随时可以卖,这个产品市场上是供不应求,如果想卖明天就出去了,回来就是现金,有可能是预付的现金,这类很适合做杠杆收购的。在中国收购的杠杆工具并不完整,银行给的并购贷基本上是1:1,收购标的整体估值的1:1,以前大部分是按照净资产的1:1,收购标的不可能完全按照净资产收,企业如果每年几千万元或者上亿元,按净资产收很不合适。很多轻资产公司,比如手游、互联网公司,它的资产很少,如果用资产评估配并购贷款,基本上没法干。现在银行基本上认可并购估值的一倍来给你提供并购贷款。这个趋势慢慢会进步,有很多可以让我们并购中用的工具出现,所以大家尽早参与做这个事情,不能按照金融机构以前的思路做。有个企业叫91助手,我们很遗憾错过这个企业了,它确实是一个很轻资产的企业,当时也没有看明白,就把这个企业推荐给我们很重要的合作伙伴淡马锡,淡马锡卖给百度,卖了18亿元美金,我们财务顾问费都赚了三四千万元。这是基金设立的基础情况,第二部分讲了一些升级以后的结构化的安排,一些特别的跟传统不一样的东西。讲到这里大家可以提一些问题,有什么问题可以提。

三、九鼎投资实战策略

第三部分给大家介绍一下我们作为基金管理人管理的情况。2014年上半年作为私募股权行业非常特别的例子,我们在中国的新三板市场上挂牌了,作为一个私募机构,我们也公开披露了我们所有的信息。大家可以在网上下载我们在新三板挂牌的招股说明书,里面有我们公司详细的情况,所有的指标都有,我们投了哪些企业,都可以看到。现在在新三板给我们的估值是200亿元人民币,管理300亿元的钱,退出、投资所有的情况都有。

(一)管理基金情况

我们挂牌是作为集团公司挂牌的,过去集团公司99%的业务都在控制私募股权这边。我们在今年又新成立一个公募基金,因为我们过去业务主要做私募股权基金,集团公司挂牌以后,就成立一个九泰基金,做公募基金,和华夏基金、天弘、汇添富是一样的,都是做公募资金的。大家在银行柜台上买的基金都是他们发的公募基金。我们刚刚增资控股一个证券公司天源证券,控股以后改名叫九州证券,现在是集团控股的一个金融平台,旗下包括私募股权投资九鼎投资,九泰基金公募基金,还有九州证券公司,后续会有保险公司,挂牌以后可能会陆陆续续有很多动作。我这里是一些过去管理基金的一些情况,截止到2014年5月31日我们管理总规模是280亿元,还有3.2亿元美元。认缴金额是266亿元,实缴177亿元,刚才讲了光大银行的合作债券基金14亿元。截止到2014年是280亿元。

(二)基金出资人

我们的出资人全世界都有,外资包括祥峰集团,其是淡马锡旗下的专业投资机构;欧洲最大的保险公司安联保险;合众集团,总部位于瑞士的私募股权机构,欧洲最大的FOF;宝马家族基金;保险公司有中国再保险公司、百年人寿、刘鸿儒基金、中信证券等。政府平台类有成都的银科投资,现在已经是一个非常成熟的FOF基金了;江苏无锡的国联集团,还有一些民营机构,包括恒安集团、步长集团、四川的龙湖地产、蓝光地产、中建房产,还有方太集团,很多全国知名的,包括外资的、国有的、民营企业,我们有很多投资人,这里只列了一部分。

(三)项目投资情况

管理项目投资的情况,我们基本上关注的是几个行业,消费、服务、医药、农业、材料、装备、新兴产业和矿业。大家可以看到我们在服务、医药、农业、消费、装备投资比例都差不多,基本上比较平均。在矿业里面基本上少一点点,因为矿业投的风险还是比较高,累计投资金额已经达到160亿元。全国各地都有,山西有五六家企业我们投资的,有装备制造,还有医药企业,现在除西藏以外我们全国各地基本都有了项目。

(四)项目退出情况

我们退出的情况是这样的,截止到2014年5月31日退出了31个,投资金额是16亿元,退出金额40亿元,大概获得2.5倍,综合的IRR是45%左右,IRR的数据是一个内部复合回报率,评判一个基金回报怎么样的核心指标,看专业不专业,你问IRR多少,就很专业。按现金流的流进流出算出来,你的现金不可能一下子全投出去,一下子全退出来的,可能一个项目一个项目投进去的,分几年投进去的,退也是一步一步退的,就给你按现金流流出算一个回报率,接近复利,比复利高,IRR高,可能收益还不错。

大家看到总体收益上来讲还是通过上市退出回报率最高,IRR达到54%,如果找到非常优质的企业投进去,有很强的上市想法,也符合上市条件,通过运作退出,这个收益是最高的。要忍受的痛苦就是现在时间比较长,本身股权投资这个事情就有这个特点,投进去以后要帮他规范、梳理、增长,这个基本花一两年时间,上市报材料整理又要花个把年的时间,送进去以后要审核花点时间,现在审核速度也不是很快。审核通过,挂牌上市,我们作为小股东还有一年的禁售期,一年不能卖,所以上市确实时间比较长,但是回报确实非常不错。

2014年6月以来我们又退出好多项目,后半年我们还是比较成功,嘉华能源借壳华芳纺织、神州长城、借壳中冠A、地尔汉宇挂牌、柳药过会、方盛制药过会、新联铁并购给宝丽来。我们投入的一个企业是金丝猴奶糖,这几年增长还行,但是上市速度比较慢,管理层偏大,希望退出,把它卖给美国巧克力公司好时,34%的回报率。

(五)在管项目估值情况

公司在管的企业,退出几十个,剩下在管的190个企业投资金额是146亿元,现金分红4.4亿元。在管的组合按照欧洲股权协会的标准估值办法,估值是262.9亿元;在管的项目估值,把时间打进来以后,大概增发超过二三十。我们没法跟巴菲特比,人家管理的资金非常大,连续20年20%以上的复合增长。我们在中国这么好的环境里,也希望以后能管理很大的资金。

(六)综合竞争力排名

业内评级机构给了我们公司一些小小盛誉。行业里面有两个评级机构做的比较好,一个叫清科集团,一个叫投资中国。同志们应该都接触过清科集团,清科做评级起家,成立十多年了,大家对它的公允性还是比较认可的。近三年连续两年给我们排名第一,2013年因为IPO停了,我们做IPO的项目比较多一点,稍微有点落后。

在中国投资机构行业里面不敢讲一直名列前茅,但是我们这么多年耕耘下来也应该是第一梯队的,我们也有很多经典案例,时间关系没法详细给大家讲,希望大家在选择PE机构合作伙伴的时候可以多多沟通、多多交流,作为大家一个有益的补充,希望能够帮到大家。

谢谢大家!

第五讲　投资机构如何选择和推动企业发展

刘利剑

刘利剑　现任鼎晖集团投资运营董事总经理。曾就职于地方证监局及中国证监会发行部。

一、投资机构的种类和特点

投资机构按照投资人、运作模式和投资对应企业发展阶段一般分为天使投资、风险投资和私募股权投资等。各种投资机构对应的企业发展阶段如下图所示:

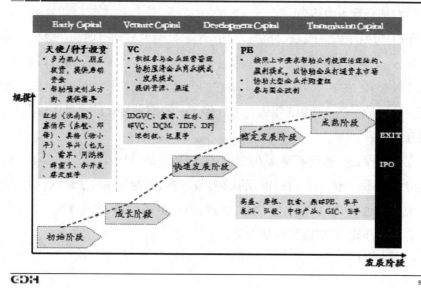

不同投资机构扮演角色

天使投资也叫种子投资,是针对企业最早期的投资。这时可能只有四五个人,一个商业方案,就出来融资了。这个阶段的投资人主要是自然人,多是熟人、朋友,为企业发展提供启动资金,规模在 100 万元美金左右。这个阶段活跃的专业投资人也很多,像徐小平、李开复等。天使投资人投资一般主要看重投资团队、商业模式等。在美国,天使投资总量已经超过风险投资。但在中国,天使投资则还处于发展初期阶段,规模很小且运作很不规范,例如浙江温州等地存在的地下钱庄等。

以下主要介绍目前在我国运作相对成熟的风险投资(VC)和私募股权投资(PE)。

1.了解 VC 与 PE

风险投资(VC),也叫创业投资,主要针对早期和初创的高成长性企业,通常购买优先股,不控股,平均投资额在 1000 万美元左右。此时企业尚处于亏损阶段,风险投资者寄希望企业借助自己的投资,实现魔力增长,最终通过引入私募股权投资、企业 IPO 或并购重组等实现退出。投资期一般 3~8 年。

私募股权投资(PE)则主要投资于成长后期、成熟期或衰退中的企业,通常采用股权与债权相结合的方式进行投资,持股比例较大甚至拥有控制权,投资额较大, 从 500 万到 50 亿美元不等。私募股权投资通过参与企业资本结构优化、业务重组和分拆、公司治理完善等,挖掘或创造价值,最终通过企业 IPO 或并购重组而实现退出。投资期一般 3~8 年。

这两年随着互联网等新兴产业和新业务模式的出现,PE 投资开始出现投资前移现象, 与风险投资的投资界线不像过去那样清晰。例如对京东的投资,其上市前融资达到了 7 亿美金, 而更早期的前几轮融资则累计超过了 15 亿美金,已经不在传统的 VC 投资金额上了,但此时京东仍处于亏损和快速发展状态,风险与机会都很大,也不能算作一个纯正的 PE 项目。面对新市场、新需求,是选择坚守还是与时俱进,对 PE 将是一个巨大的考验。

对于鼎晖 PE 来说,目前主要是投资一些私有企业,也包括一些公众公司退市、私有化项目,以及参与国有企业的多元化改造。鼎晖 PE 给自己的定位是单支项目投资一般要求在 5000 万美元以上, 主要是出于专业人员构成和管理规模的考虑。鼎晖创投则是 20 多名投资人共管理 10 多亿美元资金,单个项目投资规模要求小一些。

从发展历史来看,PE 机构发展到一定阶段, 都会主动利用自己的经验、资源等优势,参与企业并购和产业整合等业务。而国际上一些大的公司,在出现经营困境的时候,除被其他企业收购外,也有的被一些大型专业投资机构如黑石等收购,将其进行分拆出售、业务重组或产业并购整合,利用其优势进行重新战略定位和价值挖掘,通过再辅导、再支持、再上市等实现新生和价值增值。当然这需要投资运作经验、职业经理人资源、产业资源等作为基础,对很多投资机构来说都是一个很大的挑战。鼎晖目前在传统投资的基础上,也开始重视企业并购和产业整合等投资业务,自2012年开始在中国尝试自己的并购项目,如已控股的香港上市公司新焦点,在汽车后续服务领域进行资源整合。

2.私募基金的主要参与者

从资金供求的角度来说,私募基金的主要参与者包括资金需求方、基金出资人和私募投资机构。

(1)资金需求方,即创业者(针对VC)或企业(针对PE)。

(2)基金出资人,即有资金、需要对外投资的机构或个人。国外以母基金、家族基金、捐赠基金和养老基金为主,也有部分资金来自银行、企业、慈善基金会、国家主权基金、专业投资机构等。国内目前以高净值自然人和私营企业为主。

(3)私募投资机构,介于上述(1)和(2)之间,从(2)募集资金,将资金投资到(1)。私募投资机构通常作为普通合伙人(GP),以协议方式为(2)(通常是有限合伙人)提供投资管理。

私募投资机构实际上就是处在资金的需求方和出资人之间,募集钱再把钱投到企业里,提供一种资金管理服务。私募投资机构与投资人之间是一种协议关系,每年按管理基金收取2%左右的服务费,退出时与投资人一般按收益进行二八分成。

3.私募基金的结构

基金一般采用有限合伙制,存续期5-10年。私募投资机构通常作为GP,会按照基金规模的1%进行出资,资金的提取与投向由GP(基金管理人)决定。LP作为有限合伙人,以其出资承担有限责任,一般不参与基金管理,也没有保底。基金管理费、GP的收益分成、共同投资权、项目成本(一般只应用于并购基金)、限制性条款等则通过LP-GP协议加以约定。

在国外,基金出资人作为有限合伙人,都是以承诺出资,不可毁约,基金会定期向LP召集资本,用于投资项目。但国内目前做不到这一点,因此在募集基金尤其是对原项目进行增资的时候,会面临较大风险。为控制资金募集不足风险,部分私募投资机构通常会采取一次性募集较多资金的现象,但在项目投资之前会导致资金闲置,影响使用效率。

4.基金运作周期

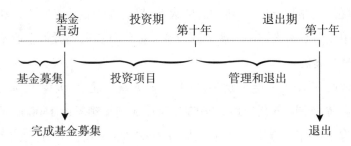

如上图所示,单支基金的运作周期一般是 10 年左右,具体分为募集期、投资期、管理与退出期三个阶段。募集期的长短与 PE 机构品牌、经验等密切相关,一般是一到两年时间。投资期则与投资行业景气度、投资资源等有很大关系,一般是四到五年。资金投出后是两到三年左右的管理时间,包括公司治理完善、规范运作、业务优化、市场与品牌推广等。最后是投资退出还钱,一般是三到四年时间,并与退出环境密切相关,例如遇上产业衰退、IPO 不畅等,退出时间会更长一些,甚至会重新选择退出路径。

基金处于不同阶段时,其投资策略尤其是退出压力一般不同。一个基金管理机构通常同时会有多支基金,每支处在不同阶段,如鼎晖 PE 目前就有五支美元基金、两支人民币基金,鼎晖 VC 也管理着 3 支美元基金和 2 支人民币基金。创业者或企业在融资时,不但要考虑 PE 机构的实力,还要考虑该 PE 机构是用哪支基金进行投资。如果是早期的如刚募集完的基金,则退出压力会小一些;相反如果基金周期只剩下三两年时间,则可能面临天天被催促出售和上市、还钱的局面,从而影响企业的日常经营和资本运作。

5.投资机构助推企业发展途径

说到投资机构对企业的作用,一个是帮助企业各方面优化,包括在优化公司治理、完善管理架构、明晰发展战略、调整生产关系等;二是帮助企业实现扩张,包括提供资金支持、协助寻找商业机会、提供上下游资源等;三是帮助企业后续发展,包括协助企业对接资本市场、改善融资方式、协助进行产业整合等。

作为资本市场的专业服务机构,投资机构对企业的帮助可以是全方位的,也可以是点或面上的;可以是投资机构亲力亲为,也可以是引入第三方专业机构。但是无论提供哪种帮助或采取哪种方式,投资机构都必须明确一点,千万不能越俎代庖。投资机构和企业经营者都应当明白,虽然双方的目标是一致的,但分工则有不同,双方要懂得换位思考,懂得互相尊重和充分沟通,而不断的碰撞,能够改善企业的不足并产生智慧的火花,最后引领企业走向成熟和成功。

下面用几个案例来详细说明鼎晖投资是如何具体助推投资企业发展的。

链家地产案例

链家地产,是非常有名的房地产中介,业务遍及北京、天津、上海、成都、南京、杭州、青岛、大连、苏州等地。2013 年房屋成交金额超过 1500 亿元(同期万科销售额为 1700 亿元),链家在北京拥有约 60%的市场份额,过两年可能销售额比万科都大。链家赚的是什么钱?2%到 2.5%的佣金收入,2013 年是 40 亿元。可以想象这是一个很庞大的公司,有超过 2 万名员工,有上千家门店。

链家有几个很成功的案例,一个是在 2008 年金融危机的时候。当时北京房价下跌了 50%,作为对房地产最敏感的房地产中介,很多开始撤店。正当大家都在关店的时候,链家的老总左晖做了一个最大胆过后看来也是最正确的决定,利用金融危机,用最低的价格在北京新设了很多优质网点,完善了自己的门店布局,那个时候别人都在关,他却在开。

2010 年,左晖针对房地产中介房源广告十之八九虚假和跳房、跳单现象十分严重的现实,又做了一个很有魄力的举措,也可以说是行业自我革命,链家承诺"百分之百真房源假一赔百"。这面临着巨大挑战:一是真房源一旦公布,可能面临被同行撬走的风险;二是如何保证做到百分之百真房源并长期坚持下去,万一有假的,不但面临消费者投诉问题,对品牌也是一个很大损失。事实证明,左总抉择很果敢,执行也很彻底。凭借这一举措,这几年链家市场规模和市场占有率不断扩大,从来没有产生跳单现象。而且链家还能做到一点,不接受其他房地产中介跳过来的单子。左总是一个很有理想的企业家,正是因为有了这种坚持,链家现在做得非常优秀,利润也非常高,员工队伍也比较稳定。

鼎晖能碰到左晖这样优秀的创业者和链家这样优秀的企业,应当说是一种幸运。鼎晖作为一个专业的投资机构,也以自己的方式参与链家的经营运作,链家的许多经营会议,鼎晖都参加了。在会上双方会有一些热烈的讨论,鼎晖会把对行业的看法,跟链家去交流,链家也很重视鼎晖,不管什么会议都会邀请鼎晖,愿意听取外部对企业和行业的观点。记得 2012 年的时候,双方碰撞出了一个新业务领域,一是左总的思想,一是鼎晖出谋划策。大家的目标是利用链家员工多的优势,把北京部分二手房源租过来形成链家自己的房产资源,做成标准化公寓再租给白领,链家提供管家服务,很贴心、很周到,比如有一天白领说家里有蟑螂了,那么链家就可以派员工上门帮他抓蟑螂,因此客户感到很放心,很安全。拎包入住,两千块钱一个月就可以租到一个很不错的小公寓,该业务发展很好,现在已经拥有超过十万间房。鼎晖以自己的方式助推链家发展。

迪信通案例

迪信通是中国做得最大的手机连锁零售商之一,它线下有很多的实体店,主要是卖手机和进行手机维修,起初业务发展较快。但近几年互联网冲击非常厉害,迪信通业绩虽然还能维持,但是没有了快速增长。面对这种情况,鼎晖就不断地和迪信通老板碰撞,提醒他互联网冲击很厉害,你不要不当回事,自己也要做线上业务。现在迪信通自己的线上业务也不错。此外,鼎晖和迪信通老板也达成共识,在销售模式上进行革新,这几年抓住移动、联通、电信合约机销售的机遇,通过合约补贴赚钱。迪信通现在总体上经营的还不错,有两亿多元的利润。

关于资本运作问题,迪信通最早的时候是想在中国的A股上市,后来A股由于金融危机停发,就重新搭建组织架构选择到海外上市,由于估值很低拿不到理想价格,又把海外架构拆除,选择到A股上市,但A股又实在太苛刻,经过这么多年发展还无法做到市场化操作,经营业绩稍有波动就不予接受,最后2014年初的时候迪信通上了H股。在资本市场上,鼎晖几乎走过了全球所有比较不错的证券市场。在纳斯达克上赚过钱也赔过钱,在香港证券市场做得生龙活虎,A股市场也是借壳、并购重组、整体上市、IPO全都参与过,所以在资本运作和资本市场选择方面很有经验和话语权,也得到了迪信通的尊重和认可。整个资本运作过程中,鼎晖都利用自己的资本市场资源和资本运作经验,引领和帮助迪信通在不同的资本市场进行选择。

双汇海外收购案例

双汇海外收购案例可以说是家喻户晓。

史密斯菲尔德是美国乃至世界最大的猪肉生产企业,但美国不是最大的消费国,它的部分猪肉依靠出口,如拿了欧洲30%的市场份额。而中国是世界上最大的猪肉消费市场,但猪肉生产技术与美国又有较大的差距,而且猪肉价格还比美国要贵。因此,利用中美之间的比较优势,通过收购美国猪肉生产企业,实现企业技术升级、业务拓展和协同效应,便成为双汇的战略选择。

双汇与史密斯菲尔德的谈判是百折千回,经历了漫长的等待和不断的沟通。首先是史密斯菲尔德股东起初的反对,其次是竞购者加入,再次是美国海外投资委员会的审查,后来美国参议院农业委员会也加入了审查队伍。

正如媒体所说的,此次双汇收购有三个关键先生,双汇集团董事长万隆、双汇国际首席执行官杨挚君、鼎晖投资总裁焦震。史密斯菲尔德是美国上市公司,而美国政府和证券市场的规则较多且执行严格,在收购过程中稍有不慎就可能导致操作失败甚至触犯法律,这时,专业投资机构的优势就体现出来了。鼎晖利用自己在美国资本市场运作的经验和资源,与双汇充分沟通,并充分利用美国资本市场规则和国际专业服务机构,最终促成了此次收购。目前双汇作为全球最大的猪肉生产和加工企业,经营业绩良好,在中国市场以及美国都发展的不错。

双汇跨国收购包括此后在香港上市,整个过程中都充满了投资机构的身影和力量。鼎晖投资作为专业投资机构,协助企业实现了有效扩张。

纷美案例

作为蒙牛的股东之一,我们发现纷美大概 40% 的成本用在包装上,主要用的是瑞典利乐包装。利乐首先是出口设备,其次设备购买后还必须配套它的包材,而且价格很贵。带着帮助蒙牛降低运营成本的初衷,鼎晖沿着产业链往上找,最终在山东找到了纷美公司。

纷美是由瑞典企业回国创业的一个高管带着一个团队创建的,主要研发液体包装。当时产品已经基本成型、能用,但是技术要落后。做饮料安全很重要,所以一般企业不敢用,再加上利乐的垄断和威胁,销售不太好。鼎晖发现纷美的技术还不错,东西是可以用的,而且有下游蒙牛支持,所以就投进去了。

现在来看,这个项目非常成功,现在纷美已经上市,中国的市场份额已经达到了 15%,而且已经进入俄罗斯市场,打破了利乐在液体纸制包装领域的垄断局面。这是我们利用专业投资机构的优势和丰富的企业资源,推动产业发展和实现产业中企业共赢的一个精彩案例,也以能为中国企业实实在在的做出自己的贡献而自豪。

慈铭体检案例

2005 年的时候,慈铭体检在北京的网点还非常少,资产不过千万元,经营亏损,只能算一个 VC 项目。那时鼎晖也开始关注医疗产业,但受产业政策影响很难进入,只有从医疗行业里分出来的体检相对容易进入,所以鼎晖就将体检作为了突破口。

当时取得体检牌照要两年左右时间,建一个体检中心也要 1 年左右时间,实现盈利还要两年多时间,所以前前后后要 5 年的时间,而且每个体检中心还要投入 2000 多万元资金,所以靠一个企业自身发展会非常慢。于是 2008 年前后,鼎晖帮助慈铭寻找到两个并购对象,加起来 12 个体检中心。一次性投入 1 个多亿用 1 个多月时间就完成了收购,帮助慈铭迅速做强品牌,走上了快车道。

现在慈铭已经很成熟了,体检中心筹建、装修已经模式化,半年就可以开业,一年就可以盈利。在体检行业竞争日益激烈的今天已经站稳了脚。但问题是同行业的爱康已经在美国上市,而且是互联网思路,慈铭如何才能在充分竞争的体检行业做到行业领先呢?慈铭没有互联网基因,但公司高管韩总和胡总都是知名医院医生出身,且在卫生领域资源很多。于是结合自己的实际情况,慈铭开始进军高端体检,2013 年初在北京开业了第一家高端体检中心。投资两个亿,有上万平米的建筑面积,做高端深入体检,一个人一次性消费 3 万多元,享受贵宾级的待遇,住贵宾客房,护士和医生推着检测车上门服务,用上两天,把所有检查都做完,最后由私人医生提交完整的体检报告和个性化的健康解决方案。对于体检中发现的病情,慈铭有能力帮助客人找到最好的医生,把疾病及时消灭掉,这在一般的体检中心无法想象。而与客人到日本、瑞士、新加坡等国去体检,万里奔波,动辄数十万元相比,由慈铭把一流的体检和医疗设备置备好,并配以贵宾式的服务和国内最杰出的医生专家队伍,应当说是物超所值。慈铭的高端体检中心开业第一年即实现盈利,下一步将实现标准化运作和向其他一线城市推广。慈铭也通过此种方式建立起了自己的核心竞争力。

鼎晖作为专业投资机构,凭借在慈铭体检投资过程中获得的经验,在妇产方面投资了博生医疗(旗下和美医院、现代女子医院、都市丽人等),并帮助博生完成了定位高端的和美医院的战略和实践。和美以最高的价格请来最好的妇产医生,在和美生一个孩子大概是五万元钱,提供贵宾式的服务。通过这种方式,博生建立起了自己的竞争优势,吸引到了高端客户,相应取得了可观的回报。

总之,专业投资机构一般接触的行业和企业较多,与创业者和企业家看问题的视角不完全相同。通过与创业者和企业家的不断碰撞,专业投资机构可能因其作为一个外部人士甚至一个外行来说,能够给企业带来一些新鲜的东西或有益的启发,这是对企业非常有利的地方。记得鼎晖十周年庆典时,鼎晖投资项目九阳的董事长王旭宁曾说过:"一个企业,你的整个管理层、你的手下不能永远都只说'对',需要有人说'不',鼎晖即做到了这点,从而使九阳受益匪浅。"

6.企业如何选择投资机构

企业如何选择投资机构,没有固定的程式。根据我们的经验,有以下几个原则需要坚持:一是双方要有充分的了解和沟通;二是适合的才是最好的;三是双方不是简单的投融资关系,而是长期合作伙伴;四是价格很重要,但有时投资机构带来的附加价值、影响力更重要。

企业选择投资机构,没有什么是最好的,两者之间也不是一个简单的钱的关系,而是长期合作伙伴。企业家在选择投资机构时,通常应当考虑:这个机构能不能伴随你一直走七八年,是不是逼你两三年就要上市退出,能不能带给你一些新鲜的血液、新鲜的理念,能不能和愿不愿意跟你深入交流,在交流的过程中你是不是觉得确实有很多的东西值得借鉴,包括大家的理念是不是一致等。中国市场上其实最缺的不是钱,目前八千多家投资机构,如何找到更适合和更愿意伴企业一路同行的投资机构,也许更重要。

企业家选择投资机构很复杂,要调查对方的目的、背景、性质、血统,包括它的人脉关系、过往业绩等。企业估值很重要,但不是最重要的,投资机构能让你的企业从一个名不见经传的小企业成为世界级的大公司,也可能让你的企业过几年即宣告破产。同时,企业家也应当明白,企业领导人需要智商,有时候更需要情商,只有精心选择适合自己的投资机构作为合作伙伴,并能做到换位思考,建立顺畅的沟通机构,才能在以后的日子里合作愉快,携手前行。

7.企业进行私募时需要关注的问题

除了上面说的选择一个适合自己的投资机构外,企业家一般还需要关注以下问题:

一是目前私募投资机构的投资热点。私募投资机构对行业发展比较敏感,一般其投资热点都是下一步发展良好或较容易实现成功创业和顺利退出的。如果自己所从事的事业不在热点范围内,就要首先思考一下自己是不是选错了行业或募资时机,自己的经营模式或产品服务是不是有特别之处等,顺势而为或强化自身特色才能为下一步募资和企业发展奠定良好基础。我国私募投资

目前投资行业不全,主要分布行业大概如下表所示:

类别	细分行业	类别	细分行业	类别	细分行业
狭义 IT	互联网	半导体	设计方面	能源环保	新材料
	软件		生产制造(含封装、测试)		新能源
	计算机设备				
	其他 IT		半导体 IC 服务		环保行业
通讯电信	通信设备	传统产业	消费品服务	医疗保障	医疗设备
	增值服务		批发零售		医药保健产品
	通信测试及服务		传统制造业		保健服务
	终端产品生产	教育行业		生物技术	
		金融服务		其他行业	

二是企业是不是具备了私募的基础。包括是不是做到了经营运作基本规范或能够规范。投资机构在进行投资时,一般不仅关心企业是不是挣钱,更关心其挣的钱是不是合法合规,或者通过下一步规范运作后是不是还能挣到钱。如果不能做到这些,企业就没有大发展前途,私募也就没有什么必要,企业还是不要私募的好。

三是要充分了解自己和挖掘自己的优势。这样在与私募机构沟通时才能很好地推销自己,才能取得私募机构的信任和青睐,也才能给自己的企业拿到一个好的估值。在与专业的投资机构接触前,做一份完善的商业计划书通常是必须的,也可以借此对自己的企业有一个全面的梳理和理解。

四是投资机构的基因。投资机构一般都有自己独特的项目开发体系和投资渠道,也在某些方面建立了自己的优势,形成自己的基因。比如鼎晖在畜牧业领域就做得比较成功,经常自豪地说自己是养牛、养猪的,最早投资双汇,然后是雨润(猪肉加工)、蒙牛(牛奶)、现代牧业(鲜奶)、恒阳集团(肉牛繁殖)、广东海大食品(饲料)等等。由于经常跟畜牧业里几个最顶尖的企业接触、沟通,所以对该行业比较了解,触角比较深,行业里面有哪些变化,又出现了哪个不错的企业,鼎晖能较早掌握。另外鼎晖投资过百丽、南孚、九阳、美的、谢瑞麟、晨光等知名企业,所以同样在消费领域能进行较好渗透。鼎晖的优势还有医疗医药行业,投资案例包括慈铭体检、新世纪儿童医院、博生妇产、伊美尔美容、安琪儿妇产、明基综合医院、白求恩透析、康宁精神病医院、绿叶制药、康弘制药、康辉医疗、远大健康、赛金生物等。相反,红杉早年投了大众点评、阿里巴巴、聚美、唯品会等项目,可以说遍布互联网,所以互联网有项目都找他,互联网行业里面当下有哪些很有创意的项目红杉也是第一时间知道,这就是他建立起来的互联网基因。我们把投资机构在某个区域或产业建立起来的优势称为一个基金的基因,基因决定基金的主要投资范围。鼎晖在 TMT 领域早年投资过 360、分众、房多多、恒生电子等,最近几年,鼎晖又重点投资了多家 TMT 领域的成长性企业,2014 年清科集团评选的中国最具投资价值企业前 15 名中,鼎晖就投资了其中的 6 家,包括途家、本来生活、百世物流等。

二、PE/VC 如何选择企业

1.投资原则

不同的投资机构,投资风格不同,相应指导思想也不同。鼎晖通过这么多年的运作,总结出一些基本原则:尊重企业家,企业是企业家的,投资机构只是配角;信任管理团队;更多以参股的方式投资,做好股权激励;在董事会占一定的席位,参与企业的重大决策制定过程;不干预企业的日常管理;目标一致,换位思考,合作共赢;树立价值投资和中长期投资思维。

在具体经营管理企业上,投资机构是外行,必须尊重企业家,要和企业家同心同德,要通过不断的沟通和碰撞来改进和完善,而不是要强迫企业家去怎么做;投资机构要充分信任管理团队,因为日常经营都是管理团队在执行,投资机构只不过是作为股东在董事会里有个席位;要建立有效的治理和激励机制,通过制度使投资机构与企业目标保持一致,防止代理问题,而不是人人猜疑、事事干预。鼎晖在双汇收购史密斯菲尔德的时候,给过核心高管股权激励 40 多个亿,当年投资蒙牛也有一个重要激励举措。除了重大决策参与外,只要企业日常经营运作按照投资协议来,鼎晖就不会干预,而充分信任管理层,只要企业发展的好,大家就都能挣钱,实现互利共赢。

2.投资流程

从项目初次接触到完成投资退出,主要包括以下几个阶段:(1)项目发掘:主要通过行业研究或中介机构;(2)初步调查:与管理层交流并获取公司信息(2-3 周);(3)签署投资意向书:约定投资方案(1-2 周);(4)尽职调查:业务、财务和法务调查(3-5 周);(5)签署正式投资协议和注资(3-5 周);(6)投资后管理:协助招聘高管、拓展客户和下一轮融资(3-5 年);(7)退出:通过 IPO 或并购等(1-2 年)。

鼎晖有严格的投资流程,首先是发现好的产业和商业模式,和企业交流了解项目情况,由主要投资人参加评估立项会,多数同意我们就能立项;然后是进行业务尽调,以及聘请第三方中介机构做法律、财务尽调,并形成投资备忘录,由合伙人组成的投资委员会进行决策,通过投资决策会才能进行正式投资;接着是通过投资协议等建立良好的运作机制;再次是和投资项目一起,完善治理结构、规范运作、优化公司业务、提升公司业绩和行业地位等;最后是通过公司IPO 或并购等顺利退出。

鼎晖从项目挖掘到签署正式投资协议书完成注资,一般都要三到四个月的时间,不可能在一个月内完成。所以如果一个企业说必须要在一个月内完成融资,鼎晖会很坦诚地告诉他这是不太可能的。时间留得充足一点,在抓紧时间工作之余,双方也能充分了解、建立互信和统一目标。瞬间进行投资决策,会为以后的项目运作留下诸多隐患,可能只适合某些 VC 项目。

投资界有两个人非常值得欣赏,一个是古代的卞和,能够通过粗糙的石头外壳看到里面的稀世美玉;一个是软银的孙正义,能够通过马云眼睛里的亮光看到阿里巴巴的美好未来。一般人没有他们那样神赐的慧眼,所以无论进行融资还是投资,在感性之外,还要用专业的尽职调查和规范的运作流程作为保障。当然,孙正义说得简单,肯定也做了深入的分析、了解、访谈。另外,作为 VC 项目,企业还不成型,此时更关注他的团队、将来的商业模式、商业计划书,没有别的可调查的东西,所以这个决策要偏快一些。PE 不一样,必须有流程制度作为保证。

在投资过程中,鼎晖非常重视行业研究,投资的时候先要确保行业对,首先是做正确的事,其次才是正确地做事。行业对了基本上最后都赚钱;行业错了,如投在一个产能过剩的行业里,投在一个竞争非常激烈的行业,无论你花再大的精力,投资方案设计得再完美,企业经营管理得再规范,可能都是赔钱。比如说我去年接触的一个农业项目,是做种子的,是鼎晖新进入的一个行业领域,为了进入这个行业,就得下大力气去了解其行业现状、发展趋势、产业政策等,了解这个行业其他优秀种业公司的组织架构、工艺流程、市场推广以及面临的问题等,然后对比该项目公司有哪些优势和核心竞争等,这些都必须亲力亲为,而对于项目投资过程中财务、法律等尽调则是聘请的长期合作的专业会计师和律师。

红杉的沈南鹏,也非常重视行业研究,他们起初围绕整个互联网产业总结了一个线路图,这个产业包括哪些细分领域,发展现状和未来趋势怎样,最容易在哪个领域产生优秀的企业,都一目了然。对比之后,互联网当时做的不错的公司他都投了,当然收获也颇丰。

3.项目评估要点

一个项目的评估要点,一般包括以下几个方面:需求方面包括消费者特征、市场规模、可达到的市场份额、增长率等;行业与业务方面包括行业结构、竞争、行业壁垒、业务的合法性等;战略方面包括竞争优势、战略定位、可持续性等;管理方面包括个人适应、优秀的团队、公司治理水平、抗压能力、管理层激励及退休计划等;财务方面包括资金需求、盈利能力、利润率、年投资回报率、盈亏平衡点;其他方面包括定价及销售渠道、市场营销、选址等。不同的投资机构、不同的投资项目,项目的评估重点不尽相同,如某医药企业可能是新药认证及在研情况,某互联网企业则可能是注册用户数量和盈利模式。

在掌握了评估要点和重点后,下一步就是确定工作具体怎么划分,由谁去完成,怎么做。鼎晖每个项目一般是三个人,再加上会计师、律师等外部专家,有的还要聘请行业专家。然后制定投资计划,大家统一分工、相互配合,有人负责尽调访谈,有人负责和企业沟通谈判,有人负责投资协议履行等。

4.项目尽职调查要点

(1)业务尽职调查要点

在业务尽职调查时,投资机构一般要对管理层、骨干员工以及公司主要股东进行访谈,对公司运营数据进行分析,了解公司客户拓展计划、销售计划、产品研发计划,进行核心技术评估,还要对公司上游供应商、下游经销商、终端用户甚至竞争对手进行访谈等。

投资机构规模较小时,考虑投资团队的背景和自身实力,一般只侧重一些行业,比如只做TMT或只做医疗。而随着规模扩大、投资人员增加、业务扩展和机会增多,将逐步向其他行业扩展。同时,行业研究工作也会逐步推进和完善,行业分工也会逐渐清晰。

另外除了内部的研究积累外,投资机构也可以通过对外部专家或投资企业访谈等进行了解。行业研究这块,国外有成熟的访谈资源,中国也开始出现,如清科、凯盛,基本上你提出要求,如想咨询哪位行业专家、上市公司高管或某地区同行业老板,想了解哪方面的事项,他们都可以帮助你实现。有这种资源存在,行业研究就会方便得多。而且一个行业尤其是其内部运行规律甚至潜规则,很多都是通过行业内的相关访谈了解到的。

(2)财务尽职调查要点

财务尽职调查要点包括:(1)历史沿革(股东出资是否到位,非货币出资是否合规);(2)财务报表(数据真实性,是否符合会计准则,收入与成本确认,是否足额认缴税费和员工福利);(3)财务情况(公司资产和负债、对外担保、关联交易、现金流、存货、账期分析,财务预测复核)。

财务尽职调查具体也因行业等而异,我们会更关注企业的现金流,而不会很关心利润。而且对于利润,我们也是重视质量胜过数量,利润再高,如果不是实实在在地赚到真金白银,像靠提供商业信用提高价格和毛利率,或靠工程垫款拿项目,例如目前很多工程或园林类企业,这样的项目鼎晖基本不做。另外,某些公司就靠几部好电影,或两三个政府工作项目,即体现出较高的收入和利润,更像是项目公司,缺乏持续盈利能力,投资风险很大,鼎晖一般也不参与。

说到影视行业,很多公司运营全靠几个文化人、导演或明星,他们有激情也很有破坏力,说走就走,这个行当是很难进行长期投资的,如果真想从影视行业赚钱应该是直接对看好的影视剧进行投资,或者对确实看好的影视企业家投资。不过话也说回来,即使具体影视剧,又有几个人能看清楚。蔡明在电视剧、电影领域地位很高,当年拍《泰囧》时她认为票房不会过一个亿,因为它的投资额近3000万元,她就建议我的一个朋友不要投,最后《泰囧》票房一天一个亿,总额超过12个亿;相反冯小刚拍的《1942》大制作,历史题材,很有背景,文化和教育意义,很多人看好,效果反而不好,赔钱。所以像影视这种产业或产品,有太多的不确定性因素,不是靠理性或传统思维可以预测的。社会在发展,时尚在改变,作为投资人,就得去适应,去与时俱进,这样才能发现新事物、新商业模式和创新公司,才能在社会发展和新投资机会中赚到钱。

(3)法律尽职调查要点

法律尽职调查要点包括:(1)历史沿革(公司主体资格和股东身份合法性,主要资产取得合法性,股权结构是否清晰);(2)经营情况(是否合规经营,经营资质和证照是否齐全,主要资产产权是否完整,对外担保和诉讼,劳动关系规范性,纳税、环保、员工福利等合规性);(3)业务合同(合同规范性,是否有独家、排他等限制性条款,关联交易)。法律尽调,涉及不同行业、不同地域,专业性较强,鼎晖很多是通过聘请的外部专业律师来完成。投资涉外企业,就要聘请涉外律师;投资医药企业,就要聘请对医药行业精通的律师,术业有专攻,省钱不得。

5.Term Sheet 主要条款

Term Sheet(投资条款清单)作为投资机构与创业企业就未来的投资交易所达成的原则性约定,几个关键点如下:

(1)投资金额和估值(Pre-Money、Post-Money、股份占比)。目前投前、投后估值各行各业都有自己的特点,如互联网和医药行业按 GMV 和收入估值,水泥、化工行业按产能估值,食品行业按 EV/EBIDA 估值,不同的行业估值方法不同。

(2)董事会席位和投票权(约定投资人董事的权利)。一般规模较大的投资机构都要求在公司的董事会里面占有一定的席位,参与到公司的重大决策里;小的投资机构尤其是跟投就没有必要,没有精力也起不了实际作用。

(3)保护性条款(投资人股东在公司重大事项决策时拥有 1 票否决权)。对于企业做出重大举措比如超过 5000 万元的重大投资,投资人是否有一票否决权,非常重要,也是双方必须要明确的。有个案例,一个老板曾经很富有,企业也做得不错,后来拿企业资产做抵押投资了另一个企业,结果破产了,把原来的企业也拖垮了。实际上这就是保护条款约定的不够好。

(4)合格 IPO(规定上市时间和公司估值下限)。包括什么时候申报,什么时候上市,一定要讨论清楚。首先大家要考虑好要去的资本市场,如果是在成熟的资本市场,如香港和美国,对于时间和估值,企业家只要把企业经营好和未来发展把握好,较容易预期和实现。而对于我国这样的证券市场,尤其是在注册制推出来之前,审核批准的不确定性太多,当面对诸如"某年 12 月 31 日之前上市,否则就要启动回购条款"、"首次发行定价不低于同期上市公司市盈率"这样的约定时,企业家就要考虑这个是否科学,是否在自己能力控制范围之内。例如:很多公司 2012 年申报,现在还没取得审批部门反馈意见;有些公司,行业和业务很好,投资者很认可,也愿意高价认购,但你想发 40 倍市盈率,就是不行。面对这样的证券市场,在确定针对 IPO 条款时,大家都要认真考虑,留有余地。

(5)反稀释条款(下一轮融资,调整之前投资的估值)。反稀释条款投资机构非常重视。企业本轮融资后,还可能有新一轮融资,投资机构要加强自我保护。

比如说 B 轮融资的时候,如果价格低于 A 轮,那 A 轮的投资机构有权利按照 B 轮的融资价格下调当时的投资价格,这就是反稀释。

(6)回购条款和领售权(如果企业长时间无法上市或出现清算,约定投资机构的退出方式)。回购条款就是投资机构为了防止长时间不能退出,在投资的时候即和企业约定,比如说五年、七年以后如果不能上市、不能出售的话,可以按照事先约定年化收益率比如 12%、15%出售给企业主要股东,企业必须回购。领售权就是将来投资机构有权力寻找收购方,在按事先约定价格转让投资机构股权时,创业者等要一起出售,这就相当于投资机构拥有一个整体处置公司的权利。

(7)锁定期(签署 Term Sheet 后,一段时间内不能接触其他投资者)。锁定期就是投资机构和企业家进行投资洽谈到一定程度,比如估值等谈的差不多时,在投资机构进行尽职调查等之前,约定一个期限,企业在比如三个月或者六个月的时间内不能接触其他投资机构,要配合该投资机构完成尽职调查工作和投资决策等。

(8)其他 Term Sheet 条款还包括员工限制性条款(竞业禁止和保密协议)、优先清算权、优先购买权等等。

Term Sheet 中的许多条款,是行业惯例,投资机构作为外部股东和小股东,对赌和回购都是对自己的一个保护,是为了防止内部股东或大股东对自己权利的不当侵害。比如投资时在企业经营业务和发展方向上,投资机构和企业家都非常认同,但是投资机构希望企业能坚持下去,就需要拿这些条款加以约束。对于条款中的许多情形,其实投资机构也不想出现。比如说对赌和优先清算权,一旦堵到自己手里或者到了破产清算,企业的价值必然会减损,即使有优先清算权,投资机构也将是所得寥寥,甚至一无所得。

对于 Term Sheet 条款,企业家必须有清醒的认识,也要会换位思考,懂得一旦签署,即对双方有约束力,既是约束和鞭策自己的一种方式,也是投资机构的一种惯例甚至是作为小股东和外部股东的不得已之举。

6.谈判关键点

谈判关键点包括投资结构设计(投资金额和估值、公司架构设计)、控制权的平衡(董事会机制的设计、投资人董事和股东重大事项否决权)、投资人的退出条款(合格上市的估值和时间等、优先清算权和公司回购条款的计算方式、领售权的触发条件)、员工期权池和授予行权机制等。

企业和投资机构谈判的时候,最为关键的一点是投资结构的设计,这个设计就可能关系你将来的发展方向,包括到哪里去上市。比如说投资机构一开始是用外资基金投入,可能就要海外上市了,投资的估值也要按海外的估值水平。

有的企业家,在开始谈判的时候,还要明白自己的目的是及时募集到适当的资金,促进公司长远发展或解决当前资金困境。但是一旦看到投资机构提出的 Term Sheet 条款等时,就忘了初衷,变得就事论事,将本次融资仅仅当成了一次生意。企业家应切记,自己不仅仅是在进行一次简单的融资,更是在寻找适合自己的合作伙伴,而且只有互利才能共赢!

三、正确认识投后管理

完整的投资行业产业链,包括融、投、管、退四个基本环节,而且是环环相扣的。想做优秀的投资机构,这四个方面都很重要。这四大能力关系到一个投资机构能不能赚到钱,能不能形成自己的核心竞争力,能不能做长久。

投后管理起初是投资机构运行过程中根据客户需要和风控管理派生出来的,但随着行业发展,其作用日益突出。过去项目投完,一般就交给投资经理去跟踪和管理,并通过投资经理跟全周期考核等机制进行激励和约束。目前大部分投资机构由于人员不足、能力有限、经验不足等原因,融、投、退都还比较重视和做得比较到位,而投后管理则不够重视甚至还没有介入。

怎么根据需要把所有项目的投后管理在统一平台上运行,实现专业化和标准化,提升服务能力,已成为很多做到一定规模的投资机构都面临的重要课题。鼎晖投资在成长过程中,也越来越意识到投后管理的重要性,并成立了专门的投后管理部门,到现在差不多运行有三年了,效果还不错。下面结合投资行业发展趋势和鼎晖投后管理情况,介绍一下对投后管理的认识。

1.投资行业发展趋势

投资行业总体上有三个发展趋势:专业分工、模式之变、二八规律。

(1)专业分工

现在投资机构越来越在某个产业纵向与横向方面拓展,专注某个领域,进行深耕细作和打造核心竞争力。有的投资机构专门做医疗领域的投资,因为他们的投资团队很多具有海外医学背景,比如曾在大型的海外医药公司或医学研究机构工作过,具有医药博士学位,做过医药研发等。这样的投资团队,做医药投资,肯定内行和具有优势,因为他懂得药品行业内部运行机理。一个机构一定要有专业人才,才能在某个领域深入进去。鼎晖投资安琪尔妇产、北京儿童医院、绿叶制药、康弘制药都非常成功,就是因为鼎晖本身有医药出身的专业投资团队。

投资管理公司业务与流程分工也日趋明显,事业部制与平台化趋势逐步出现,内部分工越来越专业。鼎晖有专门的 IR,负责投资人关系管理,定期访谈投资人,了解投资人需求和给予强力支持;有专门的法务部,负责内外法务工作,全面审核对外签署的合同、协议,提供投资过程中的法务支持和防止出现经营违规。马云说自己既不懂 IT,也不懂互联网,可他为什么成功了呢?因为马云战略眼光最强,而且他管理、激励团队的能力最强。他能看到十年以后中国应该怎么样,互联网应该怎么发展。同时他懂得与最懂互联网的人合作,懂得去招募互联网方面最专业的人。可以说马云也实现了与行业专家的合理分工。

现在投资行业的竞争格局是规模化、品牌化和专业化渐成主流,资金、人才和项目的 80%将被 20%机构所掌握。

(2)模式之变

投资行业的盈利模式也在发生变化,从制度溢价逐步转变到成长溢价,并购渐成主角,"投资 + 服务"双轮驱动开始走到前台,投资互联化(众筹模式、投资平台化)亦逐步展开。

过去传统的 PE 就是做小股东,投进去、上市、赚钱。现在并购已经成为投资新热点,投资机构业务比重逐步转变到 IPO 占到 20%,并购占 80%。这与当前的国内经济形势有密切关系,低增长成为新常态,无论是钢铁、水泥、玻璃、煤炭等基础产业,还是加工制造业等,甚至某些新兴产业如现代物流,都开始出现过剩。这种情况下只能兼并整合,大鱼吃小鱼,小鱼吃虾米,最后每个行业形成几个托拉斯。西方发达国家就是这么走来的,中国也面临这个局面。面对新形势,投资机构应当顺应潮流,培养自己协助客户进行收购、整合的能力。鼎晖过去主要做跨国并购,现在国内并购也开始大力推进。

另一方面,企业也应当与时俱进,树立利用内外部资源发展壮大的观念。目前大部分企业家(其实包括很多专业投资人士)还没有在思想上跟上中国经济新形势,还一心想着单纯靠自身做大做强,打造百年老店,或守住自己一方小天地,做个"人不犯我、我不犯人"的快乐小老板,没有形成与现代化大生产相一致的大众股权文化,也不符合产业竞争血雨腥风、大浪淘沙、强者通吃的现实。现在股权分散化和并购重组走得比较靠前的,主要是互联网、文化等新兴产业。这些新兴产业的企业家很现代、也很实际,就是利用新产业创造价值和获取收益。另一个在并购重组方面做的比较好的是医药行业,主要与其研发和市场推广投入大、经营风险高有关。一个企业可能在一两个药品上具有优势,但很难形成规模优势,发展中很容易遇到资金、市场推广等方面的问题,面临发展瓶颈时,容易接受并购。

推进并购重组,需要投资机构等去不断的撮合,去向企业家和社会灌输合作共赢理念,告诉企业家行业已经是红海一片,相互竞争都没有前途,只能两败俱伤,大家走到一起才能把事情做好。一个做董事长,一个做总裁,共同把这个产业做好,有什么不能合作的呢?

鼎晖投资的分众传媒,业务主要集中在中高档写字楼视频广告。分众的江南春曾向谭智提出收购其投资的框架媒介,其主要做公共场所及住宅电梯平面广告,同时做该业务的有九家小公司,框架是其中之一。谭智当时不肯卖,而是先对其余八家小公司进行了整合,用九个月时间就做到。谭智九个月如何操作的呢?就是找到其他公司老板,问其有多少块广告屏,然后测算框架运营能赚多少钱,就出什么价钱,而不是看其他老板投资了多少、真正经营取得多少收入和利润。由于框架经营效率和利润高,出价很合适,收购也非常顺利。当分众在纳斯达克上市后再次提出收购框架时,跨度九个月收购价格上涨10多倍。框架整合很成功,分众收购也很成功,因为他赶在了竞争对手聚众之前,而且有先上市而可以进行股票手段支付的优势。

收购框架后,江南春马上找到聚众投资人虞锋,展开对聚众的收购,当时聚众业务也主要集中在中高档写字楼视频广告,且正准备独立上市。由于分众出价合适,且双方合并后由于消除相互竞争和具备规模优势而能有效控制租金和广告产品价格,所以收购很顺利,收购后江南春出任董事长,虞锋做总裁。最终分众、聚众和框架三家广告巨头合三为一,分众股票价格也从上市的7美金涨到最高35美金,得到资本市场认可。后来呢,分众虽然垄断了户外媒体广告,但是却未能适应互联网微传播、病毒营销等广告业发展新形势,最后股价又跌回了8美元,甚至从纳斯达克退市,虞锋则在此之前以较合理的价格将收购过程中取得的分众股票卖出,后来创办了云锋投资,做的很优秀。

分众整合的案例,告诉一个企业家不要老想着把自己的企业做成百年老店,没有几个企业能做百年的,自己做一个企业其实也是在做一个投资,在认真做实业的同时,也要顺应时代潮流,必要时通过资本市场做大做强或以合理的价格将企业出售,给自己的前期努力和用心创办的企业一个最好的交代。

2.国内投后管理概述

(1)投后管理贯穿基金运作周期,对企业和投资机构都具有重要意义

在基金募集阶段,LP对投资机构的投后管理和增值服务能力很重视,关心投资机构的投后团队如何组成、在行业有哪些资源和管理优势,能够给投资企业提供哪些服务和支持,能否通过提升被投资企业的核心竞争力和通过业务升级或并购重组等实现外延增长。是否建立有合格的投后管理团队已经成为一个基金能否顺利募集的重要影响因素。鼎晖的投后团队成员包括原华润副总裁、麦肯锡高级咨询顾问、三九医药财务总监、资本市场主管部门工作人员等,也有刚刚毕业的清华研究生,由经营、财务、企业咨询、资本市场监管等各方面有实战经验和成功经历的专家组成,服务能力非常强大,也得到了广泛认可。

在投资的尽职调查阶段,投后管理也要充分参与,包括评估企业在战略定位、经营管理等方面是否存在重大问题,在股权结构、经营模式等方面是否符合IPO监管要求,企业增值服务需求与机构增值服务能力是否一致,以及为企业提供融资方面的整体解决方案等。投后团队在尽职调查阶段即充分参与,既能展现投资机构强大的投资服务能力,也能为以后切实做好投后管理提供前提保证。尽职调查阶段的主要工作,还是以投资团队为主,但投后团队要参与和企业接触,了解这些项目,否则这些项目投完后,企业只认投资团队,不认投后团队,投后团队在企业没有话语权,即使代表了投资机构,也代表不了这笔投资,投后服务和管理工作的效果也会大打折扣。

投后管理和退出阶段,就是结合投资企业实际情况和需要,提供包括人力资源、市场开拓、技术研发、财务管理、公司治理、内部运营、战略规划以及后续融资、并购、上市等全方位增值服务。

被投企业的很多事情,投资机构都要和企业一起去操心。鼎晖在四川投资的一个医药企业,通过八年研发,花了近4个亿,2013年年初成功推出治疗老年人眼科疾病的注射剂,是国内十二五期间原研一类生物药的唯一成功品种。

只需一年注射六支,可以提高视力 0.3,有效率 85%,已实践的三千多名患者没有任何副作用,定价 6800 元 / 针;目前国际上只有一家竞争对手——瑞士诺华,早三年进入中国,由于研发较早,基因缺陷,其药效要差,需要一年注射 12 针,可以提高视力 0.2,有效率是 70%,定价 9800 元 / 针,全球销售额 30 亿美金。刚推出时我们的被投企业信心满满,但 2014 年 3 月份开始销售后,效果很不好,医生都不要,一个月也就是卖一千支的样子,员工士气低落,甚至企业开始打退堂鼓。面对这种局面,鼎晖投后团队与战略投资顾问一起和企业研究解决问题。企业过去是家长制,平时都是一言堂,我们就在开会时提出:企业老板开会时和其他参会人员包括管理层一样,每个人都要发表自己的看法,且先不许对别人发表的见解进行评论;还规定,每人先说五分钟,然后每人再说三分钟,且不能和前面五分钟重复。通过这种机制来发现大家的真实想法。讨论研究的结果:一是药虽好,但没有人知道,该药是处方药,直接用户是医生和医院,但没有针对医生和医院进行有效营销,口碑没有做起来;二是药价定低了,因为该药目前针对的还是消费能力较高的患者,而他们都迷恋老外,相信一分价钱一分货;三是名字起得不好,用的是一个学名,包括医生和患者,名字都记不住,别说口口相传了;四是竞争对手已经建立起先发优势,做到了先入为主,并建立起了比较成熟完善的销售渠道和运作模式。找到这些问题后,我们进行了重新战略梳理定位,包括:一是不与竞争对手进行直接竞争,作为后进者我们没有优势,更没有实力,正面竞争毫无胜算;二是先找几家合作比较好或鼎晖投资的医院,通过合作、试用等方式进行重点突破,争取以点带面;三是使用药品通俗名,做到简单明了,以便于以后大范围推广;四是进行公益推广,包括寻找 100 个贫困山区的老人进行免费治疗并配合宣传,让更多患者知道公司的药品,并由患者督促医生开公司的药品,逐步打破竞争对手在销售渠道方面建立起来的壁垒。而且通过研究讨论和市场调查,企业也了解到中国目前有 300 万病人,还是不完全统计,而不是原前预计的十几万人,60 岁以上的老人大概发病率达到 50%,只是治疗不及时最后变型甚至失明了。可以说市场前景广阔,企业能做很多事造福老人、造福社会。我们战略梳理后,企业又重新振奋起来,这两个月反馈都很好,企业还给鼎晖写了表扬信。

投后管理工作很多很杂,包括企业治理怎么完善,高管股份该怎么给予,给予到什么程度,是以期权的方式还是一次性给予的方式,是以股票池的方式还是直接量化到个人等等。鼎晖也在不断地总结和完善。

投后管理对投资机构越来越重要,完善的投后管理,对投资机构来说,可以增加谈判砝码,提高议价能力,降低投资风险,提高投资回报,是投资机构软实力的表现。

(2)投后管理和增值服务模式

投后管理和增值服务具体有四种模式,对比如下:

模式	采用情况	适用类型	优点	缺点
投资团队负责	国内主流模式,占比70%左右	投资项目总量少的机构	对企业全程了解,有针对性的服务	投资经理无法集中精力服务;投资经理离职后服务缺乏连续性
投后团队负责	逐步开始采用	投资项目总量多、规模大的机构	提供投后专业服务,有效释放投资经理精力	前后缺乏有效衔接,增加磨合、时间等成本
投资+投后团队负责	探索性操作	投资项目总量多、规模大的机构	双重服务,无缝对接,服务更加全面与系统	双重负责,相互团队激励考核无法准确认定
设立子公司模式	未来主流模式	外资KKR及国内一些机构尝试采用此模式	分工及激励更加细化,专业服务体系更加完善	增加部分运营成本及协调成本

投资团队负责模式,就是谁投的谁管,我国大部分投资机构都是这样的,是目前的主流模式。优点就是本来你投的,包括投资时讨价还价过程,跟老板接触过程,跟高管团队合作过程,你都很了解,也很容易发现企业存在的问题,这是它的优势。缺点就是因为投资工作压力本身就很大,投资团队天天都在跑项目,经常投完了就没有精力再去管理。再者投资领域也是离职率比较大的行业,很难保证每个投资项目运作期间投资经理都能自始至终跟踪下去。最后还有代理问题,即投资项目出现问题后投资经理可能长期隐瞒不报,导致问题长期积累,最后集中爆发,给投资机构带来重大损失。这是一个传统模式,从现在看呢,优势突出,问题也非常突出。

投后团队负责模式,现在很多机构在试探采用。投资团队投完了就交给投后团队负责管理。这个优点就是投后团队很专业,包罗了行业、经营、人力、财务等各方面的专家,能够提供全方位的专业服务。缺点是投后团队很难和投资团队一样,跟企业有那种很深的友谊和信任,也需要和企业再一次磨合;其次是利益不好计量,一个投资项目的成功或失败,是投资团队项目选择方面的原因,还是投后团队跟踪服务方面的原因,很难去明确划分。

投资加投后团队负责模式,就是投资团队对项目终身负责,同时投后团队全程参与。这种模式的优点是双重服务,无缝衔接,投资团队提出需求,投后团队提供专业服务和独立监管。缺点是激励问题,投后团队作为专业服务人员,是取得固定薪酬,是与服务项目挂钩,还是采取折中的办法,既要发挥投后团队的积极性,又要保持其独立性,需要综合考虑和合理安排。

除了以上三种模式外,还有一种即设立投后管理子公司,这可能是未来的主流模式。投资本来就是很市场化的行业,设立投后管理子公司即是在投资机构的运营和考核过程中引入市场机制,将投资团队和投后团队视作两个独立市场主体,投后团队提供专业服务并按市场价格收费。优点是这种市场化的运行有利于调动各方积极性和提高服务质量,也利于为大家所接受。缺点是会增加运营成本和协调成本,甚至由于部门分隔而损害投资机构作为一个整体的核心竞争优势和整体形象。

(3)投资机构投后管理和增值服务管理现状

目前国内具有专职投后管理团队的机构比例很小,根据清科2013年的统计报告,活跃于中国境内的投资机构,已有专职投后管理团队的只占16%;没有而计划设立的占55%;没有且暂时没有设立计划的占29%。

一个投资机构的核心竞争力,体制机制是前提,人才优势是根本,投资能力是核心,增值服务是关键。四个方面缺一不可,否则就成了跛脚鸭,难以确保安身立命和长远发展。鼎晖非常重视投后管理和增值服务,努力从制度、组织、人员等各方面加以保证,积极实践"增值服务、价值创造"的理念,通过向投资企业提供机制调整(通过调整企业的所有制、激励机制和决策机制,改善公司治理结构,释放企业活力)、战略梳理(协助企业建立制定发展战略,并帮助企业提升制定、跟踪和调整战略的能力)、管理提升(通过提升企业的管理理念、战略、财务、物流和营销水平,系统性地改善企业绩效)、金融服务(协助企业进行融资、优化企业资本机构;合理利用财务杠杆提高股东的回报率;帮助企业提高现金流管理水平)、行业整合(利用财务投资人优势帮助企业寻找合适的并购对象,实现企业的跨越式发展)和国际拓展(利用投资人网络资源和人脉关系协助企业在研发、生产和市场等方面向全球拓展)等全方位、递进式服务,致力于将投资企业发展成为行业领袖级企业。

例如我们协助双汇进行跨国收购,通过引入美国史密斯菲尔德先进肉食技术和充沛的肉食产品,能够提升双汇的产品质量和原料供应。我们投资绿地,通过改变企业国有股独大局面,改善生产关系,能够形成良好公司治理和员工激励机制。还有前面提到的很多案例,都是投后团队全程参与,也取得了良好效果。鼎晖在投后管理和增值服务方面的大力倡导和积极实践已是硕果累累,下一步将继续研究和实践下去。

四、中国资本市场及投资行业展望

(一)中国资本市场展望

中国资本市场正处于转型升级过程中,既充满机遇,还面临诸多挑战,总体发展前景良好:

1.经济与社会发展将推动资本市场不断发展。中国目前是全球最大的发展中国家,也是除美国和西欧外的第三大统一市场,市场容量和发展潜力巨大;经济转型、消费升级、城镇化和新农村建设,以及扩大内需政策的持续实施,将成为中国经济发展的新引擎。

2.证券市场改革短期内存在一定的不确定性。监管层顾虑重重,犹豫不决,面临长痛还是短痛的艰难选择;堰塞湖高悬,IPO 何时顺畅仍不明朗;证券市场的资产定价功能弱化,投机盛行,价格扭曲,估值回归理性长路漫漫;由于政策不明和多变,导致前期投资退出存在一定障碍。

3.中国资本市场未来充满机会。市场化的大方向和证券市场逐步规范将使以价值投资为基础的长期投资者处于有利地位;以市场为核心的监管体制将逐步减少投资过程中的不确定性;未来中国资本市场上将面临更多的并购重组投资机会;多层次资本市场的建立为机构投资者提供了更多投资品种和套利机会;流动性的持续充裕和仍然较低的证券化率使资本市场还有较大的发展空间。

(二)投资行业发展展望

当下,受经济增长放缓影响,投资行业的融投退均遭遇困难,包括 IPO 收益大幅收窄,慎投成为大多数投资机构的投资态度,全民 PE 迎来新的行业洗牌,整个行业进入集中的"退出阶段"。

投资机构应顺应国家战略和把握市场规律,制定有效对策,包括:回归理性,重返价值投资,注重企业内生增长;提高投后管理和增值服务能力,与企业同成长,互利共赢;培养战略思维,丰富退出渠道,关注 H 股新政、新三板、国企改制和并购重组机会。

展望未来,投资行业依旧长期看好。市场资金依旧宽裕,投资和退出渠道愈加丰富,TMT、消费和服务升级,节能环保、医疗医药、现代制造业等战略新兴产业的推进,以及经济周期底部使项目买入价格下沉等,都使未来充满了投资机会。

总之,挑战与机遇并存。从发展趋势看,大型成熟投资机构的专业经验和投资理念最符合改革的市场化方向,中国将出现可与全球竞争的大型投资机构。大浪淘沙,留下的都是金子。

最后,鼎晖也期待着与山西各界和投资同行能有更多的合作,共同为山西经济和资本市场发展与繁荣增砖添瓦!

第六讲　创投不同阶段要把握的关键点

施安平

施安平　现任深圳创新投资集团副总裁。曾任深创投西安创新投资管理有限公司总经理,深圳创新投资集团投资决策委员会秘书长兼基金管理总部总经理。

大家经常提风险投资、创业投资,但在日常工作实践中对它们了解的不很透彻,也有很多不同的看法。所以今天讲座的第一部分我想通过对创业投资的回顾,使大家加深对风险投资和创业投资的认识。第二部分讲创业投资重点是干什么,特别在当前我国经济转型非常迫切的形势下,风险投资、创业投资重点关注哪些新兴产业,关注这些新兴产业我们重点要把握哪些关键点。第三部分谈谈深圳创新投资集团走过的路程,这些年深圳创新投资集团一直专注于做风险投资,我们把它叫做有中国特色的创业投资道路,主要分享创新投的一些经验。第四部分,讲讲在当前形势下,风险投资行业的短板,中国风险投资和国外风险投资相比,我们环境不一样、投资对象不一样,其中有一个很重要的短板就是缺少母基金。从国际上看,风险投资的资金大部分来源于母基金,来源于国外许多大型的保险机构、养老机构、校园基金,以机构投资人为主。而中国是全民 PE。所以我想讲讲对中国风险投资未来发展的一些建议。第五部分讲我们正在筹备的中国前海股权投资母基金的案例,谈谈基金对风险投资、直投基金有什么样的支撑作用。

一、创业投资的概述

(一)创业投资的定义

风险投资即 Venture Capital, 简称 VC。按照美国全美创业投资协会

(NVCA)的定义："创业投资是由专业投资者投入到创新的、高成长的、核心能力强的企业中的一种与管理服务相结合的股权性资本。"这个定义包含了丰富的内容。

首先看实质是股权性资本，我曾经遇到很多企业家聊起风险投资就说利息是多少？就说明他没有理解风险投资是干什么的。风险投资就是一种权益性、股权性资本，它不是债权性资本，是拿钱占股份的，是股权性资本最核心的内容。

是什么性质的股权性资本？首先是"由专业投资者"，这说明了风险投资也好，创业投资也好，不是随便谁都能干的，而是由专业投资者来进行管理的一种股权资本。回顾几年前的全民PE，有钱谁都可以干，2009年、2010年带来的全国风险投资热潮，不管是挖煤的、打油的、圈地的、盖房的，只要有钱的都抢着做风险投资，这种现象是极不正常的。即使在美国华尔街，做风险投资的人也是极少数的，这个行业对于人的要求，对于从业者各方面的素质要求非常高，因为它是一个高风险的行业。

所以定义开宗明义，说的很清楚，不是谁都可以玩的，一定是由经验丰富的专业管理者来从事的一项投资活动。

(二)创业投资的特点

1.投资对象

第一，投资的对象是投入到创新领域，高科技是创新的，但除了高科技之外，创新还有很多的内容。为什么要投到创新方向？因为"风险投资"投资的预期是未来的发展，只有创新才有高速发展，所以一定要投资在创新的企业里面，高科技是一方面，这个创新还包括其他方面，比如说商业模式创新，产品内容、销售渠道、方式方法创新等等。

第二，投资高成长的企业。不管什么行业，有没有技术含量，一个企业的成长潜力只要是快速向上、高成长的就是投资的对象。风险投资的标尺就是高成长，有"天花板"或者增长不快的，这不是风险投资的对象，而是产业投资的对象。风险投资是以其风险换来高成长、高回报，这是风险投资最核心的标准。风险投资投的对象可能是有风险的，可能颗粒无收的，就是说投的钱可能打水漂了，但是未来也可能有30%-50%，甚至100%的收益，这是风险投资的对象。这个定义把风险投资的标准说的很清楚。

第三，要有核心能力强的企业。什么是核心能力？就是在判断一个风险投资对象、判断一个企业的时候,这个企业未来和别人竞争的时候有什么不同,有什么比别人更强的本领,这是风险投资考察一个项目最核心的观点,也是被投企业的价值。如企业的核心竞争力和竞争对手强不强?或者说全创新企业现在还没有竞争对手,那么未来甩开追赶的能力有多强?这些都是风险投资需要关注的重点。

2.投资方式

要有"与管理服务相结合的投资方式"。很多企业家不理解,说你给我钱,但是我不缺钱,那是不是我就不要风险投资了?表面上看,风险投资是给钱,缺钱的企业希望引进风险投资,但是实际上风险投资通过钱这个媒介和这家企业紧密地结合在一起,这是一个形式。

举个例子,如果没有钱,风险投资就类似于中介机构、顾问咨询机构,我跟你之间没有切身利益关系。中介机构的商业模式和风险投资的商业模式是完全不一样的,中介机构自己不拿钱,它是收咨询费和顾问费,那是顾问业务。而风险投资是要把钱给你,除了给钱还有别的服务,就是我必须像一家人一样对这个企业负责,把钱先给企业,然后把企业做大,股权增值了我才能挣钱,大股东挣钱最多,风险投资永远是小股东,所以他的利益跟企业捆绑的最紧密。通过钱背后的管理服务,我们的专业术语叫增值服务,来体现风险投资的价值。所以表面上看,风险投资不管是每一股多少钱,PE 多少倍,这都是表面现象。

站在融资企业、企业家的角度,选择风险投资机构,不是谁出的钱多选谁,关键是看哪一个背后给你嫁接的资源、背后的服务更多,谁对企业的互补最多,谁有符合我需的资源,谁就最有价值。在这里提醒企业家千万不要在股东之间挣钱,那是小钱,要到市场去挣大钱。所以关键看钱背后的服务,这是投资最核心的。

定义里面特别在最后强调一定是一种"与管理服务相结合的股权资本",也就是说,一种与管理服务相结合的钱,这种钱才叫做风险投资,光给钱的人,搭顺风车不是风险投资。可能很多企业家很高兴,谈的时候提条件,你不能干预我,你把钱给我可以,什么都不要管,这种企业家把最好的资源浪费了。应该倒过来,除了给我钱你还能给我什么?这才是选风险投资最重要的内容。

我们总结了一些创业投资的基本特点,实际上创业投资就是一种为中小型创业企业提供带管理服务的资金。投资对象一般有高科技,因为高科技代表创新,所以说首先要投到创新方向。很多人理解风险投资就是投高科技,这是错误的,只是高科技满足了创新这个要求,但是创新的内容还有很多。其次是高成长,但同时它又是有很高的不确定性的中小企业,这就是投资对象。因为很多的中小企业,第一个技术有风险,第二个市场有风险,第三个企业管理有风险。经验不足或者说产品、服务完全是新东西,还要不断去完善,市场接受还有一个过程,企业经营中还会遇到各种的障碍,这些都有高不确定性,这都是风险投资投的企业的特点。

风险投资的方式,一般都是私募的形式,相对于 IPO 市场来讲,风险投资都是经过私募形式投资,即出钱占股权的股权投资。原则上只能做小股东,永远不做大股东,不做控股股东,主要是依赖于原来企业的团队。所以,对于风险投资来讲,看上的企业、看上的项目主要是这个企业团队自身的一些技术和管理的特点。

3.投资策略

风险投资高风险、高回报的特点造成了几种投资策略。一是联合投资。我们经常会看到一些好的项目有好几家风险投资在里面,如果是一家,就得一家来承担这个风险,如果有两三家企业,就是一起来分担这个风险,所以很多的项目都是行业内的机构联合投资,共同嫁接各自背后的资源为企业服务。

二是分阶段投资。因为我们的投资对象是高不确定性的,发展的过程中可能会遇到各种各样的困难,甚至有的不一定完全按照原来的计划实现,那么分阶段投资的好处是规避风险,比如前面先投资 2500 万元,等按照计划发展的差不多了,后面的 2500 万元再到位,不影响资金的现金流,这也是规避风险的一种方式。

三是分散组合投资。这是站在风险投资基金的角度,可能一个基金要组合性投资,就是有的投的项目可能早一点,有的投的是中期项目,有的投的是 IPO 的项目,这样风险度不一样,在基金的总收益里面,用高风险的去赌高收益,用低风险去平衡整个资金的风险。

4.投资经营

投资经营是我们不直接参与管理被投资企业的经营,我们一般都是在董事会层面、股东会层面为企业嫁接我们的资源,不参与日常经营,但如果企业需要,我们是随时提供服务的。

5.投资退出

风险投资是周期的,有进有出才可以运作起来,它除了投进去,目的还是挣钱退出来,退出的渠道很多,一种就是IPO,还有一种方式是并购。2013年下半年以来。国内出现了并购热潮,就是因为IPO速度很慢,很多的企业等不了,纷纷找并购,其实不仅是"堰塞湖现象"造成的,因为在国外,绝大部分的VC、PE的退出都是通过并购来实现的,IPO只占了很少的一部分,所以今后风险投资的并购、重组是会经常发生的。还有一种就是转让,新的投资人的接棒或者大股东自身的回购也是一种退出的方式。不管什么方式,都是通过自己持有股份的增值获利来达到商业目的,这就是风险投资的商业模式,我一块钱进的,两块钱出去,总之要以股权增值实现自己的利润。

6.投资回报

它的特点就是高风险,高回报。

7.投资服务

这是我重点强调的,就是投资后的增值服务是风险投资最重要的特点。我个人总结风险投资钱背后的增值服务分四个层次。

第一,资本运作服务。对企业家来讲,也许是第一次进行资本运作,那么第一次怎么做?对风险投资机构来讲,天天就做这些事。举一个例子,我们公司到目前为止,已经投资了540个项目,有94个实现了IPO上市,曾经一年就有24个上市公司,那就是天天在为上市忙碌,我们积累了大量的资本运作的经验,这正是我必须做的第一项服务:资本运作服务。到哪里上市合适?上创业板,国外还是国内好?根据企业的特点,我们会帮你分析,而且是无偿的服务。如果在企业的股东里面,引进了一家有经验的、有品牌的机构做服务的话,这个老板就省心了,就不用想资本运作的事了,投资机构给你出的资本运作方案不会害你,因为他的钱在你那里,他要害你把自己也害了。可是中介机构不一样,他没有钱在你手里,他的方案成功了算数,不成功没有责任。所以资本运作服务,如果你引进了风险投资,第一个就是要把资本运作服务做好,而且一定是最真诚的,是和创业企业的老板利益紧密捆绑在一起的,只有股权增值了,大家才挣钱。这就是风险投资,钱背后增值服务的第一项服务。

第二,监督管理服务。这个监督管理是指资本层面上的,是一个现代企业制度,是你未来做大做强走向资本市场的一种需要,你如果没有监督管理,这个企业很难走向资本市场,很难做大做强。我举一个例子,民营企业创业初期,在中国这种大的经济环境下,大部分都有这样或者那样的一些问题,比如说一些税收问题、规范性的问题,很正常,第一桶金往往都存在这些问题。很多人说,我以前也不想资本运作,反正偷税漏税过去就过去了,现在想资本运作就要规范,就要照章纳税。有的人说,以前不规范,从今天开始想资本运作,那我从今天开始规范,但是走向资本市场是要倒看你的历史、你的诚信记录。对过去的不规范怎么处理?像我们这样的机构天天在干这个事,除了帮你建现在的制度,还要帮你合理处理历史问题,这些技巧是我们长期做投资积累的东西。这就是风险投资所积累的核心竞争力。

第三,资源整合服务。这里简单地把资源整合分成纵向和横向两个方向。纵向比如说,我们公司到目前为止,投资了 540 多个项目,应该说遍布各个行业,我们投资经常是沿着一个产业链投资的。举一个例子,潍柴动力是我们投的,这个项目翻了 200 倍,当年投的时候,它只是一个地方性的小企业,做柴油发动机的,当年到香港上市,我们在上市前帮他做整理,做了他的第一笔投资。上市以后,他融到了 10 个亿港币,他们想把 10 个亿全部用来引进德国最新的柴油发动机生产线。那么后来我们分析以后认为,这 10 个亿可以用一部分做技术升级改造,另外一部分做收购兼并,做资源整合。因为任何一个企业,光靠自身的滚雪球的发展速度是是很慢的,必须与资本运作相结合才可能高速发展。当时我们就给他策划了一个项目,这也算是历史的机遇。年龄稍微大的人可能知道,我国新疆德隆集团是一个著名的资本运作产业投资集团,在资本市场通过湘火炬这个上市公司,控制了中国汽车配件产业 60% 的主要资源,但是德隆集团出事以后,我们就通过我们的专业能力的判断,我们动员潍柴动力拿出一部分钱去收购湘火炬集团,因为这是第一个海外上市公司吸收合并 A 股的公司,这是一个创举,后来终于在非常激烈的竞争条件下,以微弱的优势,大概就是举牌多了几千万元拿下了这个项目,因为湘火炬控制了陕西重汽整个企业,就是通过湘火炬让潍柴动力从一个配件厂成为了一个主机厂,成为了一个控制中国重型汽车工业 60% 市场的企业集团,现在它有定价权,他让全国重汽涨价就可以涨价,他让降价全国就可以降价,所以这种资源整合能力是风险投资机构最需要帮企业家嫁接的。

自从我们投了潍柴动力以后,我们继续沿着产业汽车链投资,我们投了发动机、轮毂、车灯、控制系统、ABS 等等，我们在汽车产业链上投了将近 30 多家企业。举个例子，广州一家企业做 ABS，原来只给广汽配套，进不了长春一汽、东风二汽，因为它没有那样的渠道。我原来跟进的一家企业，是做车灯的，他们是只给一汽配套，又进不了广汽，那怎么办？我把这两家的老板叫过来吃饭，我说你们俩是兄弟，都是我投资的企业，你把你广汽的渠道给他介绍一下，你把你一汽的渠道给他介绍一下，渠道共享，我这几十家企业都进去了，这就是纵向的产业链的资源整合。风险投资有没有作用就在这个地方体现了，钱只是一个桥梁，桥梁比钱重要。这是纵向资源整合。

横向的例子。500 多家企业里面很多是不同的行业，但由于我们是投资者，我们对每一个项目，投前、投中、投后都要跟踪服务，对企业所有的经营状况都要掌握，遇到的困难和问题都要掌握，它特点我们也要掌握，因此我们要随时注意，即使不是同一个产业链上的企业，他们有什么困难，他们有没有结合的可能，这是我们要求投资经理必须具备的素质，要有这样的敏感性。

再举一个例子，我们曾经投过中国第一个电视购物叫橡果国际，很多年前很火爆，电视购物频道基本上被他们买断了，橡果国际是卖背背佳出身的，通过电视购物卖背背佳，挣钱以后，把很多的电视购物频道买断，实际是一个媒体的广告代理，电视购物频道的总承包。有一次这个老板给我打电话，他说最近很痛苦，说我们不能老卖背背佳，你给我想想办法，我还可以卖什么？我说好，我给你想想，什么东西适合在电视购物上卖？

过了两天又有一个老板也很痛苦，我说你又有什么事？这个老板是金立手机的老板，金立手机目前是中国二、三线城市低端手机的老大，他前身是爱多DVD，搞销售出身，后来自己创业出来做手机。当然他有一些资源，就是当年爱多DVD 在全国都有代理商，他和这些人很熟，他想做手机的时候没有钱，因为手机从设计到代工、零配件采购都需要很多的钱，他就想了很巧妙的办法——借力，他说我这个手机出来以后，我不建销售渠道，就委托你们这八大代理金刚，给我做总代理。但是有一个条件，你们这些八大区的代理先给我借钱，借钱我才可以设计生产，所以他集中了八大代理的钱，加上他自己的钱，还有其他的投资者的钱，开办了金立手机，刚开始非常好，他用很少的资本撬动了一个品牌，前两年还不错，到了第三年出了问题，他说八大代理商经常吃一次饭压一次价，我成了给他们打工的了。这就是企业经营中，我们从管理学的角度讲、从市场经营学的角度看是犯了一个大忌,就是销售渠道的单一、依赖强。他所有的产品都依赖八大金刚给他销售,他们说不经销了,一台都卖不出去,最后中间环节挣大钱,真正的厂家挣小钱,成了打工的了。我说那正好,橡果国际正缺东西卖,我约你们认识,两人一拍即合,这就诞生了刘德华代言的语音王广告,第一款金立手机在橡果国际卖的语音王,诞生了第一款中国电子产品在电视上卖,这是全新的商业模式,就是完全把两个不搭界的公司,把他们的困难和需求通过风险投资的嫁接,让他们紧密结合在一起,创造出了新的商业模式。当橡果国际开始卖金立手机以后,这个老板睡得香、吃得香,八大金刚不行了,因为金立有了第二个销售渠道。这就是风险投资资源整合的魅力所在,也就是风险投资的价值所在。

第四,疑难杂症处理。企业经营有自己的规律,但是每个企业也都有自己特殊的困难和问题,既有共性的东西,也有特性的东西。那么我们作为风险投资机构,作为他的股东就要义不容辞地随时为企业的疑难杂症开药方,要帮助他们排忧解难,有的是行业许可证问题需要我们出面,因为创新投在全国有一些影响,在各地也有65支政府引导基金,跟各地政府的关系比较好,行业内的证监会、发改委、科技部、农业部、商务部等各方面还认创新投,说如果你们需要政府的支持和资源帮助企业解决问题,这都是自己家的事,都要办的。

钱背后的增值服务就分这四个层面。能做到这四个层面的服务或者从这四个层面去看一个风险投资机构,才可以看懂,才可以判断这个风险投资机构到底有没有价值。

8.募、选、帮、退

资金来源一般都是出资人LP。接下来就是管理人GP,被投资对象就是受资的企业,一般出资人出资叫私募,私募出来以后交给管理人,管理人再选项目,选择被投资企业,选好、投资完了就开始做增值服务,帮企业发展,发展到一定程度再通过资本市场或者并购、上市、重组等方式退出,这就是基本的流程。

(三)创业投资的组织形式

从组织形式上看,目前国内大概有三类。

1.境内人民币商业化基金

一个是境内人民币的风险投资资金或者风险投资机构,境内人民币又有两种组织形式,一种是公司制的,一种是合伙制的。可能很多人问公司制好还是合伙制好？我觉得各有利弊,很多人说合伙制好,避税,我说各有利弊,关键看你自身特点和你的取向,公司制的弊病就是上两道税,你基金挣钱,风险投资机构挣钱,先要上公司的所得税,如果公司的股东是个人,等公司分到个人头上还有个人的所得税,这是公司制的弊端。但是也有好的地方,公司制好的地方是什么？如果你有一些费用,一些支出,在公司就完全可以自我消化,可以减低你的纳税额。但是你如果是合伙制,没有办法,就是一把都算到了个人所得税,什么费用都抵不了。还有一个就是,现在国家税务总局一些文件是鼓励风险投资的,特别是一些税收上的优惠,都可以通过公司制的形式抵扣税务额度,合伙制就很难操作了。合伙制的好处是只交一道税,直接到了合伙人的层面交个人所得税即可,所以对于不同的企业的不同情况,经营方式不一样,很难说哪一个好,看自己情况来选。

2.外资和中外合资合作基金

第二个组织形式是外资或者是中外合资合作的基金。外资都是拿着美元基金,它的目的很明确,美元基金的特点是募资比较容易,因为国外的富裕资金比较多,但是境内注册的公司没有办法投,或者投了很困难,所以要求企业境外上市,这是不同的特点,外资一般是这样的。中外合资我个人认为现在很难,因为外汇的管理制度,尽管说有一些政策出来,但是操作起来依然很不方便,中外合作的基金目前没有几个成功的。

3.政府引导基金

第三个形式是目前在国内比较多的政府引导基金,这也是后面重点要讲的。这个形式基本上就是政府要拿一部分钱,为了发展当地的风险投资产业,或者培育当地的企业踊跃上市,形成一个资金洼地,吸引外面资金或者民间资本聚集到一起来做风险投资。

现在在境内,我们看到的风险投资的形式大概就这么几种。

4.创业投资对经济发展的作用

(1)促进中小企业发展,增加产出和就业

创业投资第一个作用就是要促进中小企业发展,增加产出和就业,这是非常的明显。大家知道中小企业目前已经占到了我国 GDP 的 60%,它的平均产出率、增长率远远高于全国的平均企业发展水平。中小企业是我国现在就业的主体承载者。从就业的人口比例上看,占到了中国就业人口的 60%~70%,从企业的数量看占到了99%,所以发展中小企业,促进产出和就业,风险投资是第一步,风险投资就是要促进中小企业的发展。

(2)促进新兴产业发展,优化经济结构

第二个作用,风险投资可以促进新兴产业的发展,优化经济结构。改革开放30多年来,我国经济确实发生了翻天覆地的变化,但是从单位能耗GDP来看,与国际发达国家相比,我们的经济依然是在高能耗、高污染产业的基础上快速发展起来的,尽管我们的发展速度很快,但是我们耗费的资源量也是巨大的,是不可持续的。所以,发展新兴产业、优化经济结构是现在的头等大事,所以风险投资可以起到很好的促进作用。因为风险投资的都是中小企业,而中小企业对发展新兴产业有重要的战略意义。

俗话说,船小好掉头,一个巨型企业,你让他改变产品、改变行业那太难了,但是如果是中小企业,它在摸索发展中出现了问题,就可以迅速掉头,调整自己的收入,去找最适合自己发展的方向,所以在新兴产业的发展过程中,中小企业是最活跃、最有创新活力的。新兴产业很多都需要创新,而国有企业或者我们巨型企业,由于历史包袱的原因,创新活力不如中小企业,所以我国新兴产业发展、优化经济结构的重任是中小企业的发展,中小企业发展好了,新兴产业发展、经济结构的调整就有希望了。而中小企业的发展离不开风险投资,这在全球视野来看是有经验的。

美国经济在20世纪60年代末70年代初进入信息技术时代以后取得了快速的发展,以计算机为代表快速的产业发展不仅让美国经济腾飞了,而且拉动了全球经济的发展。回过头来看,那个时间段是什么促进了美国的这一次工业革命?就是硅谷。硅谷是美国信息产业发展的基础和标志。那硅谷为什么会诞生那么多的创新的技术和产业?是因为硅谷有风险投资。所以硅谷的模式就是新兴产业发展的模式,这个模式背后的主导者就是风险投资。所以我们说,无论从全球视野,还是我国面临的现状,我们风险投资、创业投资,都对新兴产业的发展和优化经济结构有巨大的推动作用。

(3)解决未成熟企业的融资难问题

第三个作用,就是能够解决未成熟的中小企业的融资难问题。企业经常讲,银行是锦上添花,不是雪中送炭,这个不能怪银行。银行的商业模式决定了它不可能雪中送炭,否则它就该关门了,银行是追求低风险的,简单的说,不良率银行经常要控制在 1% 以下的,风险投资是什么? 成二败八,20% 成功就是大成功了,80% 失败都无所谓,所以不同的商业模式决定了对于中小企业来讲,对于发展中的企业来讲,如果没有风险投资,光靠银行是永远发展不起来,因为银行永远只追求低风险,小企业没有担保,没有信誉,谁相信你? 谁可以给你担保? 所以风险投资解决了中小企业融资难的问题。

(4)促进成长模式转变,提升增长速度

第四,它促进成长模式的转变,提升增长速度。前面讲的企业发展成长有多种模式,一种就是自我积累,滚雪球,今年挣了钱把多余的钱投进去,扩大生产,明年挣钱了再投进去。第二种就是用滚雪球的方式跟资本运作的方式相结合。第三种方式比较特殊,就是所谓的烧钱或者叫做资本运作,这需要资源企业,靠资源最后的爆发实现自己的成长,比如京东现在还没有挣钱,烧的是股民的钱,但是它有一个预期,它的资源大到足够垄断,最后足够大。这些方式都是挣钱的,只是挣钱的方式和阶段不一样。现在回过头看,大部分正常的企业,还是要依靠自我滚雪球和资本运作相结合的方式,那么企业就需要风险投资的力量。有企业家跟我聊,说我为什么要跟风险投资结合? 除了不愿意听别人指挥,还有就是现在一年 3000 多万元的利润。我干了这么多年,儿子、孙子都够吃,我没有必要搞资本运作,也没有必要费那么大劲还让人管我。我就跟这个企业家讲:"你没想通,你是一个最苦的人,世界上有千千万万个职业,最苦的职业就是企业家。企业家选择的是一条不归的路,永远是逆水行舟不进则退,你原地不动是不可能的事。你说每年 3000 万元,但企业没有原地踏步的,不是进就是退,你要想通这个道理,做企业就是逆水行舟。说你已经是行业老大了还怕什么? 但是这个行业不可能就你一个人干,后来有没老三、老四、老五? 如果老大年年就这样,你不资本运作,老二、老三会资本运作,你每年 30% 增长你就偷着笑了,实现自我 30% 已经很好了,人家一运作 300% 增长,人家一联手就超过你了,明天有钱了,低成本卖马上就把你打死了,你还有 3000 万元吗? 你跟不上时代,就要被时代淘汰,企业家是最危险的职业,所以没有哪个企业说我不动,我能保持现状。你只有一条路,就是永远向前,先不说有没有大的志气,想不想打造百年老店,就是想保持原状都不可能。"

再举一个例子,有的企业家很成功,但子女适合不适合接他的班,可能他的子女很优秀,但是他的兴趣是唱歌或者画画,他不一定愿意接你这个班,那这个

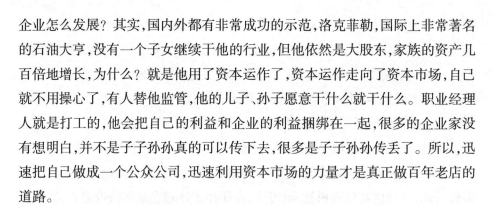

企业怎么发展？其实,国内外都有非常成功的示范,洛克菲勒,国际上非常著名的石油大亨,没有一个子女继续干他的行业,但他依然是大股东,家族的资产几百倍地增长,为什么？就是他用了资本运作了,资本运作走向了资本市场,自己就不用操心了,有人替他监管,他的儿子、孙子愿意干什么就干什么。职业经理人就是打工的,他会把自己的利益和企业的利益捆绑在一起,很多的企业家没有想明白,并不是子子孙孙真的可以传下去,很多是子子孙孙传丢了。所以,迅速把自己做成一个公众公司,迅速利用资本市场的力量才是真正做百年老店的道路。

(5)促进企业资本运作,造就上市公司群体

第五,促进企业资本运作,造就上市公司的群体。风险投资就是要打造一批资本运作的企业上市,那么产业经营与资本经营相结合,应该成为企业发展的战略选择。一方面,如果没有产业做基础,纯粹搞资本运作的不可能长久。但仅仅有产业经营没有资本运作是跟不上时代的,所以必须结合,有实业又有资本运作。

(6)促进企业规范运作,增加财政收入来源

第六,促进企业规范运作增加财政收入。想资本运作就必须规范,必须交税,那么财政收入马上就增加了,未来上市就更要增加了。所以企业规范资本运作对财政收入来讲是非常有好处的。

(7)促进投融资平台形成,实现资本聚集

我们中国到底缺不缺钱？招商引资费不费劲？招商引资有没有效果？能不能换一种方式？只要去招商的都说来我这儿投资,我这儿项目好,就缺钱,你真缺钱吗？特别是山西,最不缺的就是钱,但是为什么年年都要到外面去搞这样的招商活动？我觉得风险投资应该带这个头。

我们探索的模式叫政府引导的模式。首创诞生在苏州,2007年的1月18日,中国第一支政府引导基金在苏州挂牌成立,是和苏州市政府合作的,从这个事件上,内地的政府和沿海地区政府的风格和敏感性都可以总结一下。政府引导基金是我们2005年开始思考的一个问题,当时只是在思考、设计,2006年基本上成型,2006年12月到苏州见了当时的市委书记,就跟他汇报了大致的思想,他迅速拍板。2007年1月18号,苏州基金正式成立,四大班子一把手全部出席,这就是沿海政府领导的敏锐。成立以后,半年之内,苏州市创业投资协会

成立了 200 家会员公司,聚集了 300 亿元的资金,所以中国民间不缺钱,关键看你怎么引导。政府当时拿了一点钱,很小的一点钱,但是做了一个示范,引进了中国最好的风险投资机构管理,管出了效果,做出了榜样,民间一看原来钱是这么来的,比我原来埋头种地快的多,迅速地,钱都过来了。

再说招商引资,正规的基金模式是什么? 一般是政府基金,就是当地政府出三分之一的钱,深创投出三分之一的钱,当地的民营企业愿意跟着投资的出三分之一的钱。先就第一步来讲,是不是招商引资? 一比三,把政府的钱放大了三倍。第二步,我要投企业了,基金投企业。举一个例子,威海政府的基金,因为成立很早,规模很小,只有 5000 万元,政府出了 1500 多万元。但是威海有一个项目叫蓝星玻璃,当时就要融一个亿,基金全投给它一个项目也不可能,我只投了 1500 万元在蓝星玻璃上,就是投了 20%,因为当时基金规定单个项目不能超过基金总规模的 20%,但是对方一共需要一个亿,怎么办? 我们就拉了很多的投资合作伙伴,包括创新投自己的钱,等于一比九的放大,三乘九是多少倍? 一个项目放大 27 倍,紧接着我们继续做增值服务,我们又引进了弘毅资本放大投资,到香港上市以后,又跟世界上最大的玻璃集团合作,改成中国玻璃,现在蓝星玻璃已经成为中国最大的玻璃集团。倒算一下,1000 万元基金里面,政府只有三分之一,政府只拿了 300 万元打造了世界级的玻璃企业。这个招商引资效果和你到处去办展览哪一个好? 所以,促进投融资平台的形成是风险投资很好的方式,当然前提是这样的风险投资机构要有实力,真正要把政府这个钱管好,管出效果。

二、创业投资重点关注的新兴产业

(一)自主创新高新技术制造业

中国是一个制造大国,但不是一个制造强国,我们高端制造、高新技术进行技术改造的制造业还有巨大的空间,航空、航天、航海为标志,还有一些大型的高端的设备,我们和世界先进水平还有距离,所以这一块应该说是风险投资主要关注的高端制造业的方向,即自主创新高新技术制造业。在关注这个专业方向的时候要关注几个要点:一是要投的这个产业链的企业知识产权保护的怎么样? 目的是屏蔽竞争对手,就是自己的知识产权不能侵权。第二是自己的保护得怎么样,门槛高低,追随者多不多? 他跟你竞争的门槛高不高? 第三替代他人或者被他人替代的可能性,这个是要重点关注的,这个产品是过渡性产品还是长期有生命力的产品?有没有可能被别的技术替代?市场空间多大?东西很好,但是应用的领域很小,市场空间小,生命力就小,这是我们看项目的时候需要关注的。另外一个,选择虽然现在是"幼童",但是未来可以长成"巨人"的,还是现在看起来就是一个"大金牛",但是市场会萎缩,最后成了"瘦狗",这就是我们风险投资选择企业的时候需关注的要点。

另外一个要点,市场是海内外都做还是只敢在国内做?因为有的善于做国外市场,而不善于做国内市场,这个市场要分析清楚。另外还受不受经济周期的影响?比如说食品、医疗,这些是反经济周期的,有一些跟经济周期是紧密相关的,而且还有更细分行业的周期,比如做食品,做肉食的猪周期肯定避免不了,一年高,一年低,今年高但过几年猪肉价格就下来了,过几年猪肉一缺马上价格又上去了,猪周期与养鸭、养鱼周期紧密相关,这些都是要考虑的。

(二)传统产业转型升级企业

第二个传统产业转型升级,这个是我们巨大的空间。那么这一类企业就是首先看企业家是不是态度坚决,错过了时机就没有了,一看行业不行,态度要坚决,不能优柔寡断。第二个是要看有没有基础,不能随随便便转,本来是养猪的说要造汽车,跨距太大,没有基础,过去积攒的产业管理经验跟你新的发展方向有什么可以借鉴的基础?连接必然,路径科学,要渐进优化,这都是要关注的几个点。

(三)互联网应用企业

互联网应用企业,比如社区型的门户网站,我们关注专业化扩展的空间,移动互联网方向有很多的热点,现在越来越细分,而且模式不断创新,那就需要投资者紧密跟上时代,对最新的东西要善于消化。另外,对企业的判断能力,价值的判断,未来的空间要自己心里有底。李克强总理在欧洲出访时,跟德国签了一个4.0工业化协议,实际指的就是互联网制造。我们回顾前几年互联网热,生活消费再次拉动经济腾飞的是互联网的工业化,就是工业生产的智能化和互联网化将带来巨大的历史机遇,谁在这个时间布局早,谁将在未来的市场中占领市场的制高点。

现在去办一个门户网站,那你就是白扔钱,你再有钱也比不过新浪和腾讯,下一步互联网热点在制造业上有巨大的空间,同时跟中国实情恰当的结合,不管是对外的加工，还是自身制造业的提升已经有了一定的基础，自动化程度提高了，但是智能化、信息化、互联化程度不够，所以未来全世界真正的工业爆发将是在互联网工业上。

（四）文化创意产业

文化创意是一个轻资产的行业，但是消费的增长非常大。大概两三年前，中国电影市场还是几十个亿的市场，2014年轻轻松松突破300亿元，2015年大概500亿元到600亿元。过去还曾担忧，电视机这么普及谁还去看电影？现在新电影上线排队都买不到票。物质生活提高以后，精神需求一定越来越大，这个产业不可忽视，而且这个产业会有爆发性增长。这个产业最大的特点是轻资产，就是卖创意。

（五）连锁服务企业

连锁服务有一个最新的模式是网上连锁和网下连锁的结合，现在探索了很多全新的模式，不是过去的星巴克和沃尔玛的模式，这种线上线下的结合有很大的空间。倒过来讲，也有很多的企业为沃尔玛、星巴克这样的线下连锁进行服务的，线上平台也有很大的空间，这些产业都值得我们去关注。

（六）新型农业

中国人最担心的是吃喝问题，农业跟吃喝紧密相关，所以未来农业一定有巨大的空间。这个跟国外的安全性质有巨大的差别，无论是做农业产品的改良，还是农副产品深加工，还是食品安全的检测，还是有机食品的种养殖等等，这些都有巨大的价值。现在大家到国外旅游很方便，感受最深的就是城乡差异依然存在，尽管农村很发达，但是在发达国家，再偏僻的地方人们也不认为自己是乡下人，依然可以开车去城里上班，而我们依然是下地的农民。所以我认为循环经济型的新农庄有巨大的空间。

我们投了几个项目，都是社会主义新农村的建设，启发很大，农民都有宅基地，农民的生活品质上不去，一个是分散，生活习惯、生活配套跟不上，跟城市的差距在这里。一方面是宅基地分散，污水、自来水、天然气这些跟城市没有办法比，垃圾处理、生活配套设施、教育都是问题。还有大量的宅基地占用了大量的可耕地，所以，农村集约化形成新农庄是一个趋势。我们在河南投入了一个亿，一次把四十个村的宅基地全拆了，大概就腾出了几万亩的土地指标，这个恢复农耕地对中国的意义很大，集约化搞成小城镇，5000人、一万人、两万人的小城镇,整个生活环境、生活服务、教育全集中。前几年的农村教育集中住还是每天接送,出了那么多事,一会儿集中把分离的小学搞成中心小学,出事了又说不行,赶快分了回去,都是因为我们过去农村的生活方式造成的。未来中国新农村、新农庄的建设所派生的价值,集约化土地完全可以集结化。举一个例子,你有三亩地,他有五亩地,你家打药,他家那边正好授粉呢,不需要你的药,他们打药把你家也害了,没办法,只有集约化发展,才有巨大的空间。

(七)新型能源与环境保护产业

山西也是受 PM2.5 危害比较严重的地区,这个行业肯定有巨大的空间。

(八)商业模式创新型企业

除了科技创新还有商业模式的创新,这种模式的创新会使我们很多传统的企业、产品没有任何变化,但是换一个方法,换一个进入市场的角度就焕发了青春。举一个例子,我们曾经投资了一个楼宇自动化的企业,整个的管理其实是一个系统集成的公司,多年来没有什么高成长,因为做承包工程,竞争很激烈,但是后来我们帮他设计新的商业模式,原来一单一千万元或者八百万元把这个工程改造完,水电气控制全都包给他,十年总有一些钱收不回来,这种商业模式很费劲。后来我们给他变了,我们不要你钱,白给你干,这个楼八百万元全做完,加上变频节能技术,咱们说好每年用节约的电费还我的钱。设计院给你预算好,这些楼原来五百万元电费,现在实际三百万元,那这两百万元节约的电费付给我,咱们一签 15 年,我比原来还挣得多了,对于甲方更好,一分钱没有花还把这个楼盖好了,还节省了两百万元,这就是合同能源管理,EMC 模式,产品没有任何变化,商业模式一变,生命力就变了。所以商业模式创新非常重要,我们也要关注这一类企业。

三、深创投发展经验

我们深圳创新投和国际上大牌的风险投资机构相比毫不逊色,应该说创造了一个民族品牌。回顾创新投的成长历程,总结我们的经验,和大家做一些交流分享。

(一)深创投的特色之路

我们公司 1999 年成立,在首届深圳高交会上挂牌成立,注册资本 7 个亿,15 年过去了,现在已经投资出去的资金是 140 多个亿,现在管理的基金是300

多个亿。

(二)深创投的行业地位

目前,已经投资的企业有 540 家,投资金额达到了 160 亿元左右,投资的企业总共创造了 200 亿的税收,近 700 亿元的利润,30 多万人就业。我们投资企业的复合增长率都在 50% 以上,上市数量国内第一,已经有 94 家企业在全世界 17 个主流的资本市场上市,境内是 56 家,境外是 38 家。2010 年我们创造了一个世界纪录,全年共有 24 家企业在境内外 IPO 上市,还有 5 家企业通过了发审会,创下了全球投资界一年内 IPO 数量的世界纪录。2011 年我参加全美创业投资协会年会,当时安排我是大会主题发言的最后一个人,前面都是大佬,第一天晚上晚宴大家交流,聊起来都在说上一年各个机构做了多少 IPO,当我说我们去年做了 24 家 IPO,他们立马就把大会议程改变了,我是第一个发言的,应该说在全球资本市场还是引起了很大的轰动。

另外行业的排名一直处于第一。如国家发改委、中国投资协会、《福布斯》等等我们一直排名是第一,而且我们很多的投资案例入选了哈佛商学院的教学案例,我们公司要定期去哈佛商学院讲课。同时美国的杜克大学,是美国综合排名第六七名的大学,也邀请我们做他们的案例教学,现在哈佛和杜克我们每年都要去讲两次课。

(三)民族责任——投资的先导性

我们为什么要这么做? 首先是我们认为风险投资可以选,有时候很多的国外基金多做 PE,就是做成熟企业的多,做 VC 的少。我们这么多年来,一直坚持做投资中小企业,坚持做 VC,这也是我强调的,我认为中小企业对中国经济具有特殊的意义,无论是经济转型还是就业,对整个经济的拉动都非常重要。

另外,我们主要的投资在新兴产业,特别是以高新技术为代表的新兴产业,特别是对有自主知识产权的企业尤为重视,我们认为这是民族经济发展的动力,我们也做了一个总结,从投资金额来分,我们投资的高新技术企业占到了我们投资项目总数量的 75% 以上,从高新技术分布的行业来看,主要分布在节能环保、信息技术、生物医药、新能源及新材料、高端装备制造等等这些方面。

1.方向的先导性

这里我举几个我们扶持的高新技术企业的典型案例。一个是上海微创,这是中国目前做心脏支架最大的企业,后来被日本一家企业收购上市了。第二个是北科生物,是中国第一个做干细胞领域获得国际细胞治疗协会认可的单位,是目前中国干细胞研究应该说是做的最好的一家企业。第三个是康乐卫士,是做抗宫颈癌疫苗的,投的时候,这个企业就是一个计划书,是真正的天使投资。大家现在经常用到的优盘,那就是深圳朗科,世界优盘的发明者,现在也是创业板上市公司,现在全世界生产优盘都给他交专利费,真正在全世界拥有唯一的知识产权。还有一个网宿科技,这一家企业是我们创业板第一批十佳企业,它是做互联网的加速服务和服务器托管服务的,这个企业创造了一个奇迹。白酒A股市场上,霸占第一最高股价的是茅台,打破这个神话的就是网宿科技,最高的时候近200元的股价,这就是一个中小创业板的小小的科技公司股价可以超过茅台的案例。还有一个柔宇科技,这是深圳的,刚投不到两年的时间,是做柔性显示屏的,下一个时代已经不是现在用的硬屏了,而是柔性的,就是随便卷起来的,拿出来像钢笔,伸开会很大的,缩起来折叠装到身上,这是我们从美国斯坦福孵化回来的一个团队,我们吸引回来在深圳创业,我们给他资金,现在是全世界柔性显示技术做的最好的一家公司,今后大家不需要买电视了,就买一个柔性的显示屏挂起来。还有一个就是被风险投资界被评为2014最佳风险投资项目的华大基因,大家知道深圳有一个华大基因集团,这个是世界上最先进的基因测序公司,这也是我们一手扶持起来的。

我们的民族责任除了方向的投资先导性,除了我们投资创新技术企业,大部分投资的还都是初创期,我们很少投IPO,因为中小企业更缺少钱和资金背后的服务,特别是初创期的企业举步维艰,特别需要人的帮忙,所以我们投资的比例大部分都是初创期企业和成长期的企业。按照项目数量算,我们82%的是投在了初创期和成长期企业,成熟期的只有18%;按照投资金额统计,27%是成熟期,73%是初创期和成长期。我们主要投转型升级,促进企业可持续发展。

有两个例子,一个是广东的勤上光电,中小板上市公司;一个是广东明阳电器,美国纽约主板上市公司。勤上光电过去是做外贸出口加工的,美国超市里面有很多的家具是钢架组合式的,因为他们的家具经常移动,所以就在超市买组合件。勤上光电就是做钢结构架,主要供应美国超市,非常传统的企业,后来跟沃尔玛这些大的超市形成了供货关系,做各式各样的圣诞灯出口美国。在2008年经济危机之前接触到我们,我们说你这个产业结构太传统、单一,一定要创新,你有什么新的东西和想法?后来他说对圣诞灯有兴趣,但是说圣诞灯换了 LED 卖的更好，国外比较讲究绿色照明，换了 LED 更好，我们能不能向这个方向发展？我们说可以大胆的发展。后来他们跟清华大学合作，开展了大功率 LED 路灯照明，现在是最大的 LED 路灯的生产企业，已经安装了 50 多万盏，近 5000 多公里，这就是典型的从传统产业向高科技产业的转变。在 2007 年，产值利润大概将近一个亿，但是 2008 年金融危机的时候，钢结构和圣诞灯大概就只有 200 万元利润，2009 年 LED 路灯成功以后，利润迅速上去了，这说明升级转型对传统企业抗经济危机是非常的重要。

明阳电器原来是生产高低压配电柜，后来转型做风电整机，2010 年在美国上市，成为中国第一家在美国上市的风电整机制造商，占美国市场比例非常高。

还有就是自身产品的延伸或者科技含量的提高，附加值的提高，这也是转型升级，比如说我们原来在苏州投过海陆重工，这也是一家中小板上市公司。它原来是生产余热锅炉，用在了核反应堆里，技术含量、毛利率利润大大的增长，这是典型的升级换代。还有中材科技，原来做民营复合材料，现在用在了航天复合材料技术上。

还有就是商业模式的转型，达实智能就是做智能化，后来用合同能源管理模式把企业做大做强。还投了一个 GPS 导航设备的公司，现在 GPS 生产是很简单的事情，但是过去是卖产品，后来是卖服务，商业模式也变了，原来 GPS 现在已经很便宜了，已经不挣钱了，利润很小了，他迅速转型，既然卖不出去，我就送，怎么送？我给你白装，但是你给服务费，比如一年收你 300 块钱服务费，就是服务防盗系统，报警系统，你在家碰一下都可以报警的装置。同样的东西换一个思维，换一个商业模式就是全新的东西了。

2.投资理念的先导性

第二个是我们投资理念的先导性，就是我们要宽容失败，成二败八，要对失败有宽容的态度，否则很难做。创业投资和一般的产业投资最大的区别就是宽容失败，很多产业投资反复论证是因为产业投资输不起，一个是投资额大，再一个就是产业动用的资源也大，项目一旦失败了，船大难掉头。而风险投资的都是中小企业，都是投未来，所以要有宽容失败、敢于冒险的精神才可以做风险投资，因为高风险的同时是有高回报的，所以 20% 成功了足以抵消 80% 失败的本金。

另一个投资理念是溢价投资的理念。一般来说投资企业都不是按照净资产投的,基本要高于净资产,一般来讲,如果拿净资产,因为企业的规模比较小,给了几千万元就控股了,控股就跟风险投资的理念倒过来了,风险投资永远不控股,你一控股创业家就没有积极性,所以不能控股。但是我可以多给你钱,他需要这个钱。比如1000万元,如果按照净资产,可能连100万元都没有,他就没有积极性了。我可以保证他依然占股权上控股地位,我当小股东,我1000万元占你20%、30%都可以,你还是大股东,尽管你净资产只有100万元,但是我看好你的未来,我可以给你一个预期,但是对不起,既然溢价给你,你也要好好工作,你要给我承诺,一年、两年、三年你把钱做到多少?做不到你要给我赔的。所以你要认认真真做,这里面都是一些溢价投资的理念,这是风险投资的基本的原理。

服务至上的理念,就是钱背后增值服务的理念。

激励约束相结合的理念。企业的管理分三个层面,一个是战略层面的管理,一个是激励约束的管理,一个是成本的管理。这里的激励约束非常重要,可以以未来可能的盈利或者阶段性成果作为对企业估值依据,最大限度调动创业者的积极性,就像溢价怎么估价?本来有100万元,你估多少钱?怎么估?我们可以用未来赚多少钱估值,预测一下未来三年利润是多少?你说现在有一个创意,要发明研究一个什么东西,一年以后做到第一步。比如举一个例子,我这个设备有三个功能,第一年做第一个做出来,第二年做第二个,第三年做第三个,这也是一个目标。总之,就是通过这种方法给企业一个合理的估值。同样,我既然给你合理的放大你的价值,那你就得有约束,我给你激励就要有约束,如果企业达不到承诺的指标,那就要对风险投资做一些解释,你要不合理,说明你过去给我承诺的,或者你的技术有瑕疵,或者你工作不努力,或者创业团队有什么问题造成没有达到预期目标的,说明我原来给你估值估高了,那就要降低估值,所以这个条款就是体现激励与约束。

(四)民族打法——本土创投的规律

1.政府引导基金模式探索

政府引导的一般出资模式是政府出一部分,我们拿一部分,社会资本拿一部分。那么政府出资的一部分,是要有引导性的,所谓引导性,就是引导方式,有以下几种。

第一种是优先清偿,固定回报。政府不承担投资风险,即所谓的国有资产不流失,如果基金亏了,政府出资这一部分不亏,我给你保本,那就是政府不承担风险。既然风险低，那么收益就要低，一般给政府固定回报，基本就是国债利息的固定回报，如果这个基金挣钱了，那么政府把本金和国债利息那一部分拿走以后，剩余部分就是其他的股东分了，政府不参与分红了，这就是一种政府引导的方式。这种引导方式就是采取了强制清算的方式，如果这个资金一个亿，政府只出了 3000 万元，我们就在《章程》里面规定，基金某年审计的报表中，当净资产显示低于 5000 万元的时候，就强行清算，先把政府的 3000 万元还了，亏的都算我们其他人的，政府那一部分我给你保了，这是一种引导方式。

第二种政府引导方式叫阶段参股的方式。就是成立之初大家说好，政府出的这一部分钱五年后要退出，五年内，其他合作者愿意拿钱把政府这个股份买了，政府就退出去，其他参与的股东有权提出让政府现在退，我觉得这个基金运作不错了，没有风险了，你现在退出去，我拿这个钱再去引导其他钱再进来。

第三种是特殊分成。就是政府和其他的股东的钱一样，共同承担风险，共同收益，但是政府要让利。比如说现在跟很多的政府谈就是政府担风险，也分红，但是清算的时候挣钱了，政府根据自己股权应得的红利部分 50%拿出来奖励其他的股东，感谢股东到当地来投资，这是一种政府让利的引导行为。

第四种引导叫选择收购。就是我们风险投资投资的项目，一开始是有风险的，投了两三年，我们其他的股东判断这个项目愿意支撑下去，你可以选择性就项目进行收购。只有针对项目，比如投了具体的手机互联网的项目，移动互联网的项目，这个项目里面，本来是三个股东投进去了，现在认为没有风险了，把政府的钱退出去也可以。

2.在投资决策和风险管理流程中不断强化反方力量

第二部分是我们创新投自己的一个风险管理或者是投资决策的管理。现在我们投资流程是：第一步集体立项，全国有 65 个分公司，抓到项目以后，项目经理根据项目所在行业，以专业小组集体讨论的方式进行立项，医药生物就医药生物专业小组立项讨论，因为这个专业性很强，一定要专业小组进行专业讨论、立项。第二，立项以后，就可以进入调查，一个正方一个反方，正方就去调查这个项目的可行性，反方专挑这个项目的毛病，这两个团队不能交叉，完全独立工作。正方主要由比如说区域的投资经理，比如在太原的项目就是太原公司的投资经理和总部某一个产业的专业小组的投资经理结合形成正方。因为我在太原，我不可能把各行各业的人才都派到太原，区域的投资经理不管是什么产业项目都可以抓、跟进,但是在决策的时候,形成团队的时候一定要结合专业小组进团队,这样保证项目的专业性,然后正方做调研,同时我们有专职的法律部门,专职的财务核实人员,由总部直接管理专职的风险控制人员组成反方团队共同去调查这个项目,最后形成两个报告,一个叫项目投资建议书,是正方的,一个叫风险评估报告是反方的。第三,这两个报告出来以后,我们要交到总部的投资决策委员会秘书处进行预审,预审的目的是对合规性进行审理,不是决策,材料是不是全面,如果这个预审通过,就要看如果这个项目技术性非常强,我们自有的团队和专业小组无法判断技术先进性,我们有很多的顾问、外部专家,先开外部专家论证会,看看对技术上有什么评论,如果外部专家否定了就不用上了。第四,如果这个项目通过以后,就进入了投资决策环节,进入投资委员会评议,这个审查过程是我们和任何公司都有区别的,很多的机构都是合伙人决策,或者是形成投入决策委员会委员投票,我们也是,但是我们是在网络视频和大会议室,让全体的员工共同参与这个决策,只是项目最终投票权只有投委会的决策委员才有权利投票,全员都可以讨论,这样做有几个目的:一是公开透明,避免道德风险,完全公正、公开,大家一起讨论;第二,大家都是高素质的人,可能每一个投资经理参与到这儿都可以给我们投资委员一些启发;第三,投资决策委员会的会议本身就是一个课堂,是对全体员工的一次很好的业务培训。所以我们坚持用这样的方法进行投资决策。实践证明我们这是非常的独特的理念。第五,形成投资决议,同意投资以后,紧接着在公司投资之前,我们还有一个环节,就是要求正方团队个人先拿钱投进来,你让公司投,个人必须先投,把你的钱和公司的钱捆绑在一起,利益也捆绑在一起,这样就可以避免风险,这就是我们的约束机制,对投资正方团队的约束机制。

3.积极打造资本所有者与劳动者的利益共同体

我们这个约束机制经过这么多年的实践,最后证明确实变成了一个激励机制,因为大家都高度重视项目的质量,最后的成功率非常的高。如果成功率非常高了,个人也跟投了,他就是原始股,个人也挣了大钱。所以这么多年,应该说我们在一个国资背景的前提下,可以把风险控制这么好,成功率做的这么高,跟我们探索出来这一套约束激励机制很有关系。我们最后的结果是什么?高管不是这个公司挣钱最多的人,公司挣钱最多的是一线的投资经理人,挣几千万元奖金的大有人在。所以,我刚才大致讲了一下投资决策和风控体系的建设,我们是在逐步摸索的过程中形成的经验。

（五）发展方向——综合性投资财团

深圳创投未来依然希望打造一个综合性投资财团，我们不是盲目扩张，不是今天收购银行，明天办保险，我们一定从最擅长的风险投资出发，逐步延伸我们的产业链。首先延伸了公募基金，2014 年 6 月份，中国私募股权投资行业第一个证券公募基金就批给了我们，所以现在成立了宏图创新公募基金，是证券投资基金。我们希望把一级市场和二级市场联合起来，这有很多的关联，中介机构就有关联的。

风险投资的关联完全可以用技术手段来做，比如投资到了二级市场就完全避开了。我在一级市场投过的，你二级就不要投，这可以查的，股东里面有没有你，所以我觉得这不是问题。第二点，只有把私募股权用风险投资的眼光去做二级市场，才会给二级市场公募基金带来一股新风，过去大部分的基金经理天天顶着 K 线图，他的基金组合里面就是看着 K 线图。比如这 100 亿元的基金，10 个亿买了茅台，10 个亿买了互联网企业，还有 10 个亿买了制药，天天看 K 线图，如果风险投资机构做的话，我的基金产品一定跟他们不一样。怎么看？我的基金一定是互联网一号，生物医药二号，我一定按照产业去分基金，我这个基金就做互联网，我这个基金就做医药生物，现在的公募基金经理你到人家上市公司调研，一会儿搞互联网，一会儿搞白酒，你是专家吗？你可以把什么都搞懂吗？不可能。我的团队是全部的专业，我对一个产业是深入了解，从技术基层就是有把握的，对一个产业我有深刻的理解，我想做二级市场，就是真正的价值投资。所以创新投经过和证监会的交流以后会里已经批了，我们是第一家拿到了公募资格的。未来还要延伸母基金、科技与产权股权投资相结合的新型科技基金，过去有孵化器、开发区，吸引企业进来，给你便宜的房租，给你一些优惠。我们希望把这个风险投资的理念跟孵化器的理念结合，就是用孵化器的土地或者是厂房，或者是写字楼，跟我们的现金组合成一个基金。就是用风险投资的眼光选项目，然后孵化，要钱给钱，要土地给土地，要项目给项目，一条龙配套，把风险投资的资金孵化和场地孵化、政策孵化三合一，做成这么一个基金。我们现在已经在南京、常州、昆山做的很好了。

还有一个是节能环保运营基金，就是从勤上光电做 LED 路灯，与传统的能源相比，新能源往往性价比高，因此影响到它的推广，怎么办？企业就用合同能源管理方式,像达实智能的方式,设备你先上,用节约的电费慢慢还我的钱,这一下市场就打开了,但是这个资金的回收期就拉长了,就对企业的现金流提出了更高的要求。靠企业自身资金,三五个亿还可以,再有扩展,就没有办法了,前面的没有收回来,后面的铺不下去,所以合同能源管理,这个商业模式有一个致命的问题,就是现金流怎么补充?我们希望建立一支基金,用这个基金去补充。我们对被投企业的技术、生产规模都非常了解,服务能力我们也可以控制,我们就跟被投资的节能环保企业结合起来,共同开拓市场。比如太原市的所有路灯改造成 LED,你要让财政一把拿那么多钱干这个是不可能,但是我这个基金给你太原市免费改造可以吧?那么签 15 年合同, 路灯处费用一年比如是一个亿,现在是 8000 万元,每年 2000 万元给我 15 年。我只是简单说一个道理,就用这种模式推动、推广被投资企业的产品,使企业迅速做大,让中国节能环保事业迅速做强。

四、推进中国母基金建设的建议

这个行业缺乏母基金。站在风险投资的角度,合格的 LP 在中国很难找到,当牛市的时候,任何钱、任何人都想挤进这个行业。当熊市的时候,资本市场不好的时候,全都不兑现了,因为风险投资都是分期到位的资金,第一期形势不好,第二期、第三期不出了,甚至出了第一期,还想办法把第一期的钱抽回,我不干这个事了。因为中国的 LP 本身对中国市场的认识就缺乏,心理没有亏损的承担能力。国际上的模式是 7-8 年看收获,他们是恨不得 7-8 天看收获,这是做不了 LP 的。所以中国发展母基金非常有必要。

(一)推动财政资金投入方式的市场化运作,大力发展政府引导性母基金

结合中国财政发展方式谈谈母基金。我们知道各级政府的财政目前还是延续着计划经济,哪一块切多少,都是头一年预算好,第二年拨下去。我简单举几个例子,比如说科技局,科技三项经费每年得预算,发改委,高新技术产业基金每年都有的,中小企业扶植基金等都是撒胡椒面白给的,财政局长就是一个撒胡椒面的厨师,这儿一点那儿一点,平衡了就可以了。不能说一点效果都没有,但是资金的使用效率确实不高,改革开放这么多年,就说这三块资金,回顾总结一下我们各级政府拨了多少钱下来?真正的效率并不高。而且有弊病,容易滋生腐败,因为它很明确权力就在那儿,而且钱是不要回报,是白给的。很多

地区与之配套的都有专门的公关公司,跟官员们都说好了,你这个公司想不想要科技三项经费,如果给你 50 万元,那么 30 万元是中介公司的,企业当然觉得好,不要白不要。

(二)探索发展央企引导性母基金

财政资金市场化运作势在必行。最好就是政府引导性的母基金,把每一个口子撒胡椒面的钱拿出一块出来,一小块也可以,集中起来使用。这一块的钱利用前面政府引导基金的模式放大,就按照一比三、一比四放大。实际上现在李克强总理强调的 PPP 依然是调动市场资本和财政资本结合,我这种模式是另外一种方式的结合。把财政撒胡椒面的钱切一部分出来,把社会资本吸引进来,组成母基金,这个母基金不要让政府原先的事业单位管,找一个专业化机构来托管,这个专业化的机构,政府也要派人进去,但是有一票否决权,没有一票通过权。就是你觉得背离了政府发展需求可以否定, 只要在大方向上就支持,但是日常的管理要有专业的机构托管。这个母基金干什么? 投子基金,投什么样的子基金? 一部分可以做我刚才说的风险投资的子基金,比如说太原希望发展新型能源,那你就建立新能源创业风险投资子基金,母基金承诺 10 个亿的子基金中,母基金出 2 个亿,你们社会公开招聘,谁愿意办这个新能源的子基金,你社会来 8 个亿,前面一比四,我这儿又是一比四,四四十六倍,这不比全国招商引资好吗? 立马钱就来了。第三,还在我的区域内选项目,扶持当地的企业,而且是全市场化的扶持,也让企业克服了一个毛病,老想偷懒,很多小企业不愿意成长,每年这个口要一点钱,那个口要一点钱,空壳公司天天当寄生虫。这种母基金是可以投这样的子基金。

第二还可以投其他的子基金,比如我们说我们现在积极发展中小企业金融服务,小额贷款,担保公司,甚至互联网金融,这都可以建成专门的中小企业金融子基金,这些子基金再托给专业机构去扶持我当地的小额担保公司。本来财政白给,现在不白扶持,还拿着别人的钱占你股权,原来说政府的钱不拿白不拿,现在政府的钱捆绑了别人的钱,捆绑了煤矿老板的钱,他不答应,为什么白给? 这样,那些人自然会盯着企业好好的干。还有希望扶持的,比如说基础设施,除了 PPP 模式以外,还可以做一个基金式的补贴,比如这个子基金投了多少城建项目,子基金可以取得多少土地再利用,子基金再利用土地的价值再去赚商业价值, 这是一样的。所以这种模式将会极大改变政府财政资金的浪费。

各级都说财政紧张,一方面是开源,一方面是节流,资金的高效就是最好的节流。所以从这个意义上讲,政府财政支出、市场化运作的一种模式就是建立政府引导母基金,用市场化的手段能够真正把财政资金用好,能够真正扶持你政府想扶持的重点方向,能够把市场化的团队吸引到当地来。

五、关于前海股权投资母基金

(一)发展母基金的背景

我们正在做一个前海股权投资母基金。母基金规模大概是 100 亿元,目前到位是 15 个亿,有政府的一部分。现在是超募阶段,很多人签了意向书愿意加入我们这个母基金。

(二)前海股权投资母基金的运营

我们这个 100 个亿的母基金,业务结构 50%到 65%是投资到了子基金,子基金再去发展,全国风险投资的子基金都可以投。第二部分的方向就是选择性地跟投,我们投了你这个子基金以后,子基金投资的具体项目我们有权力跟投,母基金可以直投。还有一部分可以做 PE 的二级市场,就是我说的,挖煤的、打油的、圈地的,资金紧张了,投了一期,二期,三期没有钱投了想转让,我们就捡漏。还有一部分资金做短期的,做一些我们已经投资的企业的金融服务,比如新型的节能、环保行业等都是我们投资的对象。

(三)团队和基金管理

介绍母基金的团队,我们有哪些人管理? 第一执行合伙人是我们现在的董事长,第二个是机构合伙人,第三个是联合合伙人。这个团队可能在中国找不出第二个,所以我们母基金目前进展还是比较顺利的。山西的企业家如果有愿意加入的,我们欢迎。

现场提问 1:您说的深创投发起宏图投资基金,面向的基本融资还是社会公募? 销售的主渠道是什么?

施安平:公募对所有的人都是公开的,你在网上查我们宏图创新公募,我们现在已经开了专户产品,专门做增发的,最近增发做的非常的好,我们 2013 年做了六个项目,年化收益率 108%。我们是自营。现在通过银行、信托和券商,手续费太高,我们也没有必要,所以自己在发行。

现场提问 2: 您介绍这个母基金是政府和专业化机构共同管理,这个具体管理模式是成立了一个理事会,政府拥有一票? 还是搞成这个管理公司形式?

施安平: 政府引导母基金,目前在中国还没有一个先例。应该这么说,有一些省市是以政府财政拨资成立一个事业单位,以这种模式在管,但是目前来看,我个人认为这种模式是管不好的,所以我认为市场化的运作就要彻底的市场化管理,应该成立市场化的管理公司,这是最好的。

那么政府也可以派员参与到专业的管理公司投资委员会,决策层面上,政府派员控制的不是技术层面问题了,是战略问题,是符合不符合我原来合同里投资的方向,只要方向正确,具体投资项目不要干涉,具体决策交给市场化的眼光去决策就可以了。

谢谢大家!

第七讲　私募投资基金要赚趋势的钱

袁润兵

　　袁润兵　现任清科集团创投董事总经理。曾任优势资本执行董事,在中后期项目投资方面有着丰富的经验和成功业绩。

　　我在北京、广东、云南、四川、重庆、浙江都讲过类似私募基金的课程,非常荣幸能跟大家做交流。

一、私募基金要赚谁的钱

1.投资要关心趋势

　　中国的私募股权投资实际上始于20世纪90年代初,到现在有20多年了。第一支真正意义上的美元投资基金,是以前的IDG基金,规模差不多几千万美金。那么IDG现在有多少呢?目前应该是接近百亿美金。在过去10-20年之内,中国美元基金增长了接近100倍。我们知道现在达晨做得比较大,那么达晨最早做的时候多大呢?达晨第一支基金7000万元人民币,但我们知道它现在管理的差不多有近200亿元人民币,增长应该有200多倍。

　　IDG的第一支基金投了哪些项目?投的腾讯、搜狐、新浪、搜房,所有的大公司,包括百度,它都投了。它在2000年就持有了腾讯20%的股权,是200万美金投进去的,如果到现在仍然没有退出的话,差不多光这笔投资的盈利就在200亿美金左右。所以IDG后面投了一大批项目,其实还不如一直持有腾讯那20%的股权不退出。

　　比较聪明的做法就是当年孙正义的软银投资分三次投入阿里巴巴,占到30%以上的股份。现在阿里巴巴上市了,总市值近3000亿美金,也就是说这单股权的盈利应该接近 700-800 亿美金，成功地把孙正义由日本首富推到世界首富的位置上。

这是过往 20 多年的一些例子。所以我们去看历史，从 2000 年开始，凡在 2000 年投互联网的，2003 年到 2006 年期间投多晶硅、新能源的，2007 年、2008 年投 Pre-IPO 的；2011 年、2012 年投手游的，2012 年、2013 年做定增的；2013 年下半年做早期天使的，到现在都赚到钱了。如果把我们山西省的产业加起来，也就是 2000 年、2001 年、2002 年做煤矿的，2005 年、2006 年甚至更早做房地产的都赚到钱了。所以我们做投资经常回顾历史，要问自己一个问题，就是我们是因为什么赚到钱。我个人答案是比较明确的，我们不是因为更聪明、更专业赚到钱的，当然专业性是基础，我们赚的本质上都是趋势的钱，投资永远是跟着时代走的。

做投资赚的始终都是趋势的钱。也就是说如果 2007、2008 年大家都去做 pre-IPO 投资，只要你投进去，坚持到最后，大多都赚了，而且赚的很多。我记得 2007 年底去一家拟上市公司，一同过去的还有一个广东的基金公司，在企业情况基本不了解的情况下，也参与了进去，两年的回报应该是 19 倍。这就是一个典型的案例。

再看 2011 年、2012 年投手游的公司，我们知道现在手游、页游都卖给了上市公司，一家非常小的公司能卖五六亿元、十几亿元。也就是说同时期专注投资手游公司的基金，在现在上市公司大规模并购手游公司的背景下，都赚了很多，这就是趋势。

再举我们清科自己的案例，我们近两年投资的一些互联网金融公司，增长也非常快，为什么？就是因为互联网金融是个风口。

2.下一步趋势在哪里

我们第一个讲的就是到底做投资需要关心什么？关心趋势、关心风向，这是最重要的事情。然后你需要有很长的时间自己去了解、去考虑下一步趋势在什么地方，而不是后知后觉。我跟大家讨论一下到底下一步趋势在什么地方，下一步风向在什么地方。我们很多企业家是只顾低头耕田，不会抬头看路，直到前面的路已经没有了，才想起来抬头看一下，现在遇到什么问题了。这还算比较好的，有的已经连看都懒得去看。我们前一段跑四川、浙江、江苏、山东这些发达省份，有一大批做得非常好的企业突然间就没了。突然间没了是什么意思呢？就是突然发觉自己干了一辈子产业，但是出来卖的时候，发觉卖不出多少估值了。这个情况以前是偶然出现，现在已经频繁出现。

我们 2006 年、2007 年去接触企业家的时候，很多企业家沟通的一个问题就是你赶紧给我资金吧，我要去快速发展；那么 2009 年、2010 年的时候大家想的是，你给我钱，赶紧包装一下上市。到了 2012 年、2013 年大家开始转向了，说能不能帮我把公司卖掉，传统行业遇到很多问题，我也不准备上市了，现在 A 股市场基本停掉了，你帮我把公司卖掉，卖掉之后直接移民了。这是 2012 年、2013 年出现的新情况，因为再不走，基本就亏在里面了。

反过头来看，中国这么大的经济体量是不是没有发展空间呢？不是这样的。我们看刚才说的那波潮流里面，每一个阶段都有一次系统性的机会。现在考虑的就是上一波的潮流止于什么地方，下一波的潮流要开始在什么地方，这是大家做基金一定要关注的问题。2011 年、2012 年、2013 年有很多机构盲目做基金，做什么呢？做 pre-IPO，做潮流的末端，所以大多死在里面了。2013 年大家开始聪明了，去看一下到底哪些行业有新的机会，现在我看到有些基金做得更有章法了，当然回报也会更好。

(1)过去这三十多年来，我们大部分的企业或者基金赚的是哪些钱？如果大家有统计数据，或者仔细地把过去整个行业投的上万个案例看一下就会明确，我们赚的钱 70% 以上是来自于 TMT 行业，说得更宽泛一点，就是来自于消费型技术。消费型技术就是与消费相关的一些技术性创新或改良化的商业模式，而不是非常硬的基础技术。我们看分众、百度、腾讯、阿里、搜房、携程、去哪儿，一大堆同类的公司真正帮大家赚到钱，广泛影响我们现在的生活的。中联重科做得非常好，但给的资本回报是非常少的，双汇买的史密斯菲尔德占全美 25% 的鸡肉的生产销售，但给基金的回报也是相当少的，真正给大家赚到钱的是消费型技术。因为中国最大的红利就是有十几亿的人口，任何一个在国外看上去非常小的东西，在中国只要乘上消费人口基数就可以做得非常大。在中国关于消费领域没有小市场，只有大和特别大的市场。

(2)第二类技术是技术含量比较高的底层技术，我们在 2005 年、2006 年一大批基金投到芯片和微电子领域，投到新材料上面去；2008 年、2009 年、2010 年也有大量资金投到新能源上面去，整体来看这类底层技术的投资基本上没有什么回报。国内真正商业化技术研究所数量非常少，因为国外有一整套体系来支持研发,到中国是一个人或者一个非常小的团队,所以短期内很难实现国外那种技术性的突破。所以到现在为止,大家投在基础性技术上面的回报非常低。

(3)第三类技术叫做制造性技术。我们有人在制造性技术方面赚到钱吗?赚到钱的极少。赚的是谁的钱?两部分,一部分是中国由农村乡镇转移到制造企业里面的这批廉价工人的钱,赚的是低人力成本的钱。大批的低收入或无收入、有一定教育水平的适龄工人转移到制造工厂里面,这部分转移带来的价值就是制造类公司赚的第一部分钱,这一部分至少占到它盈利里面的70%以上;剩下的20%、30%就是该交的税没交,该搞的环保不搞等这部分钱。所以制造性企业很难受的原因也就很明确了,因为这两部分红利已经没有了。

我每到一个地方都要跑到当地的劳务市场看一下,了解当地的劳工水平。十年前劳动报酬差不多每月在300元,五年前劳动报酬是800元到1000元,现在北京、上海的劳动报酬是2500元到2800元。对于大部分制造工人的人均产值在20万元以下的公司来说,大家可以算一下,也就是说人工增长基本上把你以前赚的钱全部摊没了,更不用提环保、税收这部分新增成本了。所以制造性技术在过去还是帮大家赚到钱了,2003年到2006年一大批制造性企业做得很大,但现在遇到了很大的问题。这就是一个趋势。因为你赚钱的基础基本上已经不在了,而且永远不可能回来了。

为什么说它一去不复返呢?我刚刚已经说这个指标了,由300元的月薪到2500、2800元的月薪,这个数字在我们可以预见的范围内,我觉得它至少要涨到6000到9000元。如果要解决目前这么高的贫富差距,只能提高基础收入,要提高制造业、服务业从业者的收入。这块红利没有了,环保就更不用说了,限制还会加大,这块的成本支出还要增加。

基础技术是个长波动的东西,即使投对了方向,如果投得太早了,也是投错了。对国家来说这个投入是持续性的投入,但是对于民间资本来看,如果你投的早一点、慢一点,它不是一年两年的问题,是十年、二十年的问题。我判断这个时间点应该快要到了。基础性技术有很多,我刚才提到清洁技术是一点,还有人工智能。人工智能的到来可能会比我们预想的还要快一点。等人工智能真正到达之后,我们再在这个领域做系统性布局已经不太可能了。

关于底层技术有很多,我在这里略微提几点,这些都会系统性改变我们现有产业的格局,这个改变是一个不可逆转的过程。所以我同样给大家一个建议,有资源、有能力买到门票的尽快去买门票,先入场再说。因为这种产品的变革在目前的互联网环境下,它会快速地演化,不像我们前几年的技术,它有几年的过渡期,这个东西不会。微信一年就起来了,小米做硬件的,也就两三年,所以很多领域的机会时间窗口非常短,我给大家的建议是趁你还能做别人股东的时候,赶紧去做别人的股东,等有一天你想做股东都做不了的时候,就只能跑到二级市场去买了。这是我个人的意见,比较直接一点。

这个判断有两个基础:一是 85 后、90 后的消费观和我们上一代人有很大的不同;二是普通人的收入由月薪 2000 多元增长到 6000 元、7000 元、8000 元的时候,当可支配收入发生大的变化后消费理念的变化同样是不可逆转的。

现在的 90 后用 QQ、玩手游,使用各种社交软件,他已经习惯了这样的生活方式,他不喜欢加班,喜欢比较舒服点的工作环境,追求极致性的东西,更关心互动性,这些习惯不会发生变化,只会变得更加明确。所以不存在波峰波谷的时候,去了就不会再回来了。

我们过去几年内关于这块的分析实际上很多,GDP 每三年下降一个台阶,从 8%、7% 到 6%、5%,这样阶段性下降的趋势大家基本上都认识到了,这在大部分行业里面也会有很大的影响。我们以前做投资想的是国家整体 GDP 有 10% 的增长,好的细分行业 20% 的增长,行业里面好的企业 30% 的增长,有企业家可以实现 40% 的增长,我再投点钱最少 50%,很简单的逻辑,现在不一样了。所以少数股权投资在传统行业的系统性投资机会基本上已过去了。

3.如何应对

我们这么多的传统行业,大部分行业都是产能过剩的行业,区别只是绝对过剩和相对过剩,该怎么办?用李克强总理的话来讲是两句话:盘活存量,做好增量。

先讲第一句,盘活存量。存量一定要盘活,盘不活是非常大的问题。我们总的就业里面,到目前为止绝大多数还是要靠中低端的制造业来解决的。但是中低端制造业基本上快要死掉了,这个情况怎么办?那就是兼并、重组、盘活存量。国内大多数行业的市场集中度是发达国家的十分之一都不到,大多存在小、弱、散、赢利能力差的问题。在这种市场下谁都别想活得很好,这就是该死的死不了,想活的活不下去,想推动整合的没那么大力量,政府也没有太多实质性政策,就在那儿拖着。这是我们绝大多数传统行业里面的问题,就是行业已经遇到了大比例的产能过剩,但是谁都不想死,而且估值居高不下。如果没有大的资金和政策去推动,想依靠旧有力量去解决目前问题会很难。企业变大了,有些问题就会得到解决,我们刚才提到为什么说底层技术的发展这么慢,原因是没有足够强、足够大的市场化企业去做这个事情。最近在上海注册的中民投,注册资金 500 多亿元,实际上已经在关注这件事情,只不过投资时机还没到。原因很简单,就是这些行业本身已经有大量的过剩产能了,但是估值还没有调整。消化过剩产能的逻辑是什么? 你有 100 万吨的产能,但你最多能够开工 50 万吨的,那其余 50 万吨是过剩的,你卖给我,我最多出 50%的价格。但是如果还按原价买进来,买进来以后过剩产能仍然有,只不过以前在别人身上背着,现在背在你身上了。

现在过剩的情况是资产价格还没有做系统性的调整,所以并购基金大家张罗很久,都在看,没法下手。可以预测这轮的价格下跌一定会来到。如果大家想买的再等一等,想卖的尽快卖。所以盘活存量这个时机还没有到来,但是很多人已经在计划了。我们说得好听点叫"盘活存量",说得不好听的叫"趁火打劫",但一定会出现这样的情况,以前我们大家过得都太舒服了。随便一家小企业20%、30%的增长,增长 10%都不好意思跟别人说,要技术没技术、要管理没管理、要规模没规模、要品牌没品牌,但还可以活得很不错! 到现在不行了,小企业过得很难,中企业过得也不舒服,大企业也没那么好过,大家才会去想转型。

在前一两年的时候,新闻里面出现频率最高的一个词叫做"改革"。现在出现最多的一个词叫"创新"。"改革"和"创新"这两个词,到具体实务这一层其实就是创业。我们之前一直做调整结构、优化结构,讲了那么多年,没讲出什么东西来,因为推不动它。因为那时候小公司活得还可以,中公司也不差。现在不一样了,就是,我刚才说了八个字:盘活存量、做好增量。存量即是改革,增量即是创新。

二、私募基金的投资理念与风格

1.私募股权投资基金

广义的私募股权投资基金是指通过非公开方式募集资金,对企业进行权益性投资的基金,并在投资后提供一系列增值服务,在一定时间内通过 IPO 或其他方式退出,由专业的基金管理人员运营,是专业化程度较高的投资产品。比如创业投资、成长期投资、Pre-IPO 并购等等。前面几个都是按阶段分的,其实创业投资前面再早一点还有天使投资。

为什么天使投资会这么火?现在市场上的天使投资项目数量可能每年七八千个都不止。我们天天在市场上跑,经常看到,有一个创业者,说刚从公司出来,想融资,估值 5000 万元。我说产品呢? 还没出来。团队? 还没建立好。想做什么? 互联网金融。再具体点呢? 还没想清楚。我说再等一下,等你的产品 Demo 出来,我们再聊聊。第二天下午给我打电话,说不好意思,昨晚又见了一个人已经给我投资了。天使投资现在就这么个情况。

大家光听故事是听不出什么东西的,结合我前面讲的,原因是那波成长期的韭菜已经被割光了。大家只好重新种韭菜,从最早的播种开始,就是我刚才说的做增量。哪些领域可能冒出特别大的公司,或者是下一个千亿级、万亿级的市场在哪里,我现在进去,要最早的时候进去,等再晚几步别人布局完成后估值要高的离谱,而且未必能进得去,现在大家是买门票的机会,价格再贵,咬牙也得进。

2.各基金不同的投资理念及风格

基金有不同的分类,有美元的基金,像 IDG、红杉、鼎晖、经纬;也有人民币的基金,如同创、达晨、东方富海等。有一些与政府相关的,属于国资背景的,像深创投、苏高投,还有一些在细分领域做得比较好,像青云,专门做清洁技术。每家的特点都不一样。

私募基金的投资理念其实就是私募基金管理人的投资理念。投资人到底看好了哪条比较宽的跑道,信赖哪种风格的创业者,各有不同。比方说红杉在过去的两三年内,认准了电商这条跑道,所以它投资了京东、唯品会、聚美优品等等一大批电商公司。大家看到这几家已经上市的电商公司为红杉带来了巨额的回报。经纬过去几年看准了移动互联网这条跑道,系统性的投资了社交工具等一系列应用,目前他们的基金也到了收获的阶段。也有些机构看错了跑道,当然还有些基金是毫无特点的,只能是靠天吃饭了。

私募基金无所谓大或小, 也不需评价你的理念到底跟别人一致还是有区别,关键是一定要找准自己所看好的趋势。在座的各位肯定有做煤矿的,大家在 2000 年、2001 年投煤矿赚了很多钱,其实回过头来看也很简单。因为制造业在以 20%、30%的速度增长, 它所需要的所有基础能源至少要以这个速度增长才可能支撑得住,因为它有一个滞后效应。所以投资理念与风格一定与你看到的趋势有很大的相关,如果看不清楚,投资很容易,但是赚钱很难。

三、投资分析及所投行业的选择

1.关注各阶段高成长的企业,深刻理解企业所需

各阶段对高成长的理解是不同的,针对不同行业,对高成长的理解也是不同的。现在是高速变化的一个年代,我不过多的讲互联网,因为大家与互联网企业接触得比较少。但有一点是非常明确的,就是一个颠覆性的时代已经来了,传统企业要面对很大的挑战。这种高成长不是以前我们想象中的 10%、20%、30%这样的概念,现在是 0 和 1 的概念,要不就没有,要不就起来。

小米几个亿美金的时候大家觉得贵,到了几十亿美金的时候觉得太贵了,到了 100 亿美金的时候还觉得贵,到了现在,400 亿美金,反而不觉得贵了,有人说要投。京东几千万美金的时候没人投,几十亿没人投,几百亿的时候反而有人到市场上去买了。这就是为什么说买"入场券"的概念非常重要,因为等它变成"1"你就没法进场了。阿里巴巴 3000 亿美金的市值我们大家怎么去买? 买就很可能买到最高点。

其实,企业赚的最核心的一点是连接成本的钱。所谓连接成本就是生产很简单、需求很简单,但是把生产出来的东西配置到需求这一端的时候这个过程很难。不管是企业对企业还是企业对个人,现在我们所使用的互联网技术和移动互联网技术,已经把连接成本急剧降低了。以前我们讲做市场、设办事处、搞代理商、打广告、做促销,连接成本很高,现在的连接成本已经无限低了,也就是说最好的产品和服务能最快的到达用户。

为什么说连接成本会无限降低? 因为你有特别好的东西,可以很快地告诉所有人。不像以前,酒香也怕巷子深。这样导致我们对企业、对行业的理解发生了一个大的变化。这个变化不是说深浅的变化,是本质性的变化。因为你的生产、制造和最终的推广,和消费者的互动,到达消费者的渠道,他对产品和服务的看法都发生了根本性的变化。

2.创业环境不断优化,创新型企业机会展现

这里提到创业环境和创新型企业两个问题,有一个指标跟大家具体分享一下。2011 年参加一个全球的 LP 峰会,主持人现场做过一个调查,大家谁愿意投资中国? 看好中国投资机会的投资人占比当时是 40%多,在所有的国家里面排

名第一。这个指标看上去挺高的,如果再往前看,2010 年的时候这个比例是接近 70%的。

美国和欧洲对中国其实是不懂的,所以有很多疑问和恐惧,其中,他们的一个疑问和恐惧就是中国经济会不会出现动荡? 在 2012 年的时候他们就问这个问题,所以 2012 年大家对中国基金的投资是很少的,美元基金很难募集。当然这和当时美元基金的退出渠道受阻也有很大关系.

美元出资人对中国的经济环境在过去的几年还是有一些疑虑的,到了现在疑虑在逐渐降低。从政策上来看,国内有些政策更加明朗,所以 2013 年底到现在美元基金基本上都在超募,而且募集速度很快。

从国内资本市场来看的话也样,如果大家对市场不看好的话,就不可能投早期,投早期是一种态度。

从中国整体的投资环境来看很复杂,是割裂的。割裂有三个层次:一是从制造的角度来看中国的话,处处都有问题,因为以前我们定位的是制造大国,现在只能是转移过剩产能消化过剩产能,做兼并收购,做技术升级,各种方式齐用。二是从消费角度来看中国的话,到处都是机会。三是从资本市场层面来看中国的话,那就是刚刚起步,市场非常广大。不管是国内还是国际,对中国市场的看法不要搅在一起,搅在一起,得到的各种观点是互相混淆的,一会儿是充满信心,一会儿非常悲观,原因是大家看问题的角度不一样。

为什么说资本市场领域是刚刚起步,还会有很大的机会,有无限广大的空间呢? 因为国内直接融资比例非常低,间接融资比例非常高,这个比例要倒过来,才可能直接支持创新创业,这个比例的调整变化就是资本市场的巨大机会。

还有一个是创业土壤的问题,以前我对这点是比较悲观的。斯坦福有一个团队花了七八年的时间,在中国做过一个研究,我认真读了几次他们的研究结果,觉得讲得挺有道理的。这个团队对中国最好的几所大学的各年级学生进行了调研,结果是大家毕业后创业的意愿非常弱,找一份工作的意愿非常强。他们觉得中国缺少创业精神。所以就像我们一开始讲的,转移效应开始降低的时候,中国的增长就会不可避免地往低降,剩下就只能靠创新和创造。调查认为中国创新土壤是比较弱的,因为我们最有能力、最应该创业的那部分群体创业的意愿非常弱。

以前我是认同的,但是近两年内观点发生了变化,然后就慢慢理解了中央领导讲话里为什么会多次出现"创新"和"创业"这两个词。因为有上层的引导，还有我刚才提到的天使投资的大规模出现、创富效应的不断出现，现在创业的群体多了起来。以前在大型企业里已经做到高管的，甚至包括很多政府的工作人员现在出来创业的比例非常高。所以创业土壤从现在来看，正在向好的方向转变。

以前大家的认识是全球没有一个国家像中国人这么喜欢赚钱。我们的 50后、60后、70后、85后大部分的人每天勤奋工作，早起晚睡，牺牲与家人在一起的时间，牺牲个人的健康和娱乐时间，全身心扑到赚钱这一项事业上，这个巨大的又聪明又勤奋的群体就是过去几十年中国经济高速增长的支撑基础。这一巨大人口基数如果有其中一部分能转到创业上边去，我觉得以中国人的聪明和勤奋，应该就是大家做创业投资最好的支撑基础。

国内目前有 8000 家 VC/PE，其实国内"基金"、"资产管理"和"投资"字号的已注册公司 2013 年的数字是 3 万家。如果这个基数没有达到一定数值的话，不管大家去合作、交流还是去做一些投资来吸引一些创新企业，很难形成一个好的氛围。

我以前做过几个小调研，如果问大家，对现在吃的、喝的、用的不满意的举手，一般来说举手的比例是接近 100% 的。就是说几乎所有人都对大家消费的东西，不管是具体的产品还是服务都不满意。这是一个问题吗？不是，这是一个机会。也就是说，凡是大家对现有产品不满意的，都是潜在市场，这个市场有多大？我们可以去算一下。后面还有一个调研就是大家愿意在这类产品上面进行创业的举一下手，比例就很低了，大约 2%、3% 的情况。每个人都不满意，可是每个人又都不愿意在这个领域里面创业，这就是机会。

所以内需的增长不是简单的完全增量的增长，如果仅仅是简单增长，可能还没有我们想象的那么大，它是整个存量的替换。

3.中国移动互联网行业进入整合加速期，移动互联网领域潜力巨大

我们讲了很多概念：包括互联网思维、产品思路等，回到本源就是几句话：把你自己当成一个消费者，你所要的最好的东西是什么，你就生产最好的东西出来；你想要的最好的服务是什么，就用这个东西去服务其他人。

我刚才提到一个观点是连接已经变得非常的简单。以前从公司生产线到仓库，到一级分销商，到二级分销商，到门店，到顾客，再到顾客反馈是一个非常

长的链条。现在这个链条已经彻底缩短了,只有两个关键环节——生产者和使用者。所有的选择都非常简单,好就用,不好就不用。所有的结果也非常简单,做的好就起来,做的不好就趴下。

这里面提到互联网和移动互联网。互联网属于 1.0 版本,移动互联网我们把它称为 2.0 版本,现在 3.0 也出来了。原始 PC 互联网可以传递的东西仅限于有形的图片、视频、文字,是以内容传递为主要工具的,所以它颠覆的是纸媒、电视、杂志,而移动互联网改变的是所有人的连接手段。

移动互联网不到一年,移动支付就起来了,互联网金融马上跟着起来,同时 O2O、B2B 一系列领域都出现了大量的机会,将来还会有更多的模式出来。PC 互联网出来那么久,出现的成熟商业模式很少,但是现在不一样,除了传统的电商往移动端转移之外,我们看到的其他行业也在迅速互联网化。有家政互联网化,洗衣互联网化,理发、美容、美甲互联网化,我们接触的所有东西都可以把中间链条去掉,把整个流程重新构造,而且这块的重构会不断地渗透下去,以前叫做嫁接,现在叫做重构,因为它已经渗透到流程当中了。

另一个指标就是智能终端的普及。我估计用不了五年,手机的概念都不存在了。手机的全称是手持移动电话,它的基础功能是打电话。可是现在有很多的东西都可以打电话,智能家具加个芯片可以不可以? 可以。既显示东西也可以交流互通。我家里面放个电视盒子可以不可以? 也可以。我车里面的中控屏可以不可以? 也可以。我戴个手环也可以,戴个手表也行,戴个眼镜也行。如果所有东西都具备这种通讯功能的话,就不存在谁是手机了,它已经彻底把手机的概念泛化了。

如果智能终端在各个领域大规模普及,将来对大家的消费和日常生活会有很大的影响,那么在这种影响下的各个细分领域,就是将来投资的一个巨大机会。这一天一定会出现,因为技术的发展是一个加速的过程。

4.医疗机构接近 100 万家,市场革新或成新亮点

医疗机构,这其实是一个大健康的概念。过去的几十年大家赚钱除了 TMT 以外,还有一个领域就是医疗健康。凡投医药、投医疗健康的,大多数也都赚到钱了。大健康仍然会有很多机会,如果大家持续关注这个领域的话,尤其是战略性投资,这也是非常好的概念。在中国进入老龄化社会的背景下,医疗资源紧张这个问题会更突出,而且这个矛盾短期内不会得到任何解决,供需矛盾是

最刚性的矛盾。

5.其他行业

互联网金融要完全发展起来,我觉得要等政策进一步放开,就现在的体量已经足够大了,哪怕说金融往互联网金融里面倒 10%的体量做大的话也有几万亿元。娱乐传媒,同样不是仅仅指电影、电视,真正的娱乐传媒是指泛娱乐的概念。半导体及光电和清洁技术可以放在一块儿讲,这部分投资要靠政府拉动,因为它需要的资金量太大,而且是战略性投资。如果说没有政府的大批量资金进入的话,战略性新兴产业包括光电、清洁技术、新材料、新能源等,没一个能够起来。还有我们提到的其他领域的发展基础是非常薄弱的,我们不可能白天玩微信,晚上打游戏,周六看电影,周日去医院,不可能。所以大家可以继续细分一下,有一些是民间资本可以进入的,有些是民间资本一定要跟国家一起进入的,有些是只能国家进入的,有些机会已经来了,有些还要等某一个门槛出现才可以。

四、项目投资的操作流程与核心环节

项目投资的操作流程和核心环节,其实大部分公司都大同小异,看这个看不出太多的门道。投什么项目? 项目的流程怎么去推进? 怎么设计结构? 怎么进行风控? 怎么进行投后管理? 怎么进行投后增值服务? 最后怎么退出? 我们谈一些实际的。

我个人做投资的时候是这么去寻找项目、筛选项目、做尽调的。我看东西比较细,看每一个行业、每家企业,一般都要写两页纸的问题,有法律、业务、团队、技术、环保、税务、财务等各方面的。另外三张纸罗列企业的优点,即行业、财务回报、技术等。最后的结果就是我有 50 个可以投资的原因,也有 51 个不能投资的原因,怎么办?

如果我们这里有做投资的就会清楚, 假如 10 个人的投资团队平均每个人每周看 10 个项目,每周一要系统地过 100 个项目,去掉完全不靠谱的,差不多也要看 20 个项目,一个月至少 100 个项目。哪个投? 哪个不投? 每个都有投的原因,每个都有不投的原因。所以我说投资方面没有什么技巧,最后都是一些只能意会不能言传的东西。100 个项目过来,你到底投哪个?一个项目一大堆问题一大堆优点过来,你到底投还是不投? 这就是体现投资管理人特点的时候。

给大家举几个案例。我在 2010 年冬天去福建看一个项目,福建企业家的一个特点就是在资本运作上非常地凶狠，凶狠的表现就是容易注水，容易包装。一个销售 5000 万元的企业能装成几个亿。我和另一个合伙人一起，当天上午聊了聊，中午看了他的展览厅，下午参观了他的工厂、车间、仓库、出货区。那个企业家跟我讲他的抱负，带我看他的门店和展示厅。这个企业净利很高，2 个多亿的净利。我就问他们财务总监一个指标，你的销售在超市里面的占比是多少？他说七成。又问了第二个指标，你的产品自产自销的比例有多少？90% 以上是自产自销的，没有代工。到了晚上跟我同去的投资人就给我打电话，问我觉得这个项目怎么样。我那时候比较含蓄，不太好意思说。现在我们可以知道那是一个百分之百作假的企业，两个指标就可以确定，基本不用看其他东西。毫无意外的，我在 2012 年的时候看到这个企业家成了福建省的跑路老板之一。

为什么问这两个指标，看一下工厂、车间、仓库就基本清楚了？第一，如果是自产自销的话，我所看到他的车间的产能是支撑不了这么大的销售的，如果能够支撑，那么价格一定要卖得很高。卖得很高是不能走超市渠道的，所以跟他超市占比 70% 以上是不符合的。第二，通过超市走，回款周期至少在 2 个月以上，跟他每年有 2 亿元净利润，而且有大批的净利润分红不匹配。就是这样的企业，仍有人往里扔钱。

关于企业，500 页的分析和尽调一定比 3 页的更重要吗？不会。这里面帮你做决断的，从投资角度来说，一定要有信息过滤的能力，因为最终你的信息一定是超负荷的。你要有非常强的排除干扰、排除噪音的能力。你每天要接触十多个项目，一年接触几百个项目，加上团队带过来的项目，一年上千个项目。就跟我们坐在车水马龙的地方一样，耳朵听到的都是喇叭、音乐、车声，非常多的噪音，噪音太多的结果就是你根本不知道什么是关键性的声音，等真正信号来的时候你是没反应的。所有做投资、做商业、做资本的其实都一样，你要有能够过滤噪音的能力。所以大家开会也罢，沟通也罢，一定要开重要的会，跟关键的人沟通。并不是说参加会的越多越好，参加得越多，你的噪音越多，以至于你会忽略掉了什么是最重要的东西，除非你有特别强的过滤信息的能力，但这个很难。

五、被投企业商业模式诊断与评估

商业模式诊断与评估称之为实战经验也罢，个人经验也罢，自己的底层模型搭建也罢，一定需要做这样的东西，帮你有条理地过滤、分析，找到关键点，然后做决定。关于对商业模式的分析,或者对投资各要素和风险的分析、价值的判断,一定是非常非常多样化的。雷军刚开始做手机的时候,一大堆人说不靠谱,当时我也觉得不靠谱。我的原因很简单,因为他没做过硬件。做硬件是非常苦的一个事,到最后一定会出现非常多的不良率,而且他一开始主打的是粉丝,小规模的粉丝与将来大规模的用户对产品的要求是不一样的。为什么有这样的判断?是因为有个信号没有听到,非常大的信号,2011 年、2012 年、2013 年智能手机出货量在快速增加,快速把 PC 打掉,到现在基本上大家都在使用智能手机。我讲过一些关键性的逻辑,所谓关键性的逻辑是基本上能够影响其他小逻辑的一个非常强的大逻辑,称之为风口也罢,称之为关键趋势也罢。而且这个东西每人看到的差距会很大,有人觉得是这样的,有人觉得不是这样的。

我在北京认识一个地产老板,2012 年跟我兴致勃勃地说觉得房地产的底部要来了,要抄底,而且是抄土地的底部。准备了 100 亿元,募集的资金从 2012 年初抄到 2012 年、2013 年。2014 年来找我,说不抄了,抄不动了,抄错了,还得跌。所以信号听错了,后果很严重。

1.商业模式的构成要素

市场细分、价值链结构、收入成本构成等等,针对每个行业、每个企业都不一样,具体问题需要具体沟通。

2.好的商业模式的特征

一是要善于利用、整合存量有效资源,控制关键资源能力。

讲一下房多多的故事。房多多 2011 年从苏州起家,最初的想法是去颠覆房产中介,打掉一个链条,多出一份利润。后来做了一段时间,发现房地产中介已经存在了这么久,我把它完全打掉需要的周期太长、太难。所以他改变策略,什么方式?他把所有的房地产中介整合在一起,打包在一起,跟房地产商谈,每一个房地产中介跟房地产商谈价格的时候都很难,但整合到一起就有了话语权。这就叫做利用、整合存量有效资源,比创造新的资源要好。

二是要分享合作、多点盈利。

这个山西人擅长,因为晋商的特点就是喜欢将规模做得大,利益做得比较薄,生意做得比较长久。跟其他省份的特点完全不一样,我觉得山西如果把晋商的传统发扬起来做这类企业,能做非常非常大的企业。晋商的精明是做大企业的精明,不是投机的精明,但是我们过去几年内都把精力放到投机上面去了,山西人不适合做投机，你这么老实投机什么呀？投机投到最后遇到一堆问题。因为投机要像浙江人那样调头特别快，我们把投机当成投资了，用投机的方式去做投资这是有问题的。

三是要轻松赚钱，平均水平的人力资源可以产生更高的绩效，这就是人均产值的问题。

2009年就有人问我，山西煤老板这么有钱，为什么不到山西募资？我说不能去，大家的理念还停留在开个矿赚多少钱，卖一套房子赚多少钱的阶段。不管我跟他怎么讲，他还要跟我算，买个矿年底倒手赚两倍，你怎么也得给我三倍，买个矿、买套房子还在那儿放着，你这东西虚无缥缈的，不靠谱。所以说这个理念的转化一定要有血淋淋的教训才会出现。

看好了就去做，一开始做得谨慎一点、慢一点，跟经验比较丰富的人去做，大家投多少你跟一点，但一定要去做，不要光想，想是想不清楚的。一想50个理由不能干，50个理由可以干，纠结了一晚上早上起来还是干你以前干的事情去了。我们山西人比较传统，考虑事情考虑的太多了。没有像福建、广东、浙江这种"敢为天下先"的精神，看准了就去做。这一点我觉得是比较重要的，千万不要听几个人讲了讲，看了几个案例，觉得搞懂了，我可以自己干了，就去投资。要做好前面亏钱的准备，我称之为市场费用。

六、商业计划书的撰写与研读

商业计划书是从欧美传进来的，就是系统性地向别人讲述一个投资项目，项目可行性报告可大可小，总之囊括了一个项目所应该被关注的点。

商业计划书(BusinessPlan，即BP)，也称融资计划书或投资项目计划书。它是公司、企业或项目单位为了达到招商融资寻求战略伙伴或投资决策的目的，在经过前期对项目科学地调研、分析、搜集与整理有关资料的基础上，系统性地编辑出的一个全面展示公司和项目状况、未来发展潜力与执行策略的书面材料。其主要意图是递交给投资商或潜在的出资合作伙伴，以便于他们能对投资项目做出有关项目实施后的赢利预测及风险评估，进而使企业获得融资合作或参股合资。

BP主要包括：摘要、公司简介、管理团队与组织模式、产品与服务、行业竞争与市场分析、营销策略、生产与管理、风险因素分析、财务分析、附录等。有的商业计划书只有十几页,有的几十页,但并不能够说十几页的更差或者几十页的更好。它的核心在于把你想要做的东西描述清楚,如果你描述不清楚,证明你没有想清楚,你没有想清楚,那做也做不清楚。编写商业计划书本身是帮大家梳理思路的一个过程,我们这里面有企业家或者有投资人看商业计划书,准备干这个事情,或者准备投一个项目,这个事情是帮你梳理思路的,一定要把事情想得非常清楚,变得非常简单,不只要理解它,是要把它想透才可以。

所以有企业家跟我聊,我说我干不了创业的活,创业太细了。他说未必比投资细,投资要想清楚很多事情,创业只需要想清楚一件事情,只要想清楚了,我公司都不用去。以前听联想柳传志讲过一句话,我觉得非常有道理,非常有实战性。定战略、搭班子、带团队,商业计划书就是把这几个事情讲清楚就可以了。定战略,我要干什么事情;搭班子,谁去干;带团队,能不能够把这个事情执行下去。这是讲得比较接地气的几句话。

七、对投资项目的尽调

1.尽职调查目的

尽调的目的主要有三个方面,一是弄清投资价值相关信息,为是否投资及投资条款的确定提供依据;二是弄清可能影响交易的关键要素;三是弄清目标企业在战略、管理及其他运营中的不足,为公司对其增值服务提供决策依据。

2.尽职调查内容

有的人要调查得非常细,有的人调查得非常粗,而且不同的尽调、投资和项目,所关注的点是完全不同的。国外传统的 PE/VC 基本尽调会比较清楚、比较细,一般他们会找专业机构去做,国内的尽调相对比较简单。

做尽调要了解关键信号。看企业光去翻翻财务报表,调查调查市场,去工商局了解一下,跟企业家谈谈,谈不出什么东西来。关键你要看到别人看不到的东西,别人看不到的东西你看到了,你才能以非常合理的价格投进去,或者是规避掉非常隐蔽的风险。

最核心的风险每个行业都不太一样,回到我刚才说的一句话,你所担心要发生的事情一般都会发生。所以我觉得山西人做投资应该是比较合适的,因为对风险的控制力山西从传统上应该是非常在行的,这些都是晋商留下来的传统。

3.尽职调查方式

包括通过独立第三方收集资料、向目标公司索取资料、到目标公司核对相关资料、对目标公司相关人员进行访谈、到目标公司进行现场察看、对目标公司之外的相关人员进行访谈、委托专业机构出具专业意见以及其他调查方式。

八、项目公司价值评估

主要有 7 项核心价值评估的办法：一是贴现现金流量法(DCF)，二是假定收益为零的内部收益率法(IRR)，三是完全市场下风险资产价值评估的CAPM模型，四是加入资本机会成本的 EVA 评估法，五是符合"1+1=2"规律的重置成本法，六是上市公司市值评估的市盈率乘数法，七是注重行业标杆的参考企业比较法和并购案例比较法。

价值评估这个事情可以称之为一门科学，也可以称之为一门艺术。你想要什么样的价值，一定会有一套方法给你做出想要的效果来。你要觉得 5 亿元贵了，我就给你评估成 4 亿元；你觉得 5 亿元低了，我给你评估成 10 亿元，你要用现金流折现的方法我给你现金流折现，如果你觉得不够，我用市场可比的方法。如果请第三方去做，一定是倒过来做的。到底怎么判断一个企业的价值，这点见仁见智。金融的核心在于交易，交易一定会有对手，一定会有人觉得它不贵，一定会有人觉得它贵，所以金融的估值本身没有科学性的定义。比如 2002 年、2003 年的时候有人觉得腾讯贵，也有人觉得它不贵，所以对将来预期的一个判断或者视野是非常考验人的。要去做出跟大部分人不一样的判断，你才可能赚到钱，尤其是私募股权投资越往前走越是这样。你要独立判断、独立思考，摈弃杂音，建立自己的企业估值体系，这点很难。

结合山西的特点来看，我们每个人都有自己的估值体系，都有自己的判断标准。这个判断标准与传统行业和每个人做的实业结合度非常高，但不适合其他大部分高增长的行业。大家没法跨出这一步，因为整个体系的估值基础还在原有的体系，我们还在考虑这块地多少钱，这个房子多少钱，这个矿多少钱，或者这个机器设备多少钱，技术多少钱。这个估值体系基本上跟中国 90%以上的估值体系是一样的，所以一定是市场往上走你赚钱，市场往下走你要亏钱。但我们学路线、学方向，是需要在大部分人没有看到的地方你看到这个东西，这个特征和要求是完全不一样的。我们看 DST 在十几亿美金的时候投京东，很多人看不懂，觉得怎么一个亏损的企业你敢 10 亿美金去投，就几年前的事情，现在京东 300 亿美金。去年几家美元基金在阿里 400 亿、500 亿美金的时候投资,很多人看不懂,但是如果看今天,阿里的市值 3000 亿美金,在那么大的基数上一年翻了 6 倍,你就觉得还是不贵。判断如果要超出大家的预计,有两个办法,一是融入这个体系,二是自己也要想办法去做很大的一些调整,或者找外部合作。我们的产业基础决定了我们以前的经验,决定了我们看人看事的方法,这个观念根深蒂固,很难改变。但是改变是一定要去做的,你不改变,可能会错过下一波的机会。山西人足够聪明,是最适合做投资经营的。

讲点学术性的东西。70 多年前《哈佛商业评论》上刊登一篇论文《利息,分红及企业估值》,所有的东西都是由它演化出来的,包括根据股息分红来估值的体系、根据现金流折现的估值体系、根据自由现金流估值体系、根据可比公司法衍生出来的体系都是由它演化出来的。这个体系也就几十年,所以千万不要被投行或者投资机构一大堆复杂的表格吓得乱了。一看密密麻麻的数字,其实核心理论就两个:一个是现金流和预期现金流,另一个是风险评估。对所有项目的评估如果回到底层,就这两个东西。赚钱能赚多少,将来赚钱的可能性有多高。我们看行业也罢,看技术也罢,看团队也罢,看资产也罢,只不过我们以前把它限制得太细了,认为只有煤矿能产生钱,只有房产能增值,只有工厂能产生收入。那只不过是在底层上面衍生出来的,你要跳出去,核心就是这两个。

九、投资协议条款清单

具体的一些细节考虑,一些风控措施,对资金的控制,对专利技术的控制,对资产的控制,包括特殊情况下资产的保全都有协议可以参考。传统的企业家签协议都是非常简单的,三页纸。民间借贷更简单,一个借条就可以了。我们看欧美的协议,长一点的可能上百页。写进协议的每一句话都是为了打官司用的。如果不是为了打官司,连协议都不用签,你写进去就是为打官司,所以最终的结果是将来出现纠纷能帮你胜诉还是让你败诉。一个优秀的投资人,起码是大半个法律专家,多半个财务专家,这两点可以帮你在打官司的时候起到很大的作用。法律协议其实是威慑力,告诉别人如果违背基本是要败诉的,所以风控的核心不在于发生风险,是告诉别人发生风险的成本太高了,你最好不要让它发生。我们也在欧美打过几个官司,打到最后一定是和解。签协议一定是为了打官司的时候用,打官司的目的是为了和解,打官司胜诉不是最好的结果,最好的

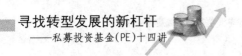

结果一定是和解。

投资协议要找非常懂行的律师去起草,要让非常懂业务、懂商业、有商业感觉的人去帮助完善。一个是找到利益链条的关键点,一个是让律师把这些关键点通过法律条文固定下来。所以一个纯粹律师写出来的,或者一个纯粹商务人士写出来的都不行。要顺着利益链条往上走,把你所能担心发生的情况具体化,放进去,等着将来如果有那么一天实在不行,告诉别人不要这么做,否则的话我们就打官司。其他比如法律条文性约定、财务尽调、财务控制、人员安排都是具体的做法。

国外有一个比较有意思的企业家、投资人写过一篇文章叫做《投资协议的108个陷阱》,就是他准备好了108个坑给创业者跳,你迟早要跳到哪个坑里去。中国也出现过,包括以前的娃哈哈跟外资合作、太子奶跟外资合作,股权变到境外的,都在说被外资坑了。其实不是,如果严格看条款一定是外资方是符合协议规定的,原因就在这里面。100多个坑,关键的坑你没看清楚就签了。越是复杂的交易,条款可能会变得更复杂,里面都有坑可以跳,具体交易起来具体分析。

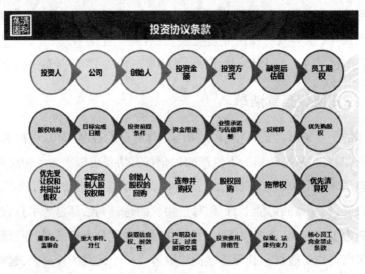

上面图示的是投资协议里面的一些标准条款,有些大家遇到过,有些没遇到过,但都是一些比较简化的东西。

十、投资项目的并购与重组策略

项目的并购和重组是一个非常复杂的东西。2012年我在上海举办的第一届并购论坛上说过,中国的并购一定会起来,而且一定是以与欧美不同的方式起来。因为当时面临的情况就是全面性的产能过剩,不通过并购是根本不可能解决的,但一定是和欧美不一样的方式。欧美做同行业的并购,做多元化的并购,每一次都有非常明确的内容。我们不太一样,我们的并购不是以基金作为主体,是以实业作为主体,具体来说是以大型国企和上市公司作为主体。以上市公司作为发起并购的主体会出现什么特征?上市公司只并购两类公司,一类有业绩的,一类有概念的。所以大家不去做同行业的产能过剩的整合,而去买了什么东西呢?买了做手游的、做网游的、拍电影的、拍电视剧的、做广告的,因为只有这几个文化创意、游戏 TMT 与热点沾边,而且离钱也近,能够有规模化的盈利来支撑估值。并购本来是要整合存量,结果并购增量去了,而且并购了一些不怎么样的增量。网游有价值吗?没有。因为它是一次性的,你开发一款游戏今年赚一个亿,不能保证明年继续赚一个亿。拍电视剧、电影一样,今年拍一个《泰囧》票房 12 亿元,明年还能再拍一个《泰囧》吗?不可能,但是有散户接棒。中国目前并购的确是以一种完全与欧美不一样的方式起来,是以上市公司市值管理为主要目的,以散户接棒为表现形式的并购,但是同样一定会有回调,我估计 70%到 80%的业绩是完成不了的,不可能完成。

我有个朋友的公司在美国上市了,市值只有四五亿美金,近期他非常成功地以 27 亿元人民币的价格把下面的一家子公司卖给国内一家企业。市值四五亿美金,母公司价值只有 20 多亿元人民币,居然能把下面一家子公司以 27 亿元人民币卖掉。他说因为我跟他对赌了,明年对赌 2 亿元,后年对赌 3 亿元,如果觉得估值不够,继续加码。这就是国内目前并购的一个表象。买到的都是估值高的,都是纯概念的,都是做市值管理的,实际上就是为了让二级市场接棒,并不是真正的并购重组。因为没去并购整合,没去消化产能,没去做行业集中,做的都是跟行业不相关的东西。一个做机械制造的买一家网游公司,能管好吗?一家做商贸的公司买一家拍电影的公司,八竿子打不着。主要是我们市场不成熟,就会有这样的问题。

十一、财务报表的分析与方法

财务报表分析是很专业的分析,而且对于某些领域的投资是没有参考价值的。比方说对早期企业的投资。早期大部分企业是不需要看财务报表的,有些别说没有净利,连收入都没有,但是并不影响到它的价值。财务报表在中后期投资是比较关键的一个因素,在早期投资不适用。但财务报表的分析技能对于大家做投资是非常好的一个历练,所有估值体系的基础在于对风险的评估和对将来预期现金流的评估,最终都要通过财务报表提供分析。

举一个獐子岛的例子。我 2014 年 8 月份被邀请到獐子岛上住了三天,看过他们的产品,也包括他们的工厂,亚洲最大的虾鱼扇贝的处理工厂。9 个亿的虾鱼扇贝突然一下子不见了?我登岛第一天就有疑惑,第二天疑惑更重了,最后走了,没想到过了两个月以后出现这个问题。

我们看它的财务报表,所有农业企业报表里面,尤其种植养殖企业有一块很大的资产是存货。就像以前洞庭水殖一样,湖里面有两万只王八,每只 1 万块钱,2 亿元存货,不信你去捞。明年赚了 1 亿元,1 亿元净利哪里去了?都投食料喂小王八了,所以又加了 1 万只的小王八,你不信我赚那么多钱,不信你去捞。明年发大水,王八跑没了,我要计提 3 亿元的存货差值准备,我说没了就没了,不信你去捞。所有东西都可以计到存货里面去。所以你看它的财务报表,看它的资产负债表、利润表,你是看不出东西的。这是典型的牛吃草的模式。草被牛吃掉了,牛呢?跑了。你不能说我没有草,也不能说我没有牛,说不定明年牛回来,我还能再带着小牛,我的资产还增值。

为什么我第一天去了挺疑惑,第二天更疑惑了?獐子岛上所有的岛民不是工人就是股东,有分红,也有工资收入,这个企业 2006 年上市,如果按它的所有财务指标,它的经济增长会出现什么情况?作为股东加员工的普通民众会过得非常的富裕。我过去以后绕了一圈,看到最新的建筑都是 5 年前盖的,这是不正常的。企业上市以后大规模的增值,股东和员工应该是有大规模的收入增长,以中国人爱房子的特点,怎么可能在上市以后的五六年内不去做任何的建设和装修呢?是不可能的。我们再看第二个指标。晚上 12 点我跑到当地的几条街道转一下,没有娱乐设施;跑到当地的小卖部和超市转了一下,卖的产品价格非常低,而且基本没有进口产品。你的钱又没有建房,又没有建 KTV,又没有买日常用品,到底赚的钱到哪儿去了?只有一种可能,你没赚到钱,股东和员工没赚到钱,企业怎么可能赚到钱?只能通过这个倒着推,否则会计师再厉害,它总共近百万亩的播种面积而且在大海底部,不可能跳下去看吧?但是你得想办法去看。我们那么多证券公司调研员、基金经理跑那么久,我不知道看到了没看到,还是看到了没看清楚,看到了不知道怎么回事,就只看财务报表。

我之前讲的一个户外用品的公司老板,他说他 7 成的用户是商超,你通过应收账款周期就知道是不可能的。商超渠道的议价权非常大,所以你不可能有低于 45 天的账期,所以现金流绝对不好。你先铺货,一个月以后开发票,然后发对账单,两三个月能拿到钱算不错的。所以我问那家公司的财务总监你的应收账款周期多少? 30 天。这家乐福公司得跟你多好,才愿意给你这么短的账期呢? 根本不可能的。所以说就光看报表是看不出什么东西的,你要知道不同行业的特点和特征,去分析关键性的要素。

现场提问 1:请您讲一下其他省市对私募基金产业的政策支持和各地区间投资环境的比较。

袁润兵: 每个地方的牵头机构不太一样。云南是云南省金融办牵头的,云南省由于位处西部,国家有一些扶持政策。浙江省也是省金融办在牵头,浙江省比较好定位,第一可以定位于投资中心,第二可以定位成一个民间财富管理中心。湖北 2013 年举办了中部金融博览会,定位成中部金融的中心,是湖北省政府做的一个事情,所以它是省政府牵头,级别比较高,把它的区位优势发挥出来。四川省因为它在西部,包括成都高新区、绵阳都是技术很集中的地方,所以定位为西部科技、金融融合的省份,由金融推动科技。每年他们省政府、科技厅等,都会有一些项目展示。北京同样提出科技金融融合的地方是海淀区中关村,仅中关村就 140 多家上市公司,它有足够的基础推,这是国家的试点。上海的区域分化比较厉害,嘉定区、虹口区、浦东新区都在推,但是每个区推的都不太一样,嘉定区推汽车产业、基金落户、文化创意产业园区,虹口和杨浦推产学研结合,因为复旦、上财、上外都在那里。

所以每个省都会找一个定位,而且是非常高层次的定位,就是通过定位与其他省市区别出来,以它作为一个抓手。

从投资环境来讲,客观评价山西可投资企业的数量不多,产业太单一。但企业都比较开明、开放,而且非常想做事情。投资环境最好的地方肯定是上海,其他像江苏、浙江、广东、北京这些地方也不错。凡是经济最发达的地方一定是投资环境最好的。大家有机会可以去上海、北京学习一下,看看他们的一些做法。资本本身是没有边界的,资金投的项目也是没有边界的,关键一定要让资金流动起来,机会自然就出现了。山西完全可以开放一些,不一定这个项目投在太原、朔州、忻州、原平才可以,如果这里没有好项目,我们投到其他地方也可以,赚到钱还是会回到山西的。这是我对投资环境的看法。

现场提问2:请您具体讲一下项目投资的操作流程和核心环节,讲一下与国企合作的案例经验。

袁润兵:先讲第二个问题。我个人与国企合作不多,但也有几个案子,比较幸运的是都赚到钱了,好点的十多倍,差一点也有几倍。但是合作完以后会变得越来越谨慎,我个人觉得在国企那方面的经验没有什么可参考性。因为我的两个投资都是看到了趋势性的机会。一个是在若干年前投的稀土企业,而且是有技术含量的稀土企业,那个不赚钱也难;还有一个是在山东投的煤矿,也是若干年前投的,想不赚钱也很难。所以这两个回报都还可以,但是没有可参考性。如果大家要去做,国企改制是一个系统性的机会。因为大部分传统行业里面比较大的、比较强的、比较好的,还是在国企手里面,这是大家绕不过去的一个槛。但要做的话,需要考虑方方面面的资源和周期,都和以前市场方式不太一样。我的建议就是大家先仔细盘算一下自己的资源和对整个环节可能出现问题的考虑,然后再去做。有做的比较成功的,但目前做的比较成功的案例都还是在发达的省市里面。

回过头来讲第一个问题。项目操作核心环节,就是怎么做风控。其实最大的风控是对人的控制。只有这一点是所有的风控措施都失效的地方,所以我觉得山西最适合做投资的原因是山西人人品比较好,也喜欢交朋友,又比较实在。

现场提问3:请您谈一谈您对第三方检测这个行业的看法。

袁润兵:第三方检测我没做过这方面的投资,有一个非常粗略的了解。第三方检测本来是一个非常好的行业,第一因为现在我们国内对于计量、质量的要求会越来越高。而且第三方检测是一个重复率非常高的行业,今年检测完了,明年还会做,后年上新设备还得去做。第三方检测是有进入壁垒的,你要拿到一个资质,所以这种重复率比较高,市场规模在增加,有一定进入壁垒的行业理应是一个很不错的行业。

但还有几点是影响它发展的。第三方检测是B2B的,企业对企业,而且接受第三方检测的大部分项目以国企居多,所以有进入壁垒。就是你实际上谈下一个项目的难度也不低，而且很难规模化复制。这个行业不适合基金进入，适合企业自己去做。

现场提问4：请您宏观谈一下，在您接触的这么多这类公司中，您觉得怎么样的互联网金融是一个好公司？他要讲故事，一般需要什么样的特点，说明他能活下去，不会跑路。另外，现在互联网公司碰到一个问题，导流非常贵，发展前期不是一个基金能撑起来的，是不是里面有一些内核、关键性的技术能支撑它做起来？

袁润兵：如果做导流的话，这个生意很难做。按导流的成本去做，一个用户导过来，再靠着转化率跟流量能够创造的价值一定是和成本不匹配的，所以纯做导流生意一定是不行的。

宏观谈一下互联网金融的几个商业模式。

第一个模式叫做直销银行，国外已经有了，国内没有。我们周围有很多银行提互联网金融，并不是因为搞互联网金融了，它就是一个直销银行了。国外的直销银行基本不做线下的分支，他们有几个分支，但分支机构基本不会提供交易，但它们增长很快。这是真正的互联网银行，但这个是进入门槛最高的。

第二个是互联网金融产品的第三方的分销。我们看到很多这类的产品，分为两种，P2P和P2B，就P2B来看就更多了，有做供应链金融的，有做保理业务的，有做金融租赁的。这块就是我们提到的，是金融收益和风险极不匹配的。你拿到的是高风险的资产，又要给别人高收益，你的风控能力支撑不了你的产品逻辑的。每家银行都讲自己有风控，结果就是谁都没有风控。因为风控情况都一样的话，大家还是在市场上抢同样的标的。我经常看到这个团队说我的团队最强，风控能力特别强，那个说我也是最强的，结果是谁都不强，因为标的已经决定了，你的标的就是银行和大型金融公司挑剩下的那些。

第三个是金融资讯的平台，是提供系统性的金融资讯和理财信息，国内有也有类似的机构。

第四类是帮P2P和P2B公司做导流的，国内像火球网、网贷天眼、网贷之家之类的，就是解决流量成本特别贵的问题，我帮你导流，帮你做系统性评估。

还有几类就是更具体了，做细分场景下的一些产品，比如说国外有，做工薪层融资的机构，每个月你15号发工资，到月底基本用光了，还有两周怎么熬也熬不过去了。吃饭、穿衣、交通费、请女朋友吃饭、看电影，我需要过渡两周，工资一来,马上还掉。非常细分的一个贷款,有人去做,风险很低,就贷给你月工资的一半,到发工资的日子马上扣走,时间比较短。

我个人比较看好狭义场景,就是我去定义场景的公司。第一它对于导流的依赖性没那么高,因为重复率很高;第二场景越具体,风控越明确,越能够降低风险,最怕的就是你连贷款对象到底是谁、贷款目的是什么都搞不清楚,一看有担保公司就干吧。

现场提问 5:山西旅游产业的投资前景怎么样?如果有好的旅游开发项目如何吸引投资?

袁润兵:旅游整体上很热,周边游、境外游这些都是非常热的领域,传统的OTA 基本上做得差不多了,但还有具体细分领域可以去做。山西地上文物的资源非常丰富,投资潜力非常好。但是只能具体到某一个项目来分析。

现场提问 6:请谈谈您对远程医疗和航空商旅行业的看法,投资这样的企业需要关注哪些方面?

袁润兵:远程医疗是 2010 年政府突然推出来的,各省也在拼命往这块花力气,包括一些企业也花了很多资金做了很多尝试。但如果跟医生沟通就会发现一点,远程医疗本身是解决了医疗资源太匮乏的问题,或者医疗资源太不平均的问题。北京医疗资源非常集中,所有人都跑到北京去,北京也受不了。北京有一个医院的主任跟我讲,到我这儿排队做手术的一般排到了来年以后,大家要做手术能等那么久吗?等不到。所以推远程医疗就是解决落后地区医疗资源匮乏,尤其高端资源匮乏的问题。但是能解决吗?如果你跟医生,尤其这些资深的医生聊一聊,就会有体会,因为医疗诊断是个非常专业性的问题,我见了面,看到病人具体的情况,才能做出诊断。拿一些检查报告来看,也仅仅是辅助我去做诊断。如果我通过远程的视频传来的图像,只能做非常简单的判断,没法做精准的判断,这是受这个行业本身特征的限制。远程医疗大家讲了很久,到目前买单的是政府,赚钱的是企业,真正市场化程度还是比较低的。但如果说这家公司是跟政府合作去帮政府做项目的话除外。如果要做市场,就要考虑它的商业化的前景到底在什么地方。

航空商旅概念比较大,又是非常细分的,但是做的时候一定要考虑好一些关键因素。就像航班 APP,通过中航信把信息全拿过来了,APP 做得挺好的,可是中航信一看,用我的信息,包了一层皮就能做得很好,这个信息我也有,我再做一个。这个问题可能大家需要考虑一下。你关于航空商旅方面的所有的核心信息,包括航班信息、机票信息都是高度集中在国企手里,它们的价值到底在什么地方? 你所提供的东西它很快就能学会,它有的资源你是拿不到的。所以你要做这块,一定要考虑清楚这个问题,说我能建立起来怎样的壁垒,否则的话这也是个项目性的公司,短期内做起来,赚钱很好,继续往深发展会遇到比较大的障碍。

现场提问 7:公立医院与民营医院的并购,私募基金到底起到了什么作用? 具体有没有突破公立难度的模式?

袁润兵:民营医院的并购是比较多的,大家的热情也很高。但是公立医院很复杂,非盈利,又是公益性的,百分之百控股性的并购确实很难,周期太长,需要过的槛太多, 所以大家的做法基本上都是在公立医院完全完成改制之后,再去做并购。突破公立的难度也有一定的模式,就是跟它合资,借它的牌子合资做业务,这是第一种。广州中山六院有同类型的模式,大家有兴趣可以参考一下。还有像凤凰医疗做医院托管的,但是医院托管也是个阶段性的模式。所以公立医院改制吵了这么久,没有实质性的进展,但是政府目前好像有些想法,所以这块我觉得如果要去做可以长期去关注。我建议大家做一支并购性的基金,周期会非常长,是项目性的,而且你第一要懂医院经营,第二要懂资本运营。

现场提问 8:请您谈谈对女性 APP 市场前景的看法。

袁润兵:这个话题很热,因为女性的购买力是非常强的,得女性者得天下。美柚、大姨妈、陌陌,都很成功。APP 以社交的角度来说,如果获得一个女性用户,后面一定覆盖四五个男性用户。所以女性的 APP 如果真正做好,大家都会很看好它。区别是切入点,有的通过女性电商切入,有的通过美妆进行切入,有的通过 O2O 进行切入,有人通过工具应用进行切入,有人通过女性理财进行切入,每个切入点都不一样,泛泛地看都很好,但要做一定想好切入点。

现场提问 9:汽车行业未来几年发展趋势是什么?

袁润兵:汽车后续服务市场会出现一家非常非常大的公司,绝对不是淘宝、百度和腾讯,这是非常明确的一点,因为它是与 O2O 相结合的。前面提到的几家公司线上都很强,做的太重不是他们的基因,尤其汽车存量不断增加,增量速度没有放缓的情况下,大家考虑一下这个市场会有多大。另外一点就是我们每个人都有非常多的时间呆在汽车里面,这个时间基本上是半刚性的,是一个非常好的时间段,没人去占用。目前大家在这个领域里进行的投资,仅限于在汽车信息、租车、二手车交易、新车团购这几个环节,其实进入的领域还非常少。将来的汽车会越来越智能化,我们现在提出新能源汽车和智能汽车,这几个方向都会出现。如果这个趋向继续往下延伸的话,汽车的中控屏会有多少人想去占领,汽车的后续服务会有多少人想去占。就像我们每个人有个手机一样,每个人在汽车上也会有个手机,就是中控屏,这个没人抢到。但同样要站在前一步卡位。

现场提问 10:制造业是一个国家实力现代化的标志,与您上课讲的消费技术、消费市场趋势相比两者矛盾吗? 制造业还有投资价值吗?

袁润兵:应该说高端制造业是一个国家实力的象征,因为制造产能和制造整体产业是梯度转移的。我们现在大部分行业是以前从东南亚、韩国及我国台湾地区这些地方转移过来的,现在的产能转移到越南、泰国以及其他落后地方去。中低端制造业是梯度转移的,高端制造业不会,因为这涉及产品附加值的问题。所以说制造业的一个升级就是提高附加值,做装备性制造业和高端制造业,这是我们政府提到的一个非常响亮的口号,但是这一点目前没看到特别有效的办法。这块如果去做,需要的资源和资金太多。消费和技术,这两者并不冲突,制造业是基础,制造业赚的钱供大家进行消费。以前制造业赚来的钱不是供大家消费,是供大家做资产性投资,比如买房。

现场提问 11:从一个投资人的角度分析,山西煤炭行业有没有可持续发展的商业模式?

袁润兵:能源是没有发展模式的。能源是基础,是说在市场往上走的时候,能源会以一定的倍数往上走,往下走的时候能源同样倍数往下走。所以可持续发展这一点基本都不要考虑。一定会有一个发展趋势,只不过现在有个趋势是清洁能源趋势。这点目前为止没有看到太多的突破性的技术,我不知道是真有了,没法推广,还是就我们现在看到的没有。因为很多技术产业化起来都比较困难。

目前比较成熟的还是多晶硅,虽然大家都不看好它,但是它发展最成熟。从多晶硅生产到铸锭到拉晶到切片到组装到电站以及运营,它的产业链比较完整。其他清洁技术没看到特别靠谱的,或者实验室阶段很靠谱,但很难商业化。

现场提问 12:筛选过的企业,不决定投资的企业,有没有发展得出乎预料好的？您对这个有没有一些总结性的东西？

袁润兵：对看过的项目的总结是最重要的，这也有个逻辑，就是口袋再深，你所能够投的项目总是有限的，所以有几种策略。其中一种是我有针对性地考虑，我只卡某几个领域。投资永远会有错过的项目，而且错过的绝对是大多数。你要保证的不是你错过什么项目，而是保证你投的项目一定要跟你的预期非常一致，知道它成功在什么地方，如果它死也要知道它死在什么地方。你看到项目很好，没有足够的资金投它，投了没有足够的时间持有它，还不如不投。这是一个主动性的概念，一定要知道我去干什么，千万不要看前后左右都是机会，都是机会相当于都不是机会，要选好你的范围和领域。

第二点说有没有看过的项目没投，最后发展比较好，这也比较多。第一批创业板上市的公司，至少有三家看过，我是自己把它毙掉的。这些公司现在来找我，我还是不会投。你赚钱了，你要知道自己赚哪部分的钱。如果投资人避免不了诱惑，这个事情就没法去干，因为你缺乏一个系统性的策略去指导。还有一种情况就是的确有某个点你把它想得太多了，或者某个点你没有考虑到，一些关键性的驱动因素你低估它了，甚至忽略了，有些非关键性的因素你把它考虑的太多了，这种失误可以通过经验积累慢慢降低。前面提的就是有些一定要发生，不发生是不正常的。千万不要说这个项目最后我看好了，别人投掉了，非常后悔，不是这样的。关心你看到的、投到的项目，把你这部分东西做好了，就挺不错了。

现场提问 13：现在清科投资主要关注是在某些行业划分，还是某些地区划分，还是其他方式？

袁润兵：我们主要投资国内，区域上没太大限制。行业上我们每个基金会做调整，现在的定位是投泛消费。

现场提问 14：现在投资健康养老产业、投资餐饮行业是合适机会吗？

袁润兵：健康养老这个概念炒了几年了，大家打着养老健康的名义拿地，通过房地产赚钱，但是机遇差不多快要到了。这跟我们人口结构密切相关，哪怕提早也早不了几年了，这块大家可以系统性看一下。健康养老产业，现在我了解的有几支政府性的基金在做这块。健康养老一定要和医疗结合在一块儿，离开了医疗，健康养老很难成立。

餐饮行业 2013 年总共 2.8 万亿元的行业规模，每年增长 10% 左右，餐饮上市公司寥寥无几,而且市值都比较低,除了味千、小肥羊现在退市了,唐宫市值也非常低。所以这个行业是目前资本化比较低的一个行业,原因也很简单,包括麦当劳这样的公司也基本靠美国持有的物业增值来挣钱的。餐饮行业看上去很简单,实际水比较深,因为它是个壁垒低的行业,所以大家很难做得非常大。但是目前已经有一些公司做得非常有特点了。如果投餐饮我比较看好几点:第一中式简餐是一个机会。系统性的中式简餐,目前中式简餐的连锁化已经开始出现了,大家会吃得越来越简单,对口味的要求降低,对环境、标准化的要求提高,这是中式简餐的机会。但中式简餐的坑比较多,大家可以看看做中式简餐比较好的几家公司,对于产品的研发、流程和最终规模化的选址要求都比较高。第二是目前互联网化带来的一些东西。因为互联网化带来两个影响,其一会不会有些人对口味的要求已经降低了,对新奇感、就餐环境,或者除口味以外的其他服务要求开始提高。以前大家吃不饱,到现在有得吃,基本上对口味,对吃什么要求已经不那么高了,对其他要求比较高。北京像黄太吉、雕爷,以前有人不看好,觉得餐饮脱离了口味是一个非常滑稽的问题,但好像是有一点演变的趋势,当然群体不是那么大。其二就是大家认为餐饮核心还是口味和美食,把以前由店面管理为主的模式,向以厨师为中心、以美食为中心这种模式转变,所以可以有两个流派去做延伸。餐饮行业目前做送餐O2O的几家公司出来了,做餐饮的企业也起来不少,但是做得特别大的比较少。见仁见智,餐饮行业是没有壁垒的东西,但是如果做壁垒出来,它是别人无法突破的,这是传统行业的一个特征。

第八讲　投资是有效资源和未来潜力的对接

朱鹭佳

朱鹭佳　现任九鼎投资管理有限公司副总裁、公司董事。

山西在全国而言是一个比较特殊的地方，我个人与山西也有一些缘分，我在九鼎做项目开发时第一个项目就在山西大同。投资机构一般会被说成是"门口的野蛮人"，去哪儿都像鬼子进村一样扫荡，我第一次就进了山西这个村，而且还有一些成效，所以我来了山西很多趟。我在九鼎做的是投后管理，就是我们投的项目特别是到后期越来越多时，不可避免的产生了一些共性问题，集团就成立了一个专门的团队去管理，一做就做了4年。现在谈谈我对投资的认识，包括一些经验和技巧、方法等。

一、我们为什么要做投资

我讲的这个投资可能跟大家理解的不太一样。在我看来投资就是如何将自己拥有的有效资源投入到有发展潜力的方向上去。手里的资源可以是钱，可以是资产，可以是时间，也可以是自己的性命，有时候把命赌上了也是一种投资。我认为对大多数人来说，最重要的投资就是自己的时间，从生到死的时间是一定的，这辈子的时间就是你用来做事情的资源，而这个资源是有限的，必须把有限的时间投入最有意义、最有价值的方向上去。

1.未来要把有限的资产、资金投入到哪里去

过去15年中国经济发生了很大变化。从2000年到2010年，我们基本处于资源类资产投资阶段，那时搞房地产、煤矿时借高利贷基本上能还，就是因为房地产、资源得来很容易，卖出去又很贵，大家往往能得到超额收益，所以热衷于

投资资源产业。从 2008 年、2009 年开始到现在,包括未来的 5-10 年都是一个资产证券化的时代,经过过去 30 年的发展,我们已经积累了大存量资产,这些资产必须证券化。如果不证券化就无法盘活,随着发展的推移,无法盘活的资产必然会变成垃圾。为什么说未来 10 年会有上万家公司上市?也是因为要做资产证券化,客观上讲有这么多资产需要证券化,必然会催生出这么多的企业。

资产证券化方兴未艾,从过去几年到现在,想想大家已经看到了资产证券化的各种形式,小贷也是一种资产证券化,还有 IPO,包括银行发的各种理财产品,常见的证券有两种,股票和债券,现在已经发明出股债结合的东西,未来还有衍生品交易,这都是资产证券化的方式,也是我们投资的主要工具。

我们现在做投资的重要原因之一是要配合整个经济的发展,把我们有效的资源投入到未来能够使国家经济更加健康发展的产业上去,简单说就是要大家把挖煤的钱拿出来,投入到新兴产业里,就是怕钱又被拿去挖煤。所以我们做投资也是在做一件有利于国民经济的事,利国利民。

2.做投资需要考虑的是什么

无论是买股票、卖债券、放高利贷,还是投资没有上市公司的股票、炒二级市场的股票,要考虑的核心是风险与收益的问题,这也是银行学、金融学的一个核心理论基础。

关于小贷,为什么说小贷不能持久,因为它的风险跟收益不对等。其实债权相对来说是一个最稳妥的产品,为什么它的债利息都比较低呢,因为相对稳定。有抵押品,有还款期限、定额,具备到期必须还款的机制,而且钱的所有权不属于借贷人,所有权不发生转移,是一个很稳当的理财产品。但如果有一天你发现靠这个东西能赚超额利息,那它的风险一定非常大,否则不符合原理。

为什么小贷不能经常做?我们找山西老板融资时,就说有个基金,请他给我们做股权投资,他问收益率多少,我们跟他说 20%-30%,他们会认为还是一般,不算高。又问你们多长时间能有回报,多长时间能把钱撤回来,大家知道股权投资是一个中长期的事情,一般需要 5 到 7 年本金和收益才能慢慢回来。不少老板就会觉得这个投资不如高利贷,当年就回本,而且风险小、周期短。这里大家会忽略一个时间问题,时间是有复利的。做股权投资,如果投 5 到 7 年的复合收益率在 25% 以上,那这 5 年当中投资人是一直获利的,不用投资新的项目;如果放贷款,放三个月、六个月乃至一年,把贷款收回来后一定要不断地找下一个能够带来超额回报的项目,这个难度是很大的,需要不断寻找新的项目、不断做新的投资,每放出的新投资都有一个巨大的风险。在不断面临风险的过程中,最终投资人本金损失的可能性会比较大,而且它不可持续。如果找不到下一个合适的标的,那放高利贷只能赚一年,延长到 5 年看其实综合收益率是很低的。这也是我们为什么要坚持做专业投资的道理。

综上所述,我们之所以坚持做股权投资,是因为它对整个国民经济的转型、对整个国家的财富配置都是非常有帮助的,这件事符合大趋势,未来也会有非常大的收益。

二、做投资要面临的两个方面

做投资要面临两方面:一是投资机构,二是企业。未来投资机构和企业的博弈变化,决定了未来投资的导向、方向和趋势。如果想投资,这是必须要分析和想清楚的,投什么样的企业,未来什么样的机构能够存活下去;如果想融资,或者想找大的机构合作,也必须要考虑清楚找什么样的投资机构合作,因为并不是什么机构都可以合作的。

未来对中小企业来说,无论是山西还是全国,都会面临两大主题:一是互联网,二是金融。几年前这种趋势可能还不是太明显,现在已经很明显了。九鼎过去投的 200 多个项目中有一部分必然跟互联网和金融挂钩。未来发展主营业务,转变经济经营模式也必须和金融、互联网挂钩。

举例来说,投做服装的企业,以前对服装企业来说最重要的一是品牌,二是渠道。只要有品牌,把货铺到商场里就很好卖,而且卖得还不便宜。现在现在去商场租门店卖的可能还不如在网上开店的销量大。目前大家已经不倾向于做地面广告了,网上促销活动可能更有利于品牌提升。现在的年轻人,特别是20~30 岁的年轻人,更倾向于从网上了解信息,这是很大的消费群体,如果在网上能够打通渠道、树立品牌,服装企业会有更好的销量。我们投了几家服装企业已经开始在网上营销。如果不这么做,第一企业要负担很重的门店费用,在主要商区开一个门店是很贵的;第二渠道管理很混乱,不好管理。其实这些企业在转型过程中也都引入了互联网思维,从信息流、物流、资金流等各方面都在引入互联网,这是企业面临的一个趋势。

我曾经遇到过两个企业,其中一个传统的生产制造业企业在上市过程中受挫了,马路对面另一家生产同样产品的企业比它早两年上市,这个企业正好是晚了一步,赶上2012年IPO暂停那一环,上不了就撤了。企业在上市过程中要负担很多成本,而且很多事情都不能做,很多业务不能发展,要负担很多的上市费用。撤回来之后,债主就找上门了,企业遭遇了银行抽贷,日子很难过。本来跟对面的企业一样都有五六千万元利润的规模,如果没上市的话也能卖五六亿元;对面的企业上市后大概市盈率是30倍,利润一样还是五六千万元,就可能有十五六亿元的市值,现在可能将近20多亿元了。这家企业现在的债务负担却很重,还借了一些高利贷,净资产不到3亿元,现在要卖的话估计只能按净资产价格卖。两个完全一样的企业,竞争地位不相上下,一个上市,一个没上市,三年之后的境遇就是天壤之别。

作为一个企业可以不上市,这是企业的自主选择,但别的企业都来上市了,对企业本身来说就是一个很大的劣势,这是一个翘翘板的关系。所以说,未来中小企业的选择只有三种:

一是结合企业战略拓宽融资渠道,保证企业财务的安全性。包括引进诸如私募这种投资机构的投资,或者发债和搞供应链金融等等,确保资金链能够不断。

二是要走成为公众上市公司的道路,努力成为一个上市公司。未来如果再新增几千家、上万家上市公司,不管在哪一个细分行业,非上市公司所面临的竞争对手压力会有多大可想而知,所以必须抢先走这条路。现在走这条路还不算晚,虽然现在IPO暂时性的搁置了,但是随着改革步伐的临近,总体趋势还是在不断地加快开放。另外,证监部门也给公司上市敞开一些口子,方便他们曲线成为公众公司,比如新三板。现在不少人不看好新三板,认为它的交易不活跃,但我觉得这恰恰是很多小微企业上市的大好机会。如果所有人都看清楚形势都想上了,审核门槛必然会很高,周期就会加长。到那个时候如果企业不是具有特别牛的竞争优势还不一定真的能上去。所以企业还是应该抓住机会努力上。

三是要适时做一些产业整合。我们认为未来10-20年的趋势是产业大整合,这是因为随着国家产业升级所必然带来的趋势。同时过往30年积累的重大资产在证券化的同时,也必然要进行整合,要进行规模化的集中。比如说做药的企业在全国有7000多家,现在真正还可以的就两三千家,目前我国制药工业的前一百名加起来都远远抵不上美国的一家制药龙头,说明我们太分散了,这个行业的整合空间很大。

三、整合企业面临的两个选择

整合后企业面临两个选择：一是并购，二是被并购。做企业的人自己心里要有个衡量，是并购别人，还是被并购。不能并购别人、不能快速发展，不如趁早被并购。被并购之后会拿到一笔钱，就把这笔钱用来买并购你企业的股票，当他的股东。如果企业不具备快速发展能力的话，强行支撑就会变成悲剧，别人发展越来越快，你竞争力就越来越低。别人能并购你的道理在哪里？说明他肯定比你干得好，你被并购就是赶紧把市场空间让出来，让更有冲劲和能力的人去干。特别对企业家而言，下一代不能有效接班的话，更应该赶紧出手，把自己的企业出售掉，让下一代干投资或者干感兴趣的事。李嘉诚的两个儿子一个是干传统产业，包括地产、物流；一个是干新兴产业，搞互联网金融。他就是做了一个资产配置，这就是李嘉诚会做投资的体现，他不仅把资产做投资，也把两个儿子做投资，人生无处不投资就是这个道理。大家要学会用投资人的眼光来审视自己的生活，这样一来所做的很多选择就会改变，才会真正做出正确的选择。所谓选择比努力更重要就是要努力学会怎么选择。

山西企业家有个特点，就是喜欢什么事情都自己干。但企业自己确实干不清楚，还是让别人来干，因为自己干不仅是结果不好，还会错过机会。目前对山西经济而言，有利条件是我们有钱，这个钱如果仅仅作为资金放在银行账户里，就是为银行不良资产垫底了；但投出去变成资本，就会变成经济的潮头，也只有这样山西经济才会有效转型。

比如说现在的新兴产业、新兴经济、军工企业、网络安全、互联网金融、新材料，山西有哪几项做得很好的？其实不多，从头开始做其实是很吃力的。这个时候就应该把资金变成资本投给能干的企业，投给起步稍微早一点的企业，成为它的股东。比如阿里巴巴，其实赚钱最多的不是马云，而是孙正义，美林有哪一个交易员买过阿里巴巴的产品吗？没有。但是他赚的是资本的钱。阿里巴巴靠什么赚利润？广大的 80 后、90 后，在网上拼命买东西，因此催生了一个词叫"剁手党"。十几亿人把阿里巴巴托起来，最后让孙正义和美林赚得盆满钵满。

山西人自古以来就有经商的大智慧，手里不缺钱，不如利用自己的大智慧把资金变成资本，真正控制住新兴产业。如果自己干，那前途堪危，不是很乐观，包括未来中国小企业也是这样,不管是在山西还是在全国,都应该有这样的意识,否则前途不堪设想。

四、投资机构的前途问题

现在市面上干得比较好的投资机构有三种:第一种是大而全的投资机构。就像九鼎、鼎晖、达晨、深创投等,很大又很全,光投资链本身来说涵盖了开发、尽调、判断、投后管理,所有的事情全能自己干,并且在相关金融板块方面也做了拓展。九鼎已经收了证券公司,建立了公募基金,证券板块之间可以相互配合、互动干整个金融集团的事。美国有个电影叫《大而不倒》,讲的是如果一个金融机构足够大、对国民经济的影响足够深刻了,它是不会倒的,因为政府不会让它倒,就像政府不会让房地产产业倒掉。那大而不倒背后的逻辑是:大者恒大、强者恒强。一个机构如果永远不倒的话,大家想该有多可怕。什么时候便宜都会占,到亏损的时候不会倒,赚便宜的时候照样赚,巴菲特就是一个大而不倒的例子,他永远是很稳健的投资,有能力分享每一步经济发展的红利,那他就是世界首富。

第二种是小而专的机构。这种机构很有特点,它往往是专攻一两个细分领域,但是钻研得非常透;或者是投资人本身就来自于这个行业,对这个行业有深刻的理解,也能长期的存活下去。

第三种是战略机构。像百度、阿里巴巴、腾讯都有自己的投资公司,他们的投资方向很明确,而且背后有强大的集团在支撑。腾讯过去5年投了260亿元,投资速度已经超过九鼎。但它投资方向非常集中,就是围绕腾讯上下产业链进行投资,包括手机应用软件、搜索、网游、媒体等相关行业,它就是沿着它的产业链投,未来可能还会延伸到可穿戴设备、物联网公司、智能家居等等。腾讯就是抢占位置,节省时间。这几家巨头收购企业时有的价格会非常高,我们曾经接触过一个企业,叫91在线,最后是以18亿美元的价格卖给了百度,这个价格基本上是天文数字,但为了抢占市场、抢占时间,价格因素就是其次了。占据了这个位置之后,别人就无法跟它们竞争,这样的战略思路是对的,大家别看腾讯、百度、阿里巴巴现在很大很威风,但如果一直保持不变的话,五年以后也就听不到它的声音了。例如新浪微博,很多人可能在三年前经常用微博,但现在用它的人已经很少了,不改变很快就会被淘汰。

所以山西投资人想投资的话,跟这三种投资机构合作就可以了,这是投资机构的前途。

五、开发、尽调、服务

做股权投资,大家普通理解的投资核心环节就是开发、尽调和服务,都认为这最有含金量。但我认为怎么把出资人的钱弄到基金里才是最有含金量。

投资三步曲是开发、尽调、服务。在投资行业有一个比喻,比作男女从相亲到谈恋爱到结婚的过程。开发可以说是相亲,它其实很简单,一个企业融资,如果不登证婚广告,它的相亲对象是很有限的;如果登了征婚广告,会有很多适龄青年打电话,万一上了《非诚勿扰》,那相亲对象就更多了这就像是一个开发的过程。尽职调查是一个相互了解的过程,就是大家相互了解熟悉对方秉性的过程。而真正到投资完成,投后阶段就非常难受了,大家去除了在投资之前的所有伪装。这跟结婚是一样的,男女都卸下了面纱,这个过程褪去了激情和神秘感,来的全是麻烦事,锅碗瓢盆等琐碎的事情一大堆。

投资基本流程的主要环节有这么几个:接触、尽调,谈判、评审。评审就是做决策,然后到签署协议、投后管理、投后服务、到退出。投资机构就是这么一个套路。

1.开发:寻找价值,构建渠道,叩开大门

开发的核心是寻找价值,寻找适合谈恋爱的对象;调查是去了解、发掘对方的价值,看看他是不是具备当初开发时看到的那些品质;然后是服务,投后过程要进行服务和管理。过日子也是这样,不能仅仅是利用别人的价值,要在大家一块过日子的时候帮助对方,让对方更加幸福、更快成长。婚姻学上讲,双方能够相互期望的婚姻比较稳定。投资机构和企业之间也是一样,投资机构能真正给企业带来一些帮助,企业能真正给机构带来价值,这个投资就是比较成功的投资。

怎么做一个成功的开发?这对投资机构的人来说很有意义。不专业的人不要去做投资,专业的人就是懂得该去投什么,也能够找到他所要投资的东西,同时他能建立渠道,跟他所喜欢的东西建立直接的联系,最后又能搞定他所喜欢的东西。这其实很不容易,过程中有大量的技巧。

九鼎最开始做投资的时候比较弱小,全公司加上创始合伙人也就八九个

人,办公室很小,管理的基金也就一个多亿,跟现在的 300 亿元不可同日而语。那时出去还得吹着点,说我们有二三十人的专业团队,管理着二三十亿元的私募基金。见到企业的时候,第一句话先解释我们叫九鼎投资,还不敢说长了,怕说长了人家不耐烦,然后解释我们是一家投资公司,是给企业钱的,不是跟企业要钱的。先得把这个说明白,然后老板才说坐下说吧。所以当看到自己心怡的东西想征服它并不是件太容易的事情,最开始的接触就很难。

后来我们想了一个方法,叫横纵结合的方式打天下。横向就是在全国布局,在每一个省都建立我们的开发渠道,最多的时候一个省的开发人员就有17个,基本上是地毯式的搜索企业,每个人在一个省甚至一个地级市,研究一个地方有什么优质企业,花大力气找渠道跟这些企业联系。经过这几年的搜索,九鼎的项目库里大概有 2 万个项目,这是在全国范围内比较不错的项目,每年还有数以百计的增加。我们尽调过的项目大概有 3000 个, 积累下来的投资项目是200 多个,基本调查 100 个项目才能投 1 个项目。通过这样的努力才达成今天的投资效果,我们的投资成绩是到目前年复合收益率 30.2%,这已经是很高了。当然其中也有一些项目投得很失败,也有个别项目有造假情况和亏损的,可想而知,我们从 100 个项目里选 1 个还是这种水平,那如果从 10 个项目里投 1 个的失败率就大了;如果碰到 1 个项目就敢投,那只能祈祷上天保佑了。

纵向是研究重点行业。我们有几大行业,包括医药医疗行业、消费品行业、新兴产业、现代农业、先进制造业等五个主要方向,我们沿着这五大方向成立了五个投资部,每个投资部都沿着自己的研究方向深耕细作,研究清楚这个行业的商业模式特点是什么、有哪些先进企业值得我们投资。每个行业都是这么筛出来的,现在我们的投资部门已经愈演愈烈,比如做消费品投资部门分割成专门研究女装的部门、专门研究皮鞋的部门、专门研究便利店的部门,发展得越来越大、越来越细、越来越专业化,现在我们的投资部门已经形成了 100 多人的调查团队。

开发就是从横纵两个方向编织一张网,把全国好的项目都网住了。为什么用这么多人网项目呢? 在 2009 年、2010 年时,已经有一定业绩水平的项目非常多,能够满足上市条件的项目也非常多,那基本上属于一个捡钱的年代,谁的人多就能找到更多的项目。但这些项目大部分偏重于传统业务,基本都具备了上市条件。这是当时找项目的一个方法。

　　而现在找项目的方式已经发生了改变。现在找项目不能只看规模，或者看业绩，更重要的是看行业、看成长。经过多年投资后，我们发现，即使当时业绩很好的项目，觉得投的很便宜，如果行业成长性不高，行业有波动，未来三四年的投资价格就会变得更高，收益也会很不理想。所以更多的是要看行业、看成长性。我们也会更多的向两端走，一端是往前走，投资一些 VC 类的项目，九鼎专门成立了 VC 投资部，投资早期项目，包括互联网和机器人研发等等；另一端是往后走，就是跟上市公司一起做产业整合，因为未来也是借助金融工具做产业整合的好时代。另外就是沿着主业进一步迅速扩大规模，比如做医疗产业，我们专门成立了医疗基金投资医院，迅速将投资标的增大。这是我们目前的投资主线，而不再像过去那样撒网式的、只要满足《首发管理办法》的上市条件的项目都去找。我们现在的投资理念也发生了根本改变，很多企业即使现在看规模很大，但它如果代表了落后、淘汰的东西也不会再投了。

　　当发现好项目之后，找到合适的渠道去接触它是非常重要的，没做过投资的人可能体会不到这种痛苦。比如我看好一个项目，刚好也认识这个项目的老板，推杯换盏、相谈甚欢，结果喝完后发现谈到投资时人家就不理你了。刚开始想不通，后来慢慢明白了。一个好企业，就像美女有很多人追求，并不缺你这么一个追求者。你想拿下这个项目就要花空心思地找到一个对她有重要影响力的人，否则喝一百次酒都不行。对老板有影响力的可能有很多人，比如主管领导，比如公司的董秘或者财务总监等等，要找到这样的人才能真正地说服他。找这个渠道是一件非常累的事，成本很高，要是一年下来没什么成绩，钱就白花了，所以考虑到增加效率，就得学会怎么找到合适的渠道拿项目。这是开发时需要着重关心的问题。

　　如果你想搞定一个项目，那这个项目的所有环节都必须照顾到。我们管它叫木桶理论，一个木桶要装满水必须没有短板；一个项目想投资进去，包括对它的影响力、对它未来战略规划的影响，还有它对你的信服程度、给它带来的增值服务以及你的价格、投资交易结构都会成为木桶的板，这是一个极其复杂的事情，也是我们在投资开发时需要面对的实际问题。所以我反复强调，如果你没做过投资，千万不要轻易试水，没那么容易，如果一个项目又轻松又来钱快，这个事十有八九是骗子，不能干。

2.调查：发掘价值，提出问题，达成合作

调查就更专业了。我曾经也做过尽调人员，有时候调查真的很难，自己感觉跟一个企业家谈天说地，关系处理得很好，但到真正调查他的时候就没那么容易了。每个企业都有自己的特殊情况，有的企业是税务不规范；有的是财务两套账，做账外账；有的是几套报表，给银行一套，监管部门一套，自己留一套，投资机构一套。哪里有企业愿意把最真心的话跟你说呢？这就要靠调查技巧。九鼎自设立以来在调查上是花了大量工夫的，我们从几个方面入手做这个事。首先就是行业，调查某家企业前，一定要把它所属的行业吃透，知道这个行业最关注的是什么，影响它业绩的最核心要素是什么，要把一个企业真正的价值所在、竞争力所在调查清楚。

另外，要做好调查必须从访谈人开始，不能光看资料。很多机构大部分精力用在做资料上，这也是我们投资机构跟证券公司的区别。我认为证券公司以往很多时候过多地把精力放在合规性审查上面，当然这也跟监管部门出台了很多监管条令和规则有关，但他们把大量时间放在这上面，只注重搜集材料、整理材料然后交给律师校验材料的真实性，往往忽视了对一个企业真正价值的判断。证券公司是卖证券的，它不了解证券的实际价值能卖好证券吗？所以很多公司在发行股票时定价出现了问题，也跟这种习惯有或多或少的关系，这种做法不利于发现企业真正的价值。

对投资机构来说，尽调最关注的就是本质价值。第一要分析企业的行业增长空间，搞清行业有没有发展空间，每年的增长率是多少，弄明白它是一个刚性行业还是一个周期性行业，未来的增长空间以及可行性和安全性有多大。这就涉及到竞争力以及潜在的替代力分析了，这个比较复杂。第二要分析清楚企业所在的行业中，这个企业有没有竞争优势。对于竞争优势很多人有不同的理解，打个比方，比如说制药企业，因为制药企业有很多品种，药品品种批下来不容易，有行政壁垒，大家往往在看到制药企业的生产环境好，有多么的洁净干净后就认为这个企业有竞争优势，实际上这不是企业的竞争优势，因为所有制药企业都是这样。这就是很多人在投资时陷入的误区，千万不能把行业特点当作竞争优势。如果一个人天生就是富二代，这就是竞争优势，尽调的时候要极其关注这一点。

我们原来投过一个养鱼企业，当时我们觉得它有竞争优势，因为老板懂养鱼、会养鱼。但我们恰恰忽视了,会养鱼是这个行业应该做到的事情,这不叫有竞争优势;另外他比农民会干企业,这能叫竞争优势吗? 农民每家挖个池塘养鱼,又不上市,所以也不叫竞争优势。要比的话是应该看他和别的养鱼企业相比之下会不会经营。当时我们就犯了这个错误,把行业特点当作竞争优势。所以不管是投资早期行业,还是中期行业,还是 PE 行业,无论在哪个阶段,理念都是一样的,一定要搞清竞争优势。现在很多创业公司出去路演,讲一大堆话讲不出自己的竞争优势,这是投资的硬伤。换做我们每个人也是这样,要明白自己想干什么,明白自己的竞争对手都是哪些人,所在领域是不是自己擅长和能够控制的格局。

对调查阶段我们总结了很多经验,比如我们有一个最简单的说法是"做假三十三条",就是讲企业做假有三十三条规律。比如尽调企业时,如果访谈到任何一个人都有公司董事长在旁边看着,这是其中一条;如果企业尽调工作的所有材料都是财务顾问提供的,这也是一条;如果企业不愿意提供报表,只给提供会计审计报告也是一条。这三十三条中基本出现三条以上,我们就认为这个企业出现假的可能性会很大了。这是我们在调查时自己总结的一些经验,这些经验其实很多,每个行业都有很多特殊的经验。这也是我们与一些证券公司不同的地方,他们谈企业往往是从合规性角度谈,第一看历史沿革没有太大问题,第二看财务规范没有问题,第三看股权结构比较清晰,没有同业竞争,关联交易很少,他谈的是这些。而我们谈的话,第一看这个企业在行业内有没有发展前途,第二看这个企业有哪些独到的竞争优势。只要有这两点,哪怕历史沿革不规范、财务不规范都不怕,它总有规范的一天,这些缺陷都是能够规范的,但一个企业的核心价值是不能替代的,也不是能够通过报表或者招股说明书显示出来的。

3.服务:提升价值,解决问题,建立友谊

第三个环节就是投后管理、投后服务。投后服务是很多被投资企业所看重的东西。很多机构也将它作为拿下某个项目的利器,但实际上大多数时间是在忽悠。我也经常出去给别人讲投资机构到底是怎么回事,包括有很多企业问我除了钱以外还能给企业带来什么,我通常是很老实地说除了钱以外基本带不来什么。其实就是这样,机构想给企业带来什么很难,它带来东西在每个阶段又不一样。比如在 2008 年、2009 年时,可以带来的东西是能够帮助企业上市。我们在早期帮助企业上市时,总结了一个"上市工作十七条",每一条都是企业在

上市过程可能面临的问题和怎么解决的对策。企业听了这些东西就觉得九鼎还是很专业的，排除了很多疑虑，会比较放心地让机构投进来。但现在就不行了，企业已经被机构和各个中介教育得不能再教育了，道理已经被讲透了，所以现在要给企业提供服务，搞投后管理，要真刀真枪，拼的是核心竞争力。

九鼎的核心资源，一是专业团队，公司专业团队有 300 多人，每一个人都很优秀。二是合作伙伴，包括券商、律师、会计师、各级地方政府部门人员，这些人散落在各个地方，粗略估算有上千人。三是项目，已经投的项目有 240 多个，这都是实实在在的资源。我们尽调过的，深入了解过的项目有 3000 个；接触过的项目，能够接触上实际控制人的有 2 万个，我们靠的就是这些东西。所以说企业需要什么？任何一家企业让我去联系，我可以在两天之内把老板找到，帮你约出来跟你谈合作，我们有这个本事。这就是一个资源上的优势。

另外我们还有很多金融板块，包括证券公司、公募基金等等，还有很多其他业务都是可以配合企业做综合服务的。我们有资金优势，因为小机构投项目都是有上限的，比如说超过 1 亿元不能投，他也不敢投；对我们而言我们无上限，随便多少钱都行，100 亿元的项目都可以投，我们也可以领投。最后就是我们的品牌，一个企业想引进投资机构，总想引进一个大点的、知名度高的，所以品牌就变得很重要。通过 6 年的发展，我们的品牌溢价还是挺大的。

开发、尽调、服务这三个环节虽然是分开的，但其中的逻辑关系是一致的，三者是相互配合的关系。怎么能让这三个环节的工作整合到一起，成功地投资一个项目？

第一，调查研究和投资所能提供的服务是有效支撑开发工作的两大基石。开发工作中，比如要接触某个企业，跟老板谈话过程中总说外行话是很难投资成功的。每个行业都有行业特点，有行业术语，懂不懂这个行业通过说话就能知道，所以投资每个行业前必须要把行业研究透，学些这个行业的术语，这是拉近关系的一个有效手段。另外投资时要知道这个企业的需求，在投资之前就给企业提供一些自己力所能及的服务，而不是说完全放在投资之后。不投资就不服务，这种势利的行为不可取。我们投每一个项目前会做大量的服务工作，比如说帮企业拟、审合同，拉近和企业的关系，帮企业出上市战略、规划，这些都是免费的。在投资前给企业提供一些服务，同时做行业交流，这么一来很多企业自然就会接受你。这是能够支撑开发项目的重要原因。

第二，尽职调查过程中要有服务的意识，同时要有开发的思想。一个成功的投资人，他在每一个环节都能把握住转眼即逝的商机。在投资调查过程中其实也能了解到很多投资商机，能够促进对这个项目的深度开发，这就是一种商业意识。我们有很多优秀的投资经理，在做企业项目调查时，通过上下游的访谈、外围的访谈开发了很多相关企业，往往是调查的企业没投，反而把它上游的企业投了。把上游企业一投完，这个企业就着急了，也让你投；或者是投了它的同业竞争对手，他也着急了，也让你投他。所以说在调查的时候会把握到很多商机，这种商机是实实在在的，有利于了解行业内幕。

调查中的服务也是不可少的。很多投资机构到企业调查态度很冷，给人一种高贵冷艳的感觉。九鼎作为投资机构要改变这个现象，我们做了很多接地气的事情。我们给企业做投资的时候，企业的人平时上班穿什么衣服，我们也穿什么衣服。去屠宰场调查企业，穿的西装革履往哪儿下脚？不能那么干。穿个西装、打个领带、皮鞋锃亮的访谈下面的员工，员工看见你都哆嗦，不知道你是干嘛的，你就不能融入这个企业，就不能很好地调查。包括有很多工作在调查过程中就了解了，比如经过访谈了解到企业需要搞定一块土地，正巧有一些需要沟通的人我们又认识，那就帮助他牵线认识一下；或者下游有什么客户，企业不认识但是一直想拜访，我们恰好认识，就帮帮忙。不断拉近和企业的关系，有利于做调查、做开发。

第三，投资之后，开发和调查工作也远远没有结束。因为投资之后恰好正是这个企业彻底对你开放的时候，你对这个行业的认识应该更加深刻；同时从对出资人负责的角度来说，要监控这个企业的运作，也需要不断地进行调查。因为企业在不断变化，行业在不断变化，企业人也在不断变化，最怕的是企业发生了剧变但我们还不知道。为了做好服务，九鼎专门成立了一个投后管理团队，这个团队到目前已经非常成熟了，也是按区域划分的，确保企业情况我们能够在第一时间了解到，同时也能了解到它的需求是什么，便于集合全公司资源帮助解决它的需求。这三方面是相互关联的。

但凡能够把这三个方面活学活用、灵活运用的人，在投资方面都做出了很大的成绩。首先是开发的项目源源不断，能够不断地开发出新的项目；其次是调查越来越清楚，对行业的认识越来越清晰；再次是跟企业真正成为实实在在的朋友，成为战略合作伙伴。

讲一个九鼎投资的项目例子。有一个医药企业，我们感觉这个企业很好，然后通过各种各样的渠道联系上企业，开车追了500公里才找到老板，邀请他来九鼎坐一坐。当时我们对医药行业没有那么懂，他来了之后跟我们谈"我现在想研发两个品种，你们帮我判断一下能不能做。"那个品种名称到现在我都没背下来，是个什么东西也不知道，但当时也得装得挺牛的样子，跟人家讲"这个没问题，我们很专业，给你解决一下"。人家一走就开始头疼了，这个东西百度都找不到，连是啥都不知道，更别说帮人家判断能不能做了。但作为投资人就得有这个本事，当上帝交给你一个机会的时候，就要把它抓住，人生也是如此。我记得当时我们找了很多渠道，包括能够牵上线的行业专家、医药企业等等，折腾了两个礼拜落实，最后终于把这两个药是什么搞清楚了，然后写了一个建议书回复过去。不久企业回话，让我们去现场调查。

当时我领一堆人浩浩荡荡飞过去，第一天被泼了一盆凉水。一见面老板就问我们来干啥了？我说这不都说好了来尽职调查吗，就是大家来了解了解情况。他问你想了解什么，我说就是企业法律、财务状况，我们有一个清单，上面有一些资料麻烦提供一下，另外我们还想访谈一些人。他说可以，但是你得先把清单拿给我，我给你选跟谁谈。还有一点是估值问题不可以谈判，6.5亿元的估值能接受就继续干，不接受马上走人。我说没问题，接受。其实这时候谈接受不接受也没有什么依据，要灵活处理，我当时想的是既然来了，不能轻易走，还是要把这个事搞清楚。而且随着时间的推移，人与人之间还是可以交往的。弗兰西斯·培根说"以爱换爱"。我就采取这个办法，天天中午跟他们打乒乓球，没事就串来串去的找这个聊、找那个聊。最后这个公司的72名中层以上干部都被我访谈过了。到这种程度时企业其实就很难离开你了，因为再换一个人来调查，再找72名干部谈一遍，这个过程也很痛苦。经过九个月我们把这个事情谈透了，在这其中我也创造了一些模式，比如第一次去的时候要给他们开一次会议，这叫首次会议，讲讲我的来意；结束的时候要开一次末次会议，讲讲我得到了什么，对企业的建议是什么，企业的优缺点是什么。把这些指出来，他们会觉得我对企业很有帮助，我指出了长期以来他们不愿意承认的事情。其实很多技巧都是临场编出来的，这就是投资的艺术所在。投资是一门艺术，有很多伟大的投资人是靠艺术投资的，而不是靠技术投资的，投资人要投资一个机构、一个企业，要看机构的人是什么样的，并不一定光看它的案例。一个投资机构过往的案例再好,如果这拨人变了,也要考虑要不要把钱投给他。

回到案例,我最后写报告时写了有170多页,虽然比招股说明书薄一点,但它的含金量应该比招股说明书要多。通过这个项目我真正把这个行业的特点搞清楚了,包括上下游每一个环节。这个东西从出厂开始到分销商结算架构、货怎么走的,钱怎么回来的,有没有回扣等都研究得很透。这个企业调查下来,再碰到同行业企业就都不怵了,从此以后在这个领域就全打通了。后来投资部门拿我的这个报告作为投资指南,成为我们后来所有医药行业产生很好投资成绩的一个基础。投资这件事,听起来很难,但真正要做的时候,你会发现克服一个又一个问题之后,这个投资人才会真正成长起来。一个好的投资人一定是经历了很多辛酸苦辣、很多失败之后才能成长起来的,如果你没有经历过这些,确实要慎重。

投后给企业提供服务。以九鼎为例,现在投资机构给大家提供第一个服务是战略规划,大家不要觉得这很虚。我们见的行业、经历过的行业的兴衰过程要比这个企业长,这恰恰是能给它提供指导的地方。比如在行业低点的时候,做投资扩展,这时候的成本很便宜;行业高点的时候不要做投资,恰恰要减量。这是行业周期的特点,现在很多企业是在违背规律做事情。很多时候我们给企业投一笔钱,如果它没有控制好企业投资的节奏就会产生适得其反的效果。

第二,我们能在很多咨询方面提供服务,包括财务规范、公司治理结构规范等等。这个听起来也比较虚,但如果不会这些东西,企业上市就永远没有可能。

第三,帮助企业走上资本市场的道路。一个企业只要听了我们的建议,它的上市路程肯定会比较容易;不听我们的建议,我们反对的事情他一定要做,那上市过程肯定磕磕绊绊。

第四,在上下游拓展企业业务链方面提供帮助。我们在很多行业积累了很多企业的经验,很多行业的关系我们也都有,这能为企业提供很多的信息和实实在在的业务帮助。还有在企业抉择要么并购要么被并购时,我们也能给企业提供帮助。现在投资的企业只要发展好、有创新能力的,我们会给它提供更多的资金、资源让它并购整合这个行业中的其他企业;如果投资企业的未来发展乏力,我们也可以帮助它做很好的退出,以适当价格在适当的时点出售。这两种情况我们都能获取比较不错的投资收益。

老师感言：

一是投资人与被投资人之间要学会相互尊重，要有相互服务的意识。企业和投资机构之间有时会打架，会产生矛盾，隔阂原因就在于相互之间的定位错了。如果投资机构和企业之间是相互利用的动机，那最后往往会产生矛盾；但如果是相互合作、相互尊重、共同发展获取收益的话，就会有序地发展下去。

二是做投资人要学会辩证地看问题，这一点很重要。所谓辩证地看问题无非就是用发展变化的眼光看问题、用全面的眼光看问题、用否定之否定的眼光看问题。如果用静态的眼光看企业，就看不到企业的未来；如果不能用否定之否定的眼光看问题，就看不到企业的风险。当把一个企业的风险否定掉之后，会在更高的平台上让这个企业获得发展，辩证法在投资领域十分重要。做事也是这样，不能用老眼光看待问题，要学会用发展来解决过程中的矛盾，抓大方向，不能抓小方向。

三是九鼎的出现改变了整个投资行业的发展生存状态。以前的投资行业就是高大上，到处是西装革履、扎领带，出行全都是头等舱，住五星级酒店。我们九鼎投资不是这样，我们很少扎领带，五星级酒店也不经常住，我们坚持勤奋，并且已经学会了忍耐。

四是要学会看人。因为投资往往就是投人，人投对了，你会发现这个项目一点问题都没有；人投错了，再好的项目再好的行业也干不好。

五是要做一个品德高尚的投资人。我们投资的项目要真正有利于国民经济的发展，代表未来新的发展方向，符合产业政策。有创新意识的团队我们也愿意赋予他们资源让他们能够加快发展、整合别人；相反，我们宁可不赚钱也不会做这个投资。

第九讲　私募投资基金是
实体企业的动力之源

阮班会

　　阮班会　天津股权投资基金协会秘书长。全程参与了天津先行先试私募股权投资基金工作。

一、私募投资基金的定义

　　私募股权投资基金（Private Equity，缩写"PE"），在我国通常也直接称为股权投资基金，是指通过私募形式募集的对非上市企业进行权益性投资并提供增值服务的资金集合，在投资过程中附带考虑了将来的退出机制，即通过上市、并购、转让或回购等方式获利。

（一）分类

　　广义的私募股权投资基金为涵盖企业首次公开发行前各阶段的权益性投资基金，即对处于种子期、初创期、发展期、扩展期、成熟期和Pre-IPO各个时期的企业进行投资的基金，通常包括天使投资基金、风险投资基金（英文缩写"VC"）、私募股权投资基金、并购基金等。风险投资基金在我国通常也被称为创业投资基金。狭义的PE主要指对已经形成一定规模的，并产生稳定现金流的成熟企业的私募股权投资部分，通常在创业投资之后。

　　天使投资基金通常投资于创业计划；创业投资基金通常投资于包括种子期、初创期、快速扩张期和成长初期的企业；

　　狭义的私募股权投资基金投资于成长期或成熟期的企业。

（二）特点

　　1.资金募集。主要通过非公开方式向少数机构或个人募集，是基金管理人通过私下与投资者协商进行的。

2.投资方式。多采取权益型投资的方式,一般不涉及纯粹的债权投资。反映在投资工具上,多采用普通股或者可转让优先股,以及可转债的工具形式。PE投资机构也因此对被投资企业的决策管理享有一定的表决权。

3.投资范围。一般投资于非上市企业,绝少投资已公开发行公司,不会涉及要约收购义务。

4.投资期限。投资期限较长,一般可达 5 年或更长,属于中长期投资。

5.流动性。流动性差,没有成熟的市场供非上市公司的股权转让。

6.资金来源。资金来源广泛,如个人、战略投资者、养老基金、保险公司等。

7.资金管理。一般会委托专业的管理机构来管理。

8.退出渠道。投资退出渠道有上市(IPO)、转让、兼并收购(M&A)、标的公司或公司管理层回购等等。

(三)合伙制与公司制的区别

在工作过程中,好多要设立私募股权投资基金的人总问我一个问题:公司制的基金和合伙制的基金究竟哪一个好? 合伙制的基金灵活性要强一些,它的投资人对运作和基金的整个决策没有什么影响。也就是说,合伙制的基金整个投资管理决策里面都是由它的普通合伙人来决定的,其他的投资人基本上不会影响。普通合伙人他只是把投资的情况,投资以后企业的发展情况定期跟投资人汇报。

公司制的基金相对要复杂一些,因为既然是一个公司,那就要符合《公司法》的要求,即要有董事会、董事,要有一套机构、一个班子。并且根据《公司法》的要求,这个公司的股东特别是董事会,它对基金的运营是有一定话语权的,想要改变一下经营思路,根据《公司法》的要求,若达到一定数量的股东提出要开股东会的话,是必须开的,提出对基金运作有影响的议案,也必须要议。这就是公司制的基金在运作上跟合伙制的基金的差别。

(四)收益分配

现在的私募基金收益分配跟原来比也有一些变化。原来,管理机构从基金中提取管理费,一般占 2%或者是 2.5%的比例,但是后来随着募集资金的困难,有些机构主动降低管理费,就是只提 1%的管理费,甚至有些机构提 0.5%也可以。还有一些机构不提管理费,但是在分成里有一定的比例,这样一来它的风险就完全共享了,相对来说激励机制可能就更强一些。所以,现在在收益分成这一块也基本上不像原来,原来行业例规就是按二八分成,现在不提管理费,但按三七比例来分成。

还有一种做法,就是说基金收益率在某一个水平之下,管理公司一分钱不拿,在这个收益里它不分成。有一些基金在合伙协议里面就明确规定,有限合伙人因为他不参与经营,他的年回报率没达到8%的话,这个管理机构就不能提取任何费用,也不能参与收益分成,所以这就导致后来在发展过程中慢慢有了变化。

(五)推动作用

股权投资基金发展有什么作用? 我在好多的场合都讲这一点。为什么要讲这一点? 因为这个行业要想发展肯定需要一些政策的支持, 想要政策支持,就得让制定政策的人对这个行业有充分的了解,才有可能出台一些有利于行业发展的政策。所以我在好多场合,比如在国家发改委组织的会上,在全国人大调研中,在证监会组织的会议上,不厌其烦地讲这一点。

1.提升资本的经济效率。私募股权投资基金有一个最大的好处,就是这个基金的每一分钱都会投到实体企业里面去,这是股权投资基金跟其他基金的一个最大不同点,也体现对实体经济推动作用的一个最大的优势。私募股权投资基金的每一分钱都必须投入到企业里面去充当这个企业的资本金或公积金,所以这一块要发展壮大的话,它能为实体企业源源不断地提供资金动力。这个行业越大,对实体经济的推动作用越强,并且它对实体经济的推动作用还表现在于,它要投的企业都是专家经过千选万选选出来的,也就是说它投的都是市场里面有发展潜力、有非常好愿景的企业。因为基金要讲究回报,需要对它的投资人有一个交代,所以必须得有一个高回报。高回报从哪里来? 就是从它投的企业在快速成长中来,所以这是私募股权基金的一个大优势。

2.促进行业整合。有些做并购基金的机构,它的布局可能不是某一两家企业,它的布局是一个行业,它会把这个行业里面觉得比较有效率的企业整合起来,变成行业的龙头企业来带动整个行业的发展。像弘毅投资就是整合了一些行业,它在这些行业里面的话语权是非常大的,所以他多投资一些大企业。

3.拓宽投资渠道。建立社会资本进入非公众实体企业新渠道,为民间资金提供了一个高回报的投资渠道,使民间资本分享经济高速发展成果。

(六)投资流程

1.项目调查:接触多家公司,选定目标公司或由具有声望的中介机构或金融咨询机构推荐。

2.项目初步筛查:对投资项目事先进行评估。

3.项目评估立项:这一阶段为期数周,有时会更长。一家 PE/VC 公司每年都会评估大量项目,其中有 10%左右能够进入谈判阶段,而最终只有一两个能够获得投资。

4.尽职调查,出具投资意见书:在初步评估阶段胜出的公司将进入尽职调查和谈判程序。同时起草并确定股权收购和股东合同,修改公司章程并与管理层签订相关协议。

5.谈判、报价。

6.签订投资协议。

7.达成交易:达成交易并为公司注入资金时,基金和公司的关系将进入新阶段。基金会继续密切关注公司的行为,以保护自己的利益并为公司的业绩作出贡献。基金将在董事会中保留自己的代表,而公司会定期将经营情况向基金通报并就具体决策进行咨询。基金通常不参与公司的日常运作,但会关注公司的长期绩效。

8.审计、投资后管理支持:私募股权投资基金和其他融资手段之间的主要区别在于,私募股权基金提供管理、战略策划等方面的协助,并与客户、供应商、银行家和律师建立联系。

9.退出:获利并退出是投资过程的最后环节。主要退出机制为首次公开募股(IPO)和战略性出售,也可回售给管理层。

(七)退出渠道和对赌条款

PE 投资企业后,通过企业股权升值后退出实现收益,退出方式主要有:上市、股权并购转让、企业或管理层回购。

国内目前主要退出渠道是上市,这也是收益最理想的退出方式,资本市场的资本溢价功能会给投资者带来优厚的回报。

股权并购转让主要是同行业内企业间的收购等行为,是产业链整合的过程,是大规模资本投资后退出的常用渠道。

企业或管理层回购是收益最不理想的一种方式,仅相当于以赚取一个高于同期储蓄的固定年化收益一般要有担保的回购条款。

主要的 IPO 退出渠道有：

1.主板市场、中小企业板、创业板。经过股权分置改革,主板市场解决了原始股东不能在二级市场转让退出的制度性障碍。

2.场外交易市场:天交所、代办股份转让系统以及各地的产权交易所。现在证监会非上市公众公司监管部的成立,使场外交易市场有望成为交易最活跃的退出渠道。

3.海外资本市场上市退出。

4.对赌条款。大家可能都知道做私募股权投资基金的投资协议里面基本上都有一个对赌条款,就是对股价的调整机制。对赌条款是在信息不对称的情况下为了降低风险,保证收益。一般对赌条款可能会针对两个问题:一个是业绩没达到开始的程度,一个是没在规定时间内上市,这都要求有补偿。或者假设公司里面第一大股东或者控制人要是发生变化的话,也要求有一个补偿的机制。因为基金投资对团队是非常看重的,那么第一控制人要是变了的话,投资的好多因素都要变,所以就要求有一个补偿。或者可能会把前几大股东也拉进去,这个协议条款有这个可能性。但是这个补偿来源在对赌条款里要事先明确下来,就是说一旦触发了补偿条款的话,这个补偿是由公司来给还是由第一大股东来给,或者是由前几大股东来给,或者是股东跟公司合在一起来给,这些也都是要求明文的。

二、天津发展 PE 的探索之路

我讲讲天津发展私募基金的情况,大家可能认为跟自己的关系不大,我觉得还是有关系。因为咱们做基金的人,要想发展好,要想挣到钱,那是需要好的政策来支持的而好政策是要靠政府部门出台的,天津在这方面入手的较早。

(一)天津发展 PE 的历程

天津发展 PE 的思考是当时天津想发展金融行业这一块。当时戴相龙在天津当市长,他对金融业比较内行,就考虑到私募这一块,觉得这个市场是个非常大的市场,就把私募作为切入点,把新的金融形态作为切入点来发展天津的金融业。所以后来国家也批准天津先行先试私募股权投资基金,2006 年 12 月,我国第一家正式的股权投资基金——渤海产业投资基金正式成立,这是 PE 行业里面一个标志性事件。

发展私募的过程中，天津市委市政府、金融局、发改委、工商局这些部门确实是做了很大的努力，齐心合力来做这些事。为什么？因为私募基金是一个新的东西，原来没有。到工商局注册，工商局可能拿原来的目录，一看行业分类没有，经营范围他也定不了，所以就不好办了。所以好多地方也存在这个问题。天津当时是几个部门研究，然后出台了一个股权投资基金以及股权投资基金管理企业工商登记注册和备案的管理办法，把流程明确下来。当时投资咨询、投资管理、投资业务等都在经营范围里面。并出台了一些比较好的政策，提供了便利化的注册流程。

2007 年是天津刚开始发展私募基金的时候，到年底才注册了 50 多家，到2008 年就注册了 200 多家，到 2009 年、2010 年就不得了，出现爆炸式增长，到2010 年天津注册的基金管理公司数量达 2500 家，注册的资本金当时是 4000多亿元，发展非常快。到 2011 年底的时候，有一家公司出了问题，大家都知道就是非法集资，2012 年更多非法集资的情况显现出来，后来天津就开始反思前面的这些促进发展的政策，看哪一个地方有问题。

其实，关于非法集资我要说的是天津私募基金这一块的非法集资远没有外界想象的那么严重，因为我刚才说了天津共注册了 2500 家，真正涉及非法集资的是 20 多家，20 多家里面情况比较严重的实际上只有几家。20 几家涉及非法集资跟 2000 多家比较的话比例是 1%，所以 1%的企业出现了风险是完全正常的。我们想想，银行的坏账率经常也有 1%，所以这个并不是大家想象的那么严重，只不过有些非法集资案子的集资人可能会去上访，或者去堵政府部门的大门，造成比较大的影响。

当时天津市政府组织发改委、金融局、协会、工商部门、税务部门研究、讨论这个事。其实这个问题在开始发展时我们协会就提出来过。原来讨论发展这一块时，协会说私募股权基金它毕竟是属于管理第三方的资金，虽然没有把它归入金融企业里面去，它实际上还是具有金融性质的。按国家行政许可法要求的话，它没有归到金融企业里面去就不能按照金融企业的规定给它设置前置审批的程序。我们协会当时提出来就说虽然它不是金融类企业，但是它有金融属性，有这个性质，是不是在工商注册之前还是要有个手续，比如看看注册人的资质，这些人是不是可以做私募业务。后来有一些部门提出来说不能这么搞，为什么不能搞？因为涉及行政许可,行政许可是要报国务院批的,国务院没有批准你就不能搞。所以当时就不了了之,没有设这个门槛,直接注册。所以后来在讨论的时候大家觉得还是要有一个门槛,这个门槛怎么设？就是既不能违法,又得把关,这也是监管私募基金的一个难点。

天津当时热情挺高的,好多区都提出来了要发展私募基金。然后政府说每个区都可以申请,然后我们得看你有没有这方面的专业人员可以把私募基金管理好。如果你可以管理好,市里就同意你这个区注册这一类的基金,你要是没有专业的人,那你就不要做。所以后来就集中在几个区里注册,并且区里要求把机构集中在一个地点去注册。因为大多数基金在天津是没有办公场所的,所以区里面就说我给你提供注册的办公地点,因为工商部门对注册地是有要求的,没有地点就注册不了,所以区里集中提供了地方,对私募基金注册把关。这样既不是一个审批程序,也不涉及行政许可,是个相对能接受的门槛。当然区里也有把握不准的,它把握不准的问题就把球踢给我们协会了,让我们协会去帮区里了解一下,把一下关。了解以后,我们要觉得可以,就跟区里说可以给一个注册地址。这是天津发展私募股权投资基金的一个大体的情况。

(二)当前天津的有关政策

1.天津市政策

天津当时发展 PE 具体的政策,就是有一个财政奖励。它是分等级的,像 5 个亿、10 个亿,要是资金到位的话可能会奖励 1500 万元或者 2000 万元。另外一个就是营业税、印花税基本上没有征收。在天津购买办公用房或者租办公用房的话可以按市场租金的三分之一给补贴,对高管人员参加培训、买房、买车等这些费用都可以抵扣个人所得税。对企业的所得税,这是私募基金机构比较关心的一个问题。这一块,每个区里的政策不一样,但肯定有一个财政奖励,只不过奖励幅度不一样。

做私募基金的人,真正关心的是个人所得税这一块,因为基金设立大多数是以有限合伙制设立的,涉及合伙人的个人所得税。做基金的收入都非常的高,一个项目下来一般要翻好几倍的收益,比如投个 1000 万元翻了好几倍,按咱们国家税务总局出台的政策应该是按个体工商户生产经营所得的类别去征税,也就是从 5% 到 35% 的累进税率征税。我刚才说了合伙人的收入非常高,基本上人人都是 35% 的税率,所以这一块是从事私募基金行业的高管们很难忍受的事情。天津当时一些基金机构和我们协会一起要做的就是解决这个问题。我们协会当时就是请鼎晖的财务总监和会计给天津国税、地税部门讲私募基金的情况,说按5%到35%对这个行业的影响怎么样?基金是怎么运作?中心思想就是说与税收制度不相符。

2014年底国家税务总局又出了一个通知,就是要求各地取消税收优惠政策,我觉得这个有问题。私募基金的税收,国家税务总局要按照个体工商户生产经营所得来征税,其实这还需要整个行业向国家税务总局沟通反映。那这个税是怎么来的?我简单地介绍一下。

国家税务总局是根据国家合伙企业法出台政策的。《合伙企业法》第一次颁布是1997年,那个时候的合伙企业是不允许有有限合伙人的,就是说你所有的合伙人都必须是参与经营管理的合伙人,因为当时没有基金这个业态,没有这个类型的企业。当时就是有律师事务所、会计事务所,你要注册就要有律师证、会计证的几个人合伙搞企业,人人都是参与经营的人。当时《合伙企业法》在总则上面就明确规定合伙企业不允许有有限合伙人,不允许有有限的字样,所以合伙人都是参与生产经营的人,那么国家税务总局根据这个来制订合伙人所得税政策,要求合伙人按个体工商户生产经营所得来缴纳个人所得税,那也是说得过去的,因为你人人都是生产经营者,这没有问题。但是由于《合伙企业法》还是限制了合伙企业的发展,所以到了2006年国家颁布了修订的《合伙企业法》,这次修订一个最大的转变就是有限合伙企业,可以有有限合伙企业和有限合伙人,这个有限合伙人是不参与企业的生产经营管理,他就是企业的投资人。我当时觉得税务总局后来确定股权投资基金合伙人的个人所得税这一块时,他们可能是没有深入地研究这个合伙人所得税政策的来龙去脉,又照抄了之前的政策,还是要按照个体工商户的生产经营所得来征税。我觉得到这个时候有限合伙人应该说是一个纯粹的投资者,应该是投资所得,应该按资本利得来征税,所以我们当时再三给他们讲这个事,天津税务部门也接受了这种说法,后来税务部门也在这方面出了两个政策,先分后税。但是你就按20%的资本利得、按投资股息或者是分红,按这个来征税的话,你可能和国家税务局的法规是明显相冲突的,肯定不行。后来又研究税务总局的文件,找了一个大体上说得过去的、不是直接冲突的一个说法:就是这个合伙人,他们的工资收入跟他们的投资收入分开,非工资收入的那一块可以按20%征税。这不是税务部门专门发文的,只是在天津促进股权投资基金发展的政府文件里面有这么个说法,所以基本上采取了20%的税率。后来税务总局说天津这个做法违法了,要跟他们的精神要统一,个人所得税的问题确实很大。现在这一块归证监会管以后,证监会旗下的中基协也在研究私募股权投资基金所得税问题。所以将来这一块税收应该怎么搞,还需要咱们整个行业的人共同努力,通过中基协和有效的途径跟税务总局慢慢沟通交流,争取能做到按20%的税率征税。

2.滨海新区政策

我在这里讲一讲天津滨海新区出的政策。因为天津的私募股权基金90%是设在滨海新区,所以滨海新区出的政策就跟政府出的行业政策差不多。

(1)设立引导资金

滨海新区出台的一个政策是设立引导基金,就是财政预算里面每年安排一部分资金出来设一个引导基金。引导基金的作用就是你的基金设立在天津,投资天津企业的话它可以跟你一起合作设立基金,引导基金出一部分,你出一部分,一起合伙设立基金来做,这就是引导基金。

第二个政策是自2010年起5年内,区财政每年安排预算资金1.5亿元,设立滨海新区科技型中小企业利用股权投资基金融资引导资金(以下简称"引导资金"),用于鼓励科技型中小企业利用私募股权基金(PE)和创业风险投资基金(VC)进行融资。

引导基金扶持范围是:利用私募股权基金和创业风险投资基金进行股权融资,并经区科委认定的新区科技型中小企业,以及经区委宣传部(文广局)、区科委认定的动漫、3D等文化创意企业。

(2)相关扶持措施

1)购(租)房补助。天津市有此政策,但是滨海新区把它更具体化了,对数额都有一定的规定。对利用私募股权基金和创业风险投资基金进行股权融资,且融资金额不低于1000万元的科技型中小企业,新购建厂房或办公用房的,经区金融服务局认定,按照每平方米300元的标准给予一次性补助,补助金额最高不超过100万元;新租用厂房或办公用房的,经区金融服务局认定,第一年按照房屋实付租金60%的比例给予补助,第2-3年按照40%比例给予补助,补助金额最高不超过50万元。购房补助及租金补助计入企业"营业外收入",用以增加企业利润,提高基金投资收益回报。

2)风险补偿。这是为了吸引股权基金、风险投资基金投资天津的企业。这个风险补偿的意思是基金投资初创期的科技型中小企业的时候，风险比较大，可能投了几年下来一分钱的收入都没有，或者有可能企业破产了。所以私募股权投资基金投资这类型的企业时，当基金申请退出的时候，假如你这个基金的实际投资损失超过了整个投资总额的20%以上，那么政府就会按你基金实际投资额的10%的比例给你补偿，补偿金额最高不超过100万元。不超过100万元，要按10%的补偿就意味着你的投资额到了1000万元，这种科技初创型的企业1000万元的投资相对来说比较少，一般都是投入几百万元。

3)收益补贴。就是股权投资基金对这些企业进行投资的时候，在企业完成股权融资3年之内可以享受银行贷款利率的20%的补贴，当然每一年补贴的数量是有规定的，不超过50万元。

4)"助学"借款。比如这个科技型企业用了你的股权投资基金、风险投资基金，那么这个融资额度假如不低于100万元。因为基金投资企业实际上投资之前是有好多的费用，所以这个费用有时候企业可能也不愿意负担，然后基金也不愿意负担，那么在这种情况下就搞了一个"助学"的借款，就说你融资额度到了一定的额度的话就给你一个多少额度的借款。这个款借给你以后，假如你后面已经完成了融资，那么这个钱就归你了。要是说你后面没有完成融资，最后也没有投资，这个钱再归还政府。当然，资金也可以从其他的奖励资金里面抵扣。

5)政府跟投。基金投资科技型中小企业以后，这个引导基金就跟着你一起投到这个企业里面。当你这个企业要上市，开始走上市流程的时候，这笔投资可以说是大赚的。这个时候跟投的政府的基金会选择退出来，这一退出，实际上给你让出了很大一块利润，因为他跟你一起投进去了，然后他提前退出来，这样一来你投资的基金收益就非常高。

6)挂牌资助。主要是为了推动企业挂牌，一个是在天交所挂牌，一个是在新三板挂牌，这都有奖励。

7)股权收购。这是一个兜底的支撑。就是说基金投资给企业以后，基金超过了3年可能也不大好退，上市条件达不到，让其他企业并购也没有合适的，在这种情况下可以由引导基金接盘收购，这个对基金机构应该说是吃了一颗定心丸。这是天津滨海新区在有关对私募股权投资基金方面的一些政策，大家看得出来，这几个政策非常好。

三、私募投资基金涉及的政策、法律、法规问题

(一)国家层面的监管原则

在私募基金的监管方面,现在是由发改委转到证监会,证监会也出台了私募基金的监管办法。监管原则是行业自律、底线监管、促进发展。底线监管就是千万不要非法集资,非法集资肯定就踩到红线了。

(二)天津对私募行业的相关规定

天津市前前后后就私募基金出台了 16 个规定,主要内容有以下几方面。

第一,在注册的时候要求自然人要有一个金融资产的证明,不过这个规定在实际工作中很难执行。

第二,要求有资质的银行进行资金托管,这一条效果还是比较好。因为原来天津在发展私募基金的时候,前面除了出台一些优惠政策,以外别的就没有太多的监管,当时是要求协会自律监管,其实有很大的难处。

首先,机构加入协会都是自愿的,他不加入协会,不是会员,那么协会对非会员是没有什么约束力的,所以这里面有很大的漏洞。

其次,对会员进行管理也只能是不停地去跟踪了解,发现非法集资苗头可以提醒它、警示它,但是协会没有太多的处罚手段,因为毕竟不是政府部门,也不是执法部门,所以很不好做。协会确实也不可能保障不出事,所以后来就提出一个要求,资金要由银行托管。原来的情况是你设立了基金机构,除了注册时可能有一个基本账户,之后可能又会开一些其他的账户,然后资金可能就进其他的账户里面去了。更有甚者,有些资金实际上进了私人的银行卡账户,这就是因为对资金没有一个监管。所以当时在研究要加强监管措施的时候,我们协会就提出来最好资金要强制托管,由银行托管的话,万一出现了非法集资,那么政府部门在查处非法集资的时候,至少这个资金能够及时冻结。大家要做过托管业务的话就知道,银行托管,银行就有监管责任,对这个资金进出账户有一套完整的流程,这样的话搞非法集资,想把资金转移走是非常难的。

第三,强制备案。天津原来也要求私募基金在设立几天之内到发改委备案,但是从后来执行的情况看,备案的效果很不好。就是说,好多机构根本就不去备案。基金应该说是一个比较私立的行业,要搞一个强制性政策要有后续的惩罚措施才能管用,否则他不去备案你根本没办法。注销、吊销营业执照是工商

部门的事,工商部门不能说没有备案就吊销了营业执照,这也是违法的。后来就要求私募基金强制备案。

这时候就强制备案出台了一些措施,就是说你不备案的话,天津的所有优惠政策都不可以享受,备案是享受天津所有优惠政策的前提条件。还有一条,就是工商年检的时候,如果没有备案,工商部门在盖章的时候会加盖未备案的章,此举会对基金的信誉有很大的影响。因为募集基金的话,投资人可能要看营业执照,一看营业执照上工商年检戳的旁边还有一个戳,注明没有备案,投资人可能就认为政府部门根本就没承认你,就意味着风险比较大,因此不愿意投资。这个也是一个比较有效的措施,当时在出这个文的时候也是跟工商部门再三地会商,大家一起研究出台了这个措施。这个做法也不违法,工商部门也不是说不给你年检,我按照法规给你年检,但是年检你没有备案我只不过给你加盖一个章在旁边。所以这个措施出台以后,后来想做基金的机构基本上就都去备案了,这个备案的效果很不错。

第四,要求有一定的实缴资本金,要验资,要有一定的资金规模。关于注册时的出资情况,原来在天津注册合伙制基金是没有实缴资金的要求的,后来在注册方面加了一个门槛,就是要求公司制的基金机构规模最低一个亿,低于一个亿的不给注册。然后根据《公司法》的要求,出资可以不一次性到位,第一次出资只要20%就可以了,所以公司制基金的规模是一个亿的话,那么第一次出资是2000万元,这2000万元资金必须验资,必须到账户上去。合伙制的要求最低实缴1000万元,这1000万元也要求验资。这个做法后来议论较多,就是说此做法违反了《合伙企业法》,因为2006年修订以后的《合法企业法》规定出资还是认缴制,没有强制实缴。所以现在要求1000万元的实缴资金跟《合伙企业法》有冲突。但是,天津为了控制非法集资,还是加了这个要求。这个门槛加上以后对基金的成本有一定的影响,因为合伙制的基金大家都知道,整个项目投资之前,资金实际上是不到位的,就是前期找项目的时候,项目立项、项目评估、尽职调查以及估价、谈判,所有的这些过程都不要求交钱,所以这些工作都是可以在前期去做的,然后把这些工作都做完了,签投资协议。签完以后要打钱到投资企业去的时候才要求这些出资人按签署的认缴书,资金到位,所以这个资金的使用效率非常高,差别就在这里。做得好的,就是你资金今天打进来了,我可能明天就给投资出去了,所以这个资金没有存在成本。现在你要是留1000

万元,他就觉得这 1000 万元搁在那儿,项目调查估计就要半年,一些基金跟踪企业一两年的都有,所以这个成本就比较大了,但是天津最后还是坚持了这一点。

第五,对自然人的出资要求。滨海新区要求自然人最低出资 1000 万元,这个门槛后来证明太高了。滨海新区当时出了政策以后,我们协会也跟有关的部门沟通,说如果要求自然人出 1000 万元才能加入基金的话,不太符合中国的实际。你想想,一个人在一个基金里面一次出资 1000 万元,他不可能把他的所有金融资产都放在一个基金,他能放五分之一的资产到一个基金里去就很不错了,那你出资 1000 万元就要求这个人的金融资产至少得有 5000 万元,并且他可能还有其他的投资项目。那么这样一来自然人就得是富豪级的了,一般的富人都做不了这个投资,所以就把很大一部分的自然人都挡到门外去了。

第六,要求私募基金在注册的时候,管理公司要签两个承诺函:一个是合规募资承诺函;一个是风险揭示书。就是在注册基金的时候必须要承诺将来募集一定合法合规。就是不宣传,不做广告,纯粹私下约投资人,所以要求签合规募资的承诺函和风险揭示书。而且风险揭示书必须给投资人看的,里面一定要有明确的基金风险点,一定要给他说清楚这个投资是不保本保利的,这个钱完全有可能打水漂。这两个承诺函有一个文本,发改委部门已经写好了,只要签字就履行承诺了。

第七,不允许设立分支机构,这也是后来查处非法集资时总结出来的。有一些基金公司搞得像五大行一样,每个省每个地级市都有分公司、代理处、办事处,就是说每一个地方都有一帮人替他去找钱、去拉钱,特别容易发生非法集资。

第八,私募股权投资基金银行账户管理制度。

第九,天津要求私募股权投资基金不得进行证券投资。这个规定天津一直有。现在证监会在这方面好像是放开了,做二级市场也可以,资金都入市也可以。

另外,我简单介绍一下天津最近的私募基金发展情况。天津在 2012 年重新梳理发展思路以后,监管措施都跟上来了。现在的注册都是实打实的,确实是做投资业务的才能注册。天津出台的一些监管措施跟证监会后来出台的私募基金的监管办法相比,有一些不一致的地方,我们协会也在跟政府部门,金融局、发改委、工商部门、天津证监局不断沟通,也在考虑怎么能把天津的措施跟证监会的管理办法相适应。

四、关于外资基金(外币、外资人民币)的政策

最近天津在发展外资基金,就是海外机构到天津基金,已经出台了相关的办法。关于外资机构,国家外管局在 2008 年的时候发过 142 号文,这个文件中有一句话就是:不允许结汇人民币在境内进行股权投资。这是一个限制。另外一个是商务部在 2011 年发文的, 关于跨境人民币直接投资的文件。这个文件实际上就是把境外的人民币到境内来做投资这一块给放开了。在座的企业家海外要有资金来源的话,可以好好研究一下,就是假设你在香港有人民币的话,那你可以按照商务部的规定进到国内来做投资业务,这个规定对外资基金进中国做股权投资实际是开了一个口。但是这个文件出来以后,我发现整个行业对这个文的反应没有那么强烈,也不知道是做基金投资的企业没有太注意,还是可操作性不强。但是我研究这个文件以后,觉得这确实是外资进入中国做投资的一个渠道。因为现在中国已经在海外建了好几个人民币交易结算中心,既然建了结算中心,那就说明在海外可以把其他的外币结算成人民币了,结算成人民币就是商务部说的境外的人民币,那么这个在境内投资是可以做的,所以这是一个通道。

天津没有对海外人民币在国内投资怎么样规定, 就是说外资进到天津,可以设私募股权投资基金,然后外资在天津结汇,把它转换成人民币去做股权投资。之前,天津还加了一个限制就是要求投资天津的企业,后来我们一看觉得这个不太好,因为万一人家说在天津没有找到合适的投资项目,那么这个是做不成的,后来天津这一条就没有执行,这是打开外资在国内设股权投资基金的一个通道。

现在天津又搞了一个人民币往海外投资的办法。就是说你的钱想到海外投资,你在天津可以把人民币转换成美元、欧元等外币去海外投资,总之,天津的投资市场比较开放。我刚才说了,天津的股权投资业务在国内是不允许做二级市场、股票证券,但是天津在人民币资金海外投资的股票投资基金,可以投资证券、股票、债券、二级市场。天津没有限制,这是天津政策的一个亮点。人民币在海外投资目前正在起步发展的阶段,而且这个发展势头比较快,中国人对海外买房子很有兴趣。我问一些投资机构,他们说募集人民币到海外去买房子,募集资金的速度非常快,很容易募集起来。他们做的第一步就是买房,第二步

就是建房,跟美国的一些房地产企业合伙去美国直接建房,这是天津最近在私募股权基金这一块做的两个业务。

来 PE 班听课的企业老总比较多一些,要想做私募,肯定是要跟政府部门打交道,你做的过程中觉得哪一块限制比较多,哪一块还很不方便,应该跟政府部门提出来,可以要求政府部门去解决,这样我们做起来就很顺畅了。所以做企业做到一定的层次上去,你作为一个老总,具体的经营可以不管,但是你一定要为企业营造一个好的经营环境。

五、众筹模式在中国的发展思考

(一)众筹的定义

原始的众筹就是一个预付款的团购。比如修寺庙的时候就是方丈去找人出资,把这个庙建起来以后,再出钱让人刻一个功德榜。他建这个庙的机制就是一个众筹,只不过那个时候没有互联网,它只不过是靠人去找投资人,并且找的都是对建这个庙,对宗教有兴趣的人,这个是公益性众筹。真正参与某一个项目众筹的应该是对这个项目有兴趣的投资人,要是没兴趣的话一般都不会参加,所以说我国对众筹应该是不陌生的。

众筹就是集中大家的钱然后为某一个项目提供支持。其实众筹范围可以更广一些,它不光是提供钱,众筹应该是集中大家的资源,然后为某一个活动提供支持,这个资源可以是资金,所以现在众筹基本上就是募集资金了。其实众筹还包括其他方面的资源,比如有时候某个事做不通,在某环节卡住了,就可以在网上集思广益,人家替你出思路,甚至去替你攻关,这也是一个大范围的众筹。

众筹的整体运作包括发起人、中间机构、投资人或者是支持人这三个方面。这三个方面特别是中间机构,也就是现在通常说的平台,这个工作要是做得到位,众筹就比较容易成功。

(二)众筹的分类

众筹按现在的情况分可以分为债权众筹、股权众筹、回报(实物)众筹、公益众筹四类。

(三)众筹在中国的发展

现在众筹在中国发展非常快,做得比较早的是点名时间、品秀在线、好梦网、人人投、众意网、追梦网、天使汇、原始会等等,这都是众筹的平台。

众筹平台在中国一共发布了 5 万多个项目,但是真正筹起来的只有 200 多个,大概是 0.5%的比例能筹起来。成功的概率还是非常小的,基本上属于一个小概率事件。当然还有一部分众筹是把商品、股权都结合在一起,像京东、淘宝的众筹,它主要是商品众筹的平台,相对来说众筹完成的情况稍微好一点,他们一共完成了 300 多个项目,参与众筹的有 3 万多人。所以从这个情况看,我国的众筹还是比较热的。

(四)众筹的模式

1.直接股权投资

就是在众筹平台上发布项目,提出项目计划书、项目融资书,发起融资,当然还要有后续的安排,比如怎么投资、怎么运作,大伙的权益怎么保证、将来怎么获利、怎么退出等,这是一整套的。但凡想做众筹的人,你得把这一套全都设计好,这是一种类型的。

2.借助合伙企业间接投资

另外就是借助合伙搞间接投资的。像投付宝就是一个间接的众筹。他就是在银行托管资金,然后这个钱分步、分期地投入项目,然后看项目的运转情况。运转好了接着投,运转不好,可能要破产,那后续的钱就不投了。所以这个跟前面比风险稍微可以控制,资金安全方面也有一定的保障措施,并且可以选一个第三方的管理机构来管理。

3.线上 + 线下两段式投资

这是先在线上发布信息,包括众筹的计划、运作的模式、退出的路径,然后和对有兴趣的人具体谈。这样组织起来这也是一种模式。

众筹大体上就是这几种模式,也可能还有一些小众的。

(五)存在的问题

1.众筹平台的定位问题。

平台很重要,那么在众筹这几个环节里面,平台的定位一定要搞清楚。就是在这个平台上上线的项目,要对他有前期的调查、评估,然后对资金在整个运作过程中的安全有一定保障措施,并且对资金的运用有监管的机制、措施,对后面项目的管理有专人负责,对股权可能会有一个代持,所有这些服务都给人家提供,那这就是一个综合性的众筹平台,就不是一个简单的对接平台。

简单的对接平台有一个好处就是风险跟他无关。钱投进去,最后破产也好,被人卷跑也好,这个平台没有责任,大不了就是这个平台的声誉受到影响。要是一个综合性的众筹平台,在任何环节介入了,那么这个项目要是在资金的安全方面出了问题,那就有一定的责任,现在所谓的托底就是这个责任。所以要做众筹平台,先得考虑好要做一个什么样的平台,先定位好。

2.如何落实股东身份,行使股东权利?

目前做的最多的就是股权众筹,这个股权众筹不是大家把钱交了就完事了,得有一套落实的流程、机制,要保证出资人的身份落实到位。

3.谁对信息披露的真实性负责,如何防止诈骗?

搞众筹就要想好,这个项目的资金收集起来怎么运用? 投在哪些方面? 这些信息都应该对投资人定期地有一个说法,并且还是准确的、真实的、完整的。

4.如何退出?

但凡做股权众筹的投资人,是指望赚钱的,没想一辈子就做股东。把钱投进来以后,项目运作以后是希望能收益翻番退出来。这个时候你怎么让人家退出来? 但凡众筹的项目都是一个最开始的创业阶段,可能这个项目就是一个项目计划书,所以在开始阶段风险也比较大,你运作起来的企业也许不那么正规,你想上市距离还比较远。所以怎么退出? 这个问题我想可能是当前做众筹存在的一个很大的问题,并且这个问题还不好解决。你看项目运作成功了,运作个三五年,那有可能在新三板上或者去哪里做转让,现在没有一个平台让你众筹的股权退出的渠道,估计将来要建的话,难度也比较大。

5.众筹如何突破50人或200人的限制?

众筹理论上讲是人越多越好,众筹之所以现在能够流行起来,能够爆发性成长、发展,是因为有了有互联网。人多力量大,人多到什么程度呢? 我国的法律是不允许人越多越好的,在人数上是有限制的,并且这个限制还比较严格,股份公司不能超过200人, 设立一个有限责任公司或者一个合伙企业不能超过50人。但凡众筹的项目都是一个起步阶段,你设立股份制公司条件一般都不成熟,那你只能搞一个有限责任公司或者干脆就做合伙企业,那就只能50个人。50个人很难体现出力量大。所以这个人数限制恐怕是对众筹发展影响最大的一个因素,要是没有一个突破的话,好多众筹可能就踩在法律的红线上,所以我觉得这也是一个很大的问题。

6.是否面向特定群体?

国家一直严格要求,除了公开发行这种行为之外,其他的都要求向特定的群体去发行、去募集资金或者什么,总之就是不允许你向不特定的群体搞行动。那你说我要向我的亲朋好友、亲戚去众筹,那我也就没有必要去众筹了,我给这几个人打电话说说就可以了。既然是众筹肯定好多人不认识,那不认识就不能说是特定的群体,那就面向不特定的群体了,并且这是通过互联网,本身这个范围特别的广。所以这个怎么解决? 也是一个问题。

7.对参与者是否要设门槛?

股权众筹据说要归证监会监管,债权众筹归银监会监管。证监会在股权众筹这一块上要不要设门槛也是一个问题。众筹肯定是有风险,这个风险肯定比私募股权基金的风险要大。那么参与的人要不要设门槛,这个问题监管部门好像觉得还是设一个门槛好,门槛可能设个 50 万元、100 万元,那这个门槛对于众筹来说可能就高了,但要是说一两万元就不叫门槛,我觉得这也是一个问题。

8.投资人应充分注意众筹的投资风险。

参与众筹运作和经营的风险我觉得这也是要考虑的一个问题。可能大家都听说过《黄金时代》这部电影吧,当时众筹了 3000 多万元,大数据预测票房收入在两个亿,那么回报率能达到 8%,然后按票房收入往上涨,这个回报率也会跟着往上涨。但是上线以后票房收入才 3000 万元,离两个亿还远呢,并且后面也不景气。票房 3000 万元,那么收益只有预期的七分之一,那参与众筹的人就不满意了。这是属于经营性风险。所以参与众筹的人要有一个好心态,就是这一笔钱从此以后就不做数了,它爱咋地咋地,跟我已经没有关系了,有这种心态才行。这是运营的风险,也是必须考虑的。

9.法律风险

法律方面的风险。众筹因为参与的人毕竟很多,一旦出现法律纠纷的话涉及的面特别大,所以参与项目的这一方要有充分的风险思想准备,不管是引起集体诉讼还是引起集体上访都不好说。

另外,有可能有些平台会建资金池,但监管部门是严格禁止建资金池,这个法律风险就非常大了,搞不好就是非法集资。

(六)我国对众筹的监管

就目前来看,众筹虽然出现的问题不算太大,但是关于众筹的监管,证监会基本上是没有什么障碍。

首先要鼓励发展。因为众筹这个事虽然小，对国家目前的经济谈不上什么影响不影响，但是李克强比较关注众筹，他曾经在一次国务会上就提到过众筹。所以从国务院层面上还是鼓励发展的，所以监管部门也说要鼓励这个行业发展。我个人觉得这个行业有很大的发展前途，有很大的发展空间，就看将来上面说的那些问题怎么突破，怎么采取一个好的方式在风险和发展中间找一个平衡点。任何一个行业的发展都不能说完全没有风险，你要是零风险的话，那你这个业务基本上发展不起来，所以把风险的容忍度设计好就可以了。

关于监管，因为现在的众筹是从美国搞起来的，中国是跟风的。美国的监管思路跟中国不一样，刚才说了中国要设投资人门槛，这个门槛是一个底线门槛。美国是反过来的，他设的是一个上限的监管，就是说投资人不能超过多少钱，你投少了没关系，你不能投多了，美国采取的是这么一个思路，跟中国可能有很大的区别。究竟是采取上限监管还是底线监管，要不要设门槛，这个值得行业内部及政府部门好好讨论和研究。美国的监管措施也很有道理，众筹你不能投太多的钱，或者说你投两万美元没问题，政府不管你，但是如果你要投 500 万美元，那不行，政府就不让你投。就是说的投个两三万元，丢了就丢了，没有什么影响，但是要投多的话丢了就很心疼的。这也是一个监管的思路。

(七)众筹的发展趋势

从专业的角度看，将来众筹的发展关键是平台的发展，就是投资人或者说支持人都好找，项目也不缺，关键是平台，平台的发展将来还是要找专业化的路子。为什么？因为作为一个平台的话，项目上这个平台你就有一定的责任，既然有一定责任，你就要把关，这就需要专业化的人才，需要对项目进行选择、调查，甚至更多的是对发起人的调查，对个人的诚信状况的调查，以及投资完以后怎么去加强管理。

法律方面，因为众筹涉及很多法律方面的问题。那么你踩不踩法律红线，要有法律方面的专业人士去把关才可以。打擦边球，擦这个边是多少？是里三分之一还是外三分之一？这个都得法律方面的专业人士去把关才行。就像你专门做房地产的平台，那你的团队里面都是房地产这个行业的，如怎么得到土地的使用证和开发许可证等问题，所有这些东西你都要特别内行的人去做才比较靠谱。如果你做 TMT 方面的，就要有这方面的专门人才和专业的团队，所以我觉得这方面一定要走专业化的道路。

第十讲　私募投资基金退出渠道之要点剖析

董　梁

董梁　江苏高科技投资集团副总裁。中国基金行业协会联席会秘书长、江苏省创业投资协会秘书长。

私募基金产生的时间并不长,也就几十年的时间。在国内,大家真正开始做私募也不到十年时间,这就意味着最早那批从事私募的人刚做完第一轮。所以,这是一个年轻的行业,还没有大量的专业人员从事这个新兴行业,也就没有大量的实践经验积累和反思,更谈不上太多的理论研究。所以我想把这些年做私募行业的一些理解、做法、感悟与大家分享。

一、为什么私募基金退出很重要

(一)为什么退出很重要——股权投资业务周期

退出很重要,没有退出,这个行业的链条、周期都不存在。股权投资的业务周期有四个环节:融、投、管、退,从融资开始,融资之后要投资,投资之后要管理,管理之后要退出,退出才是一轮私募基金投资的终点。

1.退出是实现前期所有工作的结果

退的过程是实现前面所有工作的结果阶段,没有这个阶段,就意味着前面所有的工作结果实际上没有得到实现,所以退出非常重要。投资过程是在选择有价值的东西;管的过程是通过管理,通过增值服务,使你真正希望的价值被提升。最终这些过程都要通过退出来实现,所以从单个项目的角度来看,这个退出承担了非常重大的作用。

2.退出是管理机构业务有效延续的关键

有很多私募基金机构的信息披露比较多，但仔细看会发现一个突出问题，就是他们投的速度虽然很快，但退出环节就遇到了瓶颈，甚至一百多亿元运作多年后只能退出十几亿元。管理机构管基金，从基金的角度看，基金得不到清算，业务就没有办法延续。做第一个基金，前三年投完了，再过三四年退不出来，第二个基金还做不做？也许第二个基金还有能力继续做，又投了三年，投了一些项目，第二个再退不出来，第三个基金还做不做？这就是基金管理机构没办法进行后续投资的原因。

3.股权投资的专业能力沉淀在 GP 身上

管理投资业务的延续对私募股权投资行业是非常关键的，一轮轮的投资、管理、退出过程，专业能力都沉淀在 GP 身上。就是管理机构只有通过大量的投、退以及组建、管理、清算基金，最终才可能是一个合格的管理机构。在这一过程中有大量的经验积累，这是目前整个私募行业变化的一个关键内容，只有通过这样不断循环的过程，管理机构自身的能力才能够最终得到积淀。所以从投资，融、投、管、退四个阶段来说，退出是非常重要的阶段。

（二）创业投资的几个特征

创业投资有很多特点，近几年来，创业投资或者股权投资发生了很深刻的变化，全社会都高度认可创业投资对创新经济发展有着巨大作用，解决了传统上对于未来的预期不确定、高风险，或者说是没有实物资产抵押的这些企业的融资问题。

1.灵活性高

私募基金这个行业可以对创新经济发展起推动作用，它是金融创新非常重要的一个方面，而且具有高度的灵活性。

2.投资对象不同

过去投资有个根深蒂固的想法叫同股同权，就是把资本金注入企业，资本金注入就是典型的同股同权。而这种投资对于大量的未来预期不明确、风险很大，或者说是企业的价值不在资产而在一些虚幻缥缈的人身上的时候，同股同权很难做到。

再举个估值的例子，以资产为核心价值的企业估值相对是好估的，对资产进行评估，或者是正常生产制造的企业即使不以资产估值，按未来收益估也好估。但是假如这个企业的核心价值是人脑子里面的东西，就不太好估，不仅不

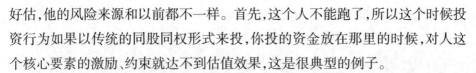

好估,他的风险来源和以前都不一样。首先,这个人不能跑了,所以这个时候投资行为如果以传统的同股同权形式来投,你投的资金放在那里的时候,对人这个核心要素的激励、约束就达不到估值效果,这是很典型的例子。

为什么创业投资能解决这些问题? 其比较通行的手段就是除了估值以外,可能对估值进行调整,可能有诸多的约束。这就说明创业投资、私募股权投资有诸多非常灵活的手段。可以把人、资本、团队方方面面的要素搭建为一个平台,法律平台也好、运作平台也好、机制平台也好,让所有的要素在这个平台上能够得到相对充分有效的激励,这就是因为它有高度的灵活性。

3.参股不控股

劣后设置就是分成结构的设置,同样的基金聚集到企业里,有的是优先收回本金或者收益,有的要放在后面收回。传统的公司法框架下的股权投资是看不到这种做法的,这就是股权投资带来的一个重大优势,这一优势决定了股权投资和创业投资的特点。

创业投资就是投一些不确定性的东西、投未来,它的形式是股权投资,投了以后要参股,但不控股。主要发挥团队作用,投资行为中最核心的价值来源于团队,如果控股,那它的作用发挥不出来。

4.提供增值服务

提供增值服务, 也是私募股权投资这个行业目前发生的非常重大的变化,金钱不能解决所有的问题,投了以后必须要对投资企业进行增值服务,去帮助它成长、壮大。

5.投资目的是为了退出

有两三家到中国来发展业务的其他国家或地区的大机构, 它们的投资策略、投资审查过程中特别强调一个要求包括两个方面:第一,假如这个项目决定要投,但却拿不出一份像样的报告来说明投了之后能给这个企业带来什么,能做哪些增值服务,这个项目就不投。第二,投了之后假如没有对退出做一个相对好的系统规划,这个也不投。所以,所有的投都是为了退,这是创业投资的一个非常重要的特征,退出是核心问题。

（三）退出是股权投资运作模式的要求

创业投资、股权投资模式与有限责任公司模式相比较,有巨大的区别。过去管理层在有限责任公司这个架构之下雇员,现在变成管理公司,变成一个独立的法律主体。有限责任公司中对管理层而言，所面临的是公司的内部制度，内部制度好了就可以执行，不好就可以修改。但是在基金模式下，不再是面临制度了，而是法律主体和主体之间、管理公司和基金之间的法律约定，受《公司法》保护，甚至还受《民法》保护，这个是核心的变化的。

由于基金管理公司中的管理人在运作过程中变成了专家，他们的独立性越来越强，而投资人对这个专业所能够参与的、所能决策的越来越少，因此在这种制衡之下，法律主体和主体之间的关系变得越来越重要。但这个变化会带来一个重大影响，即代理链进一步加长。在基金的模式下，有限责任公司中的委托代理问题就更加突出，既有基金出资人与基金管理人代理问题，也有基金与投资企业代理问题。这就有了一个结果，所有基金的运作都要高度透明，一些外部的约束条件来让它的代理问题变的越小越好，这就是基金跟投资公司的一个典型的不同。

现在做基金大部分采用有限合伙制，公司制的不多，但过去用公司制做基金的比较多。比如说所有的基金都有投资期，如果是一个投资公司就没有投资期概念，只有存续期的概念。但是基金不行，基金规定了一个投资期，典型的创业投资基金规定的投资期一般是三年。投资期就是在募资的时候告诉所有投资人，首先得有多少时间把这个钱投出去。

跟投资期相关的一个重要概念叫存续期，假如投资期三年，投了三年之后再给你四年时间，投了以后退，假如你不退，投资人永远收不到钱，永远在循环投，就跟过去的投资公司一样，投资人变成股东了。这会产生诸多的变化，比如说，你愿意去当一个永续存在公司的股东拿分红，还是愿意投一个存续期七八年的基金，到期必须清算，就可以拿回所有的本金和收益。你肯定愿意做后者，后者相对清晰。所以组建一个基金找投资人比组建一个投资公司找投资人要容易得多，这就是基金的运作模式决定必须是有限期的，如果是无限期就找不到投资人。基金既然有存续期，那就要求投资项目必须要退出，不退出是不行的。现在很多人发现投很难，但另外一批人觉得退比投还难。这就是从基金、股权投资这个运作模式和传统的公司有哪些不同，来分析退出的重要性。

（四）专业能力决定了阶段性退出

企业生命周期都是从初创开始，如果成功的话就到了一个高速成长的阶段，然后到成熟阶段，最后到衰退阶段，这也是任何事物的一个发展周期。

股权投资行业现在概念比较多,有天使投资、早期投资、标准的创业投资、成熟阶段投资、PE投资、并购投资等等,我们主要讨论创业投资。做创业投资的人大部分集中在企业最开始完全消耗资源、没有任何产出的负贡献阶段,过了这阶段以后,开始有小产出,这个产出可能是销售,也可能是小利润。有小产出之后典型特点就是企业毛病多、成长快,就像小孩。这就是创投典型的金融阶段。

一个创投企业,一个管理企业,一个创投家想要投资这个阶段的企业,最起码要具备几个能力:第一是识人识事的能力,可以辨识出来这个企业有长大的可能,无论是他所从事行业的方向、技术,还是这个团队。第二要有扶持、支持、帮助这个阶段的企业发展的能力,这个能力包括很多,比如必须对早期企业、高速成长企业的运作规律有充分了解,团队目前怎么激励,这些企业日常生活中经常会碰到什么问题等。只有了解这些,才可能帮助这个阶段的企业去做好内部管控。

创投还要帮助企业利用创投的行业资源。投资企业刚起步,充其量是个小老板,跟行业的上下游、竞争对手、合作伙伴在谈判上基本是没有位置的。这个时候创业投资家就可以把拥有的行业资源嫁接到所投企业身上,这是典型的创业投资要做的增值服务、价值贡献。反过来说,当这个企业长大了,企业老板也不是原来那个样子了,它需要的就是另外一种帮助了。不同阶段的企业成长所需要的帮助和特点完全不一样,需要不同的投资机构来帮它做事,来培养它,就是专业性。如果一个机构告诉你,我早期、中期、后期、并购都能投,除非这个机构庞大无比,否则一定是吹牛。专业性决定了这个模式要存在,必须是要有投、有管、有退,不退是不行的,价值实现了就必须要退。

(五)退出是股权投资业务链条的关键一环

第一阶段:导入和初步发展阶段

这一阶段,所有人都停留在概念认识阶段。1985年–1990年股权投资提出概念,1991年–1997政府导向的投资机构开始设立,1998年–2004年是民间资本初步发展阶段。接近2004年有一些外资机构探索了一个红筹模式,就是中国的企业怎么在境外上市,这个模式走通以后,开始出现了大量的创业投资、私募股权投资业务在中国本土开展,但其中大量的还是一些外资机构。

第二阶段:创投事业的迅速发展阶段

第二阶段,2005年–2011年很重要,2005年国家发布了《创业投资企业管理暂行办法》,2007 年又修订了《中华人民共和国合伙企业法》,有限合伙企业有了法律地位。2009 年创业板开板,2011 年创投行业达到高点。2005 年 -2007 年政策上的大力推动起到了很大作用,但是整个行业的融资量出现巨额上升是 2008 年前后,到 2009 年速度惊人。

政策层面的导入到开始探索,从 1985 年 -2005 年算,可以说有 20 多年的时间。但从创投开始运作到迅速红火,2011 年是一个分水岭,2011 年的时候整个行业的融资量、投资量都创出了难以想象的高度。2014 年要融十个亿左右可能不太容易,但是 2011 年一个不大的团队到江苏,很短的时间 30 个亿就到手了,那个时候融资普遍的规模是二三十个亿。为什么火呢? 这跟整个行业正常的发展大势往上走有关,这是一个基本的背景,主要的是 2009 年创业板的开板极大推动了这个行业的爆发式发展。创业板的财富效应有多么巨大? 投了 3000 万元拿回来几亿元,大量财富故事开启了创业板的财富效应。反过来说,过去市场对资产、对成长性企业的评估是失效的,现在用有效的方式评估它,价值体现出来了,而且忽然发现除了财富效应以外,退出很方便。

假如不能退出,可能再好的估值也实现不了财富,可能这个行业没这么快速发展。

第三阶段:转型发展阶段

2011 年以后私募、创投行业到了一个高点,就是进入到了一个真正找回自我、发挥作用的发展阶段,这是关键阶段,是行业的巨大进步。2011 年以来,由于一段时间的停顿给行业造成非常大的困惑,而现在无论是中小板、创业板、主板传统的退出渠道,还是现在新三板并购风起云涌,这个行业又开始慢慢回暖了。资本市场提供的高效退出渠道极大促进了私募股权投资、创业投资在中国的发展。退出渠道畅不畅,过去决定了它发展快不快,未来还是决定这个行业是否能够长期良性健康发展的核心要素。

(六)项目和基金

1.没有项目退出:不可能真正懂得投资

没有项目退出不可能真正懂得投资,就是说,如果根本不知道投资过程中会遇到什么,那没法谈。

讲一个故事。三个投资人跟一家投资企业签了回购条款, 到了回购期,三个投资人就去找那个企业老板要回购去了。老板说可以,明天谈吧,他们很高兴就回宾馆休息了。第二天发现老板电话不接、事也不管。这时,企业乱了套,生产也停了,这三个人就着急了,老板不知道去哪儿了,这个企业分分钟要出问题。秘书说老板在玉龙雪山,你们要真想退就去那儿找他。三个人又跑到丽江,跟老板说我们也不逼你退了,你回去吧,不回去这企业就完蛋了。退的时候如果遇到这种事情,就得想想回购条款该怎么签?

这个例子要说明的是,不要在投的过程中去体会退的时候会碰到什么,我们是不可能真正知道在投的时候要考虑哪些因素的,都是在照本宣科。创业投资过程中大量的事情跟这个道理是相通的,没有经过大量实践,没有跟企业的实际相结合,条款的作用会大打折扣,所以没有经过退出的人不可能真正懂得投资。

2.没有基金清算,不可能真正懂得基金运作的规律

管基金如果没有基金清算,就不可能真正懂得基金运作的规律。为什么投资期只给 3 年? 投资人会提出哪些问题? 反过来思考,投资人有各种各样的想法之后,我们就会明白,对不同的基金,什么样的投资人是合格投资人,因为风险收益预期要跟基金的风险收益特征基本匹配。这都是在基金运作过程中才能积累的经验。

二、股权投资的一般退出方式

比较简单的退出方式有四种:一是公开上市(IPO),现在可能还有借壳上市的方式。二是股权回购,就是把股份拿走。三是清算退出,就是散伙。四是兼并收购,这种方式是高度复杂的,里面有各种各样的形式,有主动去运作一个重组最终实现价值去采取并购退出的,有简单地把股权卖给了所投资企业的上游或者下游来退出的,没有特别的条框。

这四种方式效率高低是有一个排序的,但是不绝对,公开上市效率是最高的,兼并收购还可以,股权回购不高,一般都是约定的收益,清算退出最低。

(一)一般退出方式——公开上市

IPO 很典型,效率比较高,估值比较高,受的监管比较严。那么从二级市场来看,不同的企业退出的方式是不一样的,假如要选择 IPO,那么这个企业最主要背景条件或者符合这个条件效率比较高,就是成长性,如果没有特别好的成长性,IPO 退出效率就不会太高。

在 IPO 方面要关注注册制,十八大之后整个多层次资本市场完善,改革的步伐力度很大,新三板现在活跃度越来越高,也有望看到将来可能是一个有效退出的阶段性的渠道。注册制是一个根本性的变化,它不是一个量变,是质变。注册制以后就没门槛了,没门槛会带来很多其他的变化,一个很核心的变化就是信息披露,信息是重中之重的问题,对上市公司的要求、对中介机构的要求,就是围绕信披这件事情来做的,跟以前不一样。

第二个重要变化,就是门槛一旦没有了,进门的未必都是好企业,市场方面会对这些企业的价值作出评判,也就是企业如果不行、成长性不行,就算注册制以后门槛降低,企业 IPO 进了这个笼子,价值也体现不出来,这是注册制以后给这个投资市场带来一个重要的变化。就是 IPO 不关键,关键的是企业好坏。只要是个好企业,今天、明天都可以 IPO,但这是理想状态,不是说同样两个企业,一个好一点,一个差一点,差的企业 IPO 了,它的价值就非常大,好的企业反而体现不出来价值,注册制之后这种情况不会存在了。

(二)一般退出方式——回购

一个基金投的项目最终能不能回购,对这个基金的业绩影响非常巨大。基金大部分投的是不同阶段的基金,可能它的特点完全不一样,但是基本上都是这个调子,如意的、符合预期的,不会超过三分之一,还有三分之一虽然不如意,但是也没亏钱,或者赚了 8%-10% 的利息,或者收获了本金,最后三分之一是在亏钱。

如意的企业花不了太多的精力,他自己 IPO 了,或者把自己并购卖了,这一块体现不出基金最后的差异。不好的企业已经出现问题的,收不回来的,也体现不出太大的差异,你去不行,别人去也不行。真正差异比较大的就是在中段的企业,这里讲这个问题就是基金业绩到最后怎么算账? 基金业绩很大程度取决于中段的项目处置是否得当,这些项目中很大一部分就是回购退出的,就是这个企业不行了,上市也不行,并购也卖不出价格,方方面面也没什么成长性,这时候一种人能尽快把本金和约定的 8%-10% 收回来,一种人一拖拖三五年,这个企业完蛋了,本钱也收不回来,两种截然不同的处理方法,最后对基金的业绩影响最大,大部分好和坏的基金差距就差在项目上。

所以有没有办法很好地去实施回购是非常重要的。前面那个故事中,回购的条款签了收不回来,为什么收不回来,因为他只签了一个回购条款,什么条件下、以什么价格来回购股份？没说明白，所以这么简单的条款远远不行。

1.回购条款

回购有几个核心内容：第一回购触发条件，什么时候回购。过早不行，晚了也不行，过早这个企业的预期时间不够长，条件还不够宽松，很可能是个有潜力的孩子，你就把它给掐死了。比如说投了以后，给他一年时间，或者是给他过于苛刻的条件，他只要一年没达到就马上要回购，这就可能错过了一个其实本来很有价值的企业，只不过是阶段性地没有释放价值，是很可惜的。过晚也不行，等到已经出现了严重的问题，已经不可收拾了再谈回购，跟谁谈去？肯定不行。

所以什么是回购的触发条件？大部分人认为很简单，三年IPO，很多成长企业都是这么投的，十个文件九个都是这样规定的，三年没实现IPO就回购。实施到第三年问题来了，到了第三年还剩半年的时间他启动了IPO，券商、律师、会计师也进场了，甚至财务报表上有点小花样，有点成长性，这就彻底呆了，退还是不退？退好像启动了IPO，不退好像是在忽悠你。

还有一种约定方法是约定一个经济指标，或者约定一个早期企业的研发类指标，甚至可以约定团队的变化指标。一个早期企业，可以跟他约定什么？第一团队不能变化，第二给他的核心研发24个月，这个东西能研发达到一个什么量。比如医疗器械经常是这样投的，二级以上的医院，实际销售多少台？两年的时间达不到，就要回购。这就涉及一个触发条件。

触发条件就是完全根据企业的实际来设置。你认为原来设定的目标出现了，这种情况就没有机会实现了，满足这个条件就该回购，越早满足这个条件，回购就越早，这就是触发条件，很重要。

股权投资、创业投资所有的这些私募投资行为，更多的色彩不是金融，而是在金融工具的表现外衣之下所需要的能力，是对产业的了解，所以创投内部叫产业金融工具。不了解这个行业，怎么可能去定出一个好的触发条件，做医药研发的时候，不了解这个器械或者研发周期，怎么可能定出来一个好的回购条件。

其二，回购主体。回购主体是指谁来回购，有管理层回购，有企业本身回购，还有这些回购人之间的相互关系。比如说三个人承担回购责任，如果有一个人跑了，有一个不肯承担，剩下的人怎么办？是不是要承担跑的人的责任？诸如此类回购主体，光说不行，也不可能像银行一样拿个实物资产抵押，那就可能要求实际的控制人对回购承担连带责任。

2.回购实施中的问题

除了有资产、股权对回购进行保证以外,可能还有连带责任。回购条款到底要怎么签?签不好就没有办法来做这个回购。那么即便签了一个很好的条款,回购实施过程中还会碰到诸如收益率低等问题,但是切记,回购收益率低不是不重要,是很重要。

其二,依赖企业的实际能力和谈判。回购成不成看两条,第一看企业实际有没有能力承担回购责任,要是没这个能力了,就是砸锅卖铁也还不起,所以第一就是依赖企业实际能力。正是依赖这个能力,在投的时候需要对企业、实际控制人做非常详尽的调查,如果不了解他的资产状况等,有可能最后的回购保障就不可能实现。尽管投的是企业,但基础是企业家,如果只对企业进行调查,没对企业家的其他资产进行调查也不行。企业本身很好,但企业家一两年之内最主要的任务就是去填他的其他大窟窿,这就不行了。所以投的时候必须做详尽的调查,这是非常重要的,只要是对这笔投资可能会产生关系的事情都要调查。有人说他们投模式类的企业,就是不以资产为主要的企业,不仅考察企业董事长和企业的团队,连丈母娘都要考察,这就说明尽职调查多么重要。

还有就是谈判,所有回购实施过程中跟企业家的谈判通常需要前置约定,前面讲了一个条款的问题,如前置没有约定,就很难来实施。

另外谈一下条款的系统作用。投资最希望的是投下去以后这个团队很努力,遇事顺风顺水,最终达到了预期。但也有很大的可能性跟预期不一致,即便最后的结果跟预期一致,或者超出预期,在过程中 70%、80%的事都跟预期是不一样的,都是很痛苦的。怎么解决这个过程中的问题,就涉及一个条款系统作用了。

举个例子,一个好的条款怎么来保证回购?企业家到最后没办法兑现,你没有办法直接操作,怎么办呢?不要忘了还有一个条款,一票否决。到最后谈判,假如条款当中没有那么几条能够作为抓手,在谈判过程中去影响、去控制企业,这就涉及一票否决权这一类的谈判和这一类的条款,所以条款的系统作用非常重要。条款必须有保证,有法律地位,这就是条款的系统作用。没有这些作用,以回购方式很好地结束这种项目,是很难做到的。实际生活中,我们的项目回购退出的也不少,完全按照回购的约定、时间、价格来做到的,也很难超过三分之一,多数是做出某种妥协、让步。比如,原来回购的要求是半年以后,现在不行了,你不能逼死了,他很紧张的,你可能放到一年,原来分两期的,现在可能分四期,就是在这种情况下,最终能连本带利收回来,这就是回购。

(三)一般退出方式——清算

清算一般是最差的方法, 收益根本没办法保证。如果一个被投资企业,到清算退出阶段的时候,会产生另外一个问题,就是操作成本远远高于退出价值,我得花时间、花精力去清算这个公司,非常麻烦。所以大部分的投资机构到了这个阶段,干脆就把企业卖掉,很少走到清算。那么清算的时候,协议中一般也会有一个约定,即清算的优先权,保证一旦到了清算,还能够优先获得资产的一部分,但意义不大。

(四)一般退出方式——并购

过去三五年,整个行业只做 IPO 一件事,过去还觉得挺难,现在回过头来看,这简直就是投资里面最容易的事了,IPO 有明确的标准,但投资这个事情现在就不是这样的了。

近几年,并购的活跃程度超出了想象,某省统计了 240 多家上市公司,整个 2013 年大概上市公司为主体的并购案例有 400 多例,2014 年一季度就发生了近 200 起并购。并购现在已经成了一种非常重要的退出方式。过去大家还认为并购是 IPO 无奈的替代品, 就是 IPO 不行了就并购。但是现在的观点不一样了,并购有独特的魅力,并购的效率不一定就低,并购由于他的操作周期可能短,投资机构的主动性强,所以并购运作好了,它的效率不一定就低,因此并购体现出来的退出贡献是非常大的。并购有什么样的特点呢?

第一,操作空间大,形式多种多样。并购退出可以多种多样,比如说小企业,可以在产交所用挂牌的形式卖给一个上游企业,最后卖了 23 倍的市盈率,显然比做 IPO 合算,这是产业并购,最简单的方式。还有的方式就是嫁接重组,比如说过去投了两个企业,这两个企业差不多是相同的行业,但两个企业始终没长大,最好的方式就是回购,收入 8%-10%的基本收益,但对基金没什么贡献,又很不甘心。因此把两家企业合并,之后他就是这个小行业中的前三名,这个就有点价值了,然后把他卖给想进中国的国外公司,这就实现了重组提升价值,最后由并购来退出。这些方式还很多,操作空间非常大,做得好会有很好的效率。

第二,时间周期短,效率不低。并购最大特点就是有可能周期时间短,现在并购如果比较顺利,基本上两年一个交易就差不多完成。

第三,要求产业基础。金融工具层面的事情是容易掌握的,真正难的是产业的基础。比如 A 主体要并购 B 主体,A 就提出到 B 去看看,B 给的报表真不真实,有没有窟窿,有没有重大的法律风险? B 企业会想,A 还没有真买我,我就让 A 来看,一看就把我的事情都知道了,A 买还好,不买怎么办? 过去可能这个有点毛病,那个有点毛病,都看完了,A 又不买怎么办? B 就不愿意让 A 看。那 A 企业想看 B 企业不让,A 企业想我买 B 了,都不知道 B 里面有没有重大的漏洞、窟窿,如果一脚踩进去了,无法收拾怎么办? 这就是典型的信息不对称,达不成交易的。

还有一个并购过程,往往涉及若干交易,不是一次性的股权买卖,可能在买这个企业之前,这个企业要做几件事,比如说有关的资产是不是要剥离,有关下属企业要不要整合,这都是一步步的交易,如果这中间没有基本的信任,没有好的安排,这个交易就非常难达成。所以到最后会发现,真正能做成的,是要掌握很多资源的人,所以并购不是谁想做就能做的。如果做投资的时候是价值判断者,就找找哪里有价值,再谈条件。在做并购的时候,几个企业、几块资源,看你有没有办法调动它们,把它们整合在一起。所以没有产业基础,根本做不了并购这个事。并购市场刚刚起步,但这是一种高级的配置资源方式。可以看看美国五次、六次并购浪潮,我们现在就处在他们第一波、第二波的那个点上,我们现在叫转型升级。这一轮经济结构转型升级的压力给并购重组带来了巨大的机会,我们是外在压迫着并购重组的,美国人可能不是外在压力,是企业发展的内生动力。所以美国的第一轮并购很简单,第一轮并购一般来理解都是横向并购,就是突然发现左边一个竞争对手,右边一个竞争对手,想了半天,过去老跟他们打仗,后来想不行把他们买了算了,这是第一轮并购,美国市场就是这样,造就了一批同行业中的巨无霸的企业。第二轮就比这个复杂了,他们俩把企业都做大了以后,已经成为主流,基本上快垄断了,那么就向上游下游延伸,美国经济在这个过程中得到了很大的提升,我们现在正在发生这件事,这肯定是长期的事,是有巨大空间的事。

拖售权条款是一个典型的并购条款。比如做了三年 IPO 拖售,就是卖的时候,没有控制权,必须拿出股权一块儿卖。

三、退出市场的变化

2011年以来,行业进入到了一个真正寻找自身能力阶段,寻找自身为什么要存在的阶段,这就是本源式的发展阶段,主要现象是整个量在缩减,但现象背后是这个行业真正进入到一个新的发展阶段,一个更加具有长期发展能力的阶段。这是2011年以后的一个变化,这个变化中很重要的一个方面就体现在退出上。

(一)过去以IPO为主

2009年创业板开板,所以2010年的时候,整个IPO的退出数量非常大,达到200多家。创业板开始以后,极大地激活了退出市场。IPO是过去的退出方式,但2012年以来,一直到2014年,现在用IPO的方式退出就不太顺利了。

(二)目前并购崛起

并购从2011年的一季度开始,一直到2012年的年底,这段时间的并购量并不大。但从2013年一季度开始到三季度,三个季度的量远远超过了过去两三年的平均量,非常大,这就是并购。目前的并购成了一种主流的方式,就是真正当宏观经济给微观的企业层面带来竞争压力的时候,一个企业面临压力以后,就会想更多的发展方向,尤其是长期发展。想长期发展就非常注重两件事:一是过去熟悉的内涵式的增长,就是过去生产经营,简单的扩大生产。现在变成了企业对未来长期的发展。二是外延式的发展并购。坏的企业,好的时候反而就是赚钱,没人愿意被并购,一旦宏观经济情况不好了,不被并购都很难成活,在这种压力的情况下,有可能选择被并购,这也是现在为什么并购会有大量的案例出现。上市公司是并购买方最重要的力量,其中一部分是上一轮发行IPO的企业,这些企业大部分的募资都很大,大量的现金在手上,少的六七个亿,多的十几、二十几个亿,所以并购目前已经开始了。并购和IPO不矛盾,IPO是不需要通过外延方式改变公司的市场交易方式,把资本公开了,在公开的市场进行交易,得到了价值的提升。但并购是通过重组,创造出新的价值,是完全不同的两件事,所以不会产生替代作用,并购有长期的发展趋势。

(三)未来IPO与并购并重

未来的市场是IPO、并购成为主渠道。IPO、并购效率最高,实在不行,如果满足不了要求了就回购退出,再实在不行了就清算退出,最有效的就是这两个方式。发达国家这么多年基本上是这个模式。

四、关于退出的几个观点

(一)融投管退的系统思维

第一个观点是融、投、管、退的系统思维,做好股权投资系统思维的思考问题非常重要。过去不少机构这样干:找项目的人找项目,找来项目以后不论证,又一批专业的人论证,论证完了以后又交给另外一个团队来进行投资后的管理和退出,把投、管、退的业务切断。这样的做法也不是没有一点好处,就是把投、管、退这几个阶段进一步做了细分,试图让这个团队做得更专业。但是这样的操作,当投资、管理、退出的整个过程,尤其是不再以非常简单的 IPO 为主的时候,就出问题了。

比如这个项目挣钱了该奖励给谁? 是找项目的人还是论证的人,还是管的人? 如果仅仅是 IPO,还能分一点。但如果很复杂,可能找的并不是一个好项目,投的也不怎样,最后通过并购这样很复杂的运作把它退出实现了价值,这个时候就不能奖励投的,可能奖励退的人,所以诸如此类问题,很难处理。

这就说明股权投资行业从募集资金开始到投资项目、管理项目、退出项目,整个过程是高度密切相关的,关联性很强。比如说投后管理,它是投资行为的延续。

第二,转股,就是假如我是被投资企业,可能过程中有一些核心的问题没有解决。但是有一些因素促使资金注入行为可能要提前发生,这种现象经常出现,尤其是投一些重组、并购类的项目。没有资金的介入,就没有办法完成重组工作,那这个投资行为不完整怎么办? 可能就设置了一个转债形式去做投资。转债形式就是先用银行借贷,让企业能用到这个钱,同时除了尾贷协议外,还有一个投资协议。就是约定什么情况下把这个债转成股份,什么情况下不转,这种约定也是多种多样,这叫过桥。需要这个钱完成重组,去完成某个重要的交易。

另一种情况,在投之前很可能这个企业、标的或团队有两三个企业存在,到底投哪个? 可能就需要这两三个主体完成整合。比如投了一个,把两三个主体都并起来,甚至有的情况下,这个企业家和团队不是完整独立的经营团队,除了这个主体以外,还有一个关键的主体可能是跟它有竞争关系,或是上下游关系,把它们要消灭掉、并进来或者说是卖出去,都会导致了整个投资行为的延续,这

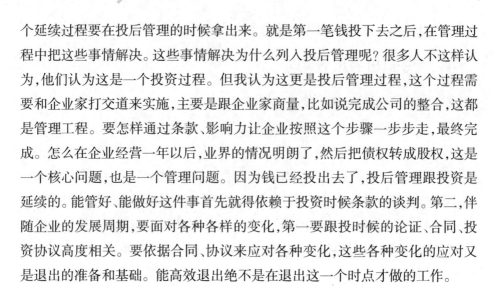

个延续过程要在投后管理的时候拿出来。就是第一笔钱投下去之后,在管理过程中把这些事情解决。这些事情解决为什么列入投后管理呢?很多人不这样认为,他们认为这是一个投资过程。但我认为这更是投后管理过程,这个过程需要和企业家打交道来实施,主要是跟企业家商量,比如说完成公司的整合,这都是管理工程。要怎样通过条款、影响力让企业按照这个步骤一步步走,最终完成。怎么在企业经营一年以后,业界的情况明朗了,然后把债权转成股权,这是一个核心问题,也是一个管理问题。因为钱已经投出去了,投后管理跟投资是延续的。能管好、能做好这件事首先就得依赖于投资时候条款的谈判。第二,伴随企业的发展周期,要面对各种各样的变化,第一要跟投时候的论证、合同、投资协议高度相关。要依据合同、协议来应对各种变化,这些各种变化的应对又是退出的准备和基础。能高效退出绝不是在退出这一个时点才做的工作。

前面谈了回购退出,其中一个很核心的问题就是回购时点的把握。怎样恰如其分地确定回购条件,就是什么情况下确认当初预计的这个企业目标肯定实现不了,这个时点一旦要确认就要回购。投资管理第一要务不是维护利益,也不是去死搬条款。投后管理第一要点是获知企业最实在的发展状况。投了五百万元或者投了五千万元,不管投的多还是少,你是投资人,并不是经营者,企业最真实的情况你肯定不如企业的老板了解得多,某种意义上他肯定会隐瞒对他不利的信息,你只要跟他签了对赌、退出、回购,他一定这样做,这很客观。

那怎么能够通过投后的管理工作,真正把握企业正在发生的实际变化,比如了解原来约定的基础在不在,发不发生变化,这是核心。要把握企业的情况,如果情况都把握不了就谈不上维护权益。如果在不了解的情况下被别人牵着鼻子走,就完全搞反了。这是投后管理中第一条要做的,能不能跟企业家处好关系,能不能依据条款获得有效的消息,这是很复杂的一件事。如果获得信息,才能够判断管理工作怎么做,管理工作的好坏直接影响退出。所以投后管理是投资工作的延续,也是为未来的退出打下基础、提供条件,这是一个重要的过程。

基金的组建和融资以及后面的投、管、退关系密切。证券行业、公开市场、股权投资行业对私募概念非常关注。2014年私募基金暂行管理办法出台之后,跟以前不一样了,《办法》要求有一个合格投资者,即你的资产有多少,对这个事了解有多少,风险承受能力怎么样。私募产品是长期产品、风险产品、不太透明的产品,所以要求有风险承受能力,这就是合格的投资者。既然这样,你在融资的过程中融了谁的钱,谁在投你的基金对你后面的影响、运作有非常直接的影响。

过去做股票,中国的散户投资人比较多。很多年前,就是短期的这帮人,他可能买进去之后,恨不得明天、后天就有回报。如果没有效果,他马上就觉得难受。不是说这种投资人不对,这种投资人对产品的预期不一样,基金是一个长期的产品,两三年之内不可能有明显的回收,所以投资人很重要。投资人是否理解、是否支持这个事,这些细节现在应该高度重视。比如现在基金投的企业每个季度要给投资人管理报告,要披露信息。那么正常情况下,披露的信息的矛盾还不太突出。一般投资人还不至于把披露的企业信息用于一些损害企业利益的事情上。但是如果涉及比如这个企业要IPO、要并购重组,这些信息就是保密信息。投资人拿到这个信息就不能太随便去披露、运用。所以你要找的投资人,对你的基金运作有非常大的关系,这是融资。

因此,第一,退出项目的好坏是基础,项目好了,退出自然就容易了,项目不好,退出就困难了。第二,条款的好坏是保证,没有好的条款很难做到高效的退出。第三,从管理的过程就开始实施,在投的过程就要想怎么退出,越早想越容易。

(二)资源的重要性

这里的资源不是自然资源,这里更多讲的是某一个产业、行业的资源。比如投新能源,就得在新能源产业链、产业领域有资源。这个资源包括人脉、和企业的关系、和这个行业内上市公司的关系、和这个方向的科研机构关系、和行业协会的关系,甚至包括和主管部门的关系,这都是资源。资源的重要性是私募行业正在发展的一个非常大的变化。

过去三五年的时间,私募行业中大部分的投资行为的内涵就是做IPO,这个情况下对资源的要求不高,整个过程更多的是技术性的工作。现在并购是重要的退出方式,不是因为IPO不行了,是IPO受到了一定程度的影响,导致并购火得更快一些,但是并购本身就应该成为一种主流方式,这跟整个宏观经济结构的背景是高度相关的。现在,并购退出为主流的理念,这种投资理念最主要的是资源,你怎么让这些企业坐在一起谈,没有商业的资源、不认识主流的人、不认识相关机构,就没有办法做成这笔交易。

有一个中介机构问我现在的很多交易不做IPO做什么?我说重组和并购。他问并购、重组最主要是提供什么?我说是提供价值。这里面提供价值可能多种多样,但有一种主流的价值,是交易价值。就是这一笔交易你达不成,我能达成,你重组做不了,我能做得了,这就是一个非常大的价值!那么这种情况下资源就非常重要。做 IPO 的基本上看到价值,就在那儿看就行了。做并购则要去团结大家,跟大家分析,跟大家实施。

所以不光是做并购退出资源很重要,即行业资源很重要,对行业的了解也很重要。比如说三类企业怎么分析?比如非常早期的企业它最需要的是什么?钱肯定是最重要的。除了钱以外,最需要的就是能不能嫁接一些相关的上下游资源,这是最重要的之一。比如汽车行业,一个小的创新、小的材料、小的零件如何成为一个主流产业,这个周期是非常长、非常困难。这是创新的小企业必须面对的,基本上普遍问题都在这里。那么投资人有没有这个产业链的资源能够帮企业把这个过程加快,就变成一个核心的问题了。

我们谈投资的时候有三个标准,叫三好标准。第一项是好项目;第二是好价格,价格要便宜,再好的项目价格贵了就没有价值;第三个是好条款,条款的目的不是完全为了保护自己,但是必须要保护自己。

资源是提供增值服务的核心关键,有了这个能力才能投项目,不单并购需要资源,整个投资都需要资源。这个资源不是现实的、有形的资源,而是对行业的了解、对产业把握,这也是退出最重要的基础。

(三)合作的重要性

第一是联合投资情况下的退出。这几年很多投资机构都是投两三家,如果这些投资都顺利 IPO,或者很好地增值、并购、退出,这是很好的结果。但这种理想情况只是很小的一部分,更多的情况是达不到预期目的。比如一个 A 机构,一个 B 机构,他们有两种不同的退出制度。尽管企业不如意,但最终还是要退,不负责任的机构就等,因为任何工作的成本都很高,尤其是代理链的问题,玩钱的不是钱的主人,只要项目不退,还有管理费他们就慢慢磨,这是一种很典型的不负责任机构的想法。另外一种比较负责任的机构,虽然已经达不到预期了,肯定要退。退的过程中一个好机构要跟企业谈,要运用条款中的能力,给他制造麻烦、逼他答应退。这是过去经常发生的事情,越负责的机构,出现了这种情况越难弄。这是联合投资。

标准的联合投资也有一种做法,规避上述这种情况。比如美国就确定了一个领头的投资人,其他的投资人是不能跟企业谈价格、谈条款的,所有问题由领头人去跟企业谈,但这是比较难的。这种情况下,如果这两家联合投资的机构不能好好合作,这个投资是很难有效退出来的,这就是一个界面上产生了多个主体投资而带来的复杂性。

第二是多轮融资情况下的退出。还有一种复杂性也提出了一个要求,就是需要合作,多轮融资情况下的退出也变得复杂。

第三是退出过程中涉及和其他机构的合作。有很多情况下可能是退了,尤其是非常早期的投资,但你在退,别人在进。这个时候合作就变得很重要。行业本身的生态好不好很重要,大家都知道经济上有一个词叫劣币驱逐良币,就是当一个行业中消费者无法对提供消费、产品服务的人,作出好坏判断的时候,也就是信息不对称的时候,一定是坏产品把好产品干掉了,这就是说,行业的生态首先要好。

我们现在也可能看到,行业内机构的数量已经开始明显减少。减少是好事,不合格的机构越来越少了,踏踏实实干事的机构就会越来越多,所以行业生态会好起来。合作过程中,一定要选好合作伙伴,选择了合作伙伴之后你跟他之间还要有必要的沟通,这就是合作的重要性。

五、对行业未来的判断

(一)对行业未来的判断——美国的经验

第一阶段:启蒙阶段,40 年代到 60 年代末

美国的第一个阶段跟中国的第一个阶段一样,40 年代到 60 年代末成立了第一家严格意义上的风险公司,1958 年出台《小企业法》支持小企业公司。二战以前,是美国企业兼并重组的第一波、第二波浪潮,大量的巨型企业在这个阶段产生了,钢铁、石油、化工、交通这些企业在美国整个的国民经济中占有非常重要的地位,全社会都认为它们代表着美国精神,这些企业非常重要。尤其二战期间,美国的这些企业对美国在二战过程中胜出出力很大。但是二战以后,政府突然发现宏观经济关注的那些经济指标、社会指标中,中小企业,尤其是小企业的贡献,比原来想象中要大得多,这才发现小企业很重要。尤其是大企业发展的后期会制约创新的时候,美国政府就越来越重视小企业,这是那个年代背后真正的故事。

40 年代到 60 年代末,美国有一些人认为小企业的发展很重要,尤其是小企业对经济社会的贡献和创新。那个阶段实际上就是末期了,已经有人开始通

过个人的投资行为,给小企业钱,给小企业资助,虽然这些投资人不太多。

第二阶段:停滞阶段,70年代初到80年代初

70年代到80年代是停滞阶段,是因为美国觉得小企业发展没有那么快,数量下来了。其实这都是表象,这个阶段停滞的原因就是经济萧条,税收不利,金融市场不景气,就是整个宏观经济不行,美国整个的发展在这个阶段也是停顿的。

第三阶段:发展与挫折阶段,80年代到90年代

80年代中期,美国快速发展过程中全球的股灾对其打击很大,那么真正大量的风险投资行为就发生在80年代到90年代。今天我们看到的大部分的巨型技术类上市公司,尤其在纳斯达克上市的这些公司,大部分都创立于80年代。谷歌、IBM、苹果都是那个年代拿到了一点风险投资开始创业,从而成就了美国梦典型的大公司。

第四阶段:大发展阶段,90年代以来

90年代以来,新经济支持经济开始逐渐进入人们的视野。大家都认为这个事情重要,不是原来的资产、生产的概念,是新的东西。这个阶段,只有风险投资的行为才能跟它作为金融的匹配,所以开始大发展。推前到五到十年以前,美国的行业也基本上出现了比较大的分化,有两类人在做这些事,第一类就是硅谷这一带的人,他们继续做早期、技术的投资,有标准的风险投资。还有一类在华尔街那一带的人,他们大量做的就是并购,采取私募股权的方式进行并购,有点像我们的PE。

(二)对行业未来的判断——我们的未来

宏观经济:经济增长速度降低,但仍然维持在较高位。

第一,整个行业要欣欣向荣必须有个基础,即宏观经济,所以宏观经济本身要有一定的活力。这点,在中国我们认为总体上是正面的、新常态的,可能发展速度低了,但是经济充满活力,逐步往上走。

经济发展方式:创新驱动、转型升级

这是个终端因素,就是经济发展的方式决定了股权投资的行业,这个创业投资的行业是否有很大的前景? 未来有怎样的机会?

那什么叫做经济的发展方式? 我先举一个台湾的例子,再举一个韩国的例子。台湾的创投在过去二三十年以前非常繁荣,他们是那一批以半导体、电机

显示为主流的产业快速发展的年代,创投非常活跃,当时全世界都认为一个是美国、一个是以色列、一个是台湾,但是现在经济发展方式已经不是创新驱动了。韩国也一样,只要投一个企业,找一下关联它的企业,到最后肯定都是三星,它就是一个模式。一个巨大的三星带动了全韩国的企业往前走。

我们经济发展方式现在看来,有两个东西是非常重要的机会:一个就是创新驱动,大量的中小企业随国家政策的引领,国家政策的支持,全社会努力让它们发展,这也是最基本的,没有这个土壤根本就不能做。

第二个转型升级带来重组的机会。大量的企业要通过并购、重组来消化过剩的产能,来提升自己的效率,这是转型升级很重要的办法。这就给投资活动提供了大量的机会,这也是目前经济发展的方向。

江苏省也在搞国企的混改基金。国有企业混合所有制改革过程中认为基金这种方式对他的推动很重要。混改现在有一个比较典型的例子就是上海绿地,这个过程中的交易结构很复杂,怎么保证利益、怎么让团队得到更好的激励,同时团队要得到控制权,这一切问题都要通过混改这种形式来实现。传统的公司框架同股同权实现不了,所以经济发展的方式给我们提供的机会就非常多。一旦我们认为股权投资行业是一种金融创新、是一种高端产品,它的适用范围就会很广,和生活的方方面面都相关。政府现在就极力推动用股权激励的方式来做 PPT 项目。所以,经济发展方式给我们提供的是非常正面、非常积极的一个环节,能促进这个行业很好地发展,机遇也非常多。

资本市场:面临较大的变革,长期向好。

总结美国的发展经验,一个核心的要素初衷是行业的资本市场。20 世纪71–80 年代,整个经济不发展,资本市场也不活跃。过去有很多学了一点技术的人老是有这样的观点,它对资本市场的理解过于狭隘了,认为资本市场就是IPO,所以资本市场好的时候,IPO 就会多;资本市场不好的时候,IPO 会少。其实不是这么简单,资本市场是对资本进行定价、进行交易的宏观体系,这个体系反映的是资本的活跃程度,就是说交易的活跃程度,这是我们退出的大背景。资本市场只要活跃,无论是并购还是 IPO,都会得到有效地支撑。它一旦不活跃了,谈什么都会受到大的影响。

资本市场的未来是乐观的。新三板现在的速度比一两年以前大家对它的认识完全不一样了,所以新三板一定会成功。新三板这个改革如果不成功,多

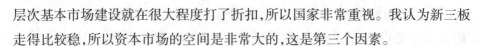

层次基本市场建设就在很大程度打了折扣,所以国家非常重视。我认为新三板走得比较稳,所以资本市场的空间是非常大的,这是第三个因素。

具体政策:逐步规范

第四个因素是具体政策,什么政策对股权投资行业影响大?典型的政策叫税收政策。税收好不好,大家挣了钱以后,钱愿意不愿意往这里交,这是一个很重要的影响。除了税收,还有很多其他的事情,比如说工商注册,就是一个配套注册,工商注册过程中我们还有很多的东西和现行的法律法规匹配不完善。不过,只要政府对股权投资高度重视,这些问题都会逐步地解决。过去这个行业的第一轮的发展是财富效应导致这个行业迅速地火起来,这个火只不过在小范围火,政府并没有认为它很重要,所以所谓的推动不会很有力。现在,政府就认为这件事情很重要,混改基金也要用这个股权投资模式来做,GDP 也要用这个股权投资模式做。地方创新、创业发展,中小企业发展,看来看去只有股权投资行业在做。那你说政府这么高的重视,它怎么会不来解决这个事,所以这个行业的未来也是相对乐观的。

PE、VC 的自身周期

这个是微观的说法,不是宏观的。我想讲的是三年以来,私募股权投资行业,正逐步发觉它自身所能够为整个经济提供的价值,它在回归本源,这就是一个巨大的进步。从这几个因素来看,私募股权投资行业涵盖的创业投资、风险投资、PE 投资甚至并购投资都有巨大的空间,这个事情才刚刚开始。

(三)业内竞争、专业分工

业内的竞争会导致专业分工进一步加剧。我们一再强调,过去三五年以前,私募股权投资行业真正的投资内涵就是做 Pre-IPO,甚至都不用价值,只要去对照它能 IPO,投就行了。

那么演变到现在,因为 IPO 的这种思路已经变得没有办法再做了。如果这个故事这么简单,所有的人都做,大量的钱进来,那么 IPO 的价格就会越来越高,高了就不赚钱了。价格炒高了之后,做 IPO 就做不了。做不了的情况下,大家就开始专业分工。现在这个阶段我们到市场上去看,就有人专门做天使,有人专门做创投,有人专门做并购,形成了专业的分工。一个行业,一个产业第一轮没有专业分工,永远是发展不成熟的,专业分工都没有完成就是初级阶段。只有专业分工了,才说明了内部的竞争压力足够大,才说明了它需要做得更精巧和更高效才能挣钱,这就是专业分工。

过去我们很难看到一个机构我只做什么,所有的人都在做IPO。所以专业分工会延续到大资管,就是一旦形成了专业分工,就有了专业能力,能力越来越强。我讲到通过不断地投,不断地退,去积累对某一个领域、某一个阶段投资的专业技能、专业知识、专业能力、专业资源。一旦这些东西累计到足够多,企业的发展就不是简单地做一件事情,是要跟你的积累的能力在做这个事。有了这个能力之后就可以推进大资管时代的到来,就是我有了这个能力以后,我就可以借用这个能力去做资产管理的事情。这个事情不是简单地投一个企业,或投一个并购,其他多种多样的事都会产生,这个故事会演到什么地步呢?谁也不好说,但是一定会到来。

PE投资实际上就是这种能力演化。现在大资管里面比较多的是地产基金,地产基金是最典型的简单运用。什么叫简单运用?地产基金的核心运用是什么?运用了对地产行业、对地产的不动产产品一定程度的了解,嫁接一个金融工具。其中核心金融工具嫁接的就是分层设计,就是结构化设计。就是把不同人的钱放在一块,最后算出一本帐,要求小风险、高回报的人都能满足,这就是目前正在发生的事情,就是业内的竞争越来越加剧导致了专业分工,这个专业分工会进一步拓展能力凸现,会催生大资管时代的到来。

从1991年到2001年,十年时间,美国投资早期的所谓成长期和后期相对的一个项目比例,是比较均衡的。相对均衡最起码说明了都是专业机构在做,不会是因为投早期的好,所有的人投早期了没有人投资后期了。突然有一天IPO机会来了,所有的人早期也不投了,并购也不投了,都投IPO,没有这种现象。这种现象十年间可以看到,美国早期、中期、后期的项目相对是均衡的,最后就是体现出它的机构是分工的,他卖白菜永远都是卖白菜,这也是我们国家正在发生的。

所以我判断,未来市场中有两类机构能够活得很好:一个是小而美的机构,就是我把一个事做得很专。比方说我就投一个生物医药,甚至我就投生物医药领域里面一个细分的领域,就干一件事,不断地积累,在全球范围找。在全球范围里面去找他这个领域里面好的资源,他跟这个行业里面的人熟得不能再熟了,这种机构才会存在。这种机构过去在市场中不受重视,很简单,因为所有的评奖机构都谈规模,而这种机构肯定没有规模。将来这种机构,大家看清科,现在可能对这种机构越来越重视,有这么几家做得非常好,很低调,小而美的机构会存活下去,因为做得很专业。

第二类就是资源丰富的大机构。国内还没有哪家觉得自己是这种机构的。它背后支撑的是核心资源,能够把各种业务有效地整合。

(四)企业价值实现的改变

做一个股权投资到最后价值是怎么实现的呢?你投的企业本身长了多少,就是企业价值的成长。就是你投的时候利润是 1000 万元,过去了 5 年,假如它的利润变成了 5000 万了元,翻了五倍,这是一个因素,看投的这个企业是否能长大。第二个要素是要呈现一个资本市场的溢价。这个怎么解释?这个溢价就是说在私人的市场买卖一个股权和在公开市场买卖一个股权间的价差。也就是可以理解成 PE 倍数的价差。你现在私下里买卖一个企业,你给它的 PE 倍数可能就是十倍,但这个东西在公开市场可能就有二十倍,就有了两倍的差距。为什么有这个差距?有人解释是流动性的溢价,因为公开市场可以流动,私下市场就不能流动,或流动性差,所以就有了高溢价。

这两个溢价就决定了你最终在投一个企业的过程中能实现多少价值。过去的故事大部分集中在这里,这些就相当于价值公式,等于 A × B。A 是企业长大了多少,B 是资本市场有多少溢价。过去资本市场的溢价足够大,私人市场五六倍地买,公开市场、二级市场则 50 倍 PE 倍数,所以这个足够大。因此导致了企业本身长大不长大不重要,你只要它能 IPO,你管它长大不长大,你后面就足够大了,这是过去价值实现方式。但是现在资本市场的溢价已经没有那么大了,企业本身成长的价值就变成了核心的要素。这就是目前我一再强调的,尤其是注册制以后会加剧这个效应,为什么呢?核心问题不再是能不能 IPO,是企业到底能不能成长起来,这就是做 PE、VC,天使投资的核心,你是不是能投一个企业,投资的是时候了,到后来长大了、成长了。

这个变化还有第二方面,过去只有一个企业成长价值是价值。就是投一个企业一定是长大了才能赚钱,现在不是这样。并购作为一个主流退出方式之一就会产生另外一个价值,就是所谓的并购价值。并购的价值产生在哪儿?这个比企业成长价值方面面多得多了,并购的价值可能在几个点都产生,并购价值非常多的情况下代表可以被配置的资源更多。过去这个企业只要长不大,基本上就没有投的价值,它不能 IPO,你投它干什么?现在不是这样,它只要能够被并购,只要你能发现它被并购的价值,它就是一个好的投资标的。你说这样子的生意是不是能做的有很多了,尤其我认为,对于比较传统的经济结构的这些地区,做并购非常重要。

还有一种很典型的叫被兼并价值,就是消灭竞争对手式的并购,也很重要。两个企业在同样一个地区竞争,可能就是某个巧合,有一个企业有现金、有发展,或者这个企业老板很有雄心壮志。另外一个企业可能要交班了,这种现象现在非常多,第一代创业家现在到了60多岁了,他想的最主要是他的财富怎么平稳交接。假如这个富二代交不了班,他就考虑财富怎么样有效地保全下来。那么这样的话我就消灭了一个竞争对手,我借这个机会把它彻底并购过来。但是并过来之后,这个企业股份的让出或者财富的实现我要考虑到被并购企业,这也是一个并购的机会。

还有多种多样的形式,比如说我们以前很难达成交易,一个企业里面有两块业务,或者现在有三块业务,你不对它进行整合就很难做,放在一起做一个IPO的标的很难做,可能涉及诸多的工作开展不下去。这个时候就有可能把三块东西分开拆,A业务卖给一个公司,B业务卖给另一个公司,这种机会就使得大量的所谓的并购价值产生,这也是价值实现方式的根本变化。这个变化带来的最大效益之一就是使股权投资业务可以投的东西多得多了,我相信这个方法对很多地区来说是非常重要的。过去没有办法投,现在不是这样,很多大型的企业都可以投,你只要去发现、拓展它的价值。

(五)IPO 仍是主渠道,并购大幅度提升

什么东西热的时候你做什么,基本上就晚了,这里并不是说现在并购晚了。IPO现在大家看好像渠道不畅,不怎么样,但是IPO积累了一些素材,积累了一些力量,现在是正当时的阶段。你现在投一个企业,弄个两年,满足条件,IPO市场一再如你们所愿,变成了一个相对畅通的渠道,你就会挣到真正的大钱。

(六)大资管时代到来

大资管时代,比如不动产基金,实际上如果回想并购价值这件事,某种意义上就是一种大资管年代所应该做的事。过去典型的以IPO为主不是这样的,只要你具备某一方面的资源,你都可以管理这块资产。

所以最后总结一下将来应该发生这么几个很大的变化,这些变化最后说明了什么问题?跟大家分享一下。

私募股权的行业刚刚开始，我们还有很长的路要走。我现在回头想想，价值实现的方式在变，行业的专业分工讲究你的能力，大资管时代的到来意味着什么？

一种观点是认为这个行业走下坡路了，融资不行了，投资量也不大了，退都退不了啦，所以这个行业好像不行了，这个风潮过去了，可能走向没落了。这个观点毫无疑问是个错误的观点，我首先不赞成。

第二个观点很多人赞同，我也不赞同。就是所谓的周期性的观点，周期不对，它的自身发展周期就会一下子下来了，但将来可能还会上去。他们认为的周期是什么？就是停止波动，我不认为是这样。我认为的周期波动，是在做一次蜕变，所以它不仅不是退步，而是进步，它是在数据表现下的往下走，实际上孕育着发生一次脱胎换骨的变化。

六、对创业投资的几点认识

(一)从支持创新创业到重要创新金融工具

1.对行业的认识。创业投资行业有巨大的发展空间，多年来，大家对这个行业的认识从支持创新、创业，已经开始转变成重要的创新金融工具。过去都是说支持创新、创业，我印象很深，在科技系统投资的都很熟悉的词叫科技金融，江苏的科技金融在全国应该说是绝对走在前面的，我感觉做得真不错。这个科技金融开了很多研讨会，参加的人很多，有银行、有券商，一大堆人都在讨论。讨论到最后，客观地说共识也没多少，但达成第一条共识就叫"科技金融很重要"。

2.价值共识。创业投资在整个体系中占有独特的，不可替代的关键作用。为什么它能支持创新、创业？就是因为它能巧妙地嫁接金融资本和其他资源，给创新创业的中小企业注入活力，所以它是重要的。这个故事到现在不但没有结束，反而变成了重要的创新金融工具。它不是简单地支持创新创业，也参与国企改革、混合所有制改革、城市建设等一系列重要的经济活动。

我们再谈科技金融。科技创新创业去重视早期的企业肯定是对的，但是不能偏颇，不能忽视大企业。到最后的格局，我个人认为做得"既要有顶天立地，也要有铺天盖地"，铺天盖地指的是小企业。但是不要放弃另外一点，技术攻关，大型的难度要靠巨型的大企业来做，这也是不能忘记的事。而这些问题过去没有提出过，对这些巨型的大企业来说好像没有科技金融的问题，为什么没有？它通过传统的金融能解决需要科技金融解决的问题。它不需要融资了，因为它是大企业，完全可以通过传统的融资方式融到钱，然后用到它的科技金融方向上去。这个效率低不低？我说，这个效率不仅低，还产生了另外一个问题！因为还有一个比钱更重要的东西，是构建一个能把各种要素整合在一起的平台，这是对中小企业发展比钱还重要的东西。它需要团队、需要人、需要技术、需要资金，把这些资源放在一起，这些资源就是科技金融，是创业投资需要做的事。这件事如果传统金融去做，是做不到的，所以说这件事严重地制约了大企业的创新。

我遇到国内一个很知名的大企业，它搞战略研究的老板说自己总想做一件事——鼓励内部创新，就是鼓励现有的研发人员都创新。但是他后来发现这件事很难做，因为他创新出来以后，在他现有的整个体系嫁接这个创新的时候，遇到了更多的困难。因为一个创新产生了之后就要改变了现有的生产流程、工艺流程等，所有涉及被改变的东西大部分都是反对的，有风险、利益的变化。也就是内部环境不允许这样的创新，虽然他是一个技术上创新没有问题的大企业，但是真正到了内部环境应用的时候，他遇到了很大阻力。我就跟他说了一个思路：我专门给你弄一个基金，只要内部的一个点子，在外部先做起来，墙外开花，墙内香了之后再往内部推。这么个思路是不是说明一个问题，大企业的内部创新，需要的不仅仅是钱财，因为大企业本身有投资能力，有钱但是如果构建一个支持创新的内部小环境，他解决不了。所以这个大型企业科技金融活动重要不重要？非常重要。我现在更多地从创业投资的角度讲，实际上应该从股权投资来讲，它已经从一个典型的所谓的支持小企业，创新小企业发展的一个很专业的小众工具，演变成了一个重要的创新技能工具，这个工具可以使用的面比原来要广得多。过去做创业投资、股权投资没有人重视你，但我们这个集团现在做得真算大了，到目前为止管理规模 370 亿元。这就是说如果你的作用发挥了，逐渐会被方方面面所认识。

（二）金融与产业的融合

基金最大的好处就是高度灵活，你可以随便设这个东西，可以形成一个激励机制、可以解决一个传统投资的行为，传统配置资金行为没有办法做的事情你都可以做，但是这有个基础条件，不是说你随便去做，你要完全根据产业、企业发展的特点、特征来捏这块橡皮泥。怎么叫根据企业发展的特点、特征呢？就是行业的基本特征,就是产业的能力,你要做到金融产品和产业高度融合。

比如做并购发现并购的价值,并购的价值有多种多样。你最基本的工夫是在于怎么发现并购价值,你对这个行业不了解,你就没有办法找到这个点。这么多年做下来,我们这个集团走到今天,过去十年之前坚持做的例子到今天都取得了很好的结果。"坚持行业研究"是我们十年之前就提出的一个口号,我做投资,我每一笔投资做的时候必须是基于对这个行业的充分了解。十年前做的时候一下子做不到位,是慢慢地积累。这个事情刚开始的时候并不被业内所有的人认可,很多人不认可,很多人说你是个投资家,干吗要把这个行业搞得那么清楚。我觉得有些机构,找几个会计师帮它做个财务分析,找个律师帮它做个法律调查,之后就可以投资了,这都是胡说。

我们很早就坚持行业研究了,一直到现在。我们的基本结构没有变化,我们内部所有的团队都是按行业分。你做新能源就做新能源,我不鼓励过分地做别的,你发现了别的有价值了也可以拿来让别的专业部门做。我们团队里面每年有考核的指标,第一项是投资工作;第二是行业研究。你做了这个行业每年不给我研究,没有几份研究报告,年底大家去评你的研究到底怎么样的时候,你也过不了关。行业非常重要,你对这个行业如果研究得不够,是没有办法做投资的。这是我们坚持的一个非常非常重要的原则。

那么,产业金融要融合,团队也要融合。产业金融的融合意味着这里面做的工作是非常多,非常复杂的,团队也要融合。举一个例子,我们每年业内的一些机构互相走动。这些机构是很有名的机构,我们一般是两三个人去,在办公室谈两个小时,他们在干什么,我们在干什么,我们互相交流。我们团队有个很核心的理念就是德国足球精神,不刻意追求个别能力有多高,能互补最好,我们核心的目标是团队的配合。尤其是在你做资源性的投资,做复杂的投资,想让你的金融和产业高度融合的时候,团队之间的配合就变得非常重要了。

一个人干不完所有的事情,产业和金融融合的时候需要什么?最起码要几个人在里面,而且是懂这个产业的人,你需要很精干会计师、律师、券商,投行人,所以这些要求是高度融合,高度合作的,不是某一个人多厉害,把他身上光环弄得跟太阳似的,没用。谈到这个课题你就会发现,我想说的意思就是你如果想围绕投资这个事做,你需要做的事情是方方面面的。

(三)借鉴发达经验与根植于本土的团队

借鉴发达的经验与根植本土的团队,这是个关系。我想对任何一个地区的发展,对任何一个业务的发展,一个公司也好,一个地区也好,这两个肯定都是必不可少的。大家把这一句话写出来都认为是对的,但是在实践过程中往往会走偏。不同的事情在不同的区域发展永远有快、有慢,你即便是没有快慢,人家也有人家的特点,你去借鉴,去学习,这很重要。但是我认为根植于本土的团队比前一点更重要。

讲到金融与产业的融合,那么在这种背景下就意味着不可能像过去五年以前的做法,叫 Fly-VC,就是天天拿一个包,飞来飞去,下了飞机谈两句走了。这种能做到你的金融和产业的高度融合吗?很难。你必须去根植本土的团队来做这件事,而这件事真正的所谓技术上有多难,我看未必见得。通过德国足球的方式我认为都可以解决,只是把这些有效的人的资源整合在一起就能解决这个问题。我印象中 2005 年、2004 年那个时候还是外资的天下,基本上在国内做投资的都是外资,人民币机构很少,就是本土机构很少。但是你看咱们本土的机构发展的速度有多快,发展很简单,复杂的是对产业真正的了解。

(四)营造适宜的环境,构建合适的机制

要想发展创投行业核心的东西是什么?你需要这个,他需要那个,你应该这么做,他应该那样做。那么核心的东西我认为是两个:一个是营造适宜的环境,第二个是构建合适的机制,一个是说外,一个是说内。想要发展股权投资,想要发展创投行业,一个地区也好,一个公司也好,就是要解决两个问题。举个例子,就说我们的企业发展的例子,什么叫营造适宜的环境?我们的集团是国有独资企业,就是省属一级企业,它的投资,它的资产储值都要符合国资管理规定。比如投一个项目,必须审计评估;卖一个项目,不仅需要审计评估,还要公开挂牌,要在省以上产交所挂牌;如果想协议转让,必须是省级以上国有资产管理部门才能批准。这个对以前的生产经营中的国有单位没有问题,它的股权投资、股权转让是偶发事件,三五年有一个。你这儿成天发生,你去评估试试看,你去挂牌试试看,你就没有办法做了。这就是环境对我们的限制,你不能怪环境,因为《国资法》出来的时候还没有这个事。

比如对企业的考核,过去的考核更多的是我们省里面对国有资产的考核,都是生产经营的考核思路,最主要的是考什么?核心指标是销售。那你说我一

个投资企业有什么销售啊？我今年没有退出就没有销售，你这个标准跟我是不太适应。我们做的第一件事就是通过你的宣传、汇报，去让管你的部门理解这个事，这个事的本质是什么？你为什么这样做？你得让他明白。这个工作可能是一个"润物细无声"的过程，你做一次没有效果，做两次没有效果，人家得要有一个认知过程，这个事不容易，你要慢慢地积累起来，你到最后发现你的主管部门对你认可程度很高了、你的主管部门对你很放手了、你的主管部门在想方设法地在现有的法律制度框架之下帮你解决问题，你的外部环境就会越来越好了。

外部环境包括方方面面，那么工商登记也是一样，最开始都不了解，不理解。我们现在弄了 51 个基金，一共 370 多亿元。注册这么多基金，你也不断在跟工商部门沟通，也在不断地解释这个事情，它的外部环境就会逐渐地变好。而这个外部环境在今天全社会对这件事情重视程度这么高的情况下，我相信它会越来越好，这只是一个时间问题。

再说合适的内部机制。我们在 2014 年 2 月 18 改革之前，所有的管理团队都在国有独资平台上工作。虽然是独资的平台，但是它一定是内部高度市场化的一个制度。做了多少有多少奖励，做得不好怎么办，奖金怎么分，激励怎么弄，考核怎么弄。

举几个例子。没改革之前，很多熟悉了的同志说，怎么看你们都不像国有企业。你那么看当然不像一个国有企业，我们将近 200 人的团队，没有一个人是哪个领导推荐进来的。当然也有领导推荐，但是所有推荐的人都要经过我们的招聘、考试流程，一步步进来，但是大部分推荐进来的人都走了，适应不了。他来了之后跟普通招聘来的一样，该干活干活，年底该怎么考评就怎么考评，负责考评的人领导都不知道是谁。考下来之后人家打 80 分，你就打 50 分，奖金也拿不到，同志们看你还是异样的眼光，你自己就干不下去了。

内部构造一个合适的机制，鼓励人去干，奖勤罚懒，这是很重要的一件事情。因为这件事里面的核心是调动人的积极性，所有这些你谈到的，要落实这个，要发挥那个，要注重资源，那资源都在哪里？资源不在你锁的办公室里面，不在你的几个文件里，在一些人的头脑里。他做的时间长了，他成这个行业的老专家了，资源都在他身上，你不把他的积极性调动起来那你怎么玩？这就是构建合适机制的重要性。所以说，你解决了这两个事情，能人会来，团队中不合适的人自然也会被淘汰，你的团队就会越来越强，你的外部环境会越来越好，你自然就会好。

（五）长期性和专业性

长期性就是不太容易见效。你所有想做的这件事，都不是今天定一个制度，明天拿出来，后天就见效，没有那么简单，都是复杂的事，都是需要长期慢慢积累的事。这件事也是很麻烦，跟城市建设一样，你看我们有很多城市建设不好，为什么不好? 因为一任官员最多在一个地方任职五年，他哪会想五年以后的事。南京周边有个城市，据说城市建设的很好，后来他们总结发现那个地方的书记一干干了十年，没动过，所以那个城市建设得很好。它是一个长期性的活，所以必须有一个长期的管理。

专业性，不是谁来干都能行的，你必须要高度重视专业的人、专业的做事风格，如果不重视这两点，这个事也做不好。

第十一讲　山西转型三件事：
医药、农业、新能源

程雪峰

程雪峰　九鼎投资管理有限公司华北分公司总经理。曾供职于中国银行国际业务部。

很高兴有机会与大家交流。我分管华北大区，目前主要是山西、陕西、内蒙古这几个地区，从 2012 年开始基本上每个月有两到三次来太原，所以相比之下，我对山西的情况要了解得更多一些。说起我在山西这三年来的工作经历，很难用一句话总结，感受非常多。所以在接到这个培训班的通知时，真得很高兴，因为我感觉自己确实有一些东西能跟大家交流和分享。

一、中国经济进入升级换挡期

投资始终是处于经济最前沿的一个领域。相信我说的这个观点大家都会认同，那就是目前的山西处在最艰难的时刻。这个时刻是怎么形成的呢？山西状况是全国的缩影，可以说目前全国都处于很艰难的状态，但是山西尤为艰难。从 2012 年下半年开始到现在，大家在各类媒体或论坛、培训班上都会听到，各个层面都在提中国经济转型升级，这是整个国家的节奏。山西因其经济结构、产业结构决定了它必然是所有调整中最需要调整的一部分。所以说这几年大家都能亲身感受到山西经济进入了最艰难的时刻。

为什么经济会进入这么艰难的时刻？因为中国经济已经进入了转型升级的阶段。那不转不行吗？我们过去过得也挺好的，为什么要自找苦吃？实际上，转型已经到了非转不可的程度，为什么今天会很艰难？是因为我们转得太晚，是被迫转型的，如果是主动转型的话情况可能会好很多，转得越晚，就越被动。

(一)从无到有

为什么一进入转型期,整个形势会变得这么困难?它的本质就是"从无到有"。改革开放三十多年以来,中国经历了非常多的变化,如果用一两句话浓缩概括这 30 年来中国经济的主要特征,就是从无到有。一个月前我去海南调研,晚上八点钟我的朋友开车送我去海南机场。在机场高速路上我问了他一个问题,就是高速上滚滚车流是什么时候出现的?大家想一想,其实 90%是在 5 年内出现的。另外,站在全国任何一个城市,环顾周围建筑,其中 80%以上也是 10 年内出现的。这意味着什么?这也是为什么老外不了解中国经济的原因,全世界没有一个国家像中国这样,一个家庭最大的开支是买房、买车,大众开支中房子是 10 年内出现的,车子是 5 年内出现的,对中国这么大体量的国家而言,这带来了多少 GDP?带来多少机会?所以说,这一切的本质就是从无到有,基本上每个行业都是这样。

我们干的工作是投资,主要面对两类人:一是要拿钱出来投资的人,二是企业有上市前景需要融资的人,这两项特征决定了我在工作中见的 90%以上是各种各样的民营老板和民营企业家。我发现这个群体有一个普遍感受,就是觉得赚钱越来越难了。经历过 80 年代,下海经商比较早的人,会觉得 80 年代赚钱简直太简单了,只需要一件事,就是胆大,通俗讲叫"撑死胆大的,饿死胆小的",只要敢下海经商就能赚钱。尤其是 80 年代初,刚从计划经济转到市场经济,所有领域都是一片空白,做任何事情都是从无到有。

1995 年,我刚参加工作,那时是在银行做信贷。当时支持了一个客户,他找我借钱时没有任何东西可以抵押,怎么借?我想了办法,换个方式借给他钱,就是帮他办了一张信用卡。那个信用卡透支额度是 5000 块钱,他借的第一笔钱是 3000 块钱,15 天还一次,第二天再借出来,然后再还,就这么周转。他拿这 3000 块钱办了家自行车配件批发部,从江苏进配件。大概到 1999 年时,靠着 3000 块钱的滚动发展,4 年后他的企业规模已经很大了,基本上每年销售额已经可能过千万元。后来我问他怎么做能发展得这么快?他举了个例子跟我讲,他卖自行车配件和气筒,每次去江苏进气筒都进一火车皮,然后租一个废旧国企的仓库把所有东西都卸存在那儿。之后会有各种各样的小批发商找他买,一车皮气筒不到一星期就全部卖光了,因为当时河北、安徽和河南这片市场就是他覆盖的,方圆五百公里的人都找他批发,整个区域里他是唯一一个做这项生意的,所以大家都找他。所以他从3000块发展到几千万元只用了4年时间,这是典型的"从无到有"。

(二)从有到优

国民经济的基本特征是"从无到有",现在说当前的中国经济需要升级换档,要调结构、要转型。实际上转型升级再用四个字来总结的话,就是"从有到优"。山西生态环境离不开中国的生态环境。2012年左右,我服务的客户大部分过得挺滋润的,但时隔不久的今天却成了这样的状况,什么原因?其实就是这八个字——从无到有、从有到优。我们的整个经济基本形态已经发生了变化,过去所有行业做的事是从无到有,现在还想发展壮大下去则要从有到优。

谈中国经济绕不过房地产这个话题,这也是当前最热的话题之一。房地产调整刚刚开始,还不到一年,一年前全国所有城市都在限购,怎么不到一年时间就只剩下北上广深这四个城市坚持限购政策没有放开?而且虽然没有放开,但也马上要通过各种形式放开,为什么?房地产对经济的影响太大了,目前房地产的销售态势和它所能带来的这种增速客观上呼唤房地产再给GDP做贡献。过去我们有造城运动,可以说中国过去经济的核心就是造城,一切围绕造城运动开始。有专家分析房地产可以拉动72个产业链,把这72个产业链的所有贡献总结下来,对GDP的贡献可能已经超过了80%。大家想,当这一切全部停下来又会是什么后果?

我稍微花一点时间与大家分享一下九鼎对房地产的看法。那就是中国经济已经被房地产深深地绑定了。中央为什么着急放开房地产?其实是万不得已。为什么?这一招非常险,但不得不走,因为已经别无他选。从目前的房地产来看,对国民经济来说最有利的做法是什么,是房价不再涨,全国的房地产泡沫程度不一样,太原不算太严重,但局部也有一些泡沫;但全国的房地产泡沫是很严重的,就像一个气球快到极限了。如果再涨价的结果是什么?气球马上就爆了。不涨价的话就是跌,往下跌又是什么后果?在座各位应该都有银行界的朋友,大家去问问行长能不能承受?中国房地产有太多的原因不能跌,首先是银行承受不了;其次,全国80%-90%地市中,财政来源的50%以上依靠土地财政,是靠卖土地的。现在为什么地方官员频繁跑北京要求中央马上放开政策?就是因为有些地方的财政收入已经不足以支付当地工资了,公务员工资和当地诸如社保、养老这些刚性支出一旦停下来就不仅仅是经济问题了,那是政治问题。所以说，房地产下跌的冲击会非常严重，但又不能上涨，那该怎么办？

从中央目前的态势来看，我估计是要采取这个方法，现在看来中央所有调控政策都是围绕实现这个目标，如果这个目标实现的话就是成功了。什么目标？一方面是五年内房价不大幅波动，上下波动幅度不要超过 10%，先拖着；另一方面是让老百姓的收入以每年接近 10% 的增速上涨。上涨来源有两个，一是居民依靠其所从事、就业的单元岗位带来 10% 的增长，这是最理想的一种情况，二是如果第一种情况实现不了，那就大量的印货币，让居民手中的钱每年以 10% 的速度增长。连续增长 5 年的结果是什么？每年增长 10%，连续增长 5 年，收入增长应该接近 60% 了。当居民收入增长 60%，但房价没动的时候，就等于房价下跌了 50%。可以通过这样的调控方式使房价下降 50%，而不是现在简单地降 50%，现在是降 30% 就崩溃了。我这样的描述大家听着可能觉得非常简单，但是这一幕实现起来需要一个庞大的社会机器综合协调，这个目标将是非常艰巨的挑战。如果说能 5 年拖着房价也不涨也不跌，居民收入实现 50% 的增长，我们就真得成功了，这个成功用最通俗一句话讲就叫"软着陆"。

现在有不少全球顶尖的智囊团，包括曾经获得诺奖的经济学家对中国经济持有非常悲观的观点，认为中国经济迈不过这个槛。但我们并不这么认为，中国经济是独特的，我们不仅要从经济角度看问题，还要从政治角度看问题。这让我回想起十年前在银行就职时，中国上市公司 2000 多家，其中将近 50% 的市值是由银行组成的，包括工农中建四大行加上一些小银行。2003 年，中国银行业面临一个巨大的关口，就是银行坏账率非常高。那时我正在香港的一家银行上班，我提出一个观点是解决之道在于要推中国的银行上市。这在西方经济学家看来简直是不可能的，因为大家知道 2003 年、2004 年的中国银行界是什么情况？当时资产状况最好的是建设银行，建设银行坏账率将近 25%；资产状况排第二位的是中行，坏账率 28%；工行接近 31% 左右；最差的是农行，坏账率是 60%，所以到 2006 年农行才上市。60% 的坏账率意味着什么？银行是一个非常特殊的机构，它是借钱经营的，全球通行的银行监管条例《巴塞尔协议》中规定银行核心资本是 8%，也就是说银行资产里只有 8% 是自己的钱，其他钱都是借来的。当坏账率超过 8%，按国际通行规则这家银行是要立马关门进行清算的。而我们最好的银行坏账率 25%，按国际惯例已经够破产 3 次了，但我们没有一家关门，还全都上市了，成了公众公司，这在国外都是匪夷所思的事，但在中国是现实。所以房地产也是一样,按经济学的眼光来看,中国非常危险,但实际上我们有自己的办法,这就是中国特色。

我给大家讲一讲当时中国是怎么解决问题的,在银行坏账率那么高的情况下。汇金公司是代表财政部投资,它持有四大银行的股权,汇金公司怎么办? 先给每家银行 5000 亿元,把坏账买走后成立资产管理公司。所以现在大家看到每家银行都有资产管理公司,说得好听点叫资产管理公司,实际上就是垃圾账,是银行已经拿不回来的钱。如果按国际准则来讲,银行坏账率不要说到 28%,接近 8%就不应该再吸收储户存钱了,已经非常危险。中国这种用现金买坏账的事情在经济学上是绝对不可理喻的,但中国做到了,就是因为我们这样一个政体下,所有财产都属于人民,人民赋予中央政府可以这么做的权利。

那最后四大行上市总共花了多少钱? 将近 2.6 万亿元,这是 10 年前的 2.6 万亿元。曾经有一个经济学家写了一篇文章,我分享一下他的观点,在座的各位不要觉得四大行上市跟自己没有关系, 这跟中国土地上的每一个人都有关系,因为我们都为这件事买单了,只不过是你不知道而已。2.6 万亿元除以中国有户籍登记的人口数, 结论是每个人为四大行上市付出的成本是将近 2200 元人民币。在国外这是不可能发生的,政府的钱是纳税人的钱,大家知道前段时间美国政府停摆了,就是因为大部分人不同意政府增加预算。所以对中国的房地产我们要辩证地看,要从经济学角度看已经非常危险了,但中国很特殊,我们能干很多从经济学角度无法理解的事。房地产应该问题不大,大家要有信心。

(三)当过去不再继续,造城、造车运动减速

过去国民经济中最重要的因素是造城,现在造城运动的终结对全国的冲击非常大,而冲击最大的就是山西,因为这与山西的关系最密切。在山西工作的三年中接触了不少与煤炭行业相关的山西朋友,我开玩笑地讲他们从本质上都是干房地产的,有朋友不理解,认为自己开煤矿的怎么就干房地产了。我解释说你的煤卖给谁了? 卖给钢厂、电厂了,那钢厂把钢卖给谁了? 卖给开发商了。所以最后绕一圈又全都回到房地产了。正因为山西主要提供能源,下游客户是房地产,所以当造城运动终结时,全国冲击最大的、最严重的就是山西。

第二就是造车运动。中国的事老外真得无法理解,很多事情不能仔细想,但是作为投资人需要具备的重要素质就是要会观察, 在看到现象后要想到本质。现在北京的堵车是全国著名的,可以说在四环内任何一片可以停车的地方都已经停满了车。但在 2008 年奥运会那一年，只要不是在长安街这样的主干道，基本上都能找到停车位。4 年时间里，这些车是从哪儿冒出来的？北京只是全国的缩影，全国都是这样。车也是同样的道理，要大量消耗钢材、消耗橡胶，包括车上的电子器件也需要能源转化，那钢材再往上走就是煤炭。大家知道原来先是房子限购，现在是车也限购、摇号，所有东西都进入了饱和状态。

所以我们现在要思考什么？山西的产业结构非常单一，这片土地上 70%–80% 的人跟能源有关系，相信这两年能源经过剧烈的下行趋势后已经给大家生活带来了巨大影响。

（四）一切以煤炭为中心的终结

根据刚才所做的分析，大家会知道，现在的状况为什么会这样，本质上讲就是"一切以煤炭为中心"模式的终结。知道现在是什么样，也知道为什么会这样了，下一步是要解决好未来该怎么办，要干什么的问题。

（五）钱从煤炭中来，回到煤炭中去；钱不再从煤炭中来，也不回到煤炭中去

这是我对山西过去、现在、未来经济工作的总结。这些年来，山西除了煤炭经济之外也有别的，但占的份额非常小。所以山西省政府过去几年一直喊的口号就是要大力发展非煤产业。过去我认识的山西朋友中大部分挣的钱是通过煤炭来的，然后无论是通过高利贷的形式、通过小贷公司的形式，还是通过把钱存在银行然后由银行贷给煤矿，总之钱会又回到煤炭中去，总结一下就是钱从煤炭中来，又回到煤炭中去。但从 2012 年下半年开始，这种资金流向已经完全发生改变，煤炭也不会再提供多少现金流了，赚到钱的人也不敢再把钱回到煤炭中去了。

二、新经济模式下的新机遇

未来我们所面临的是崭新的模式，不光是山西，全国都进入了新模式。但与其他省份不同，山西尤为迫切。由于产业结构的不同，每个省份受到了不同程度的冲击，比如有些省份 50% 是传统产业，50% 是新兴产业，传统产业下滑后依靠新兴产业还能维持，但山西因为煤炭产业占的比重太大了，受到的影响也最大，所以我们是迫切需要发展新兴产业的。新行业中有很多的机遇，能代表新经济的也有很多行业，我就将自己比较熟悉的几个领域与大家做一个交流。

(一)一切以人为本

对于煤炭,现在是人人皆知已经不能继续将它作为 GDP 的主流了,那我们该发展什么新机遇呢?转型往哪儿转?最好的转型是先看看自己家当里有什么东西,结合家底来转。虽然山西的篮子里是以煤炭为主,但也有一些是产业底子比较好的。九鼎在山西这片土地上耕耘好几年了,我们的团队自 2010 年进入山西后陆续投了六七个项目,总金额达到六七亿元,但其中没有一个是煤炭企业。那山西除了煤炭之外有哪几个领域的基础是比较好的?

比如医药。山西医药为什么有底子?我们曾经做过一个调研,也与山西省经信委包括其他单位的领导交流过,就说山西为什么有这么多药厂?因为五六十年代,我们还处在计划经济体制时期,全国做大布局时认为山西很多是山区,发展别的产业基础比较薄弱,因此当时中央把山西布局成医药行业的全国重点,迁了很多药厂来山西。我们在山西投的两家药厂现在基本上处于上市审批过程中,前景很不错。山西的医药企业中我知道的很有价值的就有几十家,这在全国来说都算是比较突出的。另外还有农业,山西可以发展有机农业、生态农业,而生态农业可以归到另外一个概念就是大消费。

九鼎一贯的投资核心理念是所有的投资都要围绕着人,要为人服务。九鼎自 2007 年创业以来,投资了 240 多家企业,可以划分为六个大类,其中第一大类是医药,第二大类是消费。为什么要布局到医药、消费?这和九鼎的核心理念是一脉相承的,我们的董事长在创立九鼎之初就已经把九鼎究竟要干什么?能投什么、不能投什么想得很清楚。九鼎还有特殊的一点,现在互联网领域非常热,已经造就了阿里、腾讯和京东,但九鼎从来没有投过互联网领域。为什么没有投?两个原因:一是我们没有这样的水平,九鼎的人才结构里没有对互联网有非常深刻理解的人才;二是九鼎的钱是从国内来的,我们投的是人民币,每投一个项目都要跟投资人交代,要沟通好我们投什么项目。投医药、消费、农业,国内的投资人能看得懂,我们也有信心把故事讲好让他们听得懂。但是投互联网的话,大家知道互联网投资有一个明显的特征,就是在投资时基本都处于亏损状态,像京东也是上市后刚刚实现盈利。如果我们跟投资人讲要拿他们的钱投一个可能会连续亏五六年的企业,如果这个企业成功了,大家能赚很多钱;但如果这个企业亏掉了,我们的钱就全部没有了,那投资人是不会同意的。所以九鼎投的企业都是非常传统的,医药和消费是两条大的主线。

大家要明白一个基本道理，就是投资的一切是为人服务。投资是有规律的，既然是为人服务，我们就要找到人的规律。那不管中国人还是外国人，白人还是黑人，人性是基本相通的。人性有两个基本点是什么？第一想得长，第二想活得好，活得长靠医药，活得好靠消费，道理非常简单，但它又是非常朴素的真理，它指导了过去九鼎七年的工作，还会在未来的事业中继续指导。

在座各位如果要去做投资，无论是投钱给别人，还是自己办企业，这些领域是非常值得研究的。未来中国新经济的核心是从有到优，同样是盖房子，简单地拿一块地盖房子的时代已经结束了，未来的房地产一定是个性化的，从物业、设计、装修各方面都得有竞争力，汽车也不能满足于过去有四个轮子会跑就行，得功能全、性价比高。

中国过去包括未来很多经济领域是彼此关联的，诺奖学者认为中国过不了这个槛，我们虽然没有他们那么高的声誉和水平，但我们更理解中国，我们并不担心，中国完全可以过这个槛。那过这个槛的基本前提是什么？就是"从有到优"。国际货币基金组织在 2014 年底发布了一个报告，就购买力平均水平来说，中国的 GDP 首次超过美国，位于全球第一，但如果从人均 GDP 来说，我们的水平非常低，在全球排中等偏下，但这也意味着我们的上升空间非常广阔，仅仅在"从有到优"这件事情上我们可做的工作就很多。所以这届政府执政的核心理念是要让现在绝大多数的中国普通老百姓生活水平得到稳步提升。这个意义非常重大，它不仅仅是一个经济学的命题，更是个政治命题。

中国是世界上少数的实行一党执政的国家。要让绝大多数人的生活水平稳步提升是一切的根本。只要这个目标实现了，其他问题都会迎刃而解；如果没有实现，那所有问题都会接踵而至。抛开政治问题不谈，仅仅让全球四分之一人口的生活水平稳步提升，就足以带来巨大的商业机会。这可以创造多少GDP？就这些 GDP 就足够拉动经济。现在降到 7% 已经很难受了，但实际上我们的 7% 还是有水份的 7%；真正有质量的 GDP，不要说是 7%，4% 都是了不起的成就，因为这么大的经济体如果扎扎实实地增到 4%，那经济质量是非常高的。城市的人有房有车了，但紧接着有房的要住更好的房，有车的要换更好的车，这就是另外一个问题，提升生活品质和内容，怎么提升？靠消费。

大家要理清这个思路。九鼎曾经投资过一个企业，就是 2014 年刚上市的众信旅游。2010 年投资时是 6 块钱一股，上市以后股价接连 13 个涨停，涨到 90

多块钱。这个股票为什么这么受追捧？业绩为什么这么好？因为一年的几大黄金周，全国没有哪一个景区不是人满为患的。去年十一黄金周时我去了宁夏沙坡头，当离景区还有5公里远时高速路上已经停满小轿车，想进景区排队没两个小时根本进不去。它就是当前消费的缩影，大家作为投资者要"见一叶而知秋"，看到这个现象就知道中国消费大潮有多么的汹涌澎湃，所以一切的商机围绕消费而来。

要把"从有到优"这件事琢磨透，所有的领域都是从有到优。无论是吃、穿、住、行、教育，还是消费、娱乐，能想到的所有领域都需要升级，每提升一个档次会创造多少机会？要围绕这个思路去想，那商机就太多了。过去"从无到有"支撑了中国30年，"从有到优"我认为支撑中国GDP以5%的速度增长15年应该没问题。这么大体量的经济体，每年增长5%，增长15年，机会有的是。过去30年是从无到有高速发展的30年，中国创造了很多亿万富翁，从有到优持续的15年，又将造就一大批新贵。现在有一句话比较流行，就是"这是最好的时代也是最坏的时代"，这句话同样适合今天、适合山西，对山西而言这是最艰难的时代，也是最好的时代，我们正好站在两个时代的交替点上，处于一个时代的终结和另一个时代的开始。

(二)重点投资领域

新模式下，重点给大家讲三个领域，这是在山西这片土地上完全有条件实现的，一是医药，二是消费，三是新能源。而且在山西已经有不少人在做，做得也很好。

1.医药领域投资

中国医药领域的投资正在蓬勃发展。九鼎布局医药领域是从2010年开始，现在已经见到成效。今天在座的大部分学员跟投资有关系，大家知道从2012年下半年开始整个投资圈里最热的主题之一就是医药，热到老外到中国投资医药几乎不讲价钱，只要看好的项目要多少钱就多少钱，不砍价。

2010年九鼎布局医药领域时，在这一领域大规模布局的机构屈指可数的，我们算是比较早的。最近九鼎投资的正在陆续上市的企业中有一半是医药投资企业。通过看每年的基金报告我有一个非常深刻的感受，2012年以来宏观经济下行，传统企业的基本利润下降，亏损基本是常态。但九鼎的投资组合中医药企业在2012年、2013年这么艰难的情况下，平均增长率30%，这是净利润平均增长速度。还有将近一半的企业利润增长超过一倍,这种企业也只有在医药行业中能看到。证明医药领域的确是非常值得投资的行业。我认为这个领域的投资热至少可以持续10年,虽然现在的投资价格已经比较高了,但仍然非常值得投。大家做投资要有一个基本功,一定要先知先觉,学会预测、学会思考。

为什么说医药领域值得投资?有比较重要的原因就是中国进入了老龄化社会阶段。养老在3年前还是一个比较新鲜的话题,现在已经不再新鲜,有不少人正在干了。从另外一个角度看,进入老龄社会意味着什么?有一个统计数据显示,人的一生中70%的医药支出是在65岁以后发生的。当中国进入老龄化社会,大量的人口进入老龄化后就等于进入医药消费最高潮点。我这段时间陆续见到了不同药厂的负责人,他们对未来信心满怀,就是因为他们非常清楚自己产品的市场需求多么强劲。

整个社会从有到优,是基本形态的转变,这不光反映在商业领域,包括整个社会生态也是如此。大家想全民医保是从什么时候开始的?就是这两年的事。过去大多数人的生活中有一个非常危险的因素,得祈祷自己不要生病,因为没有医保一生病就"一夜回到解放前"。随着这几年来医保体系的逐步完善,意味着大量的农村人口能放心大胆地到医院看病。所以说为什么这两年九鼎投的医院效益非常好。我观察了一下,医院现金流基本是从社保局划到医院账户上,然后又从医院账户上划到药厂账户上的。现在病人的平均医疗支出要比前几年增长了很多,主要因素就是因为他们有医保支撑了。

当然,除了社保体制的完善和中国进入老龄化社会这两大因素外,随着中国人生活水平的提升,大家的自我保健意识也在不断增强。这三点导致了当前医疗消费的需求非常强劲。所以这个领域应当重点关注。

2.消费领域的投资

消费领域是一个很大的概念,我把山西有机农业也归类到大消费范畴内,包括旅游、食品、娱乐、农业都可以归类为消费。为什么说要看好消费领域?一是因为人均收入水平的不断提升,二是围绕刚才的命题,在未来可预见的十年内中国政府应该会维持在一个比较稳定的水平,其中个人消费水平的提升是一个基本前提。所以说,消费领域投资是非常值得期待的。

3.新能源领域的投资

大家应该很了解能源这块,但山西过去做的大多是旧能源,为什么要投新能源领域？第一，因为过去模式的终结，导致了对煤需求的大幅下降，旧能源模式不可持续。第二是环境承载能力有限，我们的环境承载已经到了极限。

我们这代人是很特殊的一代人。我是七十年代生人，很幸运躲过了饥饿。但五十年代出生的人可能在自己 30 岁的时候还吃不饱饭，但在 60 岁的今天却已经可以住上别墅、开上豪车了，在这么短的时间内发生的变化简直是不可想象的，但另外一方面我们也为此付出了非常大的健康代价。前几天我见了一位药厂厂长，他跟我说估计 10 年后会有非常高比例的人将把一生积蓄花在医院里，这句话是很现实的。10 年后中国至少有 30% 以上的人会出现严重的健康问题。这也是为什么医药投资前景好的原因之一，我认为这是非常悲哀的一件事，也是我们这代人无法逃脱的命运。去年北京搞国际马拉松，有很多外国选手戴着防毒面具在跑，看着很滑稽，但却很必要。环境已经到了什么样的极限可想而知，因此环境极限要求我们必须转型。

因为环境承载到了极限，我们必须发展国家清洁能源战略，这件事必须尽快推动开来。那清洁能源与山西有什么关系？它能给我们带来什么样的机遇？

去年六月，由习总书记亲自主持，中央专题研究了新能源，基本勾画了未来 10 年中国能源的路线图。其中煤是我们绕不开的，还得继续用，它是中国最丰富的资源，大家知道中国石油很少、天然气很少，所以我们花那么大代价从俄罗斯进口天然气。而我们的煤储量是很丰富的，煤还要继续挖，但是要改变过去的使用方法。过去我们是怎么用的？把煤挖出来，卖给电厂、卖给钢厂或者是炼成焦炭后直接燃烧。以后的使用方式要发生变化，要把煤转化成天然气也就是煤制气、把煤转化成油也就是煤制油，然后再用天然气发电，降低它对大气的污染程度。现在山西很多企业，特别是比较大的煤炭企业已经着手煤化工这些尝试。过去煤化工的技术还不成熟，不少人付出了很大代价，比如买了设备后由于技术不成熟，投产达不到理想效果，煤制油、煤制气反而增加了成本，不如直接卖煤赚钱。但现在这项技术已经比较成熟了，包括国家开发银行有一笔很大的专门资金就是支持煤炭往清洁能源方面转型，这是与大家紧密相关的。

我有一个在做煤层气发电的山西朋友，他煤层气发电项目才刚刚开始，投产效益还不明显，就已经有好几家上市公司过来谈，愿意锁定价格，在 2015 年或 2016 年收购。所以说围绕山西旧能源向新能源转化，转化的过程中会有很多商机。

三、山西人投资误区之分析

中国有一句古话讲"一方水土养一方人"，多年来我们作为投资人经常全国跑，接触到各地的人，我有一个深刻体会就是每一个地方的文化基因和文化沉淀会对当地人思维模式产生非常深刻的影响。

山西的投资人有什么特征？先讲优点，首先是绝大多数人都很诚实，我很少听说山西人爱骗人；其次，从山西的传统上说，从晋商票号开始，山西的经商氛围就很强，这也是山西人的另外一个特征，很精明，把什么都算得很清楚，非常有头脑。

但山西人也有自身缺陷，身上都有山西地域文化的局限性。这个局限性是什么？我给大家举个例子。有一个饭局上有两拨人，一拨山西人，一拨浙江人，都是第一次见。我就说九鼎正在做某项投资，是什么样一种商业模式。同样听了这件事，这两拨人最后是什么结果？山西朋友听完后，会说你今天讲得很好，咱们交个朋友，再到山西来记得给我打电话，我去接你一起喝酒。非常热情、非常朴实。浙江人会怎么办？浙江人甚至会在饭局没结束时就把我的电话号码要走了，一结束后马上打电话问我项目的具体细节，问我怎么可以开展合作。他可以跟我不认识，但他觉得是个机会就会马上抓住。那第一次见面他对我的信任度还完全没有建立起来，这一切怎么控制？通过签合同，通过法律，出了问题用法律解决。这就是浙江人的思维，一抓住机会马上合作，用一切完善的法律文件控制风险。而山西人是先跟我交朋友，花个一年半载时间慢慢了解认识你这个人，然后才问你这事该怎么做。花一年建立信任感，再花一年了解这个事情怎么干，第三年再注册一个公司。可能等到第三年决定干这个事的时候，浙江人投的项目已经上市退出了，人家已经完成收益了。这就是非常典型的山西人思维方式和浙江人思维方式的区别。

这个区别的本质是什么？是大家缺乏一种合作精神。大家如果想更快、更有效地分享未来新经济、新模式带来的机遇，必须要有合作精神。

（一）认清小贷的本质，坚持正确的小贷经营模式

讲投资误区首先有必要跟大家交流一下小贷的问题。现在山西有钱人基本上集中在两个领域，一是煤炭，二是房地产。但挣到钱之后，大家都在干同一件事，就是放高利贷、搞小贷公司。多数小贷的后果是什么，相信不用我说大家

也知道。我知道不少人因为搞小贷已经遭遇了非常严重的问题,有的已经远走他乡躲债了。大家要知道,小贷出现今天的局面绝非偶然。

小贷的本质是什么?我问过一个小贷公司的老板,我说你把钱给了谁了?他说给了某个企业。那这个企业为什么不去银行贷款?因为银行不给他。为什么银行不给他?因为银行觉得他风险高。那小贷公司怎么敢给他?前提就是银行觉得这个风险控制不了,所以不给他;但小贷公司认为自己能控制这个风险,所以就给了他?这么说小贷公司的雇员要比银行从业人员的水平还高吗?事实显然不是这样的。小贷公司既然不觉得水平比银行高,那银行都干不了的事,它怎么就干得了呢?这是一个悖论,也就是说小贷公司干的事从逻辑上就是不成立的。

另外,做商业要弄清楚自己的商业模式是什么,小贷这个商业模式从根本上讲也是不成立的。企业已经出现现金流问题,资金很短缺,又拿不到银行这种低成本的钱,才会去找小贷拿高成本的钱,小贷赚的钱本身就是高风险的钱。今天我们主要讲的是私募股权,私募股权的核心逻辑是什么?是要通过投资这笔钱帮助投资对象获得更好的成长,它赚钱后投资的钱自然就回来了。而小贷逻辑是给企业钱时企业本身已经很困难了,这时候它最需要的是一笔低成本的钱帮助渡过难关,但结果小贷给它的是成本更高的钱。小贷在客观上讲是借钱给了企业,但最后结果是加速了企业死亡。所以小贷不可能成功。有人可能不同意我的说法,说为什么2010年、2011年时小贷活得很好,每月的利息收得很好?因为这里面有一个逻辑,小贷收人家30%的利息,那企业一定要挣到超过30%的利息才能还得起。过去2008年到2010年时,企业三分利拿钱转手买一个煤矿,5000万元买的矿转手就能卖1亿元,短时间赚一倍。但随着从无到有模式的终结,那种挣钱方式已经不存在了,客户的挣钱能力、挣钱机会都没有了,但小贷仍然用这种方式给他钱,所以结局也只能是非常惨。现在全国不少省市的小贷发生了跑路现象,山西很严重。山西小贷基本上分两个类别,一是老板拿三五亿元放小贷,二是社会融资,社会融资现在基本上还不了,不少地市的老百姓在政府门前静坐要求政府出面解决问题。说到底,小贷不是帮一个企业成长,而是给企业抽血,企业抽死了,小贷也就完蛋了。这个现象根本点就在于此。

那什么是正确的小贷经营模式?小贷不是不该存在,小贷如果存在的话只有一种方式,它是金融链条的一个有益补充,要找到自己的位置。当前我们的金融体系存在很大的问题,金融体系的主角是银行。到目前为止,大家还是觉得老百姓的钱当然应该存在银行,80%的企业需要钱的时候就应该到银行贷款。那么小贷的机会在哪儿？现在除了国有银行之外,还包括民生、浦发、兴业这些股份制银行,已经很灵活了,但银行毕竟是银行,它的效率是有限的,也不可能全网络覆盖。贷款需要抵押,但有些人就是拿不出可抵押的东西来,银行因其服务组织的特征决定了很多生意是照顾不到的,小贷就要干这个事。比如说银行标准利率是6%,上浮一点是7%-8%；那银行8%,小贷收10%-12%,或者限定上限是15%。为什么要定上限？跑银行一笔贷款可能一个月办下来,快点的话十天办下来,但小贷一天甚至半天就可以办下来,小贷赚的是工作效率的钱,它覆盖了银行覆盖不到的地方。小贷作为整个银行体系的补充是完全可以存在的。

但目前出问题的小贷干的是什么事？它不是效率的补充,而是风险的补充,银行风险控制不了的它去干,它把这个活揽过来收更高的利息。曾经有一个干了八年小贷的人说了一句话,叫做小贷的结果就是一年笑,二年叫,三年要上吊。它的钱都是按月收息的,第一年非常高兴,每月利息能回来,非常好；第二年开始发现收不到了,开始叫,开始跟客户有纠纷；第三年为什么上吊？连本金也没有了,客户也不见了。银行上万亿元的资金规模都承担不了的风险,小贷三五亿元怎么可能承担？小贷要做也可以,它需要比银行更高的水平,它的人要比银行更聪明、比银行更勤奋。否则按过去的模式,小贷的生存逻辑都不存在了。

（二）抓住未来机遇

这不仅是在座的各位,也是资本市场面临的重要机遇。九鼎为什么坚信在中国做私募股权是有大前景的？因为未来三年正是中国资本市场大发展的难得机遇。这个结论是怎么得出的？

当前我们的金融体系存在着巨大缺陷,已经到了非改不可的程度。那怎么改？唯一的出路是发展资本市场。我预计未来三到五年,股市将经历一个大发展的过程,相比之下谁的日子要苦了？是银行。我曾经在银行供职13年,对银行的本质认识还是有一点的,中国金融体系实际上就是银行体系,别的市场占的比例非常低,由此导致中国经济存在大问题。

我举个例子,一个健康的人是有自我循环功能的,比如吃了食物后,有益的因素被消化了,不利的因素通过排毒系统排出体外。经济体系的道理也是一样,它也是一个生态的循环系统,必须有排毒功能。但目前我们的金融体系是没有排毒功能的,为什么这么说? 新中国成立后中国金融体系经历的两次排毒让人印象深刻, 第二次排毒就是前面提到的 2003 年每人花 2200 元买单银行坏账,排毒方式就是国家财政拨款,财政部的钱是从税收来的,大家交税后通过财政部把银行坏账买了。第一次排毒排了 8000 亿元,时间是在 1998 年。当时因为金融体系出现了巨额的坏账,当时说是 8000 亿元。其中 4000 亿元是因为自身经济体制造成的,计划经济转到市场经济过程中很多贷款不是银行贷的,是政府强力贷的,这部分是政府的责任;但剩下的 4000 亿元是在这个混乱当中银行行长浑水摸鱼、以权谋私贪污的 4000 亿元。最后怎么买单的? 中央财政花 8000 多亿元把坏账买掉。当时为什么要把四大银行推上市? 就是因为政府已经监督不了银行了,必须有一个排毒机制。

企业是一个生命体,无论干哪一行,只要在整个市场经济中运行,那企业经营状况一定是有好有坏的。到目前为止,我国经济体系中 80% 的资金来源是由银行体系支撑和提供的,紧接着问题就来了,银行贷款给企业,因为市场波动引起企业波动,银行贷款的情况也会随之波动,当企业好的时候,可以还清贷款;当它不好的时候,贷款就出现危机了。但中国的银行能波动吗? 目前的银行体系设计是一个天然的绝缘体,左边是存款人,右边是贷款企业,右边的用款人是波动的,但左边的存款人能波动吗? 存款人永远不能波动,大家都有一个观念就是存钱给银行,银行干什么我不管,到期的时候本金给我、利息给我,这是天经地义的,银行有什么风险不要给我储户讲。在中国如果有人告诉储户,银行有可能还不上你的钱,立马就天下大乱。这是非常严重的问题,中国银行体系无法自我排毒,所有风险到银行这儿全部沉淀,不能向下游传播,不能告诉储户说贷款有问题,你的借款只能还 80%~90%,这话绝对不能说。

中国经历了一个从无到有、从有到优的过程,这种复杂现状决定了很多政策无法出台。比如说目前的房价不该调吗? 该调;但调完以后紧接着受冲击的就是银行。刚才我讲到如果政府成功地将房价拖上五年不下降, 这是万幸;如果没有拖住冲击到银行,后果是非常严重的,国外诺奖经济学家为什么觉得中国过不了这个槛? 就是因为他觉得银行根本无法承担这个风险。

所以中国政府的当务之急是救银行,把银行从巨大的风险中解救出来,怎么救? 现在经济体系中 80% 的钱来自银行,大家只要用钱都找银行。以后企业用钱不能再找银行，应该找股市，学会从其他途径拿钱。股票怎么发？发股票的前提是股票得有人买，股票怎么就有人买？股市让股民赚到钱，股民才会有积极性买股票；股民买股票，那股票才能发出去。这是中国未来十年的一个大趋势。现在全国有 2000 多家企业，目前看 IPO 暂停的一年半中光排队企业就有600 家，企业上市遥遥无期。但实际上大家知道国务院对证监会要求的十年规划是什么吗？十年后中国上市公司要达到 1 万家，现在才 2000 多家，还有将近7000 家，用 10 年完成的话意味着每年 700 家。现在排队的 600 家快的话要在两年以内消化完，包括注册制推出后企业上市会非常简单，只要合格就能注册，有人买你就卖，没人买就拿回来。到 10 年以后发 1 万家绝对是千真万确的事实，一定会实现。现在我们的经济体系是二八，80% 来源于银行，20% 来源于其他体系，10 年后的目标是倒二八，只有 20% 的钱来源于银行，80% 来源于股票、发债以及其他途径。当大家都不向银行借钱的时候，银行风险不就小了吗？要通过这样的方式把它解救出来。

大家都上股市融钱后，证券公司的生意就会好，那不好的是谁？是银行，银行已经把未来 10 年的利润快透支完了，它至少要过三到五年的苦日子。现在银行的职工平均薪酬大概 20 万元左右，但整个中国平均收入水平又是什么水平？整个银行分享了中国过去从无到有的过程，长期以来我们把它用得太过分了，中国吹起了大泡沫，这个泡沫的最大受益者之一就是银行，银行赚了太多不该赚的钱，未来 3 年它们会陆续地吐出来，这是中国的基本格局和大趋势。

老师感言：

做投资有一个幸福之处，我们经常面对非常成功的企业家，从他们身上可以得到很多收获，学到很多东西。我总结两点比较重要的与大家交流：

一是选择远比努力重要。

这句话我在很多地方看过，九鼎总裁黄晓捷在 2007 年时白手起家，到目前为止，我们管理的资产规模是 300 多亿元，公司市值 200 亿元。但 2007 年时他们可能连 20 万元都没有，两个人凑钱凑了 20 万元，从这 20 万元到 200 亿元市值用了 7 年时间。我个人很佩服黄总，但黄总曾经跟我们讲过，他有一个师兄比他更优秀，二人同年下海，他创办了九鼎，选择私募股权做原始股投资；他的师兄也在资本市场,做的是证券基金,做二级市场投资。大家知道2007年股市大势什么样吗,从6000点的高点下到最低点1000点,那个师兄选择做的二级市场刚好经历了这一跌,结局很惨。那个人我也见过,两鬓花白,非常苦非常累,没挣多少钱。所以说做任何事情看清趋势最重要,选择远大于努力。

二是跟谁在一起很重要。

中国有一句老话叫"富不过三代",但是世界上有一个家族的财富传了八代,富可敌国,二战时比利时、法国政府都向他们家借钱,就是罗斯柴尔德家族。这个家族的家训中有一句话,叫"你是谁不重要,你跟谁在一起很重要"。大家创业也好,做实业也好,选择好的合作伙伴非常重要。要学会借势借力,不见得所有事情都要自己搞明白、自己亲力亲为做,要懂得站在巨人的肩膀上,借助专业机构力量,跟专业的人合作,这是非常重要的途径。

第十二讲　市场化改革下的并购浪潮

马俊生

马俊生　平安证券有限责任公司副总经理。曾任职于联合证券（2009 年底更名为华泰联合证券）总裁。

我讲的题目是《市场化改革下的并购浪潮》。在正式讲之前，我想就资本运作的话题给大家展开一点。很多人问股票市场、债券市场，还有期货市场，到底它是什么样的市场？赚的是谁的钱？亏的是谁的钱？我估计很多人也有这样的疑惑，这个问题很重要，不解决这个问题，相应的很多问题我们没法往下走。

跟大家讲一下，期货市场包括期权市场，它是一个标准的"零和"或"负和"的游戏，什么意思？你炒期货，赚的就是别人亏的，最终这个市场总体是亏钱的，因为钱被交易所、期货公司、证券公司赚走了。那么，投资者最终一定是亏钱的，这就是一个"负和"的游戏，总体上期货市场、期权市场就是这样的。那么债券市场它一定是一个"正和"的游戏，因为它有利息，你不管怎么样，一定要有利息。那么，股票市场是一个"零和"的游戏呢，还是一个"正和"的、"负和"的游戏？其实从长期来看，股票市场是人类社会最好的投资的标的物，最好的投资市场。大国的资本市场总体上而言，它经济有上自己的宽度和广度，所以它总体上能够有一个比较好的、协调的社会效应，它整个经济、整个的股市是向上的。在股市总体向上的这个背景下，股票市场是一个"正和"的游戏，绝对不是"零和"和"负和"的游戏。

资本市场赚的是两个钱，一个是通货膨胀，通货膨胀所带来的这样一种资产或者是收入增长的钱。举一个例子，很多企业，你看它和 10 年前相比较而言，它的利润 5 年内会增长，这个公司 10 年下来，它的股票长了好几倍，怎么回事

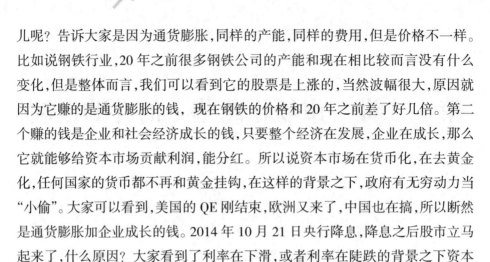

儿呢？告诉大家是因为通货膨胀,同样的产能,同样的费用,但是价格不一样。比如说钢铁行业,20年之前很多钢铁公司的产能和现在相比较而言没有什么变化,但是整体而言,我们可以看到它的股票是上涨的,当然波幅很大,原因就因为它赚的是通货膨胀的钱, 现在钢铁的价格和20年之前差了好几倍。第二个赚的钱是企业和社会经济成长的钱,只要整个经济在发展,企业在成长,那么它就能够给资本市场贡献利润,能分红。所以说资本市场在货币化,在去黄金化,任何国家的货币都不再和黄金挂钩,在这样的背景之下,政府有无穷动力当"小偷"。大家可以看到,美国的QE刚结束,欧洲又来了,中国也在搞,所以断然是通货膨胀加企业成长的钱。2014年10月21日央行降息,降息之后股市立马起来了,什么原因? 大家看到了利率在下滑,或者利率在陡跌的背景之下资本市场一定走高。所以这是我们所谓的资本运作的理论基础,就是说资本市场从长远看,总体上一定是上涨的。

我今天给大家讲四个方面的个人体会, 就是上市公司为什么要去并购重组;并购重组的主要方向;当前并购市场的总体情况;经典并购案例。我想结合我个人的经验和案例给大家做一些分享。

一、上市公司并购重组的核心动因

(一)并购重组的定义和类型

其实想一下,我们各位成家的过程中(结婚的过程),就是一个并购重组的过程,原来是单身一个人,嫁一个老公或者是娶一个老婆就是一个并购重组的过程。整个人类社会的发展,尤其中国社会发展就是收购和被收购的过程。大家可以看我们的历史,我们中国历史的所有过程就是并购重组的过程,就是收购与恶意收购的过程。

什么叫收购与被收购? 比如说,1949年年初,傅作义看到共产党一定能够打天下了,所以主动把城门打开,投降了,其实这也是主动让企业收购。比如说,蒋介石不投降,那怎么办? 咱们就在资本市场搞恶意收购,就火拼,就可以看到我们资本市场经常性的现象,我看到哪个企业好,我和你谈,你若不同意,那么我恶意收购你! 资本市场和人类社会是一模一样的,就是收购和恶意收购的过程,明白这一点,对于企业而言就简单了,你想做大,还是想过安逸的生活,就是说你有没有野心? 有野心,你就去并购;没野心,赶快找一个组织投靠。我就是这样的,曾经有一点野心,想自己当老大干证券公司,后来发现自己在大佬面前什么都不是,赶快投降,我就跑到平安证券来当副总,给马明哲打工。所以说并购重组很简单,就是说你不是一个上市公司,你作为一个经营主体,你是想继续扩张成为一个帝国,还是想过小日子给别人打工。想成就一个帝国,就去收购兼并别人。当然这个里面也可能别人不愿意被你收购,把你干掉了,但是我觉得虽死尤荣,人就需要这样的精神。你有野心,然后你得有能力,你得配资源,之后把别人拿下了,这就是并购重组。

1.企业是"买大"而非"做大"

并购重组对于企业而言到底有多大的意义? 企业是"做大的"还是"买大的"? 实事求是地讲,既是做大的,更是买大的,什么意思? 对于一个10亿元级的企业而言,一定是通过你从零开始,不懈地努力把它做成一年有几千万元、个把亿元的公司,然后上市,估值这个时候有个十几亿元、几十亿元。在这个时候,作为企业家而言,你没有别的,现在就殚精竭虑地把企业做好,同时上市的过程中你开始琢磨,我未来是征战天下,还是投靠别人? 这个时候就要做选择了。

所以说对于刚创业不久的中小企业而言,你没有别的选择,只有踏踏实实地把企业给做大,做到可上市,可以自己成为一个平台,成为小国的标准。你自己成为平台之后,你如果有野心,就一定去收购。

我们看美国五次并购潮,第一次并购潮是1890年到1900年,10年时间,什么概念? 横向并购。就比如说,山西的煤炭企业看到别人不顺眼,看到别人在我旁边挖煤,我把你收了算了,横向并购就是大吃小。1890年到1900年这10年的美国就是一个钢铁企业、煤炭企业、化工企业、烟草企业、石油企业并购的过程,尤其是铁路。但是我告诉大家,我们看历史做比较的时候,一定要看当时的历史环境,就是说那个时代美国发生了第一次并购浪潮,那就问发生那一次并购浪潮的前提和基础背后的逻辑是什么? 我告诉大家,几乎每一轮的并购浪潮必然伴随着一轮大牛市。大家可以查历史,1890年到1900年美国历史上有三个牛市,可能是1882年,美国超过中国成为GDP第一大国,这是第一个时代背景。第二个时代背景,美国1890年到1900年这10年美国股市的牛市。第三个时代背景就是18世纪以来,整个资本主义的科技创新浪潮在那个时代,应该在1880年前后,在美国、英国以及欧洲大规模应用,这是当时的生态大潮。基于这个生态大潮,那么有野心的企业家看到了我通过横向并购别人成为帝国的

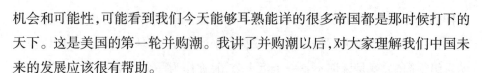
机会和可能性,可能看到我们今天能够耳熟能详的很多帝国都是那时候打下的天下。这是美国的第一轮并购潮。我讲了并购潮以后,对大家理解我们中国未来的发展应该很有帮助。

第二轮并购潮,大家可以看到,隔了20年,1900年到1920年开始,为什么隔了20年? 一战,整个资本主义世界是混乱的,没有时间抓发展。所以一战结束之后,发展经济,同时,发展经济的过程因为整个经济被摧毁了,需要重建,那么对于企业而言是大量的机会,大家可以看到1920年到1929年这中间发生了什么故事? 美国的股市大萧条开始。这10年美国的股市应该是从四五十点或者是五六十点涨到最高480多点,就是美国这10年的股市涨了将近10倍。这10年,大概1927年美国经济是一个拐点,在此次前美国经济高速发展,所以也造就了第二轮的并购潮。大家可以看到这一轮的并购潮和上一轮并购潮最大的区别是,上一轮是横向整合,这一轮是垂直整合、产业链整合。什么叫产业链整合? 比如钢铁企业说,我对煤炭、铁矿的需求量比较大,我直接把这些企业全给收了。但是反过来,煤炭企业说我也牛,我上面是谁,我下面是谁,我把做勘探的给收了,把钢铁企业给收了,我再把运输企业给收了,这也叫垂直整合。垂直整合是那些比较牛的企业,想成就帝国企业为核心,他来展开产业链,而并不是说整个产业链从哪个起点来整合,这是美国的第二轮并购潮。

其实某种意义上而言,我们当前发生的并购,就是中国当前所发生的并购,有点类似于美国的第一轮并购潮的末期向第二轮并购潮的早期转变。中国当前的并购浪潮还处在美国的20年代,我们比别人晚了将近100年。美国出现第三次并购潮是什么时候? 二战。先是1929年开始一直到1942年二战打起来,这十几年时间,美国经济萧条十几年,在萧条的背景下,不可能发生并购的。一直到1945年二战结束。1945年之后,大家知道马歇尔计划,我们现在中国搞新丝绸之路、"一路一带"就是当年美国马歇尔计划的翻版。我们的习主席很伟大的,一千多年过去了,我们终于复兴了,复兴路上还有一个"一带一路"的计划,这个太伟大了。我们今天的玩法和40年代末50年代初美国的马歇尔计划是一样的,但是大家可以看到,并购潮没有在50年代起来,而是到60年代起来,什么原因? 战后,所有国家都缺钱,尤其是资本国家特别缺钱,美国虽然是资本输出国,但是资本也是有限的。在这个背景之下,作为一个国家而言,有限的资金一定在实体经营领域,而不能进入任何领域,所以大家可以看到,所有的资本必须流向实体经济,大量的产业嗷嗷待哺,所以不能往资本市场流钱。

　　大家也可以看到,2006 年之前中国的股市不叫牛市,不叫做资本市场。什么原因? 其实历史的逻辑都是一模一样,2006 年是资本紧缺的国家,资本紧缺的国家是不允许,也难以再在资本领域大规模投机的。可以看到 2006 年发生的几个变化,一个变化就是全国上下泛起了房地产投资的泡沫;第二个变化,中国股市起了一波大牛市;第三个我就先不说了,我只说一下和我们资本市场相关的。大家想一下,为什么在这个时候发生变化? 就是 2006 年开始我们的 M2 已经很大了,应该在 30 多万亿元了,我们 GDP 很大了,中国从一个资本严重紧缺的国家向资本开始富裕的国家转变,资本不富裕绝对不会大规模搞房地产,所以这都是历史的逻辑,我给大家联系一起讲了。所以今天我们政府的这些计划,是中华民族伟大复兴的起点,我觉得怎么夸张都不为过。所以看美国 60 年代到 70 年代,美国的估值一直涨到 1400 多点,在这个大背景下发生了第三轮并购大潮。大家可以看到,因为它发生变化了,跨行业分散经营。可能大家不明白,为什么这个时候出现了跨行业的分散经营,而不是继续整合产业链? 几个原因,第一个原因就是美国那时候整个经济已经相当发达了,所谓的和人民生活相关的重工业化的行业基本上产能都到顶了,大家可以看到,钢铁、石油、化工这些重工业化时代企业产能基本都到顶了,它也是一个去产能的过程。在那个时候,也是新兴产业如火如荼的时期,对于大企业而言,我并购要为未来布局了,所以跨行业并购很多,但在那个时代基本以失败告终。

　　80 年代、90 年代的并购潮很有意思,为什么这样讲呢? 60 年代到 70 年代失败了,但是 80 年代到 90 年代成功了,因为整个美国在 60 年代到 70 年代新的技术、新的产业还没诞生,比如说 IT 产业还是比较弱小,因为新技术还没有到能够完全应用的层面,互联网还没有出现,里根后来搞的新计划也还没有开始。所以说,60 年代、70 年代是美国迷茫的时候,因为它没有新的技术出现,但是 80 年代、90 年代发生了剧变。缘于两个人,一个叫里根,一个叫沃尔克。里根大家应该知道,沃尔克大家可能不熟,他是美联储主席,他是美国历史上仅次于格林斯潘的美联储主席,他干了什么事呢? 美国 70 年代的经济很差,两次石油危机,对美国的经济打击非常厉害。然后美国整个 70 年代经济萧条,美元和黄金脱钩,包括 1979 年的牙买加协议,使得美国的美元在世界的霸权地位进一步降低。发生了那么多事情,所以说美国的经济危机很萧条,股市整个 10 年没涨,

1968年一直到1982年股市就没涨没跌。到1980年沃尔克上台,把美国的利率从6%拉到了20%,美国《时代周刊》发表了一篇文章,大概意思是说沃尔克这个混蛋打碎了无数年轻美国人的梦,利率那么高,年轻人买不起房子!但是因为美联储不归政府管,所以说必须把利率拉高,拉高干什么?是让传统产业必须死去,传统企业死去了,它们的尸体才能够化作肥料来哺育新兴产业。我希望大家能记住这句话,中国今天就面临这样的状况,和美国当初的情况相像,大量的资源、财富、人才在国企、在传统的企业的时候,如果不想尽一切办法让资源从这些企业释放出来,那么新型产业就是个笑话。

那么在80年代,里根干了什么事?干了星球计划,搞了一个里根经济学,扶持所有的新兴产业,而传统产业一概不扶持。所以我们现在的互联网,还有很多的技术都是那个时代美国创立出来的。

大家看那个时间表很有意思,1990年往下走,中间没有时间间隔了,大家看前面四轮都有时间间隔,到了第五轮没有时间间隔,这一轮并购浪潮持续到现在已20多年了,仍然在如火如荼地开展,这就是战略并购。这是什么概念?举一个例子,马化腾看到只要有人敢去做微信,哪怕只有两三个人,只有一个创意,他就敢拍板给10个亿,跟着我干吧。再比如说阿里,只要看有人做和它类似的业务,给20个亿跟我混,就是一定要把潜在的威胁者扼杀在萌芽当中。这就是战略并购,很残忍的。到了第五轮战略并购,对创新的扼杀是很大的,就是说你是帝国了,帝国的资源太丰富,那么他干任何事拍钱都能拍成。其实站在国家层面应该是打击这种行为的,不允许你干,当然现在国家还是允许干的。比如说阿里把高德地图给收了,大家想这是什么概念?其实高德地图最好的买家是平安公司,或者是其他保险公司。高德地图放在阿里那边是不合适的,但是它看到了你可能成为一个潜在的帝国,所以一定要把你灭了。

所以第五轮并购浪潮应该是2000年以后了,中国应该讲是大的互联网企业在做,央企和其他民营企业都没有干这些事。大家可以看到百度、阿里、腾讯一年有几百次收购,不大,都没有公告,其实这些企业有好多都能够成为未来的百度和阿里。对一个企业而言,你自己努力能干到10亿元,让10亿元级公司如何快速地变成一个百亿元级的公司,就一定是并购。

2.并购重组加快企业发展

中国的企业10年之后再回头来看,这里指做好产品的企业,互联网永远不可能颠覆它。这些企业10年之后,我敢断言,在中国排名前三名的公司,一定都是千亿元市值的公司。什么原因？中国有13.6亿的人口,一旦中国突破了中等发达国家陷阱,真地进入了中等发达国家。比如说,我们在2014年的GDP是63.6万亿元,13亿人均就是4万多元,4万多元就是七八千美元。假如中国到了人均有8000美元的收入,相当于在当前的GDP基础上再翻一番,那么中国就进入了中等发达国家。如果中国进入中等发达国家,那么和老百姓消费相关的上市公司,我觉得任何一个行业的公司都是千亿元市值,因为有13.6亿人的消费群体。美国的市场加上部分欧洲的市场能够成就目前一堆世界排名第一的上市公司,那么中国未来十年能够成就一大批千亿元级的上市公司,当然核心是看清它未来的定位和方向,比如煤炭行业我敢断言不可能,煤炭行业只能成就百亿元级的上市公司。世界上最牛的做矿企业,都是在全世界范围内布局,把资源控制住,所以,小的矿业类的上市公司,不管是煤炭还是其他东西是不可能生存的,因为你一个公司后台轰得太高,必须通过不停地并购把后台成本降低。所以,我个人认为在消费相关领域、健康相关领域和专利制造业相关领域,中国能够出现这些大市值的上市公司,即千亿元级的市值公司。

3.建立"生态圈"方可成为"帝国"

你到底是成为一个帝国,还是成为帝国生态圈的一环。其实大家可以看到,大量的企业都已经开始成为这BAT三家公司里面的一环了,比如说嘀嘀打车和快的打车,大家想一下如果在中国它独立生存能不能活下去？不一定。一年烧几十个亿,即使能活下去也是活得很艰难,但是,一旦它们介入了阿里和腾讯这样一个帝国的生态圈,立马不一样。就是说,对于并购重组,尤其是对创业者而言很重要,对你而言可能是一个激励,对于别人而言可能是宝贝。为什么这么说？打车这样的东西并入了两个帝国生态圈就好玩了,就快速把支付给打通了,打通了支付我就可以去颠覆银行了,可以颠覆金融业了,这样的生态圈就好玩了。所以说,对于嘀嘀打车和快的打车而言,它当初创立的时候也许并没有想到去干这些事情,但是一旦进入帝国生态圈就让它彻底变了。

所以说在座的各位,如果你们自己干企业,就得看清标的物的价值,这是很重要的。比如说滴滴打车、快的打车,当时卖的时候,想我能卖十个亿就谢天谢地了,但是站在阿里和腾讯眼里,这个公司一百亿元我买下来,买下了之后我通过这样的场景彻底把支付生态圈给颠覆了。我拿下了支付,我下面自然而然就把银行给拿下了。所以大家看到,滴滴和快的是快速帮助了阿里和腾讯建立它们的银行。腾讯的金融数据是不够的,阿里的金融数据还可以,因为它有支付宝,但腾讯没有。我讲这些的意思就是说帝国和生态圈对于并购方也好,对于被并购方也好,一定要充分评估自身的价值。

再给大家讲一个案例。最近来自美国硅谷的一些创新企业,不在硅谷创新了,跑到中国来了,这是什么概念呢?它发现在硅谷拿下的技术、拿下的配套来中国就能够无限放大,我再找一个帝国投靠,那么我的空间会无穷大。所以跟大家讲,中国现在几方面和世界同步,就是因为这样的理论在帝国生态圈里建立起来以后,尤其是在生物医药领域开始和世界同步了。虽然现在中国的技术还很落后,但是中国的资源丰富,所以来自于美国的一堆创新企业跑到中国来,因为它们想做任何一个测试在中国都能够快速组织到人,而在美国法律限制很严。

还有一个比较有意思的现象,就是所有的互联网创新从 2013 年下半年开始,中国在引领世界,为什么出现中国引领世界?因为中国现在已经有了建立帝国的企业,生态圈开始绕它转,这就是当前的伟大之处。很多企业你根本看不懂它的估值为什么高?各位你们自己做股票,或者你们自己看企业,都是 50 倍的市盈率,80 倍的市盈率,还能要吗?我跟大家点几个行业。比如说最近炒得很火的软件业,软件业估值最贵的是什么软件?是给银行、给证券、给保险公司提供各种各样信息化解决方案的行业,为什么炒得火?大家可以根据我刚才讲的帝国和生态圈的知识来分析一下。

2014 年已经开始提出来,在国防、金融等重要领域要逐步地把软件和硬件都替换成国产的软件和硬件。因为中国作为一个大国,所有的底牌都是在美国手中,一旦打起来,人家随便敲几下键盘,你就瘫痪了。美国也好,欧洲也好,对它的盟国不会这样干的,对大国一定会这样的,因为你是竞争对手。所以这就是估值,这样的企业估值非常非常高,是因为这些企业有可能在政策的影响之下基因突变,从一个小企业有可能再去建立一个新的帝国。大家看一下,微软也好,奥瑞克也好,美国的这些企业就是在美国政府的保护下向全世界扩张的。

那微软将来会逐步退出中国,中国市场丢下之后,你想中国的微软是谁?中国的奥瑞克是谁?现在不知道。但是至少一定是在当前的上市公司里面诞生,因为它已经占领了好的平台了,所以这就是过去一年发生很多问题的逻辑所在。这些企业要干什么?要不断地去征战、不断地收购别人,不断地并购。

（二）上市公司并购重组的外部条件

1.利用资本市场提高企业估值

中小板创业当前估值偏高，其原因是市场对它未来预期过大。那么，既然你对我有预期，那我现在开始玩了。给大家看一个案例，某上市公司 A 公司，是中小板创业上市公司，这个月市盈率 50 倍，市值现在是 50 亿元，值 50 亿元的公司，连上大股东个人的财富 20 亿元。那么，这家公司以发行股票购买资产方式，按照 15 倍的市盈率收购了相关行业的一个上市公司，B 公司。大家会问人家为什么会愿意 15 倍卖给上市公司，而不愿意自己上市？因为我们现在大量的企业上不了市。那么我告诉大家，对于企业而言，最佳的扩张期，最佳的成长期就五年，五年之后你让我上市我还不上了，这个特别重要，所以怎么办？在最佳扩张期不能扩张的话，赶快卖身，找个企业来并购，所以它愿意 15 倍来并购，这是背后的逻辑。比如有 8000 万元，那么用换股的方式就直接收购了，并购前是 50 亿元，并购之后，因为 8000 万元的东西翻了 50 倍，就变成了 40 亿元的市值了。所以说并购之后 A 公司的市值就从 50 亿元到了 90 亿元，那么相应的原有股东的比例从 100% 的比例就到了 80%，原有公司持股 40，老股东 40 就从 50 亿元变成 72 亿元。也就是说通过这个活动，老股东的利益增长了 40% 多，B 公司按照原来的 15 倍估值就成了 12 亿元，但是通过这样一种活动进入上市公司之后，你的估值从 12 亿元就变成了 17.42 亿元。这就是资本运作的魅力，魅力的前提是因为资本市场认知了你能够扩张，所以给了你相对比较高的估值。

所以说对于创业者而言，你要卖身找谁玩？我第一次来并购的玩，不要和并购的老油条玩，并购 N 多次了，它扩张的潜力已经差不多了，后面整合的难度很大了，不好玩儿了，这就是资本市场的魅力之所在。所以这种过程一直能够持续，直到有一天达到一个拐点的平衡。这到底是一个什么概念呢？就是我买了很多了，整合的难度很大了，企业创始人和企业老板难以驾驭了，所以基本上中国企业家的能力，我个人判断支撑他们通过并购能做到 300 亿元到 500 亿元的市值规模不在话下，之后就不好说，利益太大了，或者说太复杂了，难以协调。

2.并购重组具备了当前政策机遇

对于一个企业而言，它最快的成长期就是五年时间，在这五年里最需要资金的扶持和各方面政策的扶持。但是我们可以看到，我们当前如果要上市的话，程序还是比较复杂，所以我们在主战场难以快速开辟的背景之下，国务院要求证监会开始放开另外一个战场,就是并购重组这个战场,你不能通过 IPO 方式成就自己的帝国,那么也可融入别人的帝国。证监会在四个方面简政放权,所以也使得当前的并购重组具备了相当的政策机遇。

其实现在在这个社会层面,除了卖壳、发展新股和购买资产之外,几乎所有的并购重组事项都由企业自身来做决策,所以说整体的政策划分得很宽,在这样的背景之下,我觉得就可以自由联姻了。原来你想要嫁谁、你想娶谁,不行,那要证监会说了算。现在突然从媒婆撮合的时代到了可以自由恋爱的时代了,这是巨大的进步。

3.中国第三次并购浪潮袭来

基于这样巨大的进步,我们可以看到中国过去两年,并购重组进行得如火如荼,核心其实就是政策的放开。大量的能上市而当前上不了市,这些企业基于资本市场的占有动机,两个情况交织在一起,就酝酿出当前这个并购的情况。对于中国来讲,这个划分不一定准确,就是说中国的并购市场,经历了三波浪潮。但实事求是地讲,前面两波都不叫并购的浪潮,我觉得如果再过 50 年、100 年来划分中国资本市场并购浪潮的时候,一定是从第三次浪潮开始划分,前面两次全是行政主导的。大家可以看到今天上市公司里面的中石油、中石化、中国建筑等一堆央企,一堆的所谓的世界 500 强,都是在 90 年代甚至 80 年代中后期通过改制把它们弄在一起的,所以那一次的并购浪潮,不是实际意义上的并购浪潮,那是政府主导的。

第二次应该是 2000 年开始的一些民营企业主导的整合。那一轮的国企改革,大国企合并了,小型国企卖了,在卖国企的时候,确确实实有大量的不是那么规范的操作,导致了国有资产流失,导致了一些社会现象。所以这是第二波所谓的并购浪潮。就是民营企业来收购一些国企。

大家可以看到,现在相当一部分的中小板上市公司都是那个时代卖国企的产物。但是第三次浪潮来了,很多人都说是改革。当然我觉得第三次并购浪潮是从 2010 年开始的,但更准确说是从 2011 年开始的,这个可以看到现在几乎每一天同时有 200 家上市公司在停牌,几乎有 80% 的上市公司、中小板上市公司都涉及了各种各样的并购重组,但是我觉得仍只是一个序曲,只是一个序幕。其实最大的机遇就在混合所有制改革,这是中国历史上也可能是人类历史上最大的一波造富行为,我觉得最大的造富运动,融集了 90 年代甚至 80 年代后期的那一轮国企改革,国企的规模都不大,大的都被合并成央企了,大量的小国企竞争地位不强。但是经过近 20 年的发展,民营企业和国企一起成长,现在我可以告诉大家,中国现在国有企业的总资产是超过 100 万亿元,股市的市值才多少?到现在才 30 多万亿元。我给大家列举几个大省的国企资产,北京、上海、广东等国企资产都超过 9 万亿元,像安徽这样的中部的省份,国企资产还有 4 万亿元。

大家琢磨一下,这些百万亿元级的国有资产,在未来 5-8 年时间内都应该通过某种形式做混合所有制改革。如果说人类历史有对标的话,就应该是英国、法国,大概是在 80 年代的那一轮的国企改革。那一轮国企改革比较简单,把国家持有的这些企业的股权,通过资本市场方式卖给了民营企业以及个人投资者,干什么?补充国家养老资金。这一轮真正的混合所有制改革应该是我们中国历史上最大的一次造富运动。

我们在座的民营企业家,包括在座的政府官员,好好琢磨一下这样一个大的浪潮,很有意思的。我觉得中国第三轮真正的并购浪潮一定是下一波国企混合所有制改革的浪潮,在这个浪潮中,如果我们股市出现的三个特点,真的有可能创造一个新高,那么主力军一定是国有企业,在这个过程中就一定能够创造出更大的财富来。所以我提示一下各位,如果错过了前面两波,第三波机会一定要抓住。

二、上市公司并购重组的主要方向

(一)上市公司并购重组的策略分析

做并购重组,你要瞄准靠哪些产业的方向来做这个事情?有位企业家给我讲到,他的企业想收购一个酒店的资产,其实,实事求是地讲,如果我提建议,就看估值如果很低,你就可以要。中国有好多产业,基于中国当前特定的环境,不上市、不公开是能赚钱的,但是一上市、一公开,立马赔钱,中国有部分行业始终不能诞生一家像样的上市公司,比如建材行业的民营企业。我们谈谈国有企业和大量的民营企业,原来是做建材的,尤其是做装饰、装潢材料,还有做陶瓷的,还有做商业水泥的,大家可以看一下什么原因?这个行业就是靠偷点税、漏点税来生存的,我这个营业税可以不交,这个增值税不交,企业所得税也不交或者交一部分,靠这些手段,小日子过得挺好的,但是一旦变成一个公众公司,你得把所有的财务报表充分披露给投资者看,投资者会发现,你每年赚的钱是不够交给国家的。

(二)产业整合成为"重中之重"

在座的各位,如果有企业家真的算得上传统产业,如果你按照国家的政策规范经营的话,你要么直接拣便宜,要么你的成本比别人低,要么你的管理水平高,要么你的销售促销量比较大,我觉得在当前的社会背景之下,你各方面比别人强,概率是不大的。大量的企业靠历史的特定机遇,走上了一个比较正常的发展道路,但是你要上资本市场相对就难了。现在不管怎么样,假如企业已经上市了,你怎么去整合?我个人觉得中国当前的政策状况跟美国1980年前后的市场状况是很相似的。中国本该在前几年加息,让很多不能生存的传统产业赶快把资源给释放出来,这是正道。其实大家可以看到前几年中国政府相当于在加息,对于一些房地产企业,对于传统产业从银行拿不到贷款,那么发行各种各样的产品,你的利率一定相当于12%—18%,相当于利润加到很高了,所以大家可以看到股市一直熊到2013年。

什么原因?就是因为中国的真实率是很高的,但是一方面银行明目张胆加息,另一方面,两万亿元、四万亿元为什么要放水,就是把货币政策很多功效给对冲掉了,一个国家或者一个组织到了该断臂的时候就必须做决策。所以我个人觉得对于传统产业而言,各位如果还在传统产业,包括煤炭在内的能源产业,我个人把它当成了传统产业,而且把它当成一个新兴产业,如果还在自己的领域里生根,只会越沉重。那么如果大家选择并购道路的话,选择什么方向?大家可以看到,过去两三年股票市场涨得最好的是P2P、软件这类行业,它是智慧性行业,它是改造任何行业的行业。再一个是大消费,中国13.6亿人口,和人的吃喝拉撒相关的产业都是大方向。中国2016年将进入老龄化社会,2020年老龄化社会会加重,那么医疗产业应该是个大方向。再比如说中国虽然有13.6亿人口,但是中国年轻劳动力已经严重不足,基于这样的背景,高额的装备制造业取代人工必然是大趋势。

再一个和人的消费相关的国营大消费,比如汽车,人的各种各样的其他的娱乐,精神层面的消费一定是未来的大方向,所以各位企业家也好,政府的官员也好,一定要培养或引导当地所谓的战略性的新兴产业的发展,即使这些产业在当地发展失败了,但对当地整个的社会经济而言,都是成功的。比如说江苏的无锡,无锡定下了几个高端的产业,其中一个就是新能源产业,它搞了一个工程就是吸引 100 个领军人物来无锡创业,有各种各样的扶持政策,这些人在当地折腾了七八年,突然发现我原来想在新能源干,新能源没干成我在其他产业干成了,所以现在整个无锡的经济的后劲其实比苏州,甚至比南京都强。

所以我觉得站在地方政府的角度一定要布局这个产业。我给大家讲一个非常有意思的现象,无锡的风投在一级城市里面绝对是老大,因为有那么一群人过来自然而然也就有创业的机制。10 年之前,在中国企业混得最差的那些民营企业群体是谁? 浙江的民营企业老板们,他们那儿的企业很差。那现在一样的道理,在中国全社会比较差的是山西的煤老板,比如说你们挣了十亿元、百亿元的资产,当年浙江的那些搞简单制造业的小老板都干什么了?都搞投资去了,炒房团都是谁? 以浙江的民营企业老板为主,在自己的产业里面其实大部分都倒闭了,因为一个没有什么文化、没有什么管理经验的老板最终一定会被打败,所以整个世界的趋势就是不断地整合,不断地融合,很多小企业存活的概率是非常非常低的,很多人想不清楚。反过来,你有了机率之后要干投资,大家看到浙江的民营企业老板转型非常好,我们山西的有转型吗? 靠买一栋楼,弄一个会所,那不叫投资。其实如果从投资角度而言,你买个上市公司,买个上市公司平台,然后搞一批职业经理人,按照职业经理人的建议搭建一个新兴产业的平台,这好玩,要花多少钱? 其实花不了多少钱,关键是有这些平台就可以把人力资源基础给配置到位。我看了一下,我们山西只有 35 家上市公司,绝大部分是国企,真正的民营企业上市公司少之甚少。

山西的财富总量跟安徽差不多,但是安徽有 100 家上市公司,安徽省委省政府计划 2020 年之前还要打造 100 家上市公司,安徽这几年总体发展比较快,尤其是民营经济。安徽那个地方也比较落后, 但一些新兴产业的布局非常好,关键是政府有这种意识, 企业也有这种意识。我觉得如果山西的企业家们,你们还走不出煤炭经济,靠挖煤赚钱的时代永远过去了,我敢说永远过去了。所以必须把这个财富转化成另外一个形式的财富,把所谓的实物财富转化到虚拟财富的理念, 资本市场就是典型的虚拟财富理念。所以说山西的民营企业们,你们敢去拿上市公司吗? 敢去拿上市公司股权吗? 敢去做风投吗? 敢去做风投的投人吗? 我觉得如果有一个让你五年赚 100 万元的企业出现,但也有可能五年让你血本无归,你敢不敢投? 反过来说五年有涨 10 倍的机会,但是可能亏了30%或 50%,你敢不敢投?投了企业你到里面一看就有几十个小孩,天天在大街上打游戏说值几百亿元,你信不信? 这些理念必须跟着变。所以这就是我第二个讲到的在产业整合的过程中,理念必须跟上战略新兴产业。有句话说世界是我们的,也是你们的,但也是咱们子孙的。没错,一定是年轻人的,大家可以看一下现在所有的柜台领域都是年轻人的领域。

如果你想投资,就去选战略性的新兴产业,可能会失败,但是大家想一下80年代初的美国和现在的中国是一样的,如果说你还想着80年代之前的产业结构不去面向里根所提倡的金融大战、不去面向未来,一定会被淘汰掉。大家可以看一下美国的一些大企业,比如美国的铝业、钢铁企业,包括一些化工企业,它们在六七十年代的市值比现在高很多,美国铝业曾经有1000个市值,现在也就100多一点的市值,什么原因? 时代过去了。我们煤炭经济时代或重化工经济时代已经翻过去了,但不是说已经翻过去了就不干了,而是说能够牟取暴利的时代已经过去了,一定要面向战略性新兴产业。

三、近年来并购重组市场情况综述

给大家讲一些案例。我们当前并购的案例很多,并购主要以产业整合为主。我个人判断,中国因为新股发行制度的原因,导致大量能够快速成长的企业不能进入资本市场,只能卖身给上市公司,这个进程应该在2015年、2016年上半年告一段落。但是资本市场对于企业并购的这样一个认知已经开始深入骨髓了,"穿着红舞鞋就必须不停地跳下去"。国内的标的物不够玩了,中国土豪就得走出中国面向全世界收购, 大家可以看到前几年有国企和部分民营企业,跑到国外收矿却上了当。为什么说这些资产不合适,因为就算财富你收了,所有权在你名下,但是控制权还在国外,所以按照中国的这些现状,去测算另外一个资产的价值的时候就错了,所以中国前几年出去买矿的、买原油的、买其他资源的全错了。

那么买什么东西是正确的? 买中国产业链能够打通的、带有科技含量的东西是正确的。什么东西中国产业链能够打通? 比如医疗、装备制造业、农业,中国大量的企业跑到国外去买地、买农场,买完之后把当地生产的原料运回来,存储在仓库里然后找大品牌,说你用这些预测的无污染原料,生产你的品牌,这就是中国产业链能打通的出路,带有一定的科技含量。我们可以看到,中国现在到国外收购装备制造业、收购机器人、收购软件企业、收购相应的高端的装备制造业进行得如火如荼,所以跨国并购可能在未来5-10年是中国非常重要的方向。比如机器人产业在中国估值50倍,在欧洲15倍左右随便买,再比如芯片产业,因为在美国已经有几个巨头了,大量的其他企业估值都很低,但是这些中国太需要了,所以中国必须走出去。

我觉得2013年之后走出去的一些民营企业犯错误的概率大大地降低了。各位哪怕你是搞煤炭产业,你说煤炭产业未来不是那么看好,但是我手中有现金流,我去转型到新产业方向去,我个人认为未尝不可。比如说煤老板要到德国、日本收购机器人,我也觉得未尝不可。为什么会这样?我分析人口结构,欧洲已经绝对老龄化了,再好的东西很难谈成了,中国虽然2010年开始进入老龄化,但是中国人口的结构还相对比较均匀,哪怕到2020年、到2025年我们的人口结构还相当合理,所以我们还有创业激情,还有发展的空间。所以收购企业之后就焕发活力了,这就是资本市场的魅力。在欧洲它一年就那么几千万元的利润,放到中国来,打通产业链,两三个亿不在话下,大家看到前两年一些汽车零配件行业开始去收购了,效果非常好。

经典案例:

(一)某电网设备公司的并购

有一家上市公司,它做电网设备工程行业,这个行业很一般,2013年年底找了我们几个朋友说帮他们策划一下,怎么样进行并购。后来定下来做高端装备制造业领域,然后就找了个标的物,找好标的物之前,他到深圳来和我见了个面,问我怎么和对方谈判。我说你现在有50倍的估值,你的收益率是50倍,所以你15倍以内不做任何计较,立马答应对方,这是第一,不计较。15倍和14倍、12倍没有实质区别,区别是你把人家心态搞坏,人家不和你玩了。

第二点告诉对方,收购之后我不派董事长,不派总经理,不派财务总监等等,我只和你签一个对赌协议。因为收完之后,这个企业也是你这个公司的股东了,你们的利益是完全绑在一起了,只能把利益做上去。所以我说一定要有胸怀,不派董事长、不派总经理、也不派财务总监,什么都不派。

第三,收完之后,被收购方的董事长和总经理向谁汇报工作。我说谁都不汇报工作,你们就开年会。结果去谈判的时候把这些理念一说,被收购方老板很感动,说我们谈了好几家,别人都算计我们,就你不算计我们。

当时对赌条款说 2014 年要有不低于 6000 万元的利润,结果在如此的信任之下,这个企业 2014 年产出将近 9000 万元利润来。信任是最大的动力,信任能够带来最大的生产力。别老板整天忙得像狗一样,员工就闲得像猫一样,所以做并购老板一定要有胸怀。所以如果大家投资的时候,其实就要看面对的单位了,也许你不一定知道,但是你可以作为股民去和对方了解,看他的过程,他会告诉你,这就是并购重组在谈判过程中的技巧。

那么,大家可以看到好多企业,好多民营企业,预期他们要重组,结果过三五年都不重组,那这种企业市值也很低,还挺活跃,经常涨涨跌跌,像这种企业有没有投的价值? 我告诉大家,没有。原因很简单,他老板绝对不可能让你和他一起共享这个企业成长的。中国有一堆这样的民营企业家靠投机取巧、靠偷鸡摸狗和靠特定时代的那种环境做起来了,但是他作为一个上市公司的董事长和这个平台企业家的时候,他仍然没有胸怀,仍然没有气质和别人来分享,这个企业看都不用看。

再谈一下被收购方用什么样的心态来和收购方博弈。其实被收购方最难的就两条:第一,你从老大的位置,可能会降到老二、老三甚至老几都不是的时候,你该怎么做调整? 这一点很多人做不到,所以很多企业失败了,并购失败的原因就是因为并购之后,被并购方还老想造反,大家可以看到历史上所有想造反的都被镇压了,所以被并购方造反是最大的退步,人性都一样。如果你被并购了,你就老老实实按照并购方的方法往下走,这样,一定能够一起往下走的。

还有一点,被并购方有自己的文化,并购方有自己的文化,这个时候整合,毫无疑问以并购方为主,你要去适应并购方。

(二)蓝色光标并购

蓝色光标是联合证券 2010 年的一个投行项目。当时我和董事长在一起,我就跟他讲一个观点,我说你知道你这个行业是什么样的行业吗? 是洗钱,如果再这样干下去肯定没有未来。这样的一个行业,上市之后,你在传媒行业就是龙头。我说你要赶快收,在这个行业里面到处都是这样的小公司。所以上市半年之后就开始收,为什么收? 因为老板听进去了,他有无穷的野心要成就一番事业、成就一个传媒帝国。

再一个就是我们帮他找到标的物了,所以他一直到现在都是与华泰合作的,也做顺了。他的市值从两三个亿涨到现在二三百亿元的市值。可以说市值用了三四年的时间涨了 10 倍。可以告诉大家，两三百亿元对于这样的大公司而言是大了还是小了？小了。很简单，还有成长空间。他和世界上大的这些帝国比，他的市值只有十分之一，空间还小，未来还会不停地并购。所以从 2014 年年底开始，他就在做国际并购了，一个传媒帝国用了 4 年时间打造出来，过程中主要是靠并购。

（三）华泰整合联合证券

2006 年联合证券的江湖地位不亚于华泰证券，但是因为 2006 年联合证券的原股东必须在这个时点还钱，但就是还不上，这时候华泰证券就进来。进来之后，华泰证券表现得非常大度，承诺我们收购了联合之后，所有的东西都不变，联合证券高管们按照自己的想法，按照自己的基金战略往前走，我们都支持你。这话对的还是错的？错的。你被我收购了，并入了我的帝国，必须按照帝国的方式来办，而不能按照你的方式来，所以它给了我们原联合证券的高管们一个错误的预期。这个事情怎么说？你并入了我的帝国，你必须按照我的文化和程序往前走，我不干预你，但是你必须要往我的方向调整。结果他告诉我们，你们该怎么玩就怎么玩！联合证券是一个市场化的机构，极其市场化，而华泰是一个国有企业，没那么市场化。结果到 2009 年、2010 年联合各项业务全面超过华泰，而且在江湖地位上超过母公司。所以到 2010 年、2011 年就开始整合，彻底整合，但是整合中两种文化的冲突特别严重。

我记得当时我们联合证券的董事长是华泰派来的，回去的时候华泰的董事长总裁发言的时候讲了一个观点说："把你派到这边做董事长就是希望你把华泰的文化引进联合证券，让华泰证券和联合证券能够进一步能融合，最终两家融合在一起。结果不但华泰证券文化没有扎根发芽进入市场，联合证券这样的文化更加盛行。"现在我们反思，其实当时就错在 2006 年并购时候的一个预期。最终的结果是 2012 年 6 月份，华泰和联合证券彻底整合，把联合证券整成一个投行子公司，现在全部要拿到母公司去，最终结果是联合原高管，除一人之外全部离开，骨干们离开对很多业务的打击是非常大的，它是一个双输的过程。

假如说整合没有最后那个结果，那么华泰和联合还在和平共处，现在应该在中国排数一数二的地位，现在排到三到五名，这就是一个非常失败的案例。

这就是并购重组过程中几个核心环节，作为收购方而言，你有什么样的心态、什么样的胸怀？被收购方怎样去适应收购方的文化和管理？这些要素我觉得大家去看的话,都能看得很清楚。

几句话总结一下我讲的核心:第一句话,人类历史包括人类经济发展史就是一段不断并购的历史。第二句话,在并购的过程中,并购方的胸怀是谈判的最重要的支撑点。第三句话,被并购方一定要有融入帝国的心态。

最后和大家谈一下山西的资本市场和山西的并购。

其实山西的今天具备了和 10 年之前的浙江一模一样的生态环境,你们可以看一下 10 年之前浙江打掉了多少官员,那个时代应该有人给浙江的企业家,出主意,让他们走出去投资。所以上海很多高楼大厦的老板都是浙江当年生产袜子和扣子的小老板。我个人觉得,山西不管是站在政府角度,还是站在民营企业家的角度,还是站在煤老板的角度,一定要融入中国未来 10 年的并购潮和新兴产业发展。用 VC 的方式、PE 的方式,分散地投资一些战略性新型产业,主动创造平台,去发展一些战略性新型产业。那么我相信,5 年、10 年之后,我们山西的上市公司在这些领域一定能够走到国内领先。

最后我想说,平安证券、平安集团愿意在各位并购的大潮中给大家提供帮助和服务。谢谢大家!

第十三讲　2015 资本市场热点和山西投资形势分析

带着自信、自强、自立书写 2015 年

山西证监局局长　孙才仁

　　今天是我们这个 PE 班历时 3 个月结业的一天，作为最后一课，怎么结这一课，我们创新了这么一个方式，寄希望于能够满足大家以往课程没有达到的一些要求，我相信这些专家们的演讲应该是达到预期效果了，所以首先衷心感谢各位演讲嘉宾为我们 PE 班画上一个圆满的句号。我也感谢在座的各位学员，从开始的六十几位学员到现在的 200 余位，大家耐心地完成了 3 个月的课程。

　　你们这一次系统的受训，将为我们山西经济市场化改革注入动力、提供急需的人才和力量。我也深信我们山西私募基金行业、投资基金行业，我们的资产管理行业会以这个班为起点，站在中国金融改革发展的一个新起点，也深信同志们通过这一次培训积蓄好了充足的前行能量。相信你们通过今天的论坛对未来更加充满期待，期待就是理想，理想就是激情，激情就是创造，有了这些，我们不担心未来的山西发展不起来。

　　今天是私募基金在中国证券投资基金协会登记备案一周年，我们 PE 班结业，日子真的很巧。我也希望大家记住今天这个日子，2015 年 2 月 7 日。

　　讲点什么？我先给大家一个题目，叫"带着自信、自强和自立书写 2015 年"。再送大家四句话：

第一句话,送给大家一份自信的理由。

大家知道这"四情"的问题,其实是两个领导人汇总出来的。一个是上届省委书记袁纯清同志,2011 年在我省委党校的报告材料上做了个批示,他送了我"三情",叫激情、热情和才情;另一个是最近王一新副省长来调研又送了我"三情",叫激情、感情和痴情,然后被李中元院长归纳成"四情"。但同志们要发现这里有一个是重复的,两个领导人讲的有一个重复的——激情。激情是什么?如果说我还有激情的话,而且四年如一日有激情的话,激情是什么?或者说这"三情"来自于哪里?我觉得就是来自于自信。我多次讲过,本人不是博士毕业的,没有博士头衔,现在一登讲台都是博士头衔的,我说我是 1985 年考上了硕士,1988 年毕业的,只能说相当于现在的博士。级别也不高,厅级干部,还是在副厅级单位享受正厅级待遇的这么一个厅级干部,中国不缺这个级别的干部。但是大家知道,我跟我的同事四年来在山西做了很多事情。

在北京的时候我也做报告,每次做报告都介绍我是中国著名的衍生品理论和政策问题专家,这是在北京的头衔。在山西做报告,特别是回北京做报告,叫著名经济学家了,这个不是浪得虚名的,这是在山西的四年接地气换来的,或者说是山西人民送给我的礼物。但是这个礼物怎么来的,跟大家讲,是一份自信带来的,是用自信换来的。从我来山西起就没有停止过思考,没有间断过创新,没有间断过推动资本市场改革发展,一直到现在。中间经历了种种艰辛、种种矛盾、种种纠结。大概平均两个月左右我要纠结一次,要打退堂鼓,在这么一个过程当中跟同志们一起度过了四年,现在回想起来,这四年是我人生当中最值得留恋的四年。内容我就不讲了,我想说什么?自信有我们山西提供的基础,有我们山西提供的空间,也有社会给每个人提供的公平的机会。自信了就有机会,自信就会努力,自信就会有创造,创造就会有收获,做了总比不做强,这是我在山西四年时间的体会,送给大家。

山西不是注定就落后的,这句话我也讲了好几年了。我们经济建设也不是一塌糊涂的,虽然离我们的诉求、目标还有很大距离,特别是横向比还有很大的差距,但是我们在很多方面是可圈可点的,特别是金融改革发展创新方面,我多次历数我们所做的创新,这不是自夸,是想跟大家来共勉。比如我们做的县域城镇化基金,全国首创,16 个省市前来学习;比如说我们去年搞的金融扶贫、众筹扶贫,又是全国首创,已经赢得了扶贫部门的关注,最近正在跟他们讨论下一步合作扩大试点的事；比如说我们正在筹划的等待国务院批复的场外衍生品又是全国第一；比如说我们山西连续三年的并购重组规模都在全国前列。还有我们下一步净化政治生态之后，山西会展现出来巨大的发展空间、转型升级空间；还有几千年来、几百年来、几十年来赖以生存滋养我们的三晋文化、汾河水和太行山、吕梁山，这都是我们山西人自信的源泉。我想只要我们能把这些丰厚的历史积淀注入活力，我们山西就会迸发出无限的生机，迸发出巨大的创新发展潜力。

山西正在迎来绝处逢生的历史关键期。四期叠加也好，系统性塌方也好，都是倒逼我们改革，倒逼我们思变的一个强大动力，有一点血性的山西人都不能把当前我们面临的环境看成是消极的。因为这次政治生态净化，是山西一次刮骨疗毒的开始。而且我跟我的干部也讲过，山西确实存在严重腐败问题，如果没有一次刮骨疗毒，山西不足以发生变化，不足以重生。但是春天的脚步依稀可见，特别是金融改革发展已经上升到省委战略层面了，省委书记全会讲话，五大改革中有金融，排在第三。我记得三页纸里有一页多讲的是金融，篇幅最长。这里面有很多背后的插曲，但是我切身感受到了王儒林书记一些重大的思路，看到了山西的希望。金融的改革抓好了，山西的改革就走好了。我们的改革气候已经正在形成，春江水暖鸭先知，我们 PE 班的同志们有幸领会山西金融的感觉，找到了山西金融改革发展的感觉，如果没有找到，那是我们办班的失败。你们是近水楼台先得月，要把这次培训看成你们未来包括在座的企业家在山西新一轮发展浪潮中走在前面的资本。

第二句话：送给大家一个自强的理由。

昨天晚上一个朋友给我发微信，互相聊了很长一段时间，给咱们正在筹办的一个众筹平台提建议，在跟他的交流当中，使我坚定了一个认识，就是未来十年的企业家会是谁？或者未来十年的赢家会是谁？简单说他对平台还很热心，也是积极参与的，他说感觉咱们这个平台的筹建当中气场不够，强烈建议找点有气场的人来担当，有气场的人最好是在银行内做高管的，董事长、副行长这样的人，或者大企业家，或者厅级上退下来的干部挂帅。心意很好，我也理解这是一个好同志。但是为什么平台布局的是一批年轻人来担当的呢？这是跟刘思宇同志学的，所以感谢小刘老师的启发。二十几岁年轻人在北京可以创业，来我们山西也可以创业，可以担当。我们山西落后一点，不敢用 23 岁的，咱用 28 岁的。我想说什么呢？大家知道，今天互联网是热议的主题，我想它引起了人们对未来财富世界的憧憬，目前但凡还有点激情的人都在思考、关注的一个领域，我也多次讲过，这一潮流一定会改变未来，一定会决定未来十年的新格局，当然还有其他决定要素，但是我敢说，决定未来社会乃至世界新格局的重中之重的要素，一定是互联网。尽管最近几个月关于P2P跑路的消息不绝于耳，但是谁都阻挡不了互联网改变世界的这一潮流。而且你们仔细看一看，几个要素对比对比，跟中央提出来的"大众创业、万众创新"，跟中央决定搞400亿元创新基金，跟我们呼吁了两年的解决中小企业融资难、融资贵问题付出的努力是一脉相承的，乃至于我们说的普惠金融，与现在出台的一系列重大的政策、出现的一系列重要的现象，以及我们做的一系列重要的探索都高度吻合，从来没有这么高度吻合过。我想这已经在告诉我们不用再去证明了，互联网注定改变我们。

但是推动这次改变的核心动力在哪里？我们不要光看热闹，否则就成了看客，十年以后你又会后悔。如果说过去三十年改革，每十年一个大机遇我们都错过了的话，但是我不想错过这一个十年的大机会。我看到了中国未来十年机遇在哪里，我也看准了推动这个机遇的动力在哪里。不是互联网，而是互联网思维及其影响下的新生代，是80后、90后，是这些让我们50来岁人感觉可畏又可敬的一代人，这批人才会在未来引领互联网时代潮流，成为未来十年中国新一批企业家的代表、新一批财富的拥有者。如果没有这批人成为十年后中国的大企业家，如果十年后了，90后还跟我们年轻时一样在艰苦打拼，那么中国就没有希望，中国经济跨越中等收入陷阱实现转型成功没有希望，而且历史也不会再给中国转型机会了，成与败都在这十年。所以我说80后、90后这批人是可敬的一代，当然也是让人感觉恐惧的一代，因为一夜之间做个梦就可能颠覆一件事情、一些传统，而且这些孩子的梦是可以白天做的。

那么这一代人的特点是什么？用传统观念看，他们一无是处，可是用我的观念看他们就是宝贵的财富。为什么？他们代表了时代的声音，代表了时代的发展方向。什么叫代表时代？首先他们是穷人，他们缺什么？缺财富。他们手里缺权力。现在中国需要什么？经济转型需要什么？我们需要一批两手空空的人站出来，哪怕你还是90后。正因为他们两手空空所以他们又不是贫穷的，他们富有，富有什么？他们富有创意和创新精神，富有敢闯的精神。俗话讲光脚不怕穿鞋的，现在我们需要一批光脚的人，所以他们是让我们可畏又可敬的一代人。

因为一无所有,他们让我们这些前辈们感觉恐惧,因为一无所有他们只能创造,而且现实已经告诉我们,他们确实勇于创造,因为只有创造才能担负起我们中国经济转型、文明进步的重任,所以他们让我们敬重。如果中国没有一批这样的人参与到创业发展中来,怎么可能进步? 怎么可能实现十八大规划的深化改革和全面实现小康社会的目标? 怎么可能实现依法治国? 未来中国的希望从政治角度讲来自于哪里? 来自于全面深化改革,来自于依法治国,靠着我们这些人,手里握着权力,我们这批人提出的改革方案能改革成功吗? 我们是被改革对象,要有这个自觉。那谁来革我们的命? 90后。恰恰十八大开始了,深化改革和依法治国两个主线。又能为这批90后扫清前进路上的障碍。深化改革改什么? 不就是要搞市场化吗,拿市场来配置资源。他们没有权力靠什么? 就靠智慧,在市场上练,拉出来遛,年轻人不怕。但需要保障,需要一个秩序,什么秩序? 法治的秩序。所以你们将来不仅仅要感谢你的父母给了你生命,感谢大学给了你培养,更要感谢十八大,以习总书记为代表的十八届党中央为你们90后创业创富扫清了道路,所以要坚定支持以习总书记为代表的十八届党中央的一切工作、一切决策。

我说这些意在希望同志们,尤其年轻同志们要敢于自强,要敢于担当强者的角色,不负时代使命。在座的各位,年轻人居多,更希望和我一样的同龄人对他们多一些鼓励、多一些支持和包容,我们现在最缺乏的是包容,但是我们年轻人创业需要包容。特别是我们这种监管部门的包容。好在当政者已经展现出对互联网金融创新史无前例的包容能力,从互联网上看到了希望,没有这个包容,哪会有互联网的今天呢? 当然70后如果能让你们的心理年龄再年轻10岁同样不会落伍。也就是说,机遇对所有人都是公平的,包括对我这50来岁的人也是公平的。只要我思想不落后,我也会跟90后站在一个起跑线上。

归结起来,第二个要送给大家的就是,应该有年轻的心态,年轻人的轻狂和睿智,不要恐惧,不要徘徊,因为你们拥有着可以失败的资本。

第三句话,送给大家一个自立的理由。

我们山西不缺辉煌历史,不缺优良传统,不缺煤老板,不缺发展目标,更不缺发展理想,来山西以后我深深体会到这些。山西的"十二五"规划,转型综改发展规划那都是拿得出手的。我们有梦想,大家都有梦想,但我们山西这几十年来,尤其我在这儿看了四年,经常出现一个现象就是起大早,赶晚集。这是我多次在会议上讲过的,我们自己要承认,我们是善于理想、不善于行动的一群人。尤其煤炭产业黄金十年,我们省失去了很多创业和成就事业的机遇。如今改革发展的潮流和风起云涌的互联网浪潮让我们打开了新的想象空间,让我们找到了面临的新机遇,我觉得这个时候找回我们失去的本源变得更为迫切。

在诸多的成功要素当中,我只想强调两条:

一条是坚持。在这个浮躁的时代能够沉下心来,踏踏实实地追求一件事情,持之以恒地攻坚克难的确是很难,但是我四年的实践,山西证监局四年的实践就证明了这么一个道理,坚持。有人在总结马云的成功经验,不同的口径都有,但是有人说马云的成功就是"坚持"二字。去年我们搞的金融扶贫、众筹扶贫,外界看的是热闹,这次金融扶贫是用众筹办法进行的扶贫,将来可能要成为全国推广的一个模式,这里面最宝贵的经验还是坚持。我刚才跟《人民日报》记者也讲了,有时你要比农民还要农民,农民最大的特点是什么? 就是坚持。

另外一条,就是抱团。我们过去如果有什么成功,成功在抱团上面,如果有什么不成功,也不成功在不抱团上。我们讲的抱团不是圈子文化,而是开放合作的结晶,有开放的思维和理念影响的真正抱团。有些时候抱团难就是因为我们不开放,思想不解放,固守小天地,心里小九九,小九九就是不开放,就算自己一亩三分地的小利益,想不到更大的发展空间,各个部门是如此,各个平台是如此,各个人是如此。这个痼疾不改变没有希望,这就是我们应该找回的本源的东西。我们的老祖宗辉煌的那几代人靠的是什么? 就是开放和抱团。我也希望带着抱团开放和坚持的精神,通过这次的培训班给大家传递一个信息,在2015年我们即将开展的一系列金融改革创新当中,包括山西正在启动的众筹平台建设,都会展现、回归本源的东西。两个平台,一个叫普惠众筹平台,一个叫普惠投资平台,已经注册完了。承办这两个平台的公司叫山西高新普惠资本投资服务公司。我希望大家记住这三个名字,在不久的将来,希望大家参与当中。

第四句话,送给大家一个未来发展的方法。

我们要坚信互联网技术加上互联网文化改变未来。因为互联网的拓展与渗透,未来会有一批传统业态和一大批企业以不同的方式被改造或被消亡,也会有一大批新业态和新的企业乃至企业家诞生,或者叫重生、新生。但是我主张我们要浴火重生,用互联网改造传统产业,前景广阔,而不是简单的新生。我更希望我们山西重生,资源有效利用。重要的是我们要树立科学的互联网文化理念。什么是互联网文化理念？我的理解，至少有这样一个概念，理想境界应该是未来世界的发展、产业的发展，是没有疆界的，是没有壁垒的，没有定式的，没有距离的，没有一成不变的，这就是我们理想的实际。也许互联网不能完全解决这个问题，但至少会大大缩短我们通向这个世界的时间和距离。互联网思维崇尚的是着眼现在和未来；没有最好，只有更好；没有差距，只有差异；没有大小，只有优劣。这样一些思维方式和方法，我理解为互联网文化理念。

我也借这个机会强调一点，试图猜测未来十年中国社会是什么样，注定是徒劳的，不要去试图描绘未来世界是什么样的，当然坐等未来十年变化也是不可容忍的。归根到底我们要有一种好的思维方式方法，应对挑战思维、抓住机遇思维、创造机遇思维这"三级"思维决定了未来的差异，更决定了未来的差距。我们选择什么？我们应该选择创造机遇的思维。领导讲话经常讲"迎接挑战，抓住机遇"，我看这句话都过时了，抓住机遇是不够的，迎接挑战是被动的，我们要主动出击、创造机遇，山西今年的金融改革发展我也希望带着这种思维去工作，山西才有希望后来居上。

同志们，在我的职业生涯当中从未像这四年在山西工作这么辛苦，也从未有过在山西工作四年这么快乐过，在我致力于山西工作的四年里从来没有像今天这样对山西的发展更加充满信心，也从未像今天这样对山西人能够以崭新面貌迎来新的机遇充满期待。我说过山西的事情还得靠山西人自己来做好，也只有真正动员了3600万三晋儿女的创业激情，山西的振兴才有希望。摆在我们面前的机遇不容我们再错过了，山西再也不能产生错失机遇这样的事情了。

2015年伴随着省委省政府金融改革发展战略的实施，我们山西资本市场充满机遇，我们山西经济转型充满机遇，山西的PE行业充满机遇，而且是PE和众筹的结合比翼齐飞充满机遇。希望PE班的同志们能够敏锐抓住这些难得的现实机遇，以我们的创造和合力做几件让山西人民感觉到争气的事情。

我想以上四点就是我今天利用这么一个宝贵的时间，送给我们PE班同学们的一个毕业礼物。我也希望同学们或多或少地能够把我这些年带给大家一些经验和方法用起来，在即将开展的金融创新当中做成几件事，也算是你们回馈给我的一个礼物。

谢谢大家！

金融创新必须先优化金融生态

山西省社科院院长　李中元

在春天的脚步声中,山西资本市场的弄潮先锋、中国部分资本市场的弄潮先锋齐聚一堂。对于我这个观潮人来讲,是莫大的收获,也是颇多的教益。借这个机会,我想讲一个故事,要推荐一个人,然后谈一点看法,也和在座的各位做一些交流。

四年前,一个偶然的机会,在龙城的龙城宾馆有两个人偶然相遇,住在了同一个房间,两个人一见如故。匆匆间四年已过,"旧常态"进入到"新常态",山西风云变化,经济潮起潮落,资本市场花开花落,这个人在黄土高坡上带着感情,充满激情、热情,而且还确确实实都是真情,在山西力图把曾经的辉煌再现。有人称他是山西的金融教父,其实不仅是教父,而且是行者。四年间各种艰难困苦,一如既往,更多时候是一厢情愿。尽管如此,我们看到山西资本市场的春天来了!在座的各位都要问山西的希望在哪里?中国的希望在哪里?这个人是谁呢?他就是孙才仁局长。这个人是"四情之人",有感情、有激情、有热情、有真情。

物以类聚,人以群分,最高的境界叫志同道合。我想今天在座的各位应该是资本市场弄潮儿,所以我说山西的干部,包括我们在资本市场上初出茅庐的年轻人,真的应该学习才仁局长,应该培养自己的"四情",一个对人民、对事业有感情的人才能做成大事。所以我们的才仁局长一路奔走,讲了120场讲座,3万听众,确确实实将山西资本市场的新理念、新作风鼓动起来了,很不容易。我觉得只要有信念在、有理想在,就有希望在。有希望在,就一定能够收获成果。山西现在就在收获,整体经济萧条之下,唯有直接融资的比例在三年当中一直上升。春天是什么?春天就是坚冰消开的时候。所以,山西的坚冰正在被打破,山西资本市场的春天正在到来。

现在弄潮儿的最高境界是互联网金融。干什么?人类从存在到今天,基本需求没有改变过,也不可能改变,但是满足需求的方式在不断改变,这一点就是创新。我是一个门外汉,对金融不懂,但是看见这个事是个事,怎么办?我想在这儿讲六个气和大家共勉、共享。第一,看天气,接地气。第二,鼓士气,聚人气。第三,通财气,连福气。

资本市场要打造好,在当前来讲我认为首先要会看天气变化,第二要善接地气需求。那么我们先看天气,看天气不仅要看今天明天短天气,还要看下月、下年中天气,还要再看十年长天气。在新常态下,经济的天气怎么变? 山西的天气怎么变? 资本市场的天气怎么变? 我讲几点看法。

第一个,十八届三中全会决定中明确提出两个发挥,首先要发挥市场在资源配置中的决定性作用,同时要发挥好政府的作用。现在的问题是什么? 我的看法是市场经济从本质上来讲就是叫资本经济。关于资本市场的功能,孙局长把它概括为六大功能,或者是十大功能。反正不管是多少功能,就是说资本市场是市场经济的核心发动机和血液。中国之所以落后、山西之所以落后的一个重要原因就是资本市场滞后。大力发展市场经济,让市场在资源配置当中起决定性作用,就必须让资本市场在整个资源配置当中起核心作用。为什么? 配置就要交易,有人就有交易,交易就是买和卖。买和卖拿什么? 拿钱。老百姓有金钱却很少有金融的概念,在我们山西土豪企业家当中也是有金钱而没有金融的概念。这样下去是不行的。

第二个,山西正期待着创新和革命。在省委六次全会上,王儒林书记在讲到山西要破解三大瓶颈的时候重点讲到金融。大家都知道,我们山西现在在资本市场上有四个流失:工业资本反流、金融资本外流、民间资本乱流、中小企业断流。我们山西目前不仅是三期叠加,是四期叠加。三期叠加是总书记讲的,我们山西还有一个是政治生态净化期,四期叠加。我们山西非常不容易,所以山西要发展,下一步要破解困局,没有金融的真正革命,就没有资本市场的健全和发展。

第三个, 金融革命和创新必须把净化、优化金融生态放在一个重要位置。我在调研的时候,我们山西是 1300 多家企业做金融产品,金融办批的才有 300 家,所以说非法集资十分猖獗。山西作为储蓄大省,存贷比一直是低于全国平均水平,我们的民间资本流失多少?乱流多少? 大数是五六千亿元。你说这不是机会吗?

第四个,山西是被动进入新常态。既然有新常态就必然有旧常态,在新常态和旧常态之间必然有一个非常态。我认为准确的说法是山西处于重要的历史环节,山西处于非常态。非常态要突破,就是要金融改革、金融创新。

会看天气变化,善接地气需要。我刚才已经讲了,以下只点到。再鼓士气精神,凝聚人气资源,技术层面东西不讲了。然后是贯通财气命脉,延伸福气根本。借着春天的气息,我们叫练六气、聚六气,为中国的资本市场,为山西的资本市场做出我们应有的努力。

我是智库库长,他是证监局长,在座的大家都叫董事长。我想咱们联合起来正是三和六气,一鼓作气,把我们想做的事情做好。

谢谢!

未来投资主题是增长和发展

九鼎投资副总裁　朱鹭佳

我想现在不管我们如何去发展经济,未来总有一个主题是不能避免的,那就是增长和发展,不管是山西、中国,还是全世界。增长和发展,这两个概念不太一样:增长是一个量的积累的概念,比如说 GDP 增长了多少,GNP 增长了多少,或者说工业产值投资增长了多少;而发展涵盖的是一个质的跨越,从目前来看,中国并不缺增长,因为中国每年都在增长,未来也将继续增长,而且由于中国政府是统一的中央政府,所以调控增长对中国来说并不是问题。但是要真正实现发展不是一件容易的事情,因为发展强调质的变化。

大家知道,投资、消费、出口是拉动经济增长的三驾马车。现在总体上来看,2008 年之后我国的出口就比较疲软了,主要依靠投资;投资在 2011 年、2012 年达到高峰期之后也开始疲软;所以现在需要依靠消费。但是,我认为这三个方面在带动中国未来经济增长中依然有很大的空间。

首先讲投资。

投资现在面临的困境主要是钱的问题,为此很多地方政府做了大量政府平台战略,国家也发了很多的货币来做投资。但是由于过度强调企业投资战略导致地方政府财政负担过重,加上国家发行货币进程中断,导致钱主要集聚在中小金融机构,而中小金融机构的钱又流向小额贷款,然后进入股市,最终又回到银行,就是这样在不停地转,对实体经济的发展意义不大。

未来要想扭转这个困境,继续拉动投资,必须把地方政府平台能重新利用起来,PPP就是可以利用的一个很好的项目形式。PPP实质上是一种新型融资工具,由地方政府与实体企业共同建造一个项目,为长期性、稳定性考虑也可加入分包概念来进行项目运作,未来收益按照股权分成。这种形式可以引入更多的民间资本成为项目发展资金,也就意味着项目本身在建立初期或者是建完的若干时间内已经被证券化,成为一个投资行为。这就引申出未来发展的一个重要趋势——资产证券化。我们如果想把现有的诸多资产盘活,然后在其基础之上继续扩大投资,建设新的固定资产或者进行基础设施建设,那就必须把存量资产证券化,这也是很多企业或者地方政府债务平台纷纷选择挂牌上市的一个目的。只有成为一个公众公司,把自身的存量资产以定价的方式标明价格,把未来若干年的收益转化成现在的一种投资行为的融资方式,才可能是长久的。有的人认为这样是把未来10—20年的财富给透支了,我倒不这么看,因为我觉得资本市场的一个重要功能就是定价,那么我把这个价定出来了,未来的收益也就可以计算了,那么以现金的价格进行买卖其实就是一个市场流通行为,跟透不透支未来财富没有太大关系。而且未来的财富也不用担心,因为未来的财富自然有其他实现方式。股票流通也一样,它代表的就是背后的财富,如果这些财富能够相互流通的话,就是经济流通的一个很重要的手段。所以,我认为在未来5-10年还是应该坚定不移地努力利用资产证券化方式,包括一些存量的金融资产也可以做资产证券化,普通老百姓手里的贷款或者借款也可以做资产证券化,只要是未来有偿还风险的能力、有风险控制机制都可以做资产证券化。

现在众筹公司不管是股权众筹,还是P2P,在全国都是风起云涌、高潮迭起,它解决了普通老百姓的投资问题。普通老百姓如果把钱存到银行里,每年最多3%的收益;如果买理财产品,短期的收益也只是4%-5%。众筹就是利用互联网工具,建立了一个更加畅通的投融资通道,老百姓的钱能够直达最需要的地方,改变了原有的因为信息不对称,投资机构或者金融机构把投融资之间的关系人为隔断,低成本筹钱、高成本贷钱赚取利差的投融资运作机制。如果大家参加众筹,收益至少有10%-15%,比银行要高得多。而且研究它的运作技术就会发现它的风险控制是非常好的,特别是现在主流的众筹机构,运作机制、风险控制措施都非常好。所以大家不要过于担心风险,可以逐步去试探,得到的回报还是比较可观的。

我觉得政府、协会、企业,包括个人都应该积极支持资产证券化的过程,否则已经积累的资产、财富就只能安安静静地躺在那里,无法流通,那样经济必然失去活力。我们应该建立起一个活跃的资本市场,让所有的资产都能够被充分定价,既能促进价值流通,也能避免资产被外部不合理低价购买造成的损失。未来5-10年,国家肯定会大力发展资本市场,现在出台的新三板、注册制改革等政策,总的趋势都是要加强资产证券化的进程,这个进程对每一个人、每一个组织集体都是不可避免的,所以大家要去接受它、利用它,利用好就能在资本市场中拔得头筹,获得更大的发展;利用不好就只能被资产证券化这个大浪潮远远甩在后面。

第二讲消费。

从2012年到现在消费一直特别热,因为其他投资引擎出了问题,资金托管平台也很疲弱。特别是最近几年,大家发现欧洲和美国根本还没有恢复过来,就始终感觉到它很疲弱。其实道理很简单,就是他们国家老百姓手里没有钱了,这一事实通过其贷款和存款量对比就能分析出来。

首先,消费和就业息息相关,欧美国家如果控制不了失业率,那么贷款就会很难,可能瞬间就会破产。在美国,成年公民只能靠自己的工作来维持信用还款,如果失业就意味着下个月还不起信用卡,信用就可能破产了。信用破产必然会给社会造成不稳定,对总统的压力很大。所以美国总统上台之后一个很重要的口号就是降低失业率,降低一个点的失业率都等于是丰功伟绩,这和中国有很大不同。中国也有失业问题,但是中国的失业问题好解决,比如一个大学生找不到工作怎么办?啃老。而且考上研究生也算就业,其实现在很多研究生毕业之后并没有太高的水平,只是在大学里面又玩了三年,等于延缓三年工作。所以外国的失业和我国的失业不是一个概念,在中国还是一个大家庭的概念,互帮互助,抱团取暖,所以中国失业增一个点或是降一个点,影响并不是很大。

其次,从消费本身来讲,如果消费跟不上就会导致经济引擎熄火。所以最近几年国家在大力刺激消费。我听说有的地方政府就发钱让大家消费,这种行为肯定是不正常的,消费还是得靠市场来运作。那后来催生出什么样的消费形式呢?淘宝、京东的销售模式,天天都过年、天天都打折,这真正是把老百姓兜里的钱往外卷,特别是女性朋友的钱,这也催生了首富马云,因为他既把消费玩明白了,又把证券玩明白了,所以赢来了好几百亿美金,就变成首富了。有人说淘宝鼓励大家过度消费、非理性消费,也混进了很多假冒伪劣商品,导致经济更加虚化,不利于实体经济的发展。但是从长远来看,我倒是挺赞成这个东西,因为淘宝本身就代表了另外一个主题——传统行业的互联网化。

淘宝为什么受欢迎?因为便宜。便宜在哪里?根本原因是把中间流通环节砍掉了。大家对流通环节可能不一定能完全认识清楚,但是随着互联网发展,改变了原有的信息不对称,流通环节的暴利空间慢慢展现在大家面前,比如说药品行业市场销售价和成本价之间的巨大差异被曝光出来的时候,每个老百姓都觉得自己当了冤大头,而未来互联网恰恰能够解决这个问题。国家药监局今年也出台政策允许处方药未来在网上销售,大家未来买药也可以在网上买,而且很划算。药品通过网络流通只要加强医药监管、加强物流方面控制就可以了。所以,网上销售模式的好坏本身并不是大家讨论的问题,传统行业的互联网化是更值得探讨的。淘宝和京东代表着传统零售领域或者物流领域开始互联网化,未来会有更多的企业可以互联网化。不管企业还是金融机构,都面临着互联网化的问题。金融机构如果不做 P2P,不做网站银行、互联网金融,面临的也是死路一条,靠着网点和柜台存活的方式已经难以为继。互联网化可能是未来10 年的一个大的趋势,而且互联网化的过程会很快,在几年之内就可能会改变很多行业的现有格局。

我之前遇到一个企业,是一个上市公司,做企业工厂设计的,在建设每个工厂的时候都会有一些零部件富裕,而有一些工厂存在一些零配件的亏损,这就催生了一个相互零配件买卖需求的空间。但是遇到一个难点,需要一个大的仓库。虽然是上市公司,但是也不足以做这么大的一个事情,因为工厂建造里面的一些配件都是价钱很高的。然后我说你这个思路方向是对的,但是你还不够互联网化。互联网化的思维是什么?就是你不要去买这些东西,你要让他们之间相互买卖,让每个企业都成为一个节点,相互需求,这样你也不需要花很多钱。那你需要做的是什么呢?两个工作。第一个,设法通过各种方式采集各个企业的数据,准确采集富余设备、需求设备的型号和数量,构建数据平台或者直接与大数据平台合作;第二个,组织比较精干的服务团队,能够把一个企业的零部件装到另外一个企业的机器上,能够保证正常运行就可以。其实整个过程当中根本不需要花多少钱,而且这个事情只要做起来意义是很深的,这就是互联网思维。

第三讲出口。

未来中国的出口可能并不是简单的小商品,而是资本和劳力,这就涉及全球化的问题,意味着中国的资本和发展要融入到全球化过程中。中国现在积累了很多资本,不断输送到全世界各国,把全球好的技术和人才引进来,获得长足的发展。我想山西省可能也是这种特点,山西积累了很多的财富,但是未来的发展还需要一个新的方向,把这些财富变成未来发展的动力,这就是我们未来要做的证券化的工作。

做投资是分享和双赢的过程

上海嘉定创业投资管理有限公司副总裁　吉少岭

我今天讲两部分:一部分是讲讲我们上海市嘉定区引导基金的背景;第二部分讲一下合作共赢,重点是跟大家分享一下我们做政府引导基金 3 年多来总结出的或者是感觉到的一些比较好的做法。

第一部分,嘉定区的引导基金当初是怎么来做的? 或者是怎么想的? 为什么要做?

我们 2011 年开始起步, 虽然做政府引导基金或者做母基金的起步不算很早,但发展很快。这要谈到嘉定区的定位,它是一个郊区,更多的是一些工业区,包括一些制造业,在嘉定区产业中占比较大。区里认为纯粹靠土地资源来发展制造业,发展 GDP,发展第二产业或者第三产业的可能性会慢一点,而做一个PE 或者股权基金,无疑对于企业、人才的集聚都将是最大的帮助。于是,财政方面支持我们申请了上海市嘉定区唯一的政府引导基金,由上海市嘉定创业投资管理有限公司作为管理机构来负责具体的运营。所以, 上海嘉定引导基金,成立的主要还是源于政府想搭建一个资源平台、一个产业对接平台来服务嘉定的一些产业,服务整个嘉定的发展。

第二部分,合作共赢其实我们也在探索,我们跟区里面对接交流的时候,都一直在探索怎么做好引导基金的工作。

第一阶段是成长期和探索期,这一阶段我总结了四个词:学模式、搭平台、聚人才、带企业。第一,学模式。因为我们起步比较晚,重点和上海市创业投资、初创投都认真学习、交流了发展模式和相关的做法,在学习过程中也把我们自己的机制和模式全部建设了起来。第二,搭平台。靠政府引导以及社会参与,通过市场化的方式,邀请了很多专家搭建起平台,各类型企业通过平台都认识到嘉定有一个政府引导基金,这成为我们日后对接服务的基础。第三,聚人才。在带动股权投资企业的同时,我们也带动了一些相关产业的精英或者是人才到嘉定来,把整个团队、运营规模也都聚集在了嘉定。第四,带企业。通过股权企业的数据来看,我们最早有百十来家企业,后来通过引导基金,注册在嘉定的股权投资企业有 1000 多家。股权投资企业来了,企业团队的合伙人也来了,形成了一个良性的循环。

第二阶段是成长期,作为政府引导基金,我们获得了 2013-2014 年度政府引导基金第一名,也获得了中国有限合伙人 20 强,最近刚刚颁的一个奖"中国金融生态城市",也有我们上海市嘉定区。目前,嘉定创业引导基金投了 30 多个基金,总投资额在 20 个亿,现在区里面是 1000 多家。这样的资本规模对于集聚产业有一定的帮助,也带来了一定的成果。

第三阶段是创新期,我想说的是我们做的 PPP 和天使引导基金。这个是我们从做引导基金、母基金到做天使引导和一些金融创新的转变。PPP 这一块,我们跟中国人寿成立了一个 100 亿元的城市建设基金,主要服务于嘉定区城市建设,基金首期 50 亿元,第一期的项目正在进行。我们选择的是利用保险资金来服务于地方经济,通过股权方式获取收益。我们做的天使引导基金与真正的市场化天使是存在差别的,我们做天使主要还是做产业引导、环境孵化。我们去年投了十多个项目,退出的也很快,基本上四五个项目已经退出了。退出时,政府只拿 8% 的收益。我觉得这是政府的职能在转变,并非做天使的财务投资,重点是营造一个环境。这个过程中,一些战略新兴产业,包括我们的一些基金,或者比较早的一些电商,我们都愿意合作,这对于地区环境的营造都会有一定的帮助。

总结起来,我们做政府引导基金或者做母基金的经验,主要有以下三点:

第一,我觉得做创业引导基金更多的是共享、双赢的过程。我们通过与清科的合作,包括我们现在也跟一个公司做上海创投,在全国各地做路演,信息沟通、资源共享都会在这个平台上、服务中体现出来。比如说我们在北京做的一个文化基金,谈的时候只是说我们政府引导基金做 IPO 角色,也发展一些文化信息产业的工作,谈的过程中把"开心麻花"也带过来了,他们觉得在上海做一个文化信托基金或者是文化展演平台也很好,我们就把"开心麻花"引到了嘉定,把文化层面的投资引入了嘉定。另外一个例子是我们跟"五月风"之间的合作。五月风是一个并购基金,他们的董事长以前是展迅的一个董事长,对技术研判和并购基金工作比较擅长,通过交流、合作,我们在嘉定设立了一个 30 亿元的并购基金。

第二,金融资本在未来经济转型中将起到重要作用。我们重点还是通过引导基金与资本对接,发挥的还是杠杆的作用。我们只投了 20 亿元,但是我们真正撬动整个嘉定区投资企业 220 亿元资金量。未来我们会投得更多,资金杠杆作用或者资本带动作用也会有新的体现,体现在资本如何与产业项目对接上,其实就嘉定目前来说,重点两个项目:一个是上海大众的科技中心,另外一个是上海的联营医疗。习主席 2014 年到上海调研的也是这两个项目,从产业对接来说,我们投的 30 个亿基金也全部覆盖在嘉定这几个对口产业里面,整体规模已经达到一千多个亿,对嘉定产业规模的支撑是非常大的。联营医疗方面,嘉定做的是高端医疗产业,拟通过联营医疗的龙头企业带动整个医疗健康板块产业链的发展。还包括"五月风"并购互联半导体企业的案例,这个产业未来的发展趋势是比较大的,对嘉定也是一个重点的产业支撑点。还包括嘉定一个主要做机器智能制造的上市公司金思达,也是我们政府引导基金与产业链集群对接的过程,最后的结果就是用资本引导产业转变成产业升级的原动力,所以国有资本这方面的引领或者引导工作是非常有必要的。

第三,我们平台的搭建影响着整个金融环境。平台对于发展环境、产业氛围、人才集聚等方面都有着良性影响。我们不但有引导基金,同时也有孵化器、天使基金,还有相关金融产业链的配套,包括小额担保公司、融资租赁公司、村镇银行等等。这些相关的金融配套为金融产业链提供了支撑,整个产业链的支撑给予创业企业、区内的产业转型和升级的配套服务,金融生态城市的氛围慢慢形成。

最后我希望将来有更多的机会和大家合作!

互联网金融是山西转型的新机会

天使街创始人　刘思宇

我是天使街的创始人之一，我自己也投资了一家 P2P 公司，并获得纳斯达克千万美元的融资，也就是说我的第一笔投资是赚了，而且在非常短的时间内让我个人的收益翻了很多倍，这足以见得互联网金融在中国的资本市场有希望。那么互联网金融的这波浪潮因何而起呢？

其实在 2013 年 6 月，我去阿里巴巴蚂蚁金服给他们讲课的时候，就说过我认为是余额宝带来了互联网金融这一波浪潮的风起云涌。为什么呢？余额宝告诉了老百姓一个最朴素的价值理念：你的钱如果不放在银行，放在另外一个地方会带来更高的收益。余额宝带来的理念也延伸出了各种商业模式。

我简单说一下，互联网金融分很多部分，比如第三方支付，包括支付宝，是通过支付清算的渠道延伸出了余额宝的，再延伸出了这个环节里面的比特币、P2P。用我的话来讲，我把这个环境里面的很多模式称之为众筹金融。什么叫众筹金融？我认为这一点正好和山西有结合的地方，因为互联网金融能够打破金融的垄断化，所以对山西来说是一个机会。我认为众筹金融就是以互联网为手段或渠道来分销金融产品或赚取利润的平台和行业。比如说余额宝是货币基金形式的众筹，P2P 是债权形式的众筹，还有天使街就是股权形式的众筹。其他保险类的众筹，信托类的众筹，很多的金融产品和金融衍生产品都可以以众筹方式来做。众筹实质上是达到了让老百姓买东西的目的，并且发现所有的金融产品都可以在一个软件上购买，这也是互联网金融在未来很重要的一个发力点——大数据金融。就是我能够获取大家在这上面购买金融产品的数据，我能获取你购买多少金融产品，你储蓄多少，你风险投资了多少，我就可以知道你这个人的风险承受力和管理水平。这就实现了我对每一个老百姓金融大数据的掌控，也就实现了对于老百姓资产管理的控制。

金融的核心就在于资产配置，原来老百姓上百万亿元的存款交给银行，由银行进行资产配置，所以银行很牛气。但如果银行只配置了一部分，更多部分还可以配置信托、银行理财等等各种金融衍生品。因为中国的老百姓的金融需求被长期压抑,在这样的情况下,我们就能够通过这样的方式去让老百姓有更多的选择。余额宝给了我们开头,给了我们多种选择,我选择做的是股权众筹。

股权众筹在今天的中国并不成熟,为什么?成熟点在哪里?简单分析一下。目前,很多众筹平台或者说很多天使投资或是早期的投资,投资的都是移动互联网企业,也就是 TMT。今天说了早期投资非常热烈,但是中国的大多数老百姓听不懂 TMT,移动互联网能够投资的企业也只有千把个,那他们能支撑起市场吗?不能。那么应当怎么合作?我认为股权众筹的成熟点在于它从一个资源导向型的平台转变为一个流量导向型的平台。如何实现呢?

现在我们平台上有超过 5000 个认证的投资,其中包括很多的投资机构和高净值人群,这样的一个构成是我们早期的模式。我们早期靠什么?靠的是资源,我和我合伙人的资源,我们把前期的投资人全部囊括在我们的数据库里面,让他们来看项目。但是你如果在中国的任何一家互联网平台,说我是靠资源起来的,那不可能。靠科技创业的这波人根本不可能靠资源起来,靠的一定是市场。什么市场?我们要的就是流量,一个陌生流量进来你的平台以后,他发现他可以注册,注册之后他发现想要投资,他投资有欲望,当这个流量的转化率越来越高的时候,也就说明股权众筹在中国越来越强盛,而且股权众筹一定是在场外市场。什么叫场外市场?就是中国那些年收入在 10–20 万元以上的一些人,他们强大的金融投资需求没有被发掘,他们的钱都放在银行,这是非常可怕同时也是非常巨大的一个市场。天使街现在做的主要行业是以消费类和服务类的行业为主,以 TMT 行业为辅。

中国人有合伙开店的理念,其实这就是合伙众筹。进行科学化的经营股权配置、标准化的股权众筹和规范化的管理,众筹就是科学化的合伙。当我想明白这个问题之后,我就把我的领域全部放在消费类和服务类的企业当中为他们去融资。TMT 还做不做?做。因为我发现这个世界上最聪明的人一定是进入到那些能够改变人的命运的环境当中去。中国的教育有问题,但是创新创业并不是说通过教育就能够抹煞得了的。26 万元的天使投资去支持美国的创新创业市场,所以在美国才能发展起来,中国的千八百个人怎么可能支撑起这个市场。所以我经常看到的情况是创业人说没有好的投资支持他,投资人说找不到好的项目。为什么?这两者都太少了,一定要相辅相成才能做起来。我们平台在做的也是不断地培养更多的投资人,支持更多的创业者,让好的项目找到好的钱,让好的钱找到好的项目，有好的退出。这就讲到一个非常重要的概念了——退出。很多人说股权众筹怎么挣钱？第一种方式，所投资企业IPO上市，普遍存在于科技创业和新兴创业；第二种方式，分红。我可以通过这样的方式去给他有一个更好的分红退出渠道，所以未来这种合伙的形式或者入股的形式会变得越来越普遍；第三种方式就是股权交易。

很多人说股权众筹能够带来什么？融资、宣传还有股东资源，股东架构的多元化能够给这个公司带来更多的资源和渠道，另外还有很重要的资本市场定价。中国的大多数企业都没有享受到或者没有意识到定价是很重要的问题。我们为什么和阿里合作？因为你看到不仅是线上线下，中国的很多企业都需要资本化，资本化一个很重要的过程是通过众筹来完成定价。你值多少钱，你通过让出10%的股份来融100万元，这样你的估值就有1000万元，1000万元的估值就有利于你下一步的融资，通过利用资本市场再去融资，再去扩大。中国的传统企业长期以来没有这样的意识，这是非常可怕的。所以通过股权众筹进行定价，进行完定价之后就可以进行交易，这是资本市场非常核心的环节。这也是为什么说在山西也好，在各个地方也好，要帮助当地很多的企业去进行股权众筹，实现资本化。

最后，我想说的是互联网金融、股权众筹能够真正地去服务于山西的中小微企业。融资方式只有两种，一种债权，一种股权。如果通过股权的方式去解决中国的中小微企业融资难的问题，我觉得是非常有普惠金融价值理念的事。

新常态下如何发展私募基金

中国投资协会股权和创业投资专业委员会副会长　沈志群

我来之前对这个培训班有一定的了解，我觉得山西的这样一个培训班会对新常态下山西私募基金业的发展产生重要的影响。

新常态是中国经济当下使用最频繁的一个词，什么叫"新常态"？第一句话，中国经济的增长将由高速增长向中高速增长转变，增长速度要发生变化，将来的中速增长也好或者中高速增长也好，是一个常态的事。第二句话，中国经济发展的质量将由过去的中低档向中高档的模式来发展。这两个新常态，我理解并不是完成时,而是现在进行时,是刚刚开始的或者是正在进行的;不是短期态势,而是长期态势;不是静态态势,而是动态趋势。也就是说在这个新常态下,将来可能还会发生一系列的变化,不是说固定的一个速度或者是固定的一种模式。所以总地来说,新常态下中国经济的增长和发展目标、方式、动力正在从过去长期依赖投资推动、资源驱动、出口拉动这样高速增长的模式转变为由市场决定、创新驱动、消费拉动的科学发展模式。这就是我今天讲私募基金业一定要结合的一个重要背景,也就是中国经济新常态下发生的新变化。

为了适应中国经济发展的新常态,实现经济发展方式的转变,就要加快和推动投资和融资体制的改革,而且迫在眉睫、势在必行。2014 年,中国经济正式启动的全面深化改革的目标和历史进程,一个非常引人注目的亮点是包括资本市场在内的大金融服务业的概念和创新的全国提速。特别是多层次资本市场的建设过程当中,还有一个非常突出的亮点就是我们今天说到的,包括创业投资、并购投资、天使投资,还有刚刚说到的股权众筹投资在内的私募投资基金业的快速发展。我觉得这个已经成为支持中国经济新常态下创新创业、助推实体经济、促进高技术行业和战略性新兴产业、扶持中小微企业发展的一支重要资本力量。私募投资基金行业在去年的快速发展确实是引人注目,亮点也很多。

去年 VC、PE 这两个行业,无论是在投资募资额,还是投资额,较上年有成倍的增长,发展非常快。我觉得今年这样的态势还将继续保持。这也是为什么我一直认为私募基金业从 2015 年开始进入了一个非常有利的发展机遇期,有两个重要原因:一个是中国经济新常态下,现在叫"大众创业、万众创新",高技术新兴产业、中小微企业的稳步发展带来的巨大投资需求决定了私募投资基金业将有非常好的发展机遇和空间;第二个原因是跟我们国家多年的企业融资结构的转变有很大的关系,因为大家都知道我们国家的企业融资结构,目前主要是以银行为平台的间接融资占绝大部分比重,而直接融资占的比重很小,这个融资结构在新常态下一定要改变,就是直接融资比重一定要上升,这也是促使我们私募投资基金业快速发展的一个重要基础。可以预见,今年我国的私募股权投资基金业将培育一批在各个行业具有高成长性的优秀企业,对于提高经济增长的质量、效益,促进经济机构的转型升级会发挥越来越重要的作用。具体来说,我大概归纳了 2015 年中国私募投资基金业的十大发展趋势:

第一,今年政府对私募行业的引导和扶持力度将进一步加大。举个例子,今年一开始,国务院常务会议首先讨论了去年定下来的成倍扩大支持战略性新兴产业的、创业投资引导基金,定下 400 亿元的规模,由中央财政出资,这是一个非常大的举动。所以说中央财政出资设立创业投资引导基金,再加上全国各地方政府甚至还有一些县,政府也设立了创业投资引导基金,这体现了新常态下各级政府对创业投资行业和新兴产业发展前所未有的重视。这个举措一定会吸引更多的社会资金、民间资本,按照政府引导、企业主导、市场竞争、规范运作的原则,扩大全社会创业投资的规模,破解中小微企业的融资难题。

第二,我觉得今年市场对整个行业的参与度将继续加强。这个行业的融资或者募资的渠道将进一步扩大。以保险资金为例,除了早期进入的股权投资行业的全国社保资金以外,去年底中国保监会专门发布了《关于保险资金投资创业基金有关事项的通知》,保险资金获准投资创投,这样,保险资金开闸了,不仅有利于保险资金发挥长期投资的独特优势,也拓宽了创投基金和创投企业的资本来源,同时对保险资金的市场化改革也具有非常大的作用。除此之外,国家发改委等有关部门现在正在抓紧制定进一步拓宽和扩大创业投资和股权投资融资渠道的政策措施,估计今年很快可以出台。所以说加大市场对整个行业的参与度,对于行业来说确实是一个非常大的利好。

第三, 从我们这个行业投资的方向来说也有两个非常值得重视的趋势:一个是私募股权投资机构的重点加速向早期项目转移, 这个趋势从 2014 年底已经开始了;一个是由于竞争越来越激烈,所以价格投资的竞争也越来越激烈。另外,就是现在的"大众创业、万众创新"的大趋势,有更多的一些早期的好项目不断涌现,引起了投资机构的关注。

第四,私募基金行业的投资热点或者是投资关注点,除国家七大战略性新兴产业之外,还有"7+3",即健康产业、养老产业、文化产业等,现在大家关注的还是互联网产业和以互联网为平台的传统产业的转型升级。移动互联网以及一些新技术,将来对中国企业的创新,对中国整个新常态下市场化的进程会带来不可估量的变化,这也为我们投资机构选择投资方向奠定了重要的基础。

第五,并购投资。并购投资将成为企业重组、资源整合的重要投资方式,也是早期投资项目的重要退出方式。去年以来发生在国内并购市场上的并购案例越来越多,海外并购去年也大幅度增长,所以说我们国家的产业升级和转型这样一个大态势以及国有企业改革、金融创新也推动了企业国内外的并购浪潮,并购投资也将成为我们私募股权投资基金业的一个重要投资方式。

第六,私募基金行业参与国企混合所有制的改革。山西国企的混合制所有制任务还很重,这个是私募投资行业非常值得关注的。

第七,天使投资人突起。2014年,天使投资人突然成为中国私募股权投资基金业中非常快速增长的一支队伍。这个可能跟我们整个行业的发展方向有关系,同时也是有更多的创业成功者对行业熟悉,对团队的要求也熟悉,对投资风险和失败的承受能力也很强,本身又有资金的支持,可以支持初创型项目。所以,我相信将来会有越来越多的成功企业家充当LP的角色,直接给创业者提供支持,也就是做天使投资人。

第八,股权众筹投资将迅速增长。去年被人们称为中国众筹投资的元年,国务院很快将在常务会议上决定开展股权众筹投资的试点,证监会也开始研发并推出一系列的办法。我觉得今年股权众筹投资一定会有一个非常快速的发展,当然这里面也有很多的问题值得大家讨论。

第九,私募股权投资的退出渠道将进一步扩大。这个行业的退出机制是决定行业发展的一个重要基础。前不久我们创投委跟全国股转系统,也就是新三板公司联合在北京举办了新三板挂牌企业的年会,同时也是一个投资论坛,大家参会很踊跃。我了解了一下,新三板确实值得我们这个行业给予高度重视和关注,它去年有五大发展:一是挂牌企业的快速增长,覆盖面不断扩大。去年一年新增了1276家,同比增长342%。目前在新三板挂牌的企业已经达到了1900家,2015年这个数字会成倍的扩大;二是市场融资规模的大幅度增加。去年在新三板有289家挂牌公司完成股票发行329次,融资达到了132亿元,同比增长了448%和121%。所以大家原来总是质疑在新三板挂牌好不好,这个数字就是一个非常强有力的说明;三是市场流动性趋于改善。大家现在对新三板的一个最重要的犹豫是流动性不够,今年还在进一步改善;四是挂牌公司的并购重组逐渐活跃。去年有18家公司涉及了重大资产重组,8家公司被上市公司收购;五是新三板综合服务平台功能逐步显现。去年跟新三板公司合作的银行达到了27家,提供的贷款规模超过了30亿元。新三板市场将来可以对私募投资基金业、投资机构提供除IPO以外的更多元化的退出渠道,所以说也有望成为投资机构本身的重要投资渠道,希望引起大家的关注。

第十,私募股权投资行业的政府监管机制进一步完善。大家知道,去年明确了管理体制,即以证监会为主的投资机构及基金日常监管、备案制度,和以发改委为主的行业政策研究制定制度,改变了过去私募行业监管体制长期动摇不定、争论不休的局面。所以说我觉得行业监管重视私募投资基金业的特点,突出了市场决定、社会监管、企业规范、行业治理的理念,也将成为行业今年持续健康发展的一个重要体制环境。

谢谢大家!

私募基金的登记备案历程和监管思路

中国证券投资基金业协会私募基金部主任　董煜韬

山西私募基金虽然从全国来看还属于一个欠发达地区,但是山西证监局的领导是深谋远虑的,在人才储备上先行,率先在协会层面办了省级的专项私募基金培训班,我想这为我们山西省私募基金将来的发展奠定了非常好的基础,这是非常有意义的一项工作。我代表中基协简要给大家介绍一下我们私募基金监管的登记备案、管理的基本情况和现在的私募发展情况,主要包括三部分的内容。

首先讲一下大资管。整体来看,资产管理行业在三类金融业态里面都是存在的,在商业银行层面有银行的私人理财,这个层面实际上是私募基金形态的;银行理财是公募基金形态的;信托公司和保险公司都有相关的资管产品。在证监会监管的一系列资管产品,有传统的公募基金,也有证券公司、期货公司、基金公司及其子公司的资管产品。这种资管产品本质上也是一种信托类的产品,也就是我们私募类的信托产品,属于资管的范畴。具体到证监会管辖的四类机构的情况,可以看到,我们的公募基金处于一个比较规范、稳健的发展态势,现在的规模是 4.5 万亿元。另外其他类型的资管产品,就是我们讲的券商资管,占到了资产管理行业的半壁江山,现在大概券商资管 8 万亿元,基金子公司将近 6 万亿元。另外,针对我们狭义的私募资金,也就是我们所说的草根私募这一块,现在也有 2.3 万亿元的资产规模。我们整个行业是 20.5 万亿元的行业规模,资产管理行业应该是仅次于银行业的比较大的业态。

我介绍一下我们私募基金登记备案的历程。私募基金登记备案是 2013 年

6月份正式明确的制度。《基金法》正式实施,把私募证券投资基金纳入到了证监会的监管范畴。同年6月中央编办发布了关于私募股权基金监管的一个通知,把私募股权机构的监管纳入到了证监会,同时发改委负责出台政府促进私募股权基金发展的相关政策。今年年初,国家出台的400亿元创投基金,是非常好的政府扶持行业发展的引导基金,是带动"大众创业、万众创新"的一个非常好的例子,也是部门之间形成监管协作、信息共享的一个比较好的机制。

根据《基金法》和中央编办的授权,中基协在2014年1月17日发布了登记备案办法,2月7日正式开展私募基金登记备案。所以,今天PE班结业是一个非常好的日子,是私募基金登记备案正式启动一周年,这是非常有意义的事情。一年来,私募基金的登记备案进展很顺利,目前我们已经办理了36批的登记备案。围绕登记备案,相关的一些政策已经出来了,私募证券投资基金可以独立参与证券和期货账户。从国务院政策层面,2014年5月的"新国九条"阐述了大力发展私募基金的内容。2014年2月1日,证监会发布了《私募基金暂行管理办法》,明确了私募基金监管的原则和相关的退出制度,为私募基金提供了基础性法律制度。在总结经验的基础上,去年年底证监会主席办公会进一步明确了基金业协会开展私募基金备案的基本职责,也就是说要受托登记、自律管理。《私募基金暂行管理办法》主要涉及登记,同时明确了合格投资者的标准,以及信息披露、行业自律等相关制度。

登记备案首先不是行政许可,是协会开展的一项自律性登记,不设任何前置条件,基本上是无门槛登记。我们的登记备案另一个特色是全电子化登记,所有材料包括日常的记录和年度更新都是通过我们的私募基金登记备案系统开设的。协会为了方便大家登记,提供了相应的操作手册和说明,包括针对一些具有共性的问题,我们会有相关的常见问题简答。从2015年1月1日起,协会正式实施了电子化管理人登记和资金备案证明,减少了寄送的成本。一旦办理完基金的备案以后,大家第一秒钟就可以拿到登记备案的证明。之后我们会对管理人登记备案情况在网站上公示,这也是我们比较有特色的工作方法,公示也是引入社会监督的一个方式。

从信息披露角度来讲,我们这个行业的信息披露有三个维度:包括管理人向协会的信息披露;协会向社会公众管理人对于登记和备案有限度的公示以及对差异化的信息披露安排。从整体情况来看,私募基金登记备案还是非常顺利的,管理人登记截至 2015 年 1 月底是 7358 家,私募基金 1 月底的数据是 8897 支,管理规模有 23 万亿元,这个行业主要知名的私募基金、证券投资基金、股权创投基本上都在协会进行了登记。从登记机构的区域范围看,主要是集中在经济比较发达的东部、长三角、珠三角、京津地区。我们做了一个初步的统计,从 2014 年 2 月 7 日以来,我们新设立的私募基金管理人在协会登记的有 2400 多家,其中有 244 家设立以后发行了新的产品,应该说对带动我们行业的创新创业起到了一定的作用。截至 2015 年 2 月底,山西总共在中基协登记了 50 家私募基金管理人,管理规模 46 亿元,在我们整个全国辖区的体系里排名 22 位。

另外,从登记备案的环节我们也加大了对诚信情况的披露。比如说涉及一些底线的问题,如果你存在重大遗漏、虚假陈述或者是违反三条底线的情况,首先我们会提示进行相应修改,如果提示后仍然不改,我们会给你一个警告,警告后依然不改,我们会进行网上的公开谴责,同时记录到我们证券资本市场的诚信数据库。从协会内部的角度来说,也加强了内部的信息系统工作,比如说我们在审核过程中会进行后台信息比对:一个要跟全国的企业信用公示系统进行比对,另外会跟基金成立资格系统进行比对,内部对从业资格进行查询。协会也正在建设民心检测系统,如果我们通过民心检测发现私募基金存在像公开宣传、违规的承诺等一系列违反私募底线的行为的话,我们会及时跟进,进行自律检查或者相应的纪律处分。根据季报和年报的指标体系,私募基金登记备案系统也会进行相关的升级改造。

最后,我重点给大家介绍一下私募基金自律管理的思路。根据 2014 年证监会主席办公会确定的中基协受托登记、自律管理的职责,我们建立了以信息披露为核心,实施授信为基础的符合私募基金发展规律的自律监管机制,推行分层、分类的管理模式。我理解受托登记符合简政放权的基本思路,自律管理体现国务院一直以来倡导的社会治理、公司自治、行业自律的大原则。从管理机制上,登记备案只是一个基础性的工作,持续性的工作包括两部分,一部分是事中、一部分是事后。所谓事中,协会要求所有的管理人进行信息披露,比如说每季度要递交相关的季报,同时协会会出台管理人向投资者进行信息披露的相关指引,另外协会有风险监测工具。在事后,如果出现了违法违规或者是违反自律规则的情况,我们建立有投诉处理、纠纷调整、纪律处分、黑名单等一系列制度,能够充分落实适度监管、底线监管、行业自律的基本原则。

从基金业协会的自律管理或者行业服务的角度来说，我们也做了一些工作。比如说近期会启动管理人入会工作，日后我们会根据实际情况设置办理私募基金管理，加入基金业协会的手续。初期的计划是符合条件的私募证券和股权管理人会成为协会的特别会员，同时相应修改我们的章程和相关入会办法，日后一些机构会通过特别会员转化成为普通会员。如果在上述过程中有问题的，我们也会由普通会员转化成特别会员。另外，从自律规则体系的角度来说，去年出台了一些基础性的自律规则，比如说自律检查、纪律处分、投诉调解、外包指引等，今年我们重点集中在私募基金信息披露的指引、私募基金的销售指引、内控的指引，以及私募基金相关的合同的范围，这是一系列非常重要的基础性行业自律规则。协会相应成立了专家小组，希望律师事务所、业界比较知名的各类型的私募基金管理人，让他们在出台相关规则的过程中出力，使规则更合理。

在事后自律监管环节，2014 年我们对 10 家私募基金管理人进行了处分，5 个撤销了管理人，有的责令注销，有的进行了黑名单公开处分，应该说这样的一些举措有利于净化我们行业的生态，树立我们自律监管的权威。

还有一项重要工作是跟我们其他协会成立了基金业行业联席会。因为行业自律不是中基协一家的事情，是我国各类基金业协会需要一起做的事情。

欢迎山西省的私募基金管理人到我们基金业协会进行登记和备案。

谢谢大家！

第十四讲　互联网金融浪潮带来的思考①

孙才仁

一、(序言)弯道超车

大家下午好!

太原高新区和山西省投资基金业协会推动建设的互联网众筹平台——山西高新普惠资本投资服务有限公司于 4 月 20 日开始试运行。这个平台是隶属于高新区的平台,这个事情说小了是一个平台,往大了说它可能是揭开高新区下一步跨越发展的序幕。我多次讲,山西经济转型发展有两个关键的抓手:一个是科技创新,科技创新带动了新兴产业的培育,重点抓手就是高新区;一个是金融创新,金融支撑。这两个抓手对高新区来讲,在山西是最有优势的。

那么,新的开始从哪儿抓? 我看高新区已经在布局,也有了很好的基础,在这个基础上怎样快速缩短我们发展壮大的时间, 拉近我们跟其他高新区的距离? 以及怎样为我们省下一步产业转型提供动力,提供支撑和借鉴? 光靠过去的做法是不够的,下一步要两手抓两手都要硬起来。尤其要借助今天互联网金融兴起的机遇实现弯道超车。

弯道超车在金融上面怎么实现? 就是要着力做新金融。新金融都是刚刚兴起一两年,比如互联网金融,咱们跟全国发达地区比差得还不远,还能追上。在这个思维指导下,记得是在 2014 年 9 月 11 日,我跟高新区赵伟东主任达成了默契——以太原高新区为依托,联合山西省投资基金业协会,推动组建互联网众筹平台和综合金融服务平台。

---

① 此文系作者在太原高新区互联网金融报告会上的讲话

我相信,随着互联网时代的展开,过去一批我们仰视的企业家,将成为过去;新的企业家尤其嫁接互联网理念的新生代企业家正在兴起,而且我最近发现正在涌现出一批这样的企业家。所以,我对我们山西充满希望,因为我已经看到了一批过去在大家眼里瞧不上的中小企业,搭上了互联网的快车道,正在快速地成长。包括我们在座的搞高新技术产业的企业家,你们的机会来了。

这次机会从哪儿抓起?从改革层面讲,靠深化市场化改革。怎么实现这个市场化改革,或者是抓手在哪里?就是搞资本市场,进资本市场,搞资本运作,资本市场是真正的资源配置市场。资本市场里弯道超车抓手在哪里?就是互联网金融、普惠金融、非标金融,这些比什么都厉害。

互联网金融对中国金融的改造,包括对中国经济的改造,才刚开始。真正大的改造什么时候开始见效呢?我估计在两三年后。那个时候,中国金融业的格局、金融市场的新格局才会真正形成。什么叫真正形成呢?两三年以后的银行,不是今天这个样子,不是今天的玩法。甚至我们现在大家炒股炒得疯的地方——股票交易所,如果它不与时俱进,也可能被我们今天的山西高新普惠众筹平台所取代了。山西高新普惠资本投资服务有限公司,下面依托的两个平台是普惠众筹平台和普惠投资平台。这两个平台如果干得好,将来会成为山西引以为骄傲的两个市场平台。

我们今天的金融水平跟老祖宗留下的声誉相比是不对称的,我们这一代人有义务重振山西金融。这次搞这个平台依托的就是高新区,所以你们高新区的同志责任重大。往后能不能做得好,取决于在座的各位,这是山西的一个金疙瘩,能不能真正成为金疙瘩或是变成了土块子,取决于你们。这也是我今天来做交流的用意。

还有一点我要强调的是,伴随互联网和互联网金融的发展和渗透,我们将真正揭开"大众创业、万众创新"这个新时代的序幕。中央提出"两创"战略找到了中国经济转型的正确路径,而推动企业和创业者成功走上这条道路并走向成功的是什么?动力来自哪里?就是来自互联网和互联网金融,来自互联网金融带来的真正的普惠金融和大众金融。高新区恰恰又是"两创"的优选平台,所以,在互联网时代,太原高新区可谓真正迎来发展的黄金时期。并且你们已经把准了这个时代的脉搏,等待我们的是如何只争朝夕地去践行我们的思路。

二、互联网金融浪潮汹涌

互联网金融从 2013 年开始热起来,2014 年火爆了,今年叫火爆加整合洗牌。所以我说我们干得不晚,恰恰在别人积累经验、出教训之后,我们出手了,我们少走了弯路。

国家层面是个什么样? 在互联网金融里面,第一次跟众筹挂钩的是在去年11 月国务院常务会提出来要搞私募股权众筹试点。紧接着今年人代会上,总理工作报告里讲了互联网金融异军突起,促进互联网金融健康发展,实施"互联网+"行动计划。人代会结束之后,又把股权众筹试点给加进去了。在答记者问时又讲"站在互联网 + 的风口上顺势而为,会使中国经济飞起来"。大家知道,去年流行一句话说互联网风来了连猪都能飞起来。猪都能利用互联网发财,咱们人再不利用它发展,下句话你懂得。而且就在人代会期间,3 月 12 日出了个国办发九号文件——《关于发展众创空间推动大众创新创业的指导意见》,紧接着13 日国务院出了更大的文件叫《深化体制机制改革加快实施创新驱动发展战略若干意见》。连续两个文件都提到了股权众筹试点。你们看最近半年来,中央关于互联网金融,关于科技创新和金融的关系,甚至关于园区建设,陆续地在发声,为什么? 因为我们经济转型不能再等了,必须把这些作为重点抓。3 月 23号,央视《新闻联播》干脆就以《互联网加金融,加出融资高效率》为题,播了一个四分半钟的新闻。山西的电视台什么时候也能播出几分钟金融创新的新闻,那才证明山西觉醒了。

我们证监会其实行动在前了,去年上半年就成立了一个新的部门叫创新业务部。目前搞互联网众筹的事情,就在这个部门设计制度。银监会今年初成立了普惠金融部。自豪地讲,我们山西也不落后吧? 我和赵伟东主任去年 9 月 11日就探讨要搞互联网金融服务平台,然后开始做准备工作,当时,我就和赵主任说我们要通过这个来实现打造太原高新区升级版孵化器。我建议高新区的同志们抓住这个主题,好好做这篇文章。

种种迹象表明,互联网金融正在成为我们国家经济生活中的大事。我们真的摊上大事了! 同时也是大势,大势面前要辨清方向。这部分有以下几个方面:

(一)中国互联网业态超过美国

我们看看互联网产业到底是什么样? 为什么说它是大势? 因为互联网金

融,中国总算有了一个能够超过美国的业态。我们朝思暮想赶超美国,今天突然之间,我们真的超过美国了。我们那么多有计划搞的产业,搞的投资,搞的发展,到现在也没有超过人家,反而互联网金融草根发展却超过了美国。

1.互联网用户量全球领先

互联网技术是1969年在美国诞生的,我们国家1987年才引进来的,1994年4月20日,是中国接入国际互联网日。到去年,中国的智能手机覆盖率达到76%了,美国65%,印度才16%。我们的互联网用户多少?6.5亿人,手机网民5.6亿,渗透率85.8%,高于世界58%的水平,有人估计,到2015年中国的移动终端用户就是手机用户会达到12亿。我看我们中国现在在世界上能叫得响的一个是航天科技,一个是互联网应用,而且后者是靠社会力量发展起来的。

2.互联网产业代表企业

互联网业界有几个公司大家可能知道的,一个是咱们山西人李彦宏创造的百度,一个是京东,一个阿里,还有一个腾讯。百度上市比较早,已是800亿美元市值的大公司。京东和阿里都是在2014年上市,而且都在美国上市,阿里成了万亿元级企业帝国,京东的市值也高达300亿美元。我希望即将运行的太原高新普惠平台也能推动高新区发生变化。

阿里的三宝:马云的阿里巴巴我说它有三宝:一个是淘宝,一个是支付宝,一个余额宝,就是这三个"宝"让阿里成为全球最大。而且第三宝还揭示出一个重要的道理来,揭示出一个短板理论来,就是越是短板的地方嫁接互联网,越容易赶超。我们山西经济不是落后么,咱就勇敢去嫁接互联网,勇敢嫁接互联网金融,培育互联网思维,就可能用两到三年时间实现赶超。

京东的电商:1998年成立的京东公司,当时还不是互联网,但嫁接互联网后2013年交易额就超过一千亿元了,去年超过两千亿元。你们在座做销售额的企业,你们能想象到这个变化吗?我们省几个做得大的零售商估计销售规模也就百亿元吧。最近接触金虎便利的负责人,他现在已经开始拥抱互联网,他是最积极跟高新普惠平台合作的一个山西企业。

腾讯的微信:2011年推出来微信,2013年用户突破6个亿,活跃用户是5个亿。高新普惠众筹平台活跃用户如果达到5个亿是什么概念?一人投资1万元就有5万亿元,接近中国去年全社会新增融资规模的1/3。

2014年我们全国的互联网金融平台已经接近2000家,山西好像有那么三两家，都不大，一年下来融资千八百万元。而全国互联网平台融资规模超过2500亿元。去年前十位的互联网融资平台实现交易额800亿元，每家平均80亿元，他们经手的或者参与他们平台上投资的客户达到150万元。其中仅平安集团的陆家嘴金融交易所，成立才三年时间，去年的交易额达到300亿元，有80万投资者参与了它的交易，别人给它的估值是800亿元人民币。

3.中国互联网产业发展史

这么一个让人不可思议的局面，是怎么形成的？

中国人开始碰这个互联网是在1987年，当时北京计算机技术研究所创立了"中国学术网"。9月14日发出第一封电子邮件，叫《越过长城，走向世界》，被认为是揭开了中国人触摸互联网的序幕。

1994年4月20日，国家计算机与网络设施工程正式接入国际互联网，就是跟国际上打通了网路，中国从那天开始被承认为拥有全功能互联网的国家。所以这次我们开业准备选"420"是有考虑的。2015年的"420"，将揭开太原高新区实施"互联网+"战略的一个新开端。

1996年有了进一步发展，建立了骨干网，开始辐射到一部分地区了，被认为是初级触网时代。1997年创立了网易，然后人民网开始也跟国际互联网对接了，还有个叫瀛海威的全国大网开通，辐射到8个城市，这个网成为我们最早最大的民营互联网信息服务提供商。所以，我就说这个产业最早不是在国家机制下发展起来的，这恰恰是美国新兴技术产业发展的经验。

我们政府真正出手是在1998年，1998年成立了国务院信息化领导小组，发布了一个文件叫《计算机信息网络国际联网管理暂行规定实施办法》；同年成立信息产业部，我们的互联网产业开始正式纳入监管。这一年，我们的互联网骨干工程也得以启动，到了当年的年底，我们有上网计算机74万，用户达到了210万，今天看很小啊，但当时是很可观的。1998年还很有意思，在网易之后，成立了腾讯、新浪、搜狐，由此中国形成了四大门户网站。从此开始被认为是中国的互联网网站进入高速发展时期。

我觉得，1987年、1994年、1998年这些都是重要时间节点，这个势头延续到1999年。1999年首先我们的网在全国辐射面扩大了，到了40多个城市。还出现了一个很让人欣慰的事情，中国的第一个网络概念公司中华网在纳斯达克上市，这一年马云创立了阿里，咱们山西李彦宏创建了百度，刘强东创立了京东

（当时不是互联网公司是京东商城公司）。1998、1999 两年时间,我们的互联网骨干企业创建完毕。我说从 1999 年开始中国的互联网迎来了第一次春天。我给它的概念是中国的互联网产业孕育期、育种期,是非常值得我们纪念的两年。

但这两年大家不要忘了一个内在的东西,看看这几个创始人,他们的年龄:马云那年 34 岁,李彦宏 32 岁,马化腾 27 岁,王志东 31 岁,丁磊 27 岁,张朝阳 34 岁,刘强东才 24,到刘强东创建京东网的时候才 30 岁。所以,我得出个结论,25 到 35 是互联网时代创业的黄金年龄。所以,高新普惠公司选择以 80 后和 90 后为主力团队。

(二)互联网金融业态分析

首先要告诉大家一个概念,什么叫互联网金融? 我眼里的互联网金融就是"互联网技术和理念在金融和金融服务领域的应用与渗透",我觉得每个字都不能差。讲互联网金融,讲互联网这个产业的时候,不能忘了两个基本的概念,一个是技术,一个是理念,这是前端。后端呢? 一个是应用,一个是渗透。归结起来又是两句话:一个是互联网与传统产业的融合或者传统金融的融合,这是一个概念,或者是最低端的。另一个是互联网催生另类金融、另类业态。高新区这次搭建的平台就是一个另类金融。

互联网金融目前正在做和将要做的几个方面:

1.传统金融产业的互联网化。比如说银行支付,老百姓不用去银行取钱了,这叫互联网化,互联网化没有对银行产生"质"的变化,是银行业务互联网化、基金销售的互联网化、小贷业务互联网化。

2.通过互联网进行第三方支付。中国的第三方支付产业好像有 250 多个企业,其中通过互联网进行第三方支付业务的大概 97 家。据说我们山西也有,好像金虎便利就有此牌照。

3.互联网信用中介。通过互联网平台去办借贷业务,去办股权融资业务、股权投资业务。这就是高新普惠平台的业务,叫互联网的信用中介业务,或者叫融资中介业务,或者叫融资平台。

4.互联网网络虚拟货币。去年那个比特币炒得满天飞,很多人不以为然。我总感觉这个问题处理不好,我们要犯错误。这个尽管你不认可,但是咱们国内有个现实例子,就是腾讯的 Q 币去年发行量达 250 亿元。有一天这个讯、那个网发了 25 万亿元来了,你还不认它吗? 全中国的社会流动性现在有 100-120

万亿元吧？如果虚拟货币也超过 100 万亿元的话，你还不认它吗？我觉得我们不要轻视这个事情。

5.互联网金融产品销售平台。这个平台是做其他主流平台不愿意做、做不了的产品，潜力巨大。

6.互联网征信平台。就是依托互联网交易产生和验证、使用信用。这个将和现行的政府建立信用体系的做法有巨大的不同。

7.基于普惠金融和互联网金融的小型评价、服务公司。这是我思考的将来可能带动形成的一个新兴业态。就是围绕互联网金融进行交易的一个体系当中，会催生出一批小公司提供辅助服务。

8.互联网支持平台。在这种支持平台里会出现若干个具体细分的平台，未来的经济同时又是平台经济。所以搞经济工作，作为政府和大企业，应该去培育平台。

（三）理想很丰满，现实也骨干

2013 和 2014 年值得我们记住，这是让我们中国的互联网产业上了一个大台阶的两年：一个是互联网金融元年的 2013 年，以余额宝的诞生为代表。一个是 2014 年互联网众筹元年，主要是网贷众筹和股权众筹，包括阿里和京东上市。在这种情况下，看几个现象：

一是微信红包击败了春晚的人气！春晚的时候大家都在摇手机，很多人没怎么看春晚节目。

二是支付宝。去年支付宝拥有了 1.7 亿有效客户，还不是注册用户。1.7 亿是什么概念呢？超过了当时股市的人数，我们股市打拼了 20 多年，才攒了 1.5 亿注册用户，这就是它的能量。

三是支付宝和余额宝哄得 90 后夜不能寐，睡觉前必须干得一件事情就是再登录一把余额宝界面，看看今天又收入多少钱。这就是互联网的魅力。

四是二十几年前，我们曾经羡慕微软，渴望我们中国有一天也出现微软，今天阿里的发展终于让我们的梦想成为现实了。它给我们带来了便利，给我们带来了改变。

互联网金融的未来一定是美好的，不光它自己美好，也给我们社会带来了美好的未来，但是它绝不会是一帆风顺的，大家对困难、对挫折要有充分的估计。比如去年互联网网贷平台就有 200 多家跑路，我们不能因此就说互联网网贷业务不好。为什么我说互联网最需要的是宽容呢？尽管它会带来巨大改变，但是发展一定不会是一帆风顺的。新生事物，总要经历挫折和问题，所以我们要呵护它。另外，因为互联网金融带来的可能是颠覆性的变化，所以传统金融面对它可能是不习惯甚至敌视的，这就是互联网金融现在的尴尬，需要我们包容。我预计高新普惠平台将来也可能会面临这种局面，我们要像对待改革一样对待互联网金融发展中遇到的问题。我希望通过今天这个交流，我们对互联网金融要达到这么一个共识。

三、互联网金融崛起的原因

(一)技术的进步

电子计算机信息化，是我们互联网行业发展的基础，包括卫星技术和宽带技术，功不可没。但是我想说互联网这个产业的发展，互联网金融的发展，它的快慢、成效绝不仅仅取决于技术本身，这是跟过去有所区别的。真不是说技术是你发明的，你就一定产业领先。现在美国人发明了互联网技术，让咱们中国人领先了应用产业。

(二)强大的需求

互联网金融在中国突飞猛进的发展，重要原因是因为中国有强大的金融需求。现有的金融产业和传统的金融服务以及模式满足不了金融需求，这种短板，这种缺口，这种落后，催生了互联网技术在金融领域的广泛应用。

这些年关于金融服务实体经济，差距那么大，问题那么多，迟迟解决不了，政策出台不少，就是落不了地。为什么？因为传统的方法不灵了，不管有多大的银行，都解决不了所有问题。我们全省的存贷比，我2011年来的时候大概50%左右，到去年也就是60%；我们的县一级地方存贷比20%、30%，这就是差距。越穷的地方，越是经济不发达的地方，老百姓的钱越用不到本地经济发展上去。在这种情况下，怎么办？企业生存发展需要钱，就催生了互联网金融来满足需求。比如非法集资就是因为两个需求：一个企业需求，但正规的渠道来不了，只好去非法集资；另一方面，老百姓需要投资，想投资增点值，没渠道怎么办？非法集资的人告诉你每个月给你返利，年息30%，你肯定去。现在互联网来了，它没有框框和边界，给百姓投资提供极大便利，它也不需要牌照，所以就突破了。互联网金融就是这么起来的。

强大的需求加上它自身的特点,它可以不受你监管的,绕开你监管它也能发展起来,发展起来后国家一看,首先确实是能解决问题的,所以观察两年,看看之后感觉确实是个方向,问题又是可控的,所以人代会开始发出声音了——证监会在研究股权众筹的办法,银监会在研究债权众筹的办法。

由于有了互联网技术的应用和理念的发挥作用,过去的许多不可能都变成可能了。互联网对我们产业的改造,对我们生活的改造是想象不到的,如果你能想到的话,那就不叫"互联网+"。它可以使我们过去一些渠道发生革命性的变化,今后的渠道不是找银行柜台和商场,是在互联网世界形成的渠道。

特别是信息公开,没有比互联网信息更公开的!互联网的广泛运用,让我们的信息公开做到极致,信息公开的结果就是解决了信息不对称的问题,它的结果是填平了信息的鸿沟。就是互联网把人和人之间的空间拉近,时间缩短,你看看这是哪个传统金融、证券、银行业务能解决的问题?比如说我们到股票交易所去上市,没有两三年的准备能上了市吗?可是这次高新普惠平台准备受理的一个融资规模四千多万元的企业,连调研准备加起来不到 20 天,线下资金准备好,挂牌以后加上办手续顶多就是一个月,几千万元就拿到,而且不求人啊。你到银行贷款还托个熟人打招呼,银行贷款直接成本 9%左右,实际成本 13-16%,七个点哪来的?不就是中间环节的费用吗?到众筹平台上来,没有中间环节,连收费都是明确的。由于互联网有效解决了大众参与更方便、更直接、更主动的问题,使中小企业融资从此不再有外部障碍,不再有人为因素在中间阻碍,变得更客观、便捷。

(三)大众观念的变化

互联网企业、互联网金融业发展迅猛,还有个原因,就是我们大众观念的改变。比如我们的财富观发生变化,过去十年我们是被房地产这个财富观左右的,将来左右我们的是互联网金融观,如果没有这个意识,你未来十年会成为穷人。上一个十年如果说我们没想起买房子,没倒房子,错过了一个致富机会。下个十年是不该错过了,嫁接互联网金融,触摸互联网金融,触摸"互联网+"战略,每个人都可以致富。还有我们的生活观,由于小康社会这个目标的提出,我们的个性化需求的形成,我们的消费观、生活观发生了变化,现在几乎没年轻人在商场买东西。

"我的财富我做主",这是投资观发生的变化。也就是说我好不容易辛辛苦苦挣的钱,凭什么存在银行,让银行贷给张三、李四、王麻子?我们已经进入了我的钱不能都让别人说了算的时代,我想要投给谁那得由我来决定。

"我的生活我精彩",我们创业观的改变,就是要自己左右自己的生活。也就是说我们把传统的审美观念改变了之后,也会觉得芙蓉姐姐有气质、凤姐是漂亮的。所以互联网思维又是一个创造思维,没有改变不了的。

(四)电子商务的发展

互联网金融发展还源自电子商务的发展,其实中国的电子商务发展是最早和最好的。因为它最早进入我们的生活,今天电子商务跟互联网金融已经进入到一个互动的时代,所以京东去年秋天就开始进军金融,最近开始搞股权众筹。

(五)互联网金融生态的支持

中国的互联网金融快速发展,还得益于我们有一个好的互联网金融生态。我们国家在互联网金融上表现出来的宽容让人欣慰。你看去年光跑路的 P2P 平台就有上百家,但是包括媒体也没有听到太多的指责声,从未有过的宽容。包括我们新生代创业集群的崛起,如果没有这批 90 后、80 后进入这个行业,我们的互联网产业也不会有今天的快速发展。

(六)互联网的特性

互联网有大众性、普遍性、直接性、便捷性、多样性、体验性等。有了这几个特性之后,它自然而然就会被人们接受,自然而然就让互联网金融接地气、降身段,这是对高大上金融、对传统金融有益的补充、有效的改变和无情的颠覆。请大家记住,互联网金融跟传统金融的关系一定是这六个字:补充、改变、颠覆。要么你友好相处,变成一个互相融合的过程,互联网金融补了你的不足,补了你的短板;要么是更积极主动点,传统金融主动拥抱互联网金融,改变你的模式;要么你不改变,排斥互联网,等待你的只有被颠覆。未来谁掌握了人才,谁就掌握了"互联网+"战略的主动。

(七)资本市场直接融资地位日益提高

互联网为什么能兴起这么快?它其实是一种新的潮流的反映。是什么潮流呢?是资本市场直接融资要在我们国家经济生活当中扮演越来越重要的角色。这个话我在山西讲了四年,从今年年初开始特别在人代会上,李克强总理答记者问的时候,也提到了光靠银行是不够的,要靠资本市场直接融资的提升。什么叫直接融资呢?说白了就是俩人谈恋爱不需要媒婆。最大特点是效率高,成功率高。

山西去年全社会融资 4000 多亿元,其中银行贷款不到 1500 亿元,而直接融资 1900 多个亿,超过了银行贷款增量,在全社会融资总量当中占了 30% 多的比重。这是个什么概念? 全国去年才 14% 左右,一个落后的省份恰恰在直接融资上走在全国的前列。人民银行的报告说了,2013 年全国有六个省份社会融资结构趋于改善,就是银行贷款比重低于 50% 的省份,北京、上海、天津、重庆、福建和我们山西。所以大家要感到自豪,我们已经踏上了未来 10 年中国经济和金融发展的节拍。今年,我们第一季度直接融资 637 个亿,估计全年能完成 2000 多亿元,接近规划的社会融资总量的一半。金融市场给你们直接融资机会了,在座各位企业要去用好它。

(八)总结

第一,互联网众筹是资本市场体系当中的一个基础部分。互联网众筹就是直接金融,我给它定位叫五板市场,是资本市场金字塔体系里面最底端的。如果说我们的主板市场是塔尖的话, 现在的上市公司不到 3000 家, 五级下来之后,它将来要服务多少家企业? 高新区的同志要有这个意识,大家在工作当中要推企业、帮企业、改造企业,往众筹市场去靠。

第二,未来经济转型的路径是什么? 是互联网金融＋众创空间＋大众创业＋万众创新。众创空间是给谁提的?是给各级政府提的,也是给我们金融部门提出的,特别是给高新区管委会这样的政府提的。你将来打造孵化器又有新的概念了,叫众创空间。

第三,众筹融资,互联网众筹会成为中小微企业、创新企业、大学生创业者、甚至"三农"企业融资的重要渠道。可望为我们国家破解中小企业融资难融资贵问题开辟一条新路径。

四、互联网金融带来的改变

马云在欧洲说过一句话:"无论你是否喜欢, 过去 20 年互联网对人类社会产生了巨大影响,而许多传统企业讨厌互联网,因为什么? 因为互联网毁掉了他们的生意。"我不知道在座各位有没有讨厌互联网的。是的,我们过去办的门店,如果不嫁接互联网,可能生意就真的冷清了。但是我说毁掉他们生意的其实不是互联网,是他们自己没有与时俱进。

互联网为什么能带来这个变化?能让猪都飞起来?首先源于"互联网平台 + 大数据 + 云技术"这三个要素,再加对传统产业的改造。由于它具有前面说的几大特性,就实现了把两大群体高效对接,一大群体是大众,一大群体是广大中小企业创新型企业。那么企业大众是多少,2013 年是四千多万;人民大众多少呢,全国是 13 亿。这两股最大力量对接了,那经济工作还有做不好的吗? 什么能实现这样的对接,只有互联网。这不正跟党中央提出来的"大众创业、万众创新"对上了吗?

由于互联网的引进和改造,我们会提前二十年走入成熟社会。如果你的投资观不改变,财富观如果不改变,你再也没有致富的机会了。我们要在正确的时候作出正确的选择。正如马云 1998 年做了一个正确的创业选择,我们企业家需要思考你们创业往哪儿走。我想,大众创业、万众创新应该有两个意思:一半是发动大家去创业,大家都可以办企业;还有一个意思,不是每个人都有能力办企业,但是可以通过互联网众筹平台实现投资, 实现企业家和创富的梦想。只有互联网众筹能帮你实现这个梦想。财新网的最近一个调查显示,有 55% 的投资人表示已经将自己一半以上的钱投到了 P2P 当中;这些人当中有 34% 的人表示 P2P 的贷款占他们投资的 80%。你看这个社会变化多快啊。

结论就是,未来十年没有股权在手,不要说自己是有钱人。而互联网金融可以让普通老百姓也能做企业的原始股股东。

(一)互联网思维与理念

互联网已经或将继续改变产业、改变经济、改变社会。但造成改变的不只是互联网技术,更是互联网思维和理念。所以,想抓住互联网改变世界这个契机,我们必须认清事物的本源,就是互联网思维和理念。什么是互联网思维和理念。我归纳了六个方面:

1.没有疆界、没有壁垒。不论你认可不认可,接受不接受,互联网将打破产业壁垒,打破行业管制。甚至利用互联网手段打造一个虚拟银行,创造一种虚拟货币。通过大数据管理互动的系统,形成一个虚拟的蓄水池,可以用来给老百姓消费使用、用来给企业提供信用,能破解我们县域存款 20–30% 这样的尴尬。这意味着未来的中央银行宏观调控系统都要受到冲击。这就是互联网打破疆界,打破壁垒以后可能产生的根本性变化。没有近三年来互联网飞速发展给人们带来的变化,就不会有"大众创业,万众创新"这个方针的提出。

2.**没有距离,没有定式**。互联网思维强调尊重个人创意创造,强调尊重市场需要,是典型的个性化思维。在这个世界,每个人都有机会按照或者凭借个人的创意创造获得发展机会,而每个个体都有机会获得外部社会给予的成功机会。互联网世界打破了传统的物理空间,把人们的关系拉近了,增进了人与人之间的交流和交往,缩短了距离的同时,增进了交易的成功率。

3.**没有过去,只有未来**。互联网思维不在乎过去怎么样,更注重未来,更向往未来,这跟习近平总书记去年倡导的中国梦不谋而合。在互联网的思维之下,人们思考问题、做决策,会常有新的观念进来。你们刚才听了两小时演讲,有什么感受? 大脑里充斥着什么? 是对过去的留恋? 还是对未来的梦想? 我相信至少有一部分人现在开始在下面做梦呢。中国要有未来,必须有梦想,全民族要有梦想。梦想是什么? 梦想就是未来。互联网能帮助你实现梦想。

4.**没有最好,只有更好**。互联网讲究的不是既定的最好的目标,是永远在比较当中,我要做得更好,跟自己比,跟别人比,而且没有止境。马云现在做得够大吧? 他说我就担心一夜之间被一个十八九岁孩子给颠覆了。同志们一定要有信心,咱颠覆不了马云,但也可以通过嫁接互联网和互联网金融把你手上的产业做大,做好。

5.**没有差距,只有差异**。差异和差距有什么区别? 差距是纵向的,而差异是平行和可以同时存在的。互联网时代是一个扁平化加差异化的时代,不要强调一个标准,不要简单向别人看齐,互联网时代更推崇的不是我来取代你,是一个在差异中可以共荣的时代。我曾经讲过,互联网时代可能会造就出一个新的乌托邦世界,没有大小,只有优劣,你生存你的,我生存我的,互联网时代是萝卜白菜各有所爱的时代,怎么都可以活出自己的精彩。

6.**没有大小,只有优劣**。不要觉得我做得比你好,我挺牛的,或者我做的不如别人,就没希望了。互联网金融、互联网电商,有了阿里、京东、腾讯,我们还能干吗? 一般来说不能再干了,对不对? 其实不是,如果你有互联网思维,你根本不在乎前面摆的有没有马云, 因为你明天可以颠覆他,这才叫互联网思维。世界永远不可能是一家企业独占的,苹果当时出来的时候,会感到有了苹果还有其他手机的需要吗,可是恰恰韩国出了个三星、中国出了个小米,这就是没有大小只有优劣,我们每个人都可以创业,在大千世界和变化中找到你的位置。

在互联网思维下,我们追求的是什么? 或者说互联网思维和理念符合人类的什么追求呢?

1.符合人性和人权的需要。物质生活水平提高之后,你的视野打开了之后,你追求的是什么?不就是个人的人权和幸福吗?互联网给了我们追求幸福的空间了。什么叫人性和人权?就是要体现我的生活我做主。包括我们过去习惯了的动辄想替别人做主的思维、做别人主宰的潜意识,现在看跟今天的时代潮流不相符了。以后人们的幸福要由自己来做主,我们责任就是给别人提供一个自己做主的空间,这样社会才能发展得好。

2.符合自由平等的理念。互联网社会是一个追求平等的社会。我不管你比我多富,我一个普通老百姓家的、农民家的孩子,我可以不理你;互联网的时代来了,我照样可以超越你。所以我说互联网深入到我们的生活之后,我们拥抱互联网进入互联网世界之后,就可以实现我的世界我精彩。

3.符合公开、公平、公正的社会准则。"三公原则",我们社会不正缺少这个东西吗?恰恰互联网要给我们创造这么一个社会空间。中央号召推进大众创业创新,将来经济转型发展的希望在于一大批中小企业和创新企业茁壮成长。那么,怎么才能在广大中小企业中培育出一批新的企业家出来?只有在这种三公的环境下才能更好实现。在权贵资本当道、关系网横行的时代,哪有中小企业成长的空间啊?没有互联网时代的到来,哪有两手空空的90后成功创业的局面出现呢?那么,过去这种局面是靠政府来提供,从而加入了人为因素,就变得很有弹性;现在互联网技术的广泛应用和渗透,就可以为企业提供这种环境,就可以助企业超越传统环境的制约甚至超越政府的作用,在互联网的世界里,人们创业创富的机会是平等的,竞争是平等的,这是和谐发展的基础。山西今后三到五年内,一定会在广大中小企业中培育出一批新的企业家出来。怎么培育?只有在互联网促进下的三公环境下让你们成长。

我说互联网是一个技术概念,但是它更是一个人文科学的概念,所以它能广受欢迎、广泛渗透。互联网的思维和文化理念以及它代表的规律,一旦伴随互联网广泛渗透到我们的生活当中后,将会带来不可想象的变化。据说中国已经有2.5亿农民使用智能手机,试想农民都能使用手机上网,中国农村会是什么样子?

（二）开启了大众投资的方便之门

1.大众性

由于它采取网络公示融资项目、在网上展示项目信息和融资条件,提供网络投融资路径和电子化服务,因此,互联网众筹平台可以方便大众投资者特别是小额投资者选择投资标的和进行投资交易。比如高新普惠众筹平台对企业就一个要求:信息一定要真。你这个企业生产多少我不关心,你每年赚多少钱我也不关心,不盈利我也不关心。但你要把欠谁的钱明明白白告诉老百姓,这就是互联网平台的融资标准。所以互联网将来提供给我们社会融资方和投资方的是一个最大的恋爱场所,是一个最大的恋爱俱乐部,有无限大的可能性。

2.便利性

一是利用互联网平台进行项目信息公示,办理投资交易,有利于为投资者节省投资时间、空间成本和企业考察成本,可以随时随地进行投资;二是由于众筹平台的互联网运作机制支撑,投资者可选择余地扩大,不仅可以投资本地的项目,也可以跨地区选择项目,拓展了投资者选择范围;三是对于产品为大众消费品的企业,平台还可以为投资者提供购买该企业产品的便利,投资者可以选择货币和实物的组合回报。

3.体验性

互联网为什么那么受欢迎?体验非常重要。你通过互联网参与众筹投资之后,把你的兴奋点和喜怒哀乐,跟企业的喜怒哀乐是连在一起的。比如说这次准备在高新普惠平台挂牌的十几家企业,平台将直接给它录像,募资说明书除了文字之外,还放录像片。比如武乡县那个多维养羊场,会给它录整个养羊场的各种各样的场景,让那些喜欢羊的人,高兴投它。投完之后,争取让投资人经常通过众筹平台随时看到这个羊场动态情况。如果是种植项目众筹融资,那么我们可以让投资者经常能看到种植物生长情况等。投资者还可以实地考察企业,给企业提建设性意见。这才叫互联网的体验性。

4.安全性

通过互联网平台,把老百姓的钱跟企业需要对接起来之后,跟非法集资之间最大的区别在哪里?首先公开透明了。企业想来融资,企业什么情况,清清楚楚摆在网上。其次是不搞资金池。去年跑路的那些平台,都是打着众筹的名义,把别人钱集到自己的账户上,他自己配置投资。而真正的互联网众筹平台是不这样做的,他给你搭的是台,企业自己上去发布项目,然后投资者选择投资,投完以后第三方支付托管和划拨资金。不仅如此,资金到企业账户后,平台还要监督资金的流向,还要跟着了解企业以后的情况,及时把情况给投资者反馈。所以他是一个符合人性的投资方式。当然还包括好的平台要做诸如担保公司担保等增信措施,努力解决投资的安全性问题。

5.增值性

全国的众筹网贷平台,给投资者投资回报大概 10-14% 之间,加上各种的担保费服务费之后成本在 20-24%。所以现在全国的大多数网贷平台提供的融资多是短融,不是长期融资。而高新普惠平台主要做中长期投资,1—3 年投资居多。投资者参与众筹投资时,一般要获得比银行理财等高得多的基本投资回报,有些投资还能有机会分享企业成长带来的超额收益分配。

给大家强调一下,通过股权众筹平台进行企业投资,能真正实现我们做原始股东这个梦想,真正实现未来十年造富梦。所以借这个机会号召大家到众筹平台参与股权投资,首先咱们高新区自己的企业知根知底,如果是农林和旅游项目还能享受它的服务和商品折扣。

(三)改变中小微企业、创新企业的融资环境

这是大家所期望的,各级政府都希望解决的普惠金融问题,可以使众创这件事情和普惠金融这些政策真正实现落地。我特别强调一条,就是打造新式孵化器的概念。因为我们是高新区,通过互联网金融的引进,可以让我们物理孵化器和软孵化实现组合、实现融合升级。什么叫软孵化? 就是政策加金融。

第一,没有比互联网更让人际关系直接的一个手段和平台了,无论在互联网电商还是互联网金融服务中,都充分体现出了它的大众性和直接性,它的好处就是提高效率。互联网金融的社会性、大众性和直接性,可以实现科技企业在资金来源上的蚂蚁效应。为什么阿里金融服务平台取名叫蚂蚁金融服务? 这就是互联网的精髓,实现蚂蚁搬家,大家都是几千元钱、几万元钱的投入,可以让一个几千万元融资企业得到资金。

第二,互联网金融具有个性化多样性特点,能够适应企业多样性和融资需求多样性需要,助力新式企业家的培育和成长,能够实现靠市场力量和社会力量来孵化我们的企业创新发展。我们高新区管委会多少年来用政府财力苦苦支撑的孵化器,通过引入众筹融资这个理念和方式,以后会变得很轻松。你过去一年财政拿八个亿,明年你还继续拿八个亿,但你过去八个亿可能支撑一百家企业,现在可以支持一千家企业,让我们高新区升级。互联网金融是对传统金融的重要补充,传统金融不能给予企业的融资支持,互联网平台可以给予,这就是互联网金融的便利性。

第三,互联网能带来很多我们过去传统服务、传统经营实现不了的价值,即它对企业的服务增值性。通过众筹平台来融资,融来的不仅仅是资金,更重要的是融来了市场,融来了人才,融来了智慧。现在很多上海的企业,浙江的企业到互联网金融平台融资不是为了融钱,是为了融人才。咱们省一个绿色食品企业办了个大众饭店,没有广告,停车还难,但每天四万多元钱流水,一年一千多万元,当年就能收回来投资。为什么?因为这个店跟互联网嫁接了,这就是"互联网 +"的成效。

第四,互联网金融还极大地解决了金融市场和交易中的信息不对称问题。这将对提高资源配置效率发挥根本性影响,它冲击着传统金融和垄断金融,会大大改善金融生态环境,这是中小金融机构、非标准金融服务和中小微企业的福音。

下面,我特别希望大家把国办发 9 号文件里的几段话记下来,句句都跟我们工作挂钩:

一是以社会力量为主,构建市场化的众创空间。过去是以政府力量为主构建我们的孵化器,现在是以政府引导,以社会力量为主的新式高新区众创空间,这就是太原高新区即将打造的孵化器升级版。

二是构建开放创新平台。就是我们的创新平台也好,孵化器也好,不能搞一个封闭的系统。构建众创空间和孵化器,在金融合作上是没有边界的。怎么实现没有边界?不用像以前那样走出去招商,咱们把互联网平台一搭,把现有企业往这儿一挂,就把商招来了,把钱就找到了。

三是提供全链条增值服务。我们过去的政府服务、社会服务是不成体系的,这次搞的普惠平台虽然以互联网众筹为切入点来起步,但是它根本要做的是一个综合金融业务平台,它有五大业务模块。

四是要总结推广新型孵化模式。党中央、国务院期待着在互联网时代创造新的孵化器模式,我们太原高新区已经在创这个模式了。

五是构建低成本便利化全要素开放式的众筹空间。跟前面的开放异曲同工,但是加了几个要素:低成本、便利化、全要素。就是我们政府各部门掌握的资源,我们社会上的资源,要通过机制建设和平台搭建,让全要素聚集起来、有效利用起来。比如说咱们的高新普惠众筹平台,还没开业呢,现在已经成了全要素平台,40多家不同类型的金融机构聚集在它周围。

六是综合运用政府购买服务无偿资助、业务奖励等方式,支持中小企业公共服务平台和服务机构建设。我几次跟赵主任聊过,要搞购买金融服务,把政府购买服务创新了,而且在所有购买服务中它的撬动能力最强,同时购买金融服务还能解决降低企业成本的问题。

七是通过中小企业发展专项资金、运用阶段参股、风险补助和投资保障等方式,引导创业投资机构投资于初创期科技型中小企业,发挥财政资金杠杆作用,通过市场机制引导社会资金和金融资本支持创业活动。高新区这次配合众筹融资准备的钱就是做风险补偿用的,说是风险补偿做得好的话其实不用补偿,它就是一个定海神针而已。你拿三千万元就能引来三个亿啊,就是发挥财政资金杠杆作用。

八是开展互联网股权众筹融资试点,增强众筹对大众创新创业的服务能力。以我们现在做的每件事情,都是有据可查的,我们要加深对中央文件精神的理解,更好地坚定我们推动互联网金融创新的决心。

(四)互联网金融与传统金融的融合发展

随着互联网金融的发展和普及,我国的金融生态将焕然一新。互联网金融发展会是一个什么过程?我关于互联网和传统金融的相互关系有六个字:改造、融合、颠覆。最好的境界是融合,就是传统的产业、传统的金融主动跟互联网嫁接,相互融合发展,和谐发展。这样有什么好处?这样不容易造成资源浪费。再一个是改造,不断进行改造。最差的是什么?是颠覆,传统的产业、传统的金融顽固不化,就是不嫁接互联网,就是不运用互联网,你面临的结局就是被取代。

互联网金融它利好中小金融机构。大家以前不待见的金融机构,那些村镇银行、县级信用社、小贷公司、私募基金等,如果嫁接互联网思维之后,拥抱互联网平台、植入互联网金融的新思维之后,会做得更大,做得更好。

互联网金融的发展,将大大提升资本市场服务能力。我认为,这个众筹平台就是大的资本市场体系里面的塔基部分,它的辐射面很广,打破金融垄断。它一方面辐射大众,可以通过众筹平台去便利地投资,再也不用受非法集资的欺骗了;另一方面给大量的成百上千万家中小微企业提供融资便利。

互联网＋基金公司、担保公司、小贷公司、银行,可以对传统金融业态带来巨大改变,会围绕互联网金融平台形成各类金融要素的聚集,进一步提升金融服务能力。这次太原高新区高新普惠众筹平台筹建中,就已经聚集 28 个金融机构,有光大银行、光大证券、中信银行、晋城银行,还有担保公司、小贷公司和私募基金管理公司。企业抓住这个平台,就等于抓住了其他金融要素。

虽然说互联网金融可能会颠覆传统金融,但是我希望不要出现这种局面,最好是融合发展。这个融合发展,就是所有的金融机构都需要,无论是银行还是证券公司,或者是私募基金、小贷公司、租赁公司,都需要跟它融合。

比如嫁接完互联网理念和技术平台,银行会是什么样子呢? 它会变成真正的存款银行和投资银行。有的老百姓钱没地方用,他就存着吧。其实存款他也不愿意存了,因为有保险法的新说法。当然银行要改变,前端存款功能不变,要变后端。后端变哪里? 我前边讲的要和互联网理念对接上,做大众投资服务商,做投资银行,就是顺应大众"我的财富我做主"、"我的投资我做主"的需求观变化。老百姓把钱存在银行之后,不一定是银行拿我的钱去贷款了,而是老百姓通过银行的平台,发现高新区有一个企业不错,告诉银行"我想买这个企业股权",你银行得帮我去办,你要不办我就把钱拿走了。这可能就是未来银行的样子。

(五)互联网金融与农村经济和扶贫攻坚

这是去年我们在娄烦县白家滩村众筹扶贫的经验,可以实现九号文件讲的用市场化办法发展经济、支持扶贫的目标。在政府之外又加了一个市场化手段,两只手、两条腿。那么怎么实现市场化扶贫? 就是用互联网众筹办法。等我们的平台运行稳定之后,要把农业板块也要纳入高新区,实现农业互联网化之后,就成为高新区的好概念。

第一,因为移动互联网的广泛利用,给农村带来翻天覆地的变化。互联网尤其是移动互联网下乡,将进一步开阔农民的视野,消除城乡居民之间的信息获取差距,扶贫先扶智,可以因互联网下乡而改变城乡差异。其实这个势头前年已经出现,当时刚搞电商的时候,是 11 月 11 日的活动,我们山西省网上销售 40%来自县以下,不要瞧不起农民,他们也会网上购买。那一次是在农村智能手机不发达情况下进行的,如果农民都会用智能手机,都知道智能手机用途,将来农村的消费、网上的消费市场肯定会超过城里。为什么中国的手机使用量大大超过美国？因为我们中国穷了几十年了，这种反差一旦给它对接好，将迸发巨大的能量，所以不要瞧不起农村。

第二，互联网金融将有助于调动我们身边的资源。我还调研过，稍微像样的比较好的农村，农民几十万元存款没问题。他为啥要存这个钱？第一是要翻建个小二楼，第二要给儿子在城里买个房子。包括我跟你们说的数字，我们省很多县存贷比是20%到30%，意味着这个县老百姓辛辛苦苦挣的钱，企业辛辛苦苦挣的钱，存到银行里面存了100亿元的话，当地能拿回来发展经济用的只能拿回来二三十亿元。下一步的空间有多大？如果嫁接好了互联网，在互联网传播你的项目，传播你的创意，传播你的人品，当地老百姓就在网上直接投资你的企业。而且现在用的是互联网平台，其实将来真正筹集资金是要在你身边筹集的。农业生产关键是价格和成本，恰恰互联网就有助于降低成本。从销售方面讲，还有一个时间成本，因为有互联网的信息量大，受众大，你过去卖了一年的产品，可能一夜之间就卖完了，那时间成本就省出来了。还有很多很多这样的概念。

第三，借助互联网金融，将推进扶贫事业的社会化。一批人扶一个人这种机制才叫有力的扶贫，一个人扶一批人，那只有少数人才能做得到，下一步要让社会大众几亿人都来扶贫。那怎么才能实现社会大众集中来扶贫你们200人，互联网平台就是最好的办法。

第四，互联网促进城乡互动、农产品生产和市场融合提升。在融合中提升，武乡县到太原150公里，那我不去了，太原市人也不可能为了专门买你的东西，但是如果他是来旅游的，顺便就把你的东西买了，这就不同了。这次高新普惠众筹试点支持的武乡县大河西村扶贫项目就是这个思路。现在计划给大河西村众筹融资100万元，就能拉近城市与乡村的距离，不仅解决了资金问题，还会调动这些众筹投资人到武乡旅游看看、买买的积极性，实现了城乡互动。

第五，由于互联网应用跟我们农业生产和扶贫事业结合，它已经在引导我们的大型机构、我们那些高大上、白富美跃跃欲试要下乡。大家知道近年来已经形成了一种潮流，现在不光城市人下乡，城市里的大金融机构也要下乡。前一阵，高新普惠公司和光大证券在上海签署了一个关于"下乡"的战略合作协议，到山西来给我们服务。怎么样让大型金融机构给你们服务，让你们受益？就一个要求:要讲信用,你让大家对你放心。所以我说优先站在互联网金融风口的是谁? 不是猪,是广大农村的创业人。在农村这个广阔的创业舞台上站在这个风口的是谁? 是 20 万村官。

(六)互联网和互联网金融推动制造业革命

互联网不是脱离实体经济的存在。之所以说它对中国未来意义重大,就是因为它不会脱离实体经济,反而给实体经济真正带来的是正能量。它跟我们金融市场的虚拟经济不是一码事,互联网众筹恰恰是对抗虚拟金融的一个新的业态。由于互联网金融的接入和渗透,它给制造业带来革命性变化。我相信在座的创新性企业,你们已经在实践这种变化。一个叫数据驱动性,大家以后要对数据感兴趣,要善于从数据挖掘分析中找到方向,找到利润增长点。第二个是需求驱动性。第三个是个性化制造、智能化制造、定制制造。大概的意思是未来世界像现在这样占地几十平方公里的厂子会越来越少。产业链条会越来越丰富,越来越细分,越来越小型化。因为会进入到个性化时代,但背后支撑的是平台。希望高新区的企业一定要把准这个脉,它会给我们高新区壮大产业集群提供一种思维和方法,企业要善于拥抱互联网金融。

大家要知道,制造业革命还会表现为信息为王取代渠道为王。我们过去搞产品的,最头疼、最关心的就是市场。有了互联网这个平台,不需要那么多传统的渠道。互联网会以它特有的机制和技术,打通了资源流动这个关口,连接产业分工,把产业分工和制造业的细分通过互联网平台来实现。

另外,规模制造的理念和模式也要变革,关键是要催生信息经济、数据经济、平台经济,使这三大经济成为我们生活的主流。

(七)互联网和互联网金融带来信用管理的改变

互联网金融可能带来我们信用管理的升级。马云强调过,有了互联网金融、互联网信用的管理机制之后,就解决了信用管理去中心化的问题。我们现在信用管理就是中国人民银行数据库一个中心, 或者是以省为单位搞一个依托于IT 系统的管理平台。这个可能会因为互联网信用的发展而成为过去式。未来的信用建设和信用管理,是通过市场化的力量和办法来实现的,是社会化的方式来实现的,信用建设进入到自主建设阶段,而非他律阶段。也只有自觉的参与式的信用建设,才是可持续的信用建设。

我们的生活互联网化之后,自觉和不自觉在互联网世界留痕,会形成史无前例的信用强制。企业守信就等于企业生命线,个人不守信会寸步难行。参与互联网金融,包括参与互联网电商,就是给你自己挣信用分。谁多参与互联网,又参与得好,信用分就高。这就是我们要打造的未来世界。新的信用生态建设已经启航,大家要知道信用世界正在发生变化,要按新的规则给自己建设新的信用。

(八)互联网和互联网金融倒逼政府转型

互联网的广泛应用和广泛渗透,它可以做很多政府做不好、做不了的事情。比如说非法集资,多少年了,全国到处打,真是野火烧不尽,春风吹又生。现在不是一个老百姓受骗的问题,是部分老百姓跟非法集资相互默契的问题,亏了就来找政府。随着普惠众筹这样平台的推进,人们不需要再参与非法集资了。包括我们民间金融始终不能堂堂正正发挥支持企业发展的作用,中小企业融资难问题,都会逐步得到有效解决。

互联网的广泛应用,首先会培育党政干部的互联网思维和理念,强化官员的社会公众意识,促进机关建设转型和干部作风转变。互联网尤其移动互联网的应用,增强居民与政府的联系和互动,是促进政府信息公开化的非常好的手段,拉近政府与社会大众的距离。互联网促进信息公开化,促进资源配置效能的提高,引导和倒逼政府推动市场化改革,抓互联网金融和互联网电商,抓互联网理念下的平台建设,就是推进市场化改革。借此,高新区会衍生出前面说的孵化器升级理念:物理空间+政策+众筹平台+金融要素的聚集和组合。互联网的广泛应用和渗透,倒逼政府和党政干部改变政府机构建设思路,要具备运用大数据的理念和能力,要自觉推动电子政务系统建设转型,向大数据和云计算模式转型,包括政府在推动信用建设方面的转型。

值得欣慰的是,今年以来,许多地方政府掀起了互联网讲座热,一些发达地区政府主要领导亲自支持举办互联网讲座,有的地方政府去年就开始出台引导规范互联网产业发展的政策意见。山西省直机关党校不久前就请我去为中青年干部做了首创互联网金融报告,今天又来和高新区的同志们交流互联网知识,我为山西高兴。

(九)互联网金融造就新生代企业家

互联网和互联网金融将成为未来十年中国新式企业家的成就之路,成千上万的新企业家因互联网而生。资源、资本和权利支持型企业成长史将被无情改写。

（十）未来互联网金融的走向

我提出五步走：第一从拾遗补缺开始，就是今天的互联网状态，作为传统金融的补充而存在。第二发展到改造传统金融，这个刚刚开始。第三要倒逼传统金融改变，这个还没开始。第四是实现新旧金融的融合发展，就是新金融和旧金融传统金融的融合。第五是平台金融和扁平化金融，将成为金融的一个新的生态。

结束语：

第一，互联网是什么东西？它是年轻人的世界，虽然我们现在当政，但要甘于当助手，甘于当绿叶，给他们创造条件。如果没有这种胸怀，虽然挡不住互联网的浪潮，但是会挡住一个地区的进步。推动转型，首先要推进"两创"、外加金融创新、搞众创平台，互联网技术和互联网理念下的众创空间是转型的真正推动力。

第二，中国未来转型的希望取决于大众和年轻人创业创富的成败。我们身边的年轻人未来三五年内成为富翁了，这才是我们应该见到的局面。五年以后，站在我们面前的应该是正在奋斗当中的中小企业家，第二批应该是我们认为还是孩子的还在读书的、刚刚毕业两手空空的一些年轻人，相信年轻人就是相信未来。我更愿意把希望寄托在年轻人身上，给年轻人机会就是给我们自己机会。

第三，互联网对人类的改变是不可逆转的，拥抱互联网就是拥抱未来。无论是喜欢还是不喜欢它，它都在改变着你的生活；无论你看见还是没看见，它都是存在的。

第四，互联网和互联网金融青睐短板和差距。短板即是机遇，差距中蕴育升级。互联网和互联网金融带给我们山西人的是机遇和自信，要果断拥抱互联网，勇于触及互联网，善于嫁接互联网金融。

第五，希望同志们带着"学习、参与、包容、支持"的心态去面对我们正在从事的互联网金融事业。要振奋精神，凝神聚气，心无旁骛，真抓实干；要开放、大气，善于调动一切有效资源去获得更大发展空间和更多发展机会，勇于在开放合作过程当中实现共赢。

后 记

　　本来,PE班每次授课,学员都会拿到既定课件。但在授课过程中,老师们往往临场发挥,联系山西实际情况讲案例、讲实操,这种接地气的授课方式让听者意犹未尽,课后大家纷纷索要授课实录文字。好在未雨绸缪,每次授课都有速录员现场记录,一字不漏。因此,在PE班结束后,经过主办各方的磋商以及征求授课老师的意见,决定将授课内容编写成册,一来满足学员留存资料日后学习和借鉴的需求,更主要的是为山西私募基金行业发展推波助澜,因为被学员们亲切地称作山西私募基金"黄埔第一期"的PE班,不管从师资、规模还是学员素质上,都能堪称省内业界一流,其影响力不言而喻。

　　PE班从策划、筹备到授课、结业只用了4个月时间,可谓一气呵成。此间,十多位主讲老师利用周六休息日共讲了11个主题45个课时,其中还穿插了一场论坛。主讲老师分别是山西证监局局长孙才仁、中国证监会私募基金监管部副主任刘健钧、昆吾九鼎副总裁史巍、鼎晖投资总经理刘利剑、深创投副总裁施安平、清科创投董事总经理袁润兵、江苏高科创投集团董梁、九鼎投资华北分公司总经理程雪峰、平安证券副总经理马俊生等。课程从国情到省情、宏观到微观,从理论到实践,将私募、众筹、互联网金融等。新资本市场格局作了系统、透彻的讲解,把资本市场的前沿理念引入到山西来。216名学员涵盖了机构高管、政府人士,行业精英、实体企业家等等,即使是隆冬季节,课堂上都虚无坐席、气氛热烈,以致到后来旁听座都没有空余。

如此阵势,让老师们都动容。所以,这个班办得是及时的,是山西私募行业的锦上添花之举。这也是正在成长路上的山西私募行业的一次力量补充:找准方向,把资金优势转化为转型新动力;更新观念,借资本市场之力发展实体经济;储备人才,让更多人参与到资本市场建设中来。

编写成册的最大意义在于借鉴。编写过程中,我们按私募业务的操作流程分为两部分,由概念到实操循序渐进。全册内容经过编委会同志们几轮整理后,交由授课老师修改、把关,基本做到数据翔实、案例独特、观点鲜明、思路超前,可以说在今后一段时间内,这本书将是山西私募市场最好的教科书。由此,我们希望山西私募行业走的更从容,更自信、更仔细、更开阔、更富有创新和勇气。

编写工作也得到中国资本市场学院、山西证监局、山西省投资基金业协会以及各授课老师不遗余力的支持和帮助。尤其是山西证监局局长孙才仁同志亲力亲为,不仅是办班的倡导者,也作为授课老师作了首讲,在整理书稿中立题写序、审查所有稿件,注入大量心血。参加本书编写的同志还有孙春生、王坤、王鲁、朴华、张益项、张霞、吴蓓、杨海婷、靳莉莉、任承业、王芳、张军、顾海浪、杨浚佳等同志;山西省投资基金业协会秘书处郭立峰、高志峰、贾勇、李强、覃超、房书琪、刘阳、李江浩等同志,在此书的编辑工作中也做了大量文字整理工作……是大家的辛勤劳动保证此书得以顺利出版,在此一并感谢!

编委会

2015 年 5 月